노자론

동양은 고래로 통치 개념에서 벗어난 정치를 생각한 적이 없다. 『노자』를 비롯해 『논어』와 『맹자』, 『순자』, 『장자』, 『묵자』, 『한비자』 등 제자백가서 모두 정치의 요체가 '통치'에 있음을 역설하고 있다. 이를 가장 높은 차원에서 언급해 놓은 것이 바로 『노자』이다. 『노자』는 인간 세계의 치도治道를 의미하는 인도人道뿐만 아니라 우주 삼라만상을 포함한 자연계의 치도를 의미하는 천도天道까지 하나로 묶어 그 요체를 '무위지치'에서 찾고 있다.

老子論

신동준 지음

인간사랑

들어가는 글

노자와 공자가 활약한 춘추시대는 동양정치사상사에서 가장 중요한 시기로 꼽히는 시기이다. 이 시기는 주나라가 동쪽 낙양으로 천도함으로써 소위 동주東周가 시작된 기원전 770년을 시작으로 전국7웅이 등장하는 기원전 403년까지의 약 3백60여 년에 걸친 기간을 말한다. 춘추시대 초기만 하더라도 주왕실은 비록 쇠미하기는 했으나 그래도 권위를 유지할 수 있었다. 대략 170여 개에 달하는 제후국이 주왕실을 이었고, 이들을 이끄는 패자覇者들이 차례로 나타나 주나라 왕실을 중심으로 한 천하의 질서를 유지해 나갔다.

그러나 말기로 접어들면서 패자가 사라지고 약육강식의 풍조가 만연하면서 상황이 일변했다. 열국이 치열한 각축 끝에 이내 10여 개국으로 정리되는 와중에 주왕실은 잇단 내분으로 그 권위가 땅에 떨어져 사실상 없는 것이나 다름없었다. 천하가 혼란의 도가니로 빠져들자 백성들의 고통이 극심했다. 노자와 공자를 비롯한 수많은 사상가들이 나와 난세의 구제방안을 설파하기 시작한 것은 바로 이 때문이었다. 백성들을 도탄에서 구하고 난세를 평정해 새로운 세상을 구현하는 것이 이들의 궁극적인 목표였다. 동양사상이 서양과 달리 순수철학으로 진행하지 않고 구세제민救世濟民의 정치사상으로 발전케 된 근본 이유가 바로 여기에 있었다. 노자 또한 예외가 될 수 없었다.

춘추시대에 일어난 여러 변화 중 눈여겨 볼 대목은 바로 이 시기에 야금술의 발달로 철제농구가 등장함으로써 농업생산력이 비약적으로 발전한 점이다. 여기에는 철제농구의 사용 이외에도 수리水利와 시비施肥, 우경牛耕 등의 선진적인 농법이 크게 기여했다. 심경深耕과 대규모 개간開墾사업으로 농업생산력이 비약적으로 증가하자 토지제도와 조세제도에도 커다란 변화가 나타났다.

당시 대표적인 조세제도는 서주西周시대의 주선왕主宣王 때부터 시작된 소위 '철법徹法'이었다. 철법의 '철徹'은 '통通'과 같은 뜻으로 해당 세제가 천하에 널리 통용된다는 뜻에서 나온 것이다. 철법은 각 농가를 단위로 하여 경작지를 분배한 뒤 수전자受田者가 종신토록 그 토지를 경작하면서 수확의 10분의 1을 세금으로 내는 제도를 말한다. 이후 농업생산력의 발전과 더불어 토지에 대한 교환과 매매가 점차 가능해짐에 따라 현대의 사유제와 유사한 제도로 변경되었다.

정부도 재정규모가 늘어남에 따라 세수를 확대하기 시작했다. 이에 당초 수확의 10분의 1만을 세금으로 거두어도 충분했던 재정이 수확의 10분의 2를 거두어도 부족한 지경에 이르게 되었다. 『논어』「안연」편에 당시의 상황을 전해주는 일화가 실려 있다. 이에 따르면 하루는 노애공魯哀公이 공자의 제자 유약有若 : 子有에게 이같이 물었다.

"올해 흉년이 들어 재용이 부족하니 어찌해야 좋겠소."

유약이 대답했다.

"어찌하여 철법徹法을 쓰지 않는 것입니까."

노애공이 힐난했다.

"10분의 2를 거두어도 내가 오히려 부족한데 어찌 한가하게 철법을 쓰라는 것이오."

유약이 대답했다.

"백성이 풍족하면 군주가 아무리 우려할지라도 과연 그 누구와 더불어 재용이 부족한 곤경에 처할 리 있겠습니까. 그러나 만일 백성이 풍족치 못하면 군주가 아무리 풍족코자 해도 과연 그 누구와 더불어 재용의 풍족함을 누릴 수 있겠습니까."

이 일화는 춘추시대 말기의 노나라에 관한 얘기로 구성돼 있으나 열국의 보편적인 모습을 전하는 것이기도 하다. 당시 노나라는 노애공이 즉위하기 1세기 전인 노선공魯宣公 때부터 10분의 2를 징수하고 있었다. 노나라는 공자와 노자가 본격적으로 활약하는 기원전 6세기 말에 이르러 정식으로 사전私田을 합법적으로 승인하고 처음으로 경지단위로 세금을 부과했다.

철법에서 정식 부세賦稅제도로 개정되자 정부는 10분의 1이라는 비율에 구애되지 않고 재정수요에 따라 세율을 자유롭게 올릴 수 있게 되었다. 수확이 많으면 많을수록 세금이 올라가는 바람에 백성들의 고통은 가중되었다. 농업생산력의 증대는 오히려 군주로 하여금 백성들로부터 많은 세금을 거두게 하는 계기로 작용한 셈이다. 열국 모두 백성들의 극심한 반발에 따른 폭동으로 몸살을 앓게 된 것은 바로 이 때문이었다.

당시 백성들이 겪어야 했던 고통은 노자 제79장에 나오는 '무덕사철無德司徹'이라는 표현을 통해서도 쉽게 확인할 수 있다. 이를 두고 노자는 제75장에서 이같이 비난한 바 있다.

"백성이 굶주리는 것은 위에서 식세食稅 : 세금을 받아먹음하는 게 많기 때문이다."

무위도식하는 지배층에 대한 통렬한 비판이 아닐 수 없다. 실제로 당시 백성들은 과중한 세금과 부역으로 크게 신음할 수밖에 없었다. 노자는 통치자들이 천도를 따르지 않고 백성들을 가혹하게 착취한 데서 혼란이 야기된 것으로 간주했다. 노자 제77장의 다음 구절이 그 증거이다.

"천도는 남는 것을 덜어내고 부족한 것을 보태주나 인도人道는 그렇지 않다. 부족한 데서 덜어다가 남는 자에게 봉헌한다."

노자에 나타난 '천도'의 세계는 남는 것을 덜어 부족한 것을 보탬으로써 사람과 사물을 버리지 않아 만물이 안정된 세계이다. 이에 반해 '인도'의 세계는 부족한 것을 빼앗아 남는 것에 보탬으로써 백성이 굶주리다 못해 죽음을 가벼이 여긴 나머지 도적이 되는 혼란의 세계이다. 천도의 세계는 혼란스럽기 짝이 없는 인도의 세계가 지향해야 하는 이상의 세계이기도 했다. 노자가 시종 무위도식을 일삼으며 백성들을 착취하는 신분세습의 부패한 지배층을 통렬하게 비난한 이유가 바로 여기에 있었던 것이다.

노자의 이러한 비판은 이후에 등장하는 제자백가들의 날카로운 시대비판 정신의 남상濫觴이 되었다. 그러나 노자의 비판은 지배층에 대한 비난으로 끝난 게 아니다. 그는 부패한 지배층을 본

받아 끊임없는 물욕의 포로가 된 백성들에 대해서도 가차없는 비판을 가했다. 노자가 치자와 피치자를 동시에 비판하면서 구세제민의 궁극적인 해답으로 찾아낸 것이 바로 '무위지치無爲之治' 였다.

노자의 통치사상이 제자백가사상의 비조가 된 것도 바로 이 때문이었다. 이는 유가儒家가 노자의 '무위지치'를 소위 '제도帝道'로 정리해 최상의 치도治道로 삼은 사실을 통해 쉽게 확인할 수 있다. 실제로 『관자』와 『순자』는 '제도'를 최상의 통치형태로 파악한 뒤 그 아래 단계에 맹자가 말한 왕도王道를 배치해 놓았다. 이를 통해 알 수 있듯이 『논어』를 비롯해 '지치至治'에 관한 해답을 제시한 제자백가서는 기본적으로 노자의 '무위지치'를 대전제로 삼고 있다.

전한前漢제국 초기에 '제도'에 입각한 통치가 시행된 것도 이와 무관치 않았다. 당초 전한제국의 황실과 조정 대신들은 진정한 의미의 천하통일은 진시황秦始皇이 아니라 자신들이 이뤘다고 자부했다. 이들은 새로운 통일천하를 다스리기 위해서는 춘추전국시대의 패도覇道에 입각한 '치국' 논리 및 진秦제국의 법치法治에 입각한 '평천하' 논리와는 전혀 차원이 다른 새로운 논리가 절실히 필요하다고 인식했다. 이들이 고심 끝에 찾아낸 것이 바로 노자의 '무위지치'였던 것이다.

여기서 노자의 '무위지치'를 현실과 밀접히 접목시킨 소위 '황로학黃老學'이 등장케 되었다. 그러나 '황로학'은 노자를 신격화해 전설상의 인물인 황제黃帝와 동일시한 까닭에 이후 도가가 세속적 종교인 도교道敎로 변질되는 빌미를 제공했다. 훗날 도교가 노자를 양신술養身術의 비서秘書로 삼게 된 것은 바로 한무제漢武帝의 독존유술獨尊儒術 선포를 계기로 '황로학'이 쇠퇴일로를 걷다가 극단적으로 세속화한 데 따른 것이었다.

유가사상에 침잠한 사대부들이 노자를 멀리하게 된 것도 이와 무관치 않았다. 이러한 왜곡된 풍조는 이후 남송대에 주자학이 출현하면서 더욱 심해졌다. 삼국시대 말기에 위나라의 왕필王弼이 노자에 대한 주석서를 펴낸 이후 청대 말기에 이르기까지 이렇다 할 주석서가 전혀 나오지 못한 이유가 바로 여기에 있었다. 주자학을 더욱 교조적으로 받아들인 조선조에서 노자에 관한 체계적인 주석서가 단 한권도 나오지 못한 것도 같은 맥락에서 이해할 수 있다. 비록 이율곡李栗谷이 노자의 내용 중 주자학 이론에 부합할 만한 내용만을 골라 주석을 가한 선집을 펴낸 적이 있기는 하나 이는 극히 예외적인 일에 불과했다. 실제로 이율곡은 이 일로 인해 극렬한 비판을 감수해야만 했다.

원래 춘추시대 말기에 활약한 것으로 추정되는 노자老子는 기본적으로 '도道' 개념을 통해 난세를 구하는 궁극적인 해답을 제시한 인물이다. 그는 '도'의 원리가 개개 사물에 구체적으로 드러난 것을 '무위'로 파악했다. '성인聖人'은 바로 이러한 '무위'를 체득한 인물을 말한다. 노자는 성인만이 '무위지치'로 난세를 구할 수 있다고 보았다.

이는 공자가 '인仁' 개념을 통해 이상적 통치인 '군자지치君子之治'를 추구한 것에 비유할 수 있다. 『논어』가 군자의 통치방략을 의미하는 소위 '군도론君道論'의 기본서라면 『노자』는 성현의 통치방략을 의미하는 소위 '성도론聖道論'의 기본서에 해당한다.

21세기 동북아의 현황은 노자가 살던 춘추시대 못지않게 혼란스럽다. 북한의 핵실험으로 한반도를 둘러싼 긴장이 고조된 가운데 '민주'의 이름으로 있는 자와 없는 자, 배운 자와 못 배운 자, 기성세대와 젊은 세대 등의 도식으로 분열적인 대립현상이 격화되고 있다. 정치의 존재이유가 모든 국민을 하나로 묶어 다스리는 소위 '통치統治'에 있는데도 우리가 목도하는 것은 온통 '반통치反統治' 현상뿐이다. 이는 19세기 말 이래 무차별적으로 도입된 서양사상 및 제도와 결코 무관할 수 없다.

동양은 고래로 통치 개념에서 벗어난 정치를 생각한 적이 없다. 『노자』를 비롯해 『논어』와 『맹자』, 『순자』, 『장자』, 『묵자』, 『한비자』 등 제자백가서 모두 정치의 요체가 '통치'에 있음을 역설하고 있다. 이를 가장 높은 차원에서 언급해 놓은 것이 바로 『노자』이다. 『노자』는 인간세계의 치도治道를 의미하는 인도人道뿐만 아니라 우주 삼라만상을 포함한 자연계의 치도를 의미하는 천도天道까지 하나로 묶어 그 요체를 '무위지치'에서 찾고 있다. 그런 의미에서 『노자』자야말로 가히 '통치론'의 성전이라고 말할 수 있다.

물론 『논어』와 『맹자』, 『순자』 등도 지치至治의 실체를 찾기 위해 '천도'를 '인도'와 연결시켜 해석코자 하는 노력을 기울이지 않은 것은 아니었다. 그러나 유가는 끝내 노자가 이룩한 '무위지치' 개념을 상도想到하지는 못했다. 이는 '지치'를 어디까지나 인위적인 덕행 및 예법을 뜻하는 작위作爲, 즉 유위有爲의 범주에서 찾으려고 한 데서 비롯된 것이었다. 특히 『맹자』의 경우는 소위 '천인합일설天人合一說'에 입각해 천도를 미신적인 숭배의 대상으로 왜곡함으로써 '괴력난신怪力亂神'을 꺼린 공자사상을 결정적으로 왜곡하는 단초를 열었다.

이는 천도의 이치를 인도에 적용코자 한 노자의 기본 취지와도 정면으로 배치되는 것이었다. 노자는 결코 천도를 숭배의 대상으로 삼은 적이 없다. 노자는 기본적으로 천도의 구체적 표현인 사시四時의 운행이치를 인도에 적극 원용할 것을 역설했다. 이것이 바로 노자가 말한 소위 '용천用天' 사상이다.

이를 통해 알 수 있듯이 노자는 비록 천도를 언급하기는 했으나 이는 맹자가 말한 미신적인 천도와는 그 개념이 질적으로 다른 것이었다. 노자가 말한 천도는 어디까지나 '치국평천하治國平天下'의 관점에서 나온 것이었다. 그 출발이 『논어』 및 『순자』와 하등 다를 바가 없는 것이다.

다만 노자는 작위의 범위 내에서 천도의 이치를 찾아내려고 한 유가와 달리 발상의 대전환을 통해 작위 개념의 부정을 통해 궁극적인 작위의 실현방안을 찾아낸 점이 달랐다고 할 수 있다. 노자가 찾아낸 해답이 바로 '무위지치'였던 것이다. 노자의 '무위지치' 발견으로 천도와 인도가 비로소 진정한 합일체가 되었다고 해도 과언이 아니다.

노자의 '무위지치' 발견은 기본적으로 작위에 의한 지극한 '치국평천하'의 이치를 궁구한 데서 나온 것이었다. 노자가 시종 '무위'를 통한 '무불위無不爲'를 역설한 이유가 바로 여기에 있다. 『노자』에서 말하는 '무불위'는 바로 '모든 유위有爲'를 뜻한다. '무위'의 존재이유는 바로 '무위'를 통해 작위의 궁극적 목표인 '치국평천하'를 이루고자 하는 데 있는 것이다.

'무위지치'는 아무 것도 하지 않는 다스림이 아니라 그 다스림의 스케일이 너무 광대한 까닭에 외견상 마치 '무위'처럼 보일 뿐이다. 작위의 최종 목표인 '지치'는 바로 이러한 '무위지치'를 통해 구현할 수밖에 없다는 게 노자의 확고한 생각이었다. 천도와 인도가 하나로 합치된 '무위지치'의 발견으로 인류는 마침내 사상 최초로 국적과 신분을 떠나 공존공영을 이룰 수 있는 대원칙을 찾아내게 되었다고 해도 과언이 아니다. 노자사상의 위대함이 바로 여기에 있다.

'무위지치'의 의미를 제대로 파악치 못해 인류공영의 이상향을 아직까지 구현치 못한 것은 전적으로 후세인들의 책임일 뿐이다. 노자의 '무위지치' 발견은 서양의 과학사에서 경이적인 업적으로 일컬어지는 비유클리드 기하학과 상대성 원리의 발견에 비유할 만하다. 이는 노자만이 '지치'의 실체를 찾은 데 따른 당연한 찬사이기도 하다.

이에 반해 노자를 제외한 나머지 제자백가들의 업적은 유클리드 기하학과 만유인력 법칙의 발견에 비유할 만하다. 이들 또한 나름대로 커다란 의미가 있는 발견을 한 셈이다. 이는 물체 간의 인력이 작용하는 가시의 세계에서는 비유클리드 기하학과 상대성 원리보다 유클리드 기하학과 만유인력 법칙이 준칙으로 작용하고 있는 것에 비유할 수 있다. 사실 인도의 세계에서는 『노자』보다는 『논어』를 비롯한 여타 제자백가서의 효용성이 더 클 수밖에 없다. 이는 유가경전이 '지치'의 방략을 인간의 노력을 통해 얼마든지 달성할 수 있는 인위적인 덕목에서 찾은 데 반해 노자는 일견 이와 괴리되어 있는 것처럼 보이는 '무위' 개념에서 찾은 데 따른 필연이기도 하다.

그러나 치국治國 개념을 뛰어넘어 전 인류를 상대로 한 평천하平天下 차원으로 시각을 넓힐 경우 그 해답은 달라질 수밖에 없다. 노자사상을 원용치 않고는 '지치'의 개념을 추출해낼 수 없기 때문이다. 이는 마치 비유클리드 기하학과 아인슈타인의 상대성 원리를 원용치 않고는 우주의 실체를 파악할 수 없는 것과 같다. 노자사상의 위대함이 바로 여기에 있다. 이는 노자사상만이 인도의 본원에 해당하는 천도의 실체를 발견한 데 따른 필연적인 귀결이기도 하다. 『노자』가 '통치론'의 영원한 교범이 될 수밖에 없는 이유가 바로 여기에 있다.

본래 노자가 말한 '무위지치'의 기본 취지는 우주와 인간, 치자와 피치자를 모두 하나로 통합해 공생공존하는 지극한 통치를 이루고자 한 데 있다. 『노자』 전체를 관통해 '무위지치'가 끊임없이 언급돼 있는 것은 바로 이 때문이다.

그러나 안타깝게도 우리나라는 말할 것도 없고 이웃 중국과 일본 등에서도 『노자』의 기본 취지에 대한 곡해가 계속되고 있다. '무위지치'를 마치 '무치無治'인 것처럼 해석하는 작금의 왜곡현상이 그 대표적인 실례이다. 이는 기본적으로 노자사상을 장자의 '무위자연無爲自然' 사상으로 해석한 데서 비롯된 것이다. 노자와 장자를 하나로 묶은 소위 '노장학老莊學'의 관점에서 노자사상을 연구하는 한 이런 왜곡은 근절될 길이 없다.

노자의 '무위지치'를 장자의 '무위자연'으로 해석하는 것은 '유위지치有爲之治'의 지극한 모습인 '지치'를 '무위지치'를 통해 이루고자 한 노자사상을 근원적으로 왜곡하는 것이다. 후대의

'황로학'이 노자사상을 도교의 '양생술'로 타락시킨 것도 이와 무관치 않다. 이는 성리학이 공학을 맹학의 부속물로 전락시킨 것에 비유할 수 있다. 『노자』는 '유위지치'의 지극한 경지를 '무위지치'를 통해 실현시키고자 했을 뿐이지 결코 '무치'를 주장한 적이 없다.

이는 생로병사의 근원을 다르마Dharma에서 찾은 불학佛學의 관점이지 『노자』의 관점이 아니다. 장학莊學이 노학老學에서 출발했음에도 '불학'과 유사한 행로로 진행한 나머지 불학의 중국 전파에 교량 역할을 한 것은 바로 이 때문이라고 할 수 있다. 공학이 불학의 영향을 받은 성리학의 출현으로 크게 왜곡된 것과 마찬가지로 노학 역시 장학으로 인해 결정적인 왜곡이 이뤄진 셈이다.

대표적인 실례로 『노자』 제80장에 나오는 '소국과민小國寡民'을 무정부주의 내지 원시공산사회의 이념과 부합하는 것으로 풀이하는 견해를 들 수 있다. 제25장의 '도법자연道法自然'을 두고 노자가 '도' 위에 '자연'을 상정했다는 식의 주장도 마찬가지이다. '소국과민'은 결코 무정부주의나 원시공산사회와 같은 '반통치反統治'의 입장에서 나온 것이 아니다. 최상의 통치인 제도帝道의 이상적인 모습을 묘사하기 위해 이런 역설적인 비유를 원용한 것에 지나지 않는다. 제25장의 '자연' 역시 '도'가 '도'라는 이름으로 불리기 이전의 존재양상을 표현하기 위해 '도법자연'이라는 표현을 원용한 것에 지나지 않는다.

노자는 통치의 방법 및 내용 면에서 인위적인 통치를 거부했을 뿐이다. 오히려 '무위'를 통한 무차별적인 통치를 구현코자 한 점에서는 유가보다 더욱 적극적이었다. 이는 제25장의 다음과 같은 언급을 통해 쉽게 확인할 수 있다.

"도가 크고, 하늘이 크고, 땅이 크고, 왕 또한 큰 것이다. 역중域中 : 우주 가운데에 4가지 큰 것이 있으니 왕이 그 중 하나에 해당한다."

맹자가 소위 '군자삼락君子三樂'을 언급하면서 '왕천하王天下 : 천하에 군왕으로 군림함'를 제외한 것과 극명한 대조를 이루는 대목이 아닐 수 없다. 그럼에도 시중에는 노자사상을 '무위자연無爲自然'에 입각한 장학莊學의 관점에서 접근한 주석서만이 나돌고 있다. 이는 노학老學을 '장학'의 부속물로 편입시킨 데 따른 것이다.

입세간入世間의 통치문제를 벗어나 출세간出世間의 문제에 관심의 초점을 맞춘 '장학'의 관점에서 '노학'을 해석하는 것은 노자사상을 통치사상이 아닌 형이상의 철학사상 내지 개인 차원의 치신사상治身思想으로 왜곡할 우려가 크다. 이러한 접근방식으로는 노자사상을 통해 현재 우리가 직면하고 있는 안팎의 도전을 슬기롭게 헤쳐 나가고자 하는 목적에 부응할 수 없다.

현재 서구에서는 전 세계를 아우르는 21세기의 새로운 통치사상을 모색코자 하는 차원에서 노자사상에 대한 연구가 치열하게 전개되고 있다. 미국의 대학가에서 동양 관련 서적 중 『노자』가 가장 널리 읽히고 있는 것은 물론 노자사상에 관한 수준 높은 학술논문이 속출하고 있는 사실이 이를 뒷받침하고 있다. 중국 역시 노자에 대한 연구가 서구 못지않게 활발히 진행되고 있다. 학생들이 어릴 때부터 『노자』를 암송하고 있는 현실이 그 결정적인 증거이다.

그럼에도 정작 공동체 붕괴의 위험에 직면해 있는 우리나라는 노자사상에 대한 연구가 빈약하기 짝이 없다. 노자에 대한 국민들의 관심도 낮을 뿐만 아니라 학계의 연구 또한 구태의연한 접근방식에서 벗어나지 못하고 있는 것이다. 현재 시중에 나와 있는 대부분의 『노자』 관련 서적이 고식적인 해석에 안주해 노자사상의 왜곡에 일조하고 있는 사실이 이를 웅변적으로 보여주고 있다.

현재 우리나라는 세계 최고의 이혼율 및 자살률을 비롯해 세계 최저의 출생률을 기록하고 있다. 이는 통치 리더십의 실종과 무관치 않다. 전 국민이 지역과 이념, 세대, 성별, 빈부 등을 기준으로 편을 갈라 극단적으로 대립하는 망국적인 현상이 그 증거이다. 한마디로 우리는 현재 가족공동체는 말할 것도 없고 국가공동체마저 해체될 위기에 처해 있는 것이다.

필자가 서둘러 본서를 펴낸 것은 최근 정치권 일각에서 치자와 피치자의 2분법적 논리로 역대 통치사를 설명코자 한 사실과 무관치 않다. 이는 치자와 피치자를 모두 하나로 통합해 공존공영의 지극한 통치를 이루고자 했던 『노자』의 기본 취지와 정면으로 배치되는 '반통치'의 전형이 아닐 수 없다. 본서는 목하 자행되고 있는 일련의 '반통치' 현상에 대한 강력한 반론 차원에서 나온 것이다. 여기에는 노자사상을 연구한 학자로서 최소한의 임무를 수행해야만 한다는 가책呵責이 크게 작용했다.

최고통치권자가 '반통치'의 행보를 보일 경우 그 결과는 명약관화하다. 내분 끝에 국가공동체의 붕괴로 이어질 수밖에 없다. 우리가 현재 그런 위기상황에 직면해 있는 것이다. 그럼에도 희망이 전혀 없는 것은 아니다. 역설적으로 지금이야말로 그간 온갖 갈등과 대립으로 사분오열돼 있는 민심을 하나로 통합해 다시 굳건히 일어설 수 있는 절호의 기회가 아닐 수 없다. 국민들이 그간 '반통치'를 일삼은 위정자들의 감언이설에 속은 사실을 통각痛覺하기만 하면 현재의 위기를 얼마든지 전화위복의 계기로 삼을 수 있다.

우리는 이에 대한 해답의 단서를 『노자』에서 찾아낼 수 있다. 필자가 본서를 집필케 된 동기가 바로 여기에 있다. 독자들은 본서를 통해 『노자』를 새롭게 인식할 수 있을 것이다. 본서는 기존의 『노자』 관련서와 달리 노자의 통치사상을 집중 탐사했다. 『노자』를 시종 통치사상의 차원에서 분석한 것이 본서의 가장 큰 특징이다. 이는 본서가 사상 최초로 시도한 것이기도 하다. 사실 이것이 노자사상의 본령이자 『노자』의 실체이기도 하다. 본서가 대화합의 '무위지치'를 역설한 노자의 통치사상을 새롭게 인식하는 계기로 작용하기를 기대해 본다.

2007년 2월
정릉 학오재學吾齋에서
신동준 쓰다

차례

제1부

인물론

제1편 생장론生長論

예로부터 노자의 실체에 관해 수많은 논란이 계속되어 왔으나 아직까지 결론이 나지 않은 상태이다. 노자의 실체를 인정하는 견해도 그 활동시기에 관해서는 합의점을 찾지 못하고 있다. 대략 공자와 비슷하거나 그보다 약간 앞선 춘추시대 말기로 추정하는 견해가 지배적이다.

노자에 관한 최초의 기록은 『사기史記』「노자한비열전老子韓非列傳」이다. 그러나 노자는 사마천司馬遷이 『사기』를 저술하는 전한제국 초기에도 여전히 베일에 싸인 전설적인 인물이었다. 사마천도 정확히 판단할 길이 없어 노자에 관한 여러 설을 그대로 수록해 놓는 방식을 취했다.

이로 인해 오래 전부터 많은 사람들이 「노자한비열전」의 기록에 커다란 의문을 표시했다. 공자가 젊은 시절 주나라 도서관 관리자로 있던 노자에게 '예'를 물으러 가고, 주나라가 쇠약해지자 노자가 관직을 사임하고 길을 떠나던 중 관문의 경비책임자 윤희

尹喜의 부탁을 받고 『노자』를 지었다는 일화 등이 의구심을 불러 일으켰다. 노자의 생존연대는 오랫동안 공자보다 1세대 정도 앞선 기원전 580-500년 사이로 알려져 왔다. 그러나 현재 적잖은 사람들이 노자의 생존연대는 물론 『노자』를 저술했다는 『사기』의 기록 자체에 신뢰를 보내지 않고 있다.

다만 이들 또한 노자와 유사한 도가사상을 가진 사람들이 춘추시기에 존재하고 있었다는 사실만큼은 부인하지 않고 있다. 『논어』에 나오는 일사逸士에 관한 일화 등이 이를 뒷받침하고 있다. 노자는 사상적으로 이들 일사와 통하고 있다. 노자도 이들 일사 중 한 사람이었을 공산이 큰 것이다. 여기서 『사기』의 기록을 토대로 노자의 실체를 간략히 검토해 보기로 하자.

「노자한비열전」은 노자를 비롯해 장자莊子와 신불해申不害, 한비자韓非子 등을 같은 부류로 묶어놓았다. 장자는 노자와 마찬가지로 통상 도가道家로 분류되고 있으나 신불해와 한비자는 소위 법가法家에 속한다. 사마천은 도가와 법가를 같은 부류로 분류한 셈이다. 소위 '무위지치無爲之治'를 주장하는 도가와 '법치法治'를 주장하는 법가는 외견상 커다란 차이가 있다. 사마천은 왜 『사기』를 저술하면서 이들을 같은 부류로 묶어놓은 것일까.

원래 신불해는 전국시대 중엽 한韓나라의 재상으로 소위 '황로사상黃老思想'을 바탕으로 형명학刑名學을 주장하며 부국강병을 꾀한 인물이다. '황로사상'은 전설적인 삼황오제三皇五帝 중 '오제'의 시조에 해당하는 황제黃帝와 노자를 동일시하여 숭배하는 도가사상을 말한다. 이는 노자를 신성시한 데서 비롯된 것으로 전한제국 초기에 사상계를 풍미했다. '형명학'은 명칭과 실상이 부합하는지 여부를 따지는 일종의 명실론名實論으로 법치의 기본 이론에 해당한다.

한비자는 전국시대 말기에 노자의 '무위지치'사상을 차용해 법가사상을 이론적으로 완성시킨 인물이다. 그가 지은 『한비자』 「해로解老」편과 「유로喩老」편은 『노자』에 대한 최초의 주석을 시도한 것이기도 하다. 사마천은 바로 이런 점 등을 고려해 도가와 법가를 하나로 묶어 「노자한비열전」을 편제한 것이다.

그렇다면 「노자한비열전」에 나오는 노자에 관한 여러 전설 중 과연 노자의 실체에 가장 가까운 것은 어느 것일까. 「노자한비열전」의 내용을 토대로 노자의 실체를 추적해 보기로 하자. 「노자한비열전」의 내용은 크게 5가지 항목으로 나눌 수 있다.

① 노자는 초나라 고현苦縣 여향厲鄕 곡인리曲仁里 : 허난성 녹읍 동쪽 사람이다. 성은 이李이고 이름은 이耳, 자는 담聃이다. 주나라 수장실守藏室의 사관을 지냈다. 공자가 주나라에 갔을 때 노자에게 예를 물은 적이 있다. 노자가 공자에게 말했다.

"그대가 말하는 그 사람은 이미 오래 전에 죽어 뼈는 모두 썩어버렸고 단지 그의 말이 남아 있을 뿐이다. 군자가 때를 얻으면 관직에 나아가지만 때를 얻지 못하면 정처 없이 떠돌아다니는 것이다. 내가 듣건대 훌륭한 장사꾼은 재물을 깊이 감추어 두고 없는 것처럼 하고 군자는 성대하지만 용모는 어리석은 것같이 한다고 했다. 그대의 교만한 기운과 다욕多欲, 꾸민 자태와 음란한 뜻을 버려라. 이것은 모두 그대의 몸에 무익한 것이다. 내가 그대에게 말하고자 하는 것은 이것뿐이다."

공자가 떠나면서 제자에게 말했다.

"새라면 날 수 있다는 것을 나는 알고 있다. 물고기라면 헤엄칠 수 있다는 것을 나는 알고 있다. 짐승이라면 달릴 수 있다는 것을 나는 알고 있다. 달리는 것은 그물로 잡을 수 있고, 헤엄치는 것은 낚시로 잡을 수 있고, 나는 것은 주살로 잡을 수 있다. 그러나 용에 대해서는 나는 알지 못한다. 바람과 구름을 타고 하늘로 오르기 때문이다. 내가 오늘 노자를 보니 용과 같았다."

노자는 도덕을 수양하면서 스스로 숨기고 이름이 알려지지 않도록 하는 데에 힘쓰라고 했다. 주나라에 오랫동안 살다가 주나라가 쇠미해지는 것을 보고 마침내 떠나고 말았다. 함곡관函谷關에 이르자 관령關令인 윤희尹喜가 말하기를, '선생은 장차 숨으려고 하시니 억지로라도 저를 위해 책을 지어주십시오'라고 했다. 이에 노자가 상하편의 책을 지으면서 도덕의 의미를 5천여 자로 말하고 떠났다. 그가 죽은 곳을 알지 못한다.

② 혹자는 노래자老萊子 역시 초나라 사람으로 15편의 책을 지어 도가의 운용을 말한 바 있고 공자와 동시대 사람이라고 말한다. 노자는 1백60여 세를 살았다고 하기도 하고 혹은 2백여 세까지 도를 닦으며 살았다고 하기도 한다.

③ 공자가 죽은 지 1백29년이 지난 뒤 주나라 태사太史 담儋이 진헌공秦獻公을 보고 '처음에 진나라와 주나라가 합치고,

합한 지 5백 년 후 분리되고, 분리된 지 70년 후 패왕이 출현할 것이다'라고 했다. 혹자는 담이 노자라고 하고 혹자는 아니라고 한다. 세상에서는 이를 알 길이 없다. 노자는 은군자隱君子였다.

④ 노자의 아들 이름은 종宗이고 종은 위魏나라의 장군이 되어 봉읍을 받았다. 그의 아들은 주注, '주'의 아들은 궁宮, '궁'의 현손은 가假라고 한다. '가'는 한문제漢文帝를 섬겼다고 한다. '가'의 하들 해解는 교서왕膠西王 유앙劉卬의 태부가 되었기 때문에 제나라에 정착했다고 한다.

⑤ 지금 노자를 배우는 사람은 유학을 배척하고 유학을 배우는 사람은 노자를 배척한다. '도가 같지 않아 서로 더불어 논할 수 없다'고 말하지만 어찌 이런 일이 있을 수 있는가. 노자는 무위로써 자화自化하고 청정으로써 자정自正하고자 했다.

「노자한비열전」에 소개되지는 않았으나 노자에 관한 전설은 이후에도 꾸준히 만들어졌다. 노자가 서역으로 가 부처가 되어 서역인들을 교화했다는 소위 노자화호설老子化胡說 등이 그 실례이다. 이것이 역사적 사실과 동떨어진 것임은 말할 것도 없다.

「노자한비열전」의 기록 중 앞의 3가지 항목은 노자에 관한 전설이고, ④ 항목은 노자의 후손과 관련된 전설이고, 마지막의 ⑤ 항목은 사마천 생존 당시의 노자에 관한 평이다. 노자의 후손과 관련한 ④ 항목의 기록은 노자의 후대로 알려진 이들 인물과 연대기가 일치하지 않는 점에 비춰 신뢰키가 어렵다. 노자 후손의 생존기간이 짧았을 것으로 추정하면서 액면 그대로 수용할 것을 주장하는 견해가 없는 것은 아니나 노자 후손의 생존기간이 짧았을 것으로 추정하는 근거가 취약하다.

결국 노자에 관한 전설은 공자와 같은 시기에 초나라에 살았던 노담老聃이라는 설과 공자와 같은 시대에 살았던 초나라 사람 노래자老萊子라는 설, 주나라의 태사 담儋이라는 설 등 3가지로 요약할 수 있다. 이들 중 과연 누가 노자의 실체에 가까운 것일까. 『장자』는 이들 모두를 노자와 다른 인물로 보았다. 『장자』에 노담이 45회, 노자가 22회, 노래자가 3회 나오고 있는 사실이 이를 뒷받침한다. 「내편」에는 노담만이 5회 나온다. 그러나 「외편」에는 노담이 30회, 노자가 9회 나온다. 또 「잡편」에는 노담 10회, 노자 13회에 이어 노래자가 처음으로 3회 나온다. 사마천도 대략 이런 입장에 서 있었던 것으로 보인다. 『사기』 「중니제자열전」에 나오는 다음 기록이 그 증거이다.

"공자가 엄숙히 섬겼던 사람은 주나라의 노자老子, 위衛나라의 거백옥蘧伯玉, 제나라의 안평중晏平仲, 초나라의 노래자老萊子, 정나라의 자산子産, 노나라의 맹공작孟公綽이었다."

거백옥과 안평중, 노래자, 자산, 맹공작은 모두 실존인물이다. 공자가 이들과 교제한 일화는 선진시대 문헌에 모두 기재되어 있다. 이를 토대로 보면 노자 역시 실존인물이었을 공산이 큰 것이다. 원래 사마천은 유학자로서 공자를 매우 숭상했다. 『사기』는 바로 공자의 업적을 전하려는 뜻을 가지고 있었던 까닭에 이런 기록을 남겨놓았을 것으로 짐작된다.

현존하는 『노자』는 유가에 대한 강력한 비판을 담고 있다. 이는 『노자』가 적어도 유가의 사상이 형성된 뒤 나온 것임을 시사하는 것이다. 유가사상은 공자 사후 그의 2–3대 제자들에 의해 정립되었다. 그 시기를 아무리 빨리 잡아도 전국시대 초기 이후가 된다. 그렇다면 『노자』는 전국시대 중기 이후에 나왔다고 볼 수밖에 없다. 이를 근거로 판단하면 '노담' 또는 '노래자'가 『노자』를 지었다는 전설은 믿을 수 없게 된다. 그렇다면 주나라 태사 담이 『노자』를 지었다는 세 번째 전설이 진실에 가까운 것일까.

이에 대한 해답의 실마리는 지난 1973년 12월에 중국의 호남성湖南省 장사長沙 마왕퇴馬王堆 3호묘에서 출토된 소위 『백서본帛書本 노자』가 제공했다. 『백서본 노자』는 만물을 생성하고 운행하는 원리인 도道보다 군주가 이러한 '도'를 실현하는 덕德이 더 강조되어 있다. 그러나 나머지 내용은 거의 현존 『노자』와 큰 차이가 없다. 내용도 유사할 뿐만 아니라 글자 수도 5천여 자 내외로 큰 차이가 없다. 『백서본 노자』의 출토로 원래의 『노자』는 최소한 전한제국 초기 이전에 존재했다는 사실이 확인된 셈이다.

그러나 최초의 『노자』가 출현한 시기를 이보다 더 소급케 하는 사건이 『백서본 노자』가 출토된 지 꼭 20년 뒤인 지난 1993년에 터져나왔다. 당시 호북성湖北省 형문시荊門市 곽점촌郭店村에 있는 소위 '곽점 1호묘'에서 죽간竹簡에 쓰여진 『노자』가 출토되었다. 소위 『초간楚簡 노자』 내지 『죽간 노자』로도 불리는 이 『곽점본郭店本 노자』가 출토된 곽점 1호묘 지역은 전국시대 초나라 도성인 기남성紀南城으로부터 북쪽으로 9km 지점에 위치해 있었다. 곽점 1호묘에서는 죽간 이외에도 칠현금과 옥대 등이 출토되었다. 이 유물들은 모두 전형적인 초나라 문양을 하고 있었다. 이를 토대로 고고학자들은 곽점 1호묘의 조성시기를 대략 전국시대 중기 후반으로 잡고 있다. 이로써 『노자』가 처음으로 만들어진 시기는 전국시대 중기 이전으로 소급케 되었다.

『곽점본 노자』는 『백서본 노자』와 달리 글자 수도 현존 『노자』의 5분의 2에 해당하는 2,046자에 불과할 뿐만 아니라 그 내용 또한 커다란 차이가 있다. 이로 인해 당초 발굴에 참여한 죽간정리조竹簡整理組는 『곽점본 노자』가 도굴로 인해 손상을 입은 게 아닐까 크게 우려키도 했다. 그러나 이후의 연구결과 출토된 『곽점본 노자』는 그 자체로 완정하다는 사실이 밝혀졌다. 이는 그간의 『노자』에 관한 수많은 연구성과를 일거에 휴지조각으로 만들지도 모르는 엄청난 파문을 던졌다.

먼저 『곽점본 노자』가 그 자체로 완벽한 체제를 갖췄다면 형이상形而上의 용어가 전혀 나타나지 않는 『곽점본 노자』를 어떻게 해석해야 하는가 하는 문제가 제기되었다. 『곽점본 노자』에는 현재 일반인들이 노자사상을 대표하는 문장으로 생각하는 제1장의 '도가도비상도道可道非常道' 와 같은 형이상의 구절이 전혀 나타나지 않고 있다. 그렇다면 『백서본 노자』 이후 현존 『노자』에 이르기까지 난해하기 짝이 없는 형이상의 용어는 『노자』 원형을 왜곡한 것인가 아니면 심화한 것인가.

또한 현존 『노자』에 나오는 법가의 영향을 받은 듯한 대목과 유가에 대한 비판 대목이 『곽점본 노자』에는 전혀 나오지 않는 것을 어떻게 해석해야 하는가 하는 문제가 제기되었다. 이는 『곽점본 노자』가 나올 당시만 해도 유가와 도가의 대립이 없었고, 오히려 도가가 유가의 덕목을 수용했음을 시사하는 것이다. 현존

『노자』는 부국강병책이 위세를 떨치던 전국시대에 노자사상을 시대조류에 맞춰 대대적으로 개편한 일종의 증보개정판일 공산이 큰 것이다. 그렇다면 이는 후대인이 『노자』 원형을 손상시킨 것인가 아니면 심화시킨 것인가.

나아가 『곽점본 노자』의 저자를 「노자한비열전」에 나오는 '노담'으로 간주할 경우 '노래자'와 '태사 담'은 『노자』와 어떤 관련이 있는 것인가 하는 문제가 제기되었다. 이에 대해 『곽점본 노자』를 『노자』의 원형으로 간주하는 사람들은 「노자한비열전」에 나오는 '노담'과 '노래자', '태사 담'은 각기 다른 사람이고, 『곽점본 노자』를 쓴 사람은 춘추시대 말기에 공자가 예를 물은 '노담'이고, 『백서본 노자』는 전국시대 중엽의 '태사 담'이 노자사상을 근거로 『곽점본 노자』를 정리하면서 새로운 이론을 첨가해 집필한 것이며, '노래자'는 실존인물이기는 하나 현존 『노자』와 유사한 저술을 하지는 않은 것으로 보고 있다.

이들은 『노자』가 한 사람이 쓴 단일본이 장구한 세월을 거치면서 후대인들의 첨삭을 거쳐 완성된 것이 아니라 애초부터 『곽점본 노자』와 『백서본 노자』, 현존 『노자』 모두 각기 다른 시대에 서로 다른 인물에 의해 완성된 것으로 보고 있다. 이들의 주장에 따르면 노자사상도 춘추시대의 『노자』와 전국시대의 『노자』, 한제국 때의 『노자』에 따라 각기 다르게 판단할 수밖에 없다. 이들 중에는 『곽점본 노자』를 쓴 '노담'의 사상이 소위 '위아爲我'사상을 주창한 양주楊朱와 함곡관에서 '노담'에게 가르침을 청한 윤희尹喜에게 전수되고, 윤희는 다시 '태사 담'과 열자列子에게 노자사상을 전한 것으로 추정하는 견해도 있다. 과연 이들의 주장이 타당한 것일까.

본래 양주의 '위아'사상은 도가사상과 전혀 관계없는 것은 아니다. 특히 치국治國보다 치신治身을 강조한 장자사상과는 밀접한 관련이 있다. 그러나 이런 현상은 당시 제자백가 사이에 흔히 있었던 일로, 이를 근거로 양주가 노자사상을 이어받았다고 주장하는 것은 무리이다. 양주는 노자사상을 전수받았다기보다는 장자사상의 영향을 크게 받았다고 보는 게 합리적이다.

이들 논점의 핵심은 기본적으로 『곽점본 노자』를 『노자』의 원형에 가까운 것으로 간주할 경우 과연 『곽점본 노자』와 『백서본 노자』, 현존 『노자』의 유사성을 어느 정도 인정할 것인가 하는 문제와 직결돼 있다. 이는 결국 『백서본 노자』와 현존 『노자』가 내용상 거의 일치하고 있는 점에 비춰 『곽점본 노자』에서 『백서본 노자』로 이어지는 것을 과연 내용상 '비약'으로 볼 것인지 아니면 '승계'로 볼 것인지 여부에 관한 문제라고 할 수 있다.

결론부터 말하면 『곽점본 노자』에서 『백서본 노자』를 거쳐 현존 『노자』로 이어지는 일련의 과정은 '승계'로 보는 게 타당하다. 『곽점본 노자』에 나타나지 않는 형이상의 용어가 『백서본 노자』에 대거 등장한 것은 전국시대 말기의 시대사조와 밀접한 관련이 있다. 이는 춘추시대 말기에 활약한 공자의 언행을 수록한 『논어』에는 거의 나타나지 않는 형이상의 용어가 전국시대 중엽에 활약한 맹자의 언행을 수록한 『맹자』에 대거 등장한 사실을 보면 쉽게 이해할 수 있다.

원래 전국시대 중엽 이후 제자백가가 우후죽순처럼 등장해 소위 '백가쟁명百家爭鳴'의 사상투쟁을 전개하면서 무수한 형이상의 용어가 등장했다. 『노자』 역시 『곽점본 노자』에서 『백서본 노자』로 이어지는 와중에 이러한 시대사조를 흡입해 대대적인 손질이 이뤄졌다고 보는 게 타당하다. 제1장에 '도가도비상도道可道非常道'와 같은 형이상의 구절이 삽입된 것을 놓고 이를 대서大書해 『노자』의 원형이 손상되었다는 식으로 파악해서는 안 된다. 이는 어디까지나 '승계'이지 '비약'은 아닌 것이다.

『곽점본 노자』가 나올 당시만 해도 유가는 비록 제자백가의 선발주자로서 방대한 학단學團을 이루고 있었던 것은 사실이나 각 학파마다 정통성을 자처하며 심한 갈등을 빚은 까닭에 지리멸렬한 모습을 보이고 있었다. 당시 사상계를 주도했던 것은 묵가墨家와 양주楊朱의 무리였다. 이는 공자사상의 적통을 자처한 맹자가 당시의 사상계를 풍미하고 있던 묵가와 양주의 무리를 공격하는 데 과도할 정도의 심혈을 기울인 사실을 통해 쉽게 알 수 있다. 당시의 상황에 비춰볼 때 노자사상에 뿌리를 두고 있던 도가로서는 유가와 대립각을 세워 적대적인 입장을 취할 이유가 별반 없었던 것이다.

『백서본 노자』에 법가의 영향을 받은 듯한 대목과 유가에 대한 비판 대목이 삽입된 것 역시 부국강병을 중시한 전국시대 말기의 시대사조를 흡입한 결과로 보는 게 타당하다. 『노자』 자체가 난세를 치세로 돌리기 위한 통치의 문제에서 출발한 만큼 이는 『노자』 원형에 대한 손상이 아니라 심화로 보는 게 합리적이다.

마지막으로 『노자』의 저자와 관련해 『곽점본 노자』를 쓴 노자와 『백서본 노자』를 쓴 노자가 따로 존재했을 가능성은 충분히 존재한다. 그러나 이를 두고 『곽점본 노자』를 쓴 사람은 춘추시대 말기에 공자가 예를 물었다는 '노담'이고, 『백서본 노자』를 쓴 사람은 전국시대 중엽의 '태사 담'이고, '노래자'는 실존인물이나 『노자』의 저자는 아니었을 것으로 추정하는 것은 적잖은 무리가 있다.

공자가 노자에게 예를 물었다는 소위 '문례問禮'설화는 후대에 만들어진 허구일 공산이 크다. 신뢰성이 떨어지는 「노자한비열전」의 '문례'설화를 토대로 『곽점본 노자』의 저자를 '노담'으로 단정하는 것은 무리이다. 그보다는 전국시대 말기 이전에 대략 '노담'으로 추정되는 사람이 『노자』를 펴낸 이래 여러 이본異本이 존재하다가 시간이 지나 여러 사람의 손을 거쳐 첨삭添削이 이뤄지는 와중에 마침내 하나로 통합되어 현존 『노자』의 모습을 갖추게 되었다고 보는 게 합리적이다.

그렇다면 「노자한비열전」에 나오는 노자와 관련된 전설의 주인공인 '노담'과 '노래자', '태사 담'의 실체는 과연 무엇일까. 먼저 '노담'과 관련해 그의 성씨부터 살펴볼 필요가 있다. 원래 춘추시대에는 이李씨 성이 없었다. 이씨 성은 전국시대에 들어와서야 비로소 나타나기 시작했다. '노담'의 성이 이씨라는 『사기』의 기록은 문제가 있는 것이다. 현재 노자의 성은 노老씨라고 보는 것이 통설이다. 노씨의 경우는 『좌전』 등에 이미 많이 나타나고 있다. 현재 적잖은 학자들은 노씨와 이씨의 발음이 비슷한 점에 착안해 후대에 들어와 혼용되었을 개연성에 주목하고 있다.

노자의 본적으로 거론된 고현苦縣은 본래 진陳나라에 속해 있었다. 춘추시대 말기에 초나라가 진나라를 멸망시킨 뒤 초나라 땅으로 편입시킨 까닭에 『사기』에 '초나라 고현'으로 기술된 것이다. 중국의 신화사 통신은 지난 1995년 가을에 노자의 고향을 현재의 안휘성 정점촌鄭店村이라고 보도한 바 있다. 고고학자들이 정점촌에 있는 속칭 노자묘老子廟로 불리는 천정궁天靜宮 유적지를 조사하던 중 노자가 이곳에서 태어난 사실을 기록한 비문을 발견했다는 것이다. 그러나 이에 대한 반론도 만만치 않다. 현재 중국에서는 노자의 출생지를 둘러싸고 관내의 태청궁太淸宮을 주장하는 하남성 녹읍현鹿邑縣과 이곳에서 1백 킬로미터 가량 떨어져 있는 천정궁을 주장하는 안휘성 와양현渦陽縣이 치열한 각축전을 전개하고 있다.

노자의 직책과 관련해 그가 근무했다고 알려진 '장실藏室'은 대략 주나라의 장서실로 해석되고 있다. 장서실의 관직은 '주하사柱下史'로 불렸다. 이는 목판과 죽간의 책을 관장하는 직책이다. 장실은 당시 전각의 기둥 아래에 있었기 때문에 주하사는 대략 왕실 도서관장 정도로 이해되고 있다.

그러나 공자가 '노담'을 만나 예를 물었다는 소위 '문례問禮' 설화는 액면 그대로 믿기 어렵다. 예로부터 이를 둘러싸고 숱한 논란이 있었다. 물론 『공자세가』를 비롯해 『예기』, 『장자』, 『여씨춘추』 등에도 이 설화가 기록되어 있으나 그 내용은 약간씩 다르게 나타나고 있다.

현재는 '문례'설화를 인정하는 견해가 훨씬 많은 편이다. 사마천 역시 이 설화를 사실로 간주했을 공산이 크다. 당시 만일 신뢰할 만한 자료가 있었다면 사마천이 공자를 비하하는 소위 '문례' 설화를 「노자한비열전」에 실었을 리 없다고 보는 게 합리적이다. 물론 이를 두고 사마천이 내심 공자를 비하코자 하는 의도를 갖고 있었다고 해석하는 견해가 없는 것은 아니다. 그러나 이는 『사기』의 전체 맥락에 비춰 따르기 어렵다.

'문례'설화를 긍정하는 학자들은 우선 이 설화를 기록한 글이 대단히 많다는 점을 들고 있다. 만약 이 설화가 전국시대 사람들이 꾸며낸 것이라면 지금처럼 널리 전해지지는 않았을 것이고, 『예기』와 같이 중요한 경전에 이런 설화를 기록할 리 만무하다는 게 이들의 주장이다. 실제로 『예기』「증자문曾子問」편에는 공자가 노자를 좇아 향당에서 장례를 돕고 하루의 식사를 대접받았다는 기록이 나오고 있다.

이들은 공자와 노자가 최소한 2번 이상 만났을 것으로 추정하면서 첫 만남은 공자가 34세 때 주나라에서 이뤄졌고, 또 한번은 공자가 51세 때 패沛 땅에서 이뤄졌을 것으로 보고 있다. 다만 이들도 『사기』 등에서 말하는 만남이 첫 번째 만남인지 아니면 두 번째 만남인지 여부는 단언치 못하고 있다.

이와 관련해 과거의 성리학자들은 공자의 명성에 커다란 누가 되는 '문례'설화를 허구로 치부했다. 주희朱熹는 『주자어류朱子語類』에서 '사람들이 모두 맹자가 노자는 배척하지 않았다고 하지만 노자는 곧 양주의 무리이다'라고 비난한 적이 있다. 사실 『맹자』를 보면 양주와 묵자를 비판한 대목은 여러 차례 나오지만 노자에 대한 비판은 전혀 없다. 그럼에도 주희는 노자가 양주에게 도가사상을 전하고, 양주가 다시 장자와 열자에게 이를 전한 것으로 단정한 것이다. 주희 역시 노자사상에 대한 자신의 비판적인 입장을 정당화하기 위해 이런 주장을 펼쳤을 공산이 크다.

노자가 주나라를 떠난 후의 행방과 관련해 『사기』에 나오는 관

關은 대개 함곡관을 가르치므로 노자는 진秦나라로 들어갔을 것으로 추정되고 있다. 『장자』「양생주養生主」편에 노자가 죽었을 때 '진일秦佚이 찾아가 세 번 울부짖고 나갔다'는 기록이 나온다. 이 기록을 믿는 사람들은 노자가 진나라 국경 부근인 부풍扶風에서 죽고 괴리槐里에 매장된 것으로 추정하면서 '죽은 곳을 모른다'는 「노자한비열전」의 기록은 잘못이라고 주장하고 있다.

그렇다면 노자는 왜 이국땅인 진나라에서 죽게 된 것일까. 이와 관련해 그 자신이 왕실의 관리로 재직한 사실에 주목해 권력투쟁의 와중에서 희생된 것으로 해석하는 견해가 유력하다. 이는 노자가 비판하고 가르치고자 한 대상이 일반 백성이 아니라 당시의 위정자였다는 사실에 주목한 것이다. 이들은 왕실의 사관으로 있던 노자가 중년에 왕실의 권력다툼으로 관직을 잃었다가 다시 사관으로 복직해 재임하던 중 또다시 권력다툼의 와중에 휩쓸려 관직을 잃은 뒤 마침내 진나라로 들어가 사망한 것으로 보고 있다.

그러나 사실 노자의 생몰연대와 관련해 현재까지 아무 것도 알려진 게 없다. 다만 그가 공자와 같은 시기에 잠깐 살았던 것만큼은 대략 추정이 가능하다. 그 근거로 『논어』와 『노자』의 시대배경이 크게 다르지 않다는 점을 들 수 있다. 양자 모두 '도'와 '덕'이라는 용어를 공히 사용하고 있다. 동일한 용어가 도가와 유가라는 각기 다른 학파의 핵심용어로 수용되었다는 것은 두 사람의 통치사상이 거의 비슷한 시기에 성립했음을 시사한다.

이상의 기록을 종합하면 대략 유가와 도가는 비슷한 시기에 상호 큰 간섭 없이 별개로 성립했고, 『곽점본 노자』는 '노담'으로 추정되는 노자에 의해 쓰여졌을 공산이 크다고 보아도 대과는 없을 듯하다. 다만 『곽점본 노자』의 저자를 '노담'으로 단정하는 것은 신중할 필요가 있다. 『곽점본 노자』보다 훨씬 이전에 만들어진 또 다른 형태의 『노자』가 발굴될 가능성이 여전히 남아 있기 때문이다.

'노래자'의 경우는 『사기』 「중니제자열전」에 두 사람이 각각 다른 사람으로 기록되어 있는 점 등에 비춰 『노자』의 저자는 아닌 것으로 추정된다. 「노자한비열전」 역시 '노담'에 대해서는 "상하편의 책을 지으면서 도덕의 의미를 5천여 자로 말하고 떠났다"고 기술하면서도 '노래자'에 대해서는 "저서 15편은 도가의 운용을 말했다"고 하여 내용상 차이가 있음을 시사하고 있다. 사마천이 '노래자'를 서술할 때 특별히 앞에 '역亦' 자를 덧붙여 두 사람이 같은 고향임을 강조한 것도 두 사람을 동일인으로 오인했을 가능성이 거의 없었음을 뒷받침한다.

'태사 담'은 대략 『백서본 노자』를 만들 당시의 또 다른 노자일 공산이 크다. '태사 담'을 노자의 후손으로 간주하는 견해가 이를 뒷받침한다. 이들은 후세 사람들이 원래의 노자와 그 후손을 한 사람으로 혼동했을 공산이 크다고 보고 있다. 담耼과 담儋의 발음이 같고, 두 사람 모두 주나라의 사관이었고, 두 사람 모두 일찍 함곡관을 나와 진나라로 갔던 점 등이 그 근거로 제시되고 있다. 나름대로 설득력이 있는 견해가 아닐 수 없다.

그러나 이에 대한 반론도 만만치 않다. 이들은 우선 태사 담이 진헌공을 찾아본 것은 여러 기록에 비추어 사실로 받아들여지고 있는 데 반해 '태사 담이 노자이다'라는 증거를 찾을 길이 없다는 점을 들고 있다. 태사 담이 진헌공을 배견한 시기가 공자 사후 160년의 세월이 지난 시점인 것 등도 유력한 반론의 근거로 제시되고 있다. 그러나 설령 그럴지라도 후대에 『노자』 원본을 만든 원래의 노자와 유사한 '태사 담'과 같은 인물이 등장해 『노자』 원본을 대폭 손질한 『백서본 노자』를 만들었을 가능성을 배제할 수는 없다.

현재 『백서본 노자』와 『곽점본 노자』의 출토를 계기로 노자의 실존 가능성에 무게를 두는 견해가 우세한 만큼 이에 대해서는 과거에 비해 논란의 여지가 상대적으로 적어졌다고 볼 수 있다. 이는 노자사상에 대한 재조명 작업이 활발한 데 따른 것이기도 하다.

그러나 아직도 『노자』의 저자에 관한 논란은 쉽게 그치지 않고 있다. 학계 역시 이에 관해 아무런 합의점을 찾지 못하고 있다. 대략 노자의 실존을 인정하는 사람들은 거의 예외없이 노자가 『노자』를 직접 저술한 것으로 간주하고 있다. 이들은 『사기』의 기록이나 『한비자』 및 『장자』 등에 인용된 구절이 『노자』의 내용과 일치하고 있다는 점과 『노자』의 내용이 일관성을 유지하고 있는 점 등을 논거로 들고 있다. 그러나 노자의 실체를 인정할지라도 문체와 용어 등이 통일되어 있지 않은 점 등에 비춰 여러 사람의 손을 거쳐 완성된 것으로 보는 게 타당할 것이다. 『논어』와 『묵자』 등 여타 제자백가서 역시 공자 및 묵적 등이 직접 저술한 것은 아니라는 점 등에 비춰 이같이 보는 게 합리적이다.

『노자』에는 『논어』와 같이 '공자왈' 등의 표현이 없다. 이는 『노자』가 『논어』와 같이 후대의 제자들이 스승의 언행을 편집한 것이 아니라 「노자한비열전」에 거론된 '노담'과 같은 인물이 직접 저술했을 가능성을 시사하는 것이다. 이와 관련해 일찍이 양계초梁啓超는 『논어』와 『묵자』 등에 노자의 이름이 보이지 않고 『노자』에 나타나는 관명이 전국시대의 명칭인 점 등에 비추어 전국시대 말기의 작품으로 추정한 바 있다.

『노자』의 원형은 현재 가장 오래 된 『곽점본 노자』가 전국시대 말기에 나온 점을 감안할 때 대략 전국시대 중기에 출현한 『논어』와 같은 시기이거나 그보다 약간 앞서 만들어졌을 공산이 크다. 선진시대 문헌 중 상당수가 노자의 말을 인용하고 있는 점이 그 증거이다. 실제로 이들 문헌에 인용된 말은 현존 『노자』에 그대로 나오고 있다. 예컨대 『전국책』은 2회, 『장자』는 24회, 『한비자』는 「유로」와 「해로」편 이외에도 여타 편에서 2회 인용하고 있다. 『여씨춘추』의 경우는 모두 4회에 걸쳐 인용하고 있다. 이외에도 선진시대 문헌 중 『노자』의 원문을 인용하지는 않았지만 그 의미를 인용한 경우는 수도 셀 수 없을 정도로 많다.

주목되는 것은 『전국책』 「제책」에 인용된 제선왕齊宣王 당시의 기록이다. 제선왕의 재위는 기원전 344년부터 324년까지이다. 이로 미루어 『노자』는 전국시대 중엽인 기원전 324년 이전에 이미 널리 유포되었을 공산이 크다. 이 시기는 장자와 맹자가 활약한 시기이기도 하다. 『장자』가 노자의 말을 대거 인용하고 있는 것도 이와 무관치 않다고 보아야 한다. 『순자』의 경우도 노자의 말을 직접 인용한 것은 없으나 『노자』에서 인용한 것으로 추정되는 구절이 적잖이 산견되고 있다.

전국시대에 만들어진 제자백가서는 책은 모두 장편이고 번잡한 해설을 마다하지 않은 데 반해『노자』만은 매우 간결하고 세련된 문체로 구성돼 있는 점도 주목할 필요가 있다. 이는『논어』와 매우 흡사한 것이기도 하다. 여기에는 글 쓰는 도구가 발달하지 못해 기록이 용이하지 않았던 점도 하나의 배경이 되었을 것이다. 여러 정황을 종합해 볼 때 대략『노자』의 원형이 만들어진 시기는 전국시대 초기로 추정하는 게 타당할 듯하다. 이는『논어』의 원형이 만들어진 시기와 대략 일치하는 것이기도 하다.

『노자』의 저자와 관련해서는 대략 시기별로 나눠 생각하는 게 옳을 듯하다.『곽점본 노자』가 만들어질 당시에는 '노담'과 같은 인물이 '노자'로 간주되고,『백서본 노자』가 만들어질 당시에는 '태사 담'과 같은 인물이 '노자'로 간주되어 이들이『노자』를 만든 것으로 여겨졌을 공산이 크다. 물론 실제로 이들이『노자』를 저술했는지 여부는 여전히 미지수이나 여러 정황에 비춰 그 가능성이 매우 높다고 보인다. 설령 '노담' 및 '태사 담'이 특정한 인물이 아닐지라도 '노자'로 간주된 일군의 사람들이『노자』의 저술 및 개작에 깊이 개입했다고 보는 게 합리적이다.

제2편 사상론思想論

제1장 노자사상의 특징

춘추전국시대의 여러 특징 중 하나로 수많은 사상가들이 대거 참여해 전례 없는 사상논쟁을 벌인 소위 '백가쟁명百家爭鳴'을 들 수 있다. 이는 사학私學의 출현이 없었다면 불가능한 현상이었다. 사학의 효시는 공자孔子였다. 공자를 조종으로 하는 유가儒家는 공자 사후 커다란 학단學團을 형성해 공자사상을 전파함으로써 제자백가의 출현을 자극했다. 이에 묵적墨翟을 조종으로 삼는 묵가墨家와 한비자韓非子로 대표되는 법가法家, 장자莊子로 대표되는 도가道家 등이 유가에 도전장을 내고 사상계의 우위를 점하기 위한 치열한 논전을 전개했다.

물론 선진시대에는 이들 4가 외에도 허행許行의 농가農家와 추연鄒衍의 음양가陰陽家, 소진蘇秦의 종횡가縱橫家, 손무孫武 등의 병가兵家 등이 있으나 크게 보면 선진시대 4가에 모두 포함되는 것이라고 할 수 있다. 이들 4가家가 바로 춘추전국시대를 대표하는 학파라고 할 수 있다.

예로부터 이들 4가는 다양한 기준에 의해 여러 형태로 분류되었다. 크게 인치파人治派와 법치파法治派, 윤리파倫理派와 법정파法政派, 남파南派와 북파北派 등으로 분류하는 방법이 오랫동안 통용되었다. 이에 따르면 먼저 통치권력의 발동근거를 기준으로 삼을 경우 크게 사람을 중시하는 '인치파'와 제도를 중시하는 '법치파'로 양분할 수 있다. 유가와 묵가는 인치파, 법가는 법치파로 분류된다. 장자로 대표되는 도가는 인치와 법치를 모두 반대했다는 점에서 이른바 무치파無治派에 속한다.

통치행위의 정당성을 기준으로 삼을 경우 크게 윤리적 측면을 중시하는 '윤리파'와 법치와 부국강병을 중시하는 '법정파'로 양분된다. 이 중 윤리파는 다시 유가와 묵가처럼 정치현실을 중시하는 현실파現實派와 도가처럼 정치현실로부터의 초월을 주장하는 비현실파非現實派로 양분된다. 법정파 역시 내용에 따라 크게 부국파富國派와 강병파强兵派, 법치파法治派로 3분된다.

이밖에도 각 학파의 지역적 특성을 기준으로 할 때 크게 '남파'와 '북파'로 대별할 수 있다. 예로부터 강회江淮 : 장강과 회하를 기준으로 그 이남은 기후가 따뜻한데다 하택河澤이 많고, 그 이북은 한랭한데다 산악이 중첩해 있어 사람들의 심성에도 커다란 영향을 미쳤다. 남인南人은 대체로 온유하면서도 이상적이고 시적인 데 반해 북인北人은 강건하면서도 현실적이고 산문적인 성향을 지녔다.

북파의 사상적 연원은 주공周公이다. 이는 공자에 의해 완성되었다. 북파는 주문왕과 주무왕, 주공을 성인으로 받들었다. 통상 북파는 다시 증자曾子와 자사子思를 거쳐 맹자에 의해 완결되는 대의파大義派와 자하子夏와 자유子游를 거쳐 순자에 의해 완결되는 예법파禮法派로 양분되고 있다.

남파의 사상적 연원은 고대의 도술道術이다. 이는 노자에 의해 완성되었다. 노자사상은 유가와 달리 학단을 형성치 못한 채 일사逸士들을 중심으로 전수되었다. 그러던 중 전국시대 말기에 이르러 '무위자연'을 주장하는 장자의 자연파自然派와 음양오행설 등을 가미해 장생불사를 추구하는 양신파養身派로 양분되었다. 이후 남파는 다시 통합되어 노자를 전설적 인물인 황제黃帝와 함께 성인으로 받들면서 소위 '황로학黃老學'으로 발전했다.

묵가는 유가와 도가의 중간지대에 위치하며 남파와 북파의 학풍을 모두 반대했다. 이로 인해 묵가는 황하를 다스린 것으로 알려진 전설적 인물인 우禹를 성인으로 받들었다. 이들 묵가는 다른 학파와 달리 '천天'을 인격신으로 내세워 장인匠人을 중심으로 한 하층민들의 열렬한 지지를 받았다. 그러나 전국시대 중기에 크게 융성했음에도 불구하고 시대조류에 부응치 못한 까닭에 말기에 이르러서는 이내 사라지고 말았다.

춘추전국시대에 유행한 4가에 대한 전통적인 분류는 나름대로 일리가 있기는 하나 단순히 노자를 도가사상의 효시 내지 완결자로 간주할 경우 자칫 노자사상에 대한 커다란 곡해를 야기할 소지가 크다. 이는 장자 계열의 도가사상이 현실도피적인 성격을 강하게 띠고 있는 사실과 무관치 않다.

원래 노자의 '무위지치'는 장자의 '무위자연'과 차원이 다르다. 이는 전한제국 초기의 통치이념이 유가사상도 법가사상도 아닌 노자사상에 기초한 소위 '황로사상黃老思想'이었다는 사실을 통해 쉽게 확인할 수 있다. '노학老學 : 노자학'은 '장학莊學 : 장자학'과 달리 현실 정치세계에 그대로 적용될 수 있는 뛰어난 통치사상이라는 사실을 극명하게 보여준 사례가 아닐 수 없다.

노자는 유가가 내세우는 인위적인 덕목과 법가가 내세우는 인위적인 법제를 반대했을 뿐 '통치統治' 자체를 반대한 적이 없다. 오히려 천도에 부합하는 인도를 역설한 점 등을 감안할 때 노자는 '무위'에 입각한 무차별적인 인치와 법치를 주장한 것이나 다름없다. 노자사상이 인치와 법치로 상징되는 유가 및 법가의 통치사상을 아무런 무리없이 관통하는 이유가 바로 여기에 있다.

노자사상은 '무치파'로 분류되는 장자의 자연주의 사상과 일신의 무병장수를 기원하는 세속적인 양신주의養身主義와는 천양지차가 있다. 이는 노자가 시종 '무위'에 입각한 성인의 '통치'를 강조한 사실을 통해 쉽게 확인할 수 있다. 『노자』 제79장의 다음 대목이 그 증거이다.

"천도는 무친無親 : 사사롭게 가까이 하는 바가 없음이다. 천도는 늘 선인善人과 함께 할 뿐이다."

여기의 '천도무친天道無親'은 '성인지치聖人之治'를 언급한 것으로 유가와 법가의 통치보다 오히려 더욱 순수하면서도 강력한 통치를 주장한 것이나 다름없다. 『노자』의 '성인지치'는 '무위'의 덕목에 입각한 통치라는 점만 다를 뿐 '애민愛民'의 관점에서 '무사무편無私無偏'의 통치를 주장한 점에서는 유가의 '성인지치'와 하등 차이가 없었다. 양자 사이의 유일한 차이는 노자의 통치사상이 유가에서 말하는 인위적인 덕목과 달리 '무위'의 덕목에 입각해 있다는 점뿐이다. 이를 통해 알 수 있듯이 『노자』만큼 무차별적인 '통치'를 강조한 사상가는 전무후무했다고 해도 과언이 아니다.

노자의 '천도무친'사상은 제자백가사상에 결정적인 영향을 미쳤다. 유가는 '무위'를 인위적인 덕목인 인仁·의義·예禮 등으로 바꿔 '성인지치'의 실질을 취하고자 했고, 법가는 통일천하에 임하는 제왕의 기본 입장을 '무위지치'로 규정함으로써 '성인지치'의 명분을 취하고자 했고, 묵가는 제왕의 '솔선수범'을 강조함으로써 '성인지취'의 공효功效를 취하고자 했다. 노자의 '무위지치'와 '성인지치'가 제사백가의 사상 정립에 얼마나 깊은 영향을 미쳤는지를 짐작케 해주는 대목이 아닐 수 없다.

노자가 '성인지치'를 주창케 된 것 역시 공자와 마찬가지로 새로운 통치질서의 도래를 고대한 데서 비롯된 것이다. 두 사람 모두 봉건질서가 붕괴되면서 빚어지는 하극상의 혼란상을 목도하면서 새로운 통치질서를 속히 구축해야만 구세제민救世濟民이 가능하다고 생각했다. 찾아낸 답안은 달랐을지언정 문제제기의 기본 관점은 동일했던 것이다.

그 결과 공자는 '군자' 개념을 새롭게 정의한 소위 '군자정치'에서 그 해답을 찾은 데 반해 노자는 기존의 '도' 개념에 '무위' 개념을 가미한 소위 '성인지치'에서 그 해답을 찾아냈다. 공자의 '군자정치'는 현실적인 통치자의 입장에서 나온 것으로 '인仁'을 그 기본 원리로 상정했다. 노자의 '성인지치'는 세상을 관조하는 이상적인 통치자의 입장에서 나온 것으로 '도道'를 그 기본 원리로 상정했다.

노자가 말한 '도'는 바로 우주만물의 존재를 본원적으로 파악한 개념으로 난세를 극복하는 구체적인 이념적 지표이기도 했다. 이는 우주와 인간을 관통하는 하나의 절대적인 진리로서 인간과 자연의 일치 내지 조화를 그 핵심으로 삼고 있다. 그 구체적인 실천방안으로 제시된 것이 바로 '무위'였던 것이다.

노자가 말한 '무위'는 공자가 말한 '인'과 달리 입세간에 머물고 있는 현실 속의 통치자가 쉽게 접근할 수 있는 덕목이 아니다. 오히려 출세간의 덕목에 가깝다. 실제로 장자는 '무위'를 그런 쪽으로 해석해 그 궁극을 찾아내고자 했다. 그러나 노자가 '무위'를 언급한 것은 기본적으로 '무위'야말로 통치자가 능히 실현할 수 있는 현실적인 덕목이라는 신념에서 비롯된 것이었다. 그가 『노자』에서 시종 입세간의 최대 현안인 '통치'문제를 '무위'를 통해 해결할 것을 역설한 것은 바로 이 때문이었다.

노자가 말한 '무위'는 결코 장자의 '무위자연'과 같은 형이상의 출세간 덕목이 아니라 유가의 덕목과 하등 다름없는 형이하의 입세간 덕목이었다. 노자의 '무위지치'는 우주와 인간, 치자와 피치자를 모두 하나로 통합해 공생공존하는 지극한 통치를 이루고자 한 데 그 기본 취지가 있는 것이다. 『노자』 전체를 통해 '무위지치'가 지속적으로 언급돼 있는 것도 이와 무관치 않다고 보아야 한다.

제80장의 '소국과민小國寡民'도 바로 이런 취지에 입각해 해석해야만 그 의미를 제대로 파악할 수 있다. '소국과민'의 개념 속

에는 인위적인 통치가 배제되고 천도의 이치에 부응하는 '덕치국가'의 모습이 강하게 부각되어 있다. 그러나 '소국과민'은 결코 무정부주의와 같은 '반통치反統治'에서 비롯된 것이 아니라는 점을 잊어서는 안 된다. 노자의 사상을 장자의 '무위자연' 개념을 원용해 해석해서는 안 되는 이유가 여기에 있다.

이는 노자가 천도를 그대로 통치에 적용할 것을 주장한 데서 극명하게 드러나고 있다. 노자는 통치의 방법 및 내용 면에서 인위적인 통치를 거부했을 뿐이다. 오히려 '무위지치'를 통한 무차별적인 통치를 구현코자 한 점에서는 유가보다 더욱 적극적이었다. 노자사상을 제대로 파악하기 위해서는 먼저 노자의 '무위지치'가 기본적으로 '무위에 입각한 무차별적인 통치'에 그 초점이 맞춰져 있었다는 사실을 염두에 둘 필요가 있다. 이는 '무위지치'가 '성인지치'의 또 다른 표현이라는 사실을 통해 쉽게 확인할 수 있다. 『노자』는 제25장에서 이같이 언급해 놓았다.

"도가 크고, 하늘이 크고, 땅이 크고, 왕 또한 큰 것이다. 역중域中 : 우주 가운데에 4가지 큰 것이 있으니 왕이 그 중 하나에 해당한다."

여기의 '왕'은 '무위에 입각한 무차별적인 통치'를 수행하는 '성인'을 말한다. 노자는 공자를 비롯한 유가의 접근방법에 문제를 제기하며 '무위'를 제시했을 뿐이다. 그는 유가가 이루고자 했던 인위적인 작위의 극치인 '지치至治'를 실현코자 한 점에서는 오히려 유가보다 훨씬 적극적이었다. 노자의 이런 관점이 바로 '성인지치'를 '무위지치'의 또 다른 표현으로 간주케 만든 것이다. 이를 정확히 해독치 않고는 뒤이어 나오는 '도법자연道法自

然' 구절의 의미를 제대로 파악키가 힘들다. 『노자』는 제25장의 마지막 문장을 이같이 끝맺고 있다.

"인법지人法之 : 사람은 땅을 본받음, 지법천地法天 : 땅은 하늘을 본받음, 천법도天法道 : 하늘은 도를 본받음, 도법자연道法自然 : 도는 자연을 본받음이다."

이를 두고 대부분의 주석자들은 노자가 '도' 위에 '자연'을 상정한 것으로 해석해 놓았다. 이는 『노자』에 나오는 '도'와 '자연'의 의미를 제대로 파악치 못한 데 따른 오류가 아닐 수 없다. 『노자』의 '도'는 자연의 이치를 표현한 것으로 우주만물의 최종적이면서도 절대적인 이치를 의미한다. 『노자』는 기본적으로 '도'를 통해 하늘과 땅, 인간 등이 유출되었다고 보고 있다. 이는 제1장의 내용이 〈무명無名 : 자연=도→유명有名〉의 도식으로 구성돼 있는 사실을 통해 쉽게 확인할 수 있다.

'자연'은 『노자』에서 제25장을 포함해 제17장과 제23장, 제51장, 제64장 등 모두 5개 장에 걸쳐 나오고 있으나 제25장을 제외하고는 모두 어의 그대로 '저절로 그러함'이라는 뜻의 술어로 나타나고 있다. 제25장만 유독 '도' 위에 존재하는 실체인 것처럼 기술돼 있는 것이다. 그러나 『노자』 전체의 맥락에서 제1장과 제25장을 하나로 묶어 분석하면 제25장의 '자연' 역시 제1장에 나와 있는 바와 같이 '도'가 '도'라고 불리기 이전의 존재양식을 표현한 것으로, 제17장을 포함한 여타 장에 나타난 '자연'의 개념과 하등 차이가 없다는 사실을 확인할 수 있다.

이를 두고 마치 '도' 위에 '자연' 개념이 존재하는 것처럼 생각하는 것은 큰 잘못이다. 이는 노자사상을 소위 '무위자연無爲自

然'으로 해석하는 장학莊學의 관점에서 파악한 데 따른 것으로 노자사상에 대한 일대 왜곡이 아닐 수 없다. 『노자』 전체에 걸쳐 통치문제를 지속적으로 거론한 것은 바로 '무위'의 통치행위를 통한 '무불위無不爲'의 '지치'를 강조코자 한 데 있다. 『노자』가 수천 년을 격해 찬연한 빛을 발하는 이유가 바로 여기에 있는 것이다.

물론 장자의 '무위자연'사상 역시 노자의 '무위지치'사상에서 나온 것이다. 사상사적으로 볼 때 노자의 '무위지치'사상은 장자의 '무위자연'사상과 순자의 '참천지參天地'사상이 만나는 지점이기도 하다. 훗날 장자와 순자는 노자에서 말하는 '천도'를 분수령으로 하여 각각 출세간出世間과 입세간入世間으로 나아갔다. 장자의 '무위자연'사상은 제25장에서 말한 '노법자연'의 이치를 궁구窮究한 것이고, 순자의 '참천지'사상은 '인법지천도人法地天道'의 이치를 궁구한 것이라고 할 수 있다.

그러나 노자의 '용천用天'사상을 승계한 순자의 '참천지'사상이야말로 제25장의 취지를 장자보다 본의에 더욱 가깝게 해석한 것이라고 할 수 있다. 그런 의미에서 노자를 장자와 하나로 묶어 '노장老莊'으로 부르는 것은 적잖은 문제가 있다. 장자의 '무위자연'사상은 어디까지나 관심의 초점을 노자의 '도법자연'에 맞추고 있을 뿐이다.

장자는 기본적으로 노자 제25장에서 말하는 〈인人→지地→천天→도道→자연自然〉의 도식을 그대로 수용한 결과 '자연'을 '도' 위에 존재하는 실체로 간주했다. 장자가 입세간에 뿌리를 두고 있던 노자와 달리 '출세간'으로 나아간 이유가 바로 여기에 있다.

노자가 제25장에서 말하고자 한 기본 취지는 〈인→지→천→도=자연〉에 있다. 노자의 '도법자연'은 '자연'을 '도' 위에 존재하는 것으로 나온 것이 아니었다. 노자가 말한 '자연'은 '도'의 존재양식을 언급한 것에 지나지 않는다. 노자 전체의 문맥에서 볼 때 제25장은 사실 〈인→지·천→도=자연〉의 도식으로 구성돼 있다고 보아야만 한다.

실제로 순자는 〈인→지·천→도=자연〉로 되어 있는 노자의 입장을 수용하면서 이를 다시 〈인→지·천·도〉의 도식으로 단순화시켰다. 그는 『노자』에 나오는 '지·천·도'를 하나의 '천지'로 묶어 '자연' 개념과 등치시킨 뒤 '인'과 대립시킨 것이다. 순자가 '참천지'를 역설하면서 「해폐解蔽」편에서 '장자는 천도에 가려져 인도를 알지 못했다'고 질타한 이유가 바로 여기에 있다.

이를 통해 짐작할 수 있듯이 순자와 장자는 노자의 천도에서 사상적으로 '입세간'과 '출세간'으로 분기分岐하고 있다. 장자가 〈인→지·천→도=자연〉의 도식으로 정립된 노자의 기본 입장을 이해하지 못하고 제25장에 나오는 〈도→자연〉의 도식을 그대로 좇았다면, 순자는 노자의 기본 입장을 〈인→지·천·도〉의 도식으로 단순화한 것이다. 『장자』에 나오는 '천天'이 '자연'을 설명하는 최하위의 개념으로 사용된 데 반해 『순자』에 나오는 '천'이 '인도'를 설명하는 최상위의 개념으로 사용된 것도 바로 이 때문이다.

그럼에도 장자와 순자는 '천'을 매개로 노자의 '무위지치'사상과 통하고 있다. 장자는 '자연'을 극히 강조했음에도 불구하고

'무위지치'에 관한 관심을 완전히 버리지 않았다. 순자 역시 '인도'를 극히 강조하고 있음에도 불구하고 '무위지치'를 최상의 치도로 간주했다. 순자의 제자인 한비자가 노자의 '무위지치' 이론을 원용해 자신의 법치이론을 정당화한 것도 이와 무관치 않다고 보아야 한다. 노자가 '지치至治'를 언급하고 있는 모든 제자백가서의 연원淵源이 된 것은 바로 '무위지치'의 발견에 있다고 해도 과언이 아니다.

노자의 통치사상을 정확히 파악하기 위해서는 먼저 노자사상에서 중요한 쟁점으로 거론되고 있는 '도道'와 '기氣'의 관계를 검토할 필요가 있다. 『노자』는 제42장에서 '도'와 '기'의 관계를 이같이 설명해 놓았다.

"'도道'는 일一을 낳고, '일'은 이二를 낳고, '이'는 삼三을 낳고, '삼'은 만물萬物을 낳는다. 만물이 부음포양負陰抱陽하면 이내 충기沖氣하여 화기和氣가 나타난다."

이를 통해 알 수 있듯이 노자가 말한 '도'는 기본적으로 '음기'와 '양기'라는 2가지 '기'를 내포하고 있다. '부음포양'은 바로 이를 표현한 것이다. 이는 말할 것도 없이 '도'를 '음기'와 '양기'의 부단한 영허소장盈虛消長이 이뤄지는 근본 이치로 파악한 데 따른 것이다.

『노자』에서 말하는 '무'는 천지가 전개되기 이전의 혼돈상태를 말한다. '무'는 단순히 '없다'는 개념의 '무'가 아니라 우주만물의 시원을 의미한다. '유' 역시 천지의 시초를 말한다. '도'와 '덕'에 선후가 존재하지 않듯이 '유'와 '무' 역시 선후가 없는 것이다. 이를 '체體'와 '용用'의 관계에 비유하면 생성의 출발점에 있는 '도'는 '체'에 해당하고 '기'는 그 '용'에 해당한다.

'도'가 체인 '무'에서 용인 '유'로 변환될 때 최초로 나타나는 것이 '일一'이다. 이 '일'은 흔히 '일기一氣'로 해석되고 있다. '일기'는 '음'과 '양'으로 드러날 수 있는 인자를 동시에 갖추고 있으나 아직 분화되지 않은 상태를 말한다. '일기'는 시간 차원에서 볼 때는 어떤 존재의 출발점이 되고, 존재의 질료 차원에서 볼 때는 원질原質이 된다. '일기'가 '음기'와 '양기'로 분화해 두 '기'의 상호작용을 통해 만물을 만들어내는 원질로 작용하는 것은 바로 이 때문이다. 이는 '일기'가 내부의 힘에 의해 스스로 운동하고 변화한 결과이기도 하다. 결국 『노자』에 따르면 만물은 '일기' 내부에 간직되어 있는 '음기'와 '양기'의 상호작용을 통해 형성되는 것이라고 할 수 있다.

'양기'와 '음기'가 뒤섞여 만들어내는 '삼'은 '화기和氣'를 말한다. 제42장의 충기沖氣는 '음기'와 '양기'가 서로 섞여 조화를 이루는 과정을 언급한 것이다. '충기'에 대한 역대 주석가들의 해석이 엇갈리고 있으나 이는 '충기'의 의미를 제대로 파악치 못한 데 따른 것이다. 원래 여기의 '충기'는 '양기'와 '음기'가 서로 뒤섞여 조화를 이루는 모든 과정을 총칭한 말이다. '충기' 자체를 그 결과물인 '화기'로 간주할지라도 대과가 없는 것이다. '일기'가 '음기'와 '양기'로 분화한 뒤 '충기'과정을 통해 '화기'로 통합되는 일련의 과정에서 최종적으로 만들어진 것이 바로 만물이다.

결국 제42장에서 말하는 '도'는 '기'의 전개과정에서 볼 때 '일'과 '이', '삼', '만물'까지 일관되게 작동하는 자연의 이치에 해당하는 셈이다. '도'가 '일기' 이전에 선재先在한다든가 독립獨立한다고 말할 수 없는 이유가 바로 여기에 있다. 여기서 주목할 점은 만물은 '음기'와 '양기'의 부단한 상호작용을 통해 형성되었다가 이내 영허소장의 변화를 거친 뒤 다시 그 본원인 '도'로 복귀한다는 점이다.

노자는 그 어떤 사물이든 이러한 순환운동의 법칙에서 벗어날 수 없다고 보았다. 우주만물은 자체 내에 내재하는 '도'의 운행이치를 좇아 변화의 극에 다다르면 결국 원래의 출발점인 '도'로 복귀한다는 게 노자의 생각이었다. 그가 『노자』 제40장에서 '반자도지동反者道之動 : 근본으로 돌아가는 것은 도의 움직임임'을 천명한 것은 바로 이 때문이다. 노자가 '무위지치'의 통치사상을 역설케 된 근본 배경이 바로 여기에 있다.

이를 근간으로 『노자』에 나오는 모든 개념을 분석하면 그 상호관계를 쉽게 이해할 수 있다. 『노자』의 '도'와 '덕'은 '도'와 '일기'의 관계와 같다. 현재 많은 주석자들이 '도'를 우주만물의 근원, '덕'은 '도'의 이치가 드러난 것으로 해석하고 있으나 이는 잘못이다. 만물의 근원인 기氣의 차원에서 볼 때 '도'는 '일기'와 같은 개념이다. '일기'가 존재하지 않을 경우 '도' 자체가 존재하지 않는 것이다. '일기'는 혼륜渾淪한 상태에서 아직 음기와 양기가 분화되지 않고 섞여 있는 상태를 지칭한다. 기의 차원에서 볼 때 기의 시원에 해당하는 '도'는 결국 '일기'와 같은 개념인 셈이다.

통치 차원에서 볼 때 '도'와 이명일체異名同體의 관계에 있는 『노자』의 '덕'에는 여러 가지 특징이 있으나 크게 보아 '무위無

爲'와 '무욕無欲', '겸하謙下' 등 3가지 '덕'으로 요약할 수 있다. 이 3가지 '덕'은 서로 〈원인 · 과정 · 결과〉의 밀접한 관련을 맺고 있다. 이를 제42장에 나오는 기氣와 연결시켜 도식으로 나타내면 다음과 같다.

무지무욕(無知無欲 : 일기) → **유위지치**(有爲之治 : 음기와 양기가 충기하는 과정으로 그 요체는 知足謙下에 있음) → **무위지치**(無爲之治 : 화기)

본래 '무위지치'는 '무위'를 통해 '무불위'의 통치효과를 얻는 것을 말한다. 따라서 '무위지치'를 이루기 위해서는 반드시 '무지무욕'에서 출발하지 않으면 안 된다. 이는 개인 차원에서 볼 때는 자기 자신에게 허물을 남기지 않고 변함없는 만족을 얻는 것을 말하고, 통치 차원에서 볼 때는 천하가 스스로 질서를 찾는 것을 말한다. '지족겸하'는 치자와 피치자 간의 분별의식을 제거해 대립과 갈등의 소지를 미리 없애는 것을 말한다. '무지무욕'과 '지족겸하', '무위지치'를 관통하는 개념은 '무위'이다.

이들 3개의 '덕'은 상호 긴밀히 연결되어 있어 어느 것 하나 빠뜨릴 수 없다. '무지무욕'의 단계는 '무위지치'의 선결요건에 해당한다. '무지무욕'의 단계에 들어서야만 '무위지치'를 구현할 수 있는 통치자로서의 기본 자질을 갖추었다고 할 수 있다. 그러나 막상 통치에 임해서는 '지족겸하'의 덕을 발휘해야 한다. '무지무욕'의 체득만으로는 '무위지치'를 이룰 수 없기 때문이다.

여기의 '지족겸하'는 현실 속의 '유위지치'가 이뤄지는 단계에서 반드시 구사해야만 하는 핵심적인 통치술을 말한다. 노자의

'무위지치'는 바로 '지족겸하'로 상징되는 '유위지치'를 통해 비로소 그 공효를 얻을 수 있다는 것이다. 『노자』 제42장에서 '일기'가 '양기'와 '음기'로 분화한 뒤 '충기'과정을 통해 '화기'를 이뤄 만물을 생성한다고 언급한 이유가 바로 여기에 있다.

'일기'가 '양기'와 '음기'로 분화한 뒤 '충기'만 있을 뿐 궁극적으로 '화기'를 조성하는 단계로 나아가지 않으면 만물을 생성할 수 없다. 마찬가지로 '충기'에 해당하는 '유위지치' 단계에서 '지족겸하'를 통해 '화기'를 만들어내지 못할 경우 궁극적으로 만물에 해당하는 '무위지치'를 구현할 수 없다. 여기에 바로 노자 통치사상의 핵심이 담겨 있는 것이다.

그럼에도 『장자』는 '유위지치'의 '충기'과정을 생략한 채 '무지무욕'만으로 '무위지치'를 이룰 수 있다는 주장을 전개했다. 이는 『노자』 제42장이 굳이 '충기'를 언급한 취지를 무색케 만드는 것이다. '충기'과정이 생략된 채 '화기'가 나타날 수는 없다. '일一'에서 이二로 진행하는 데에는 '일' 자체의 내부운동에 의해 자연스럽게 이뤄지는 것이나 '이'에서 삼三으로 진행하는 데에는 반드시 '충기'과정이 개입해 음기와 양기의 조화를 이뤄내야만 한다. 『노자』가 이를 통치 차원에서 해석해 놓은 것이 바로 '지족겸하'인 것이다.

'지족겸하'가 뒷받침되지 못할 경우 영아嬰兒상태의 '무지무욕'에서 출발한 '이二'는 계속 '충기'만 할 뿐 '삼三'에 해당하는 '화기'를 만들어내지 못하게 된다. 노자가 유가에서 말하는 인위적인 덕목을 질타한 것은 바로 '무위지치'에 이르지 못한 '유위지치'를 겨냥한 것이다. 이는 유가의 인위적인 덕목만으로는 결코 '지치'를 의미하는 '무위지치'를 이뤄낼 수 없다고 본 데 따른 것이다. 『노자』 제38장의 다음 구절이 그 증거이다.

"상덕上德은 부덕不德 : 자신의 덕을 덕으로 여기지 않음한 까닭에 오히려 유덕有德 : 덕이 있음하나, 하덕下德은 부실덕不失德 : 덕을 잃지 않으려고 애씀한 까닭에 오히려 무덕無德 : 덕이 없음하다. 상덕은 무위無爲한 까닭에 이위以爲 : 의도적으로 작위함가 없으나, 하덕은 유위有爲한 까닭에 '이위'가 있다."

이를 통해 알 수 있듯이 만물의 본성인 덕성德性의 차원에서 볼 때 '부덕不德'을 뜻하는 『노자』의 '도'는 바로 '유덕有德'을 통해 드러나는 것으로 본질적으로 같은 것이다. 그럼에도 많은 주석자들이 '덕'을 '도'의 하위 개념으로 간주하는 잘못을 저지르고 있다. 본래 '유덕'이 존재하지 않을 경우 '부덕', 즉 '도' 자체가 존재할 수 없다. 노자가 말한 '덕'은 '도'가 천지만물에 내재해 만물의 속성이 된 것을 의미한다. '덕' 역시 '일기'가 양기와 음기의 혼륜상태인 것과 마찬가지로 '부덕'과 '유덕'이 분화되지 않은 채 뒤섞여 있는 상태를 말한다. 『노자』의 '도'와 '덕' 역시 '일기'와 '도'가 기의 차원에서 둘이면서 하나인 것과 마찬가지로 덕성의 관점에서 둘이면서 하나의 관계를 이루고 있는 것이다.

노자사상의 핵심어에 해당하는 '무위無爲 : 작위를 작위처럼 이루지 않음' 역시 같은 맥락에서 이해해야 한다. 만물의 동정動靜을 뜻하는 '위爲'의 관점에서 볼 때 '무위'를 뜻하는 '도'는 '유위有爲'와 같은 개념이다. '유위'가 존재하지 않으면 '무위', 즉 '도' 자체가 존재할 수 없기 때문이다. '위' 역시 기와 마찬가지로 유위와 무위가 분화되지 않은 채 하나로 섞여 있는 상태를 의미하는 것이다.

인간의 지극한 작위를 뜻하는 '치治' 또한 동일한 논리 위에서 있다. '무위지치無爲之治 : 유위의 통치를 유위처럼 이루지 않음'를 뜻하는 '도'는 '유위지치有爲之治 : 작위로써 이루는 통치'와 본질적으로 같은 개념이다. '유위지치'가 존재하지 않으면 '무위지치', 즉 '도' 또한 존재할 수 없는 것이다. '치' 역시 '유위지치'와 '무위지치'가 분화되지 않은 채 하나로 섞여 있는 상태를 의미하는 것이다.

한마디로 말해 '도'를 본체라고 할 때 그 구체적 발현인 용用은 도덕론道德論의 관점에서 볼 때는 '덕', 도기론道氣論의 관점에서 볼 때는 '기', 도위론道爲論의 관점에서 볼 때는 '위', 도치론道治論의 관점에서 볼 때는 '치'로 나타난다고 할 수 있다. '도'가 본질이라면 '덕'과 '기', '위', '치'는 '도'가 다양한 측면에서 그 모습을 드러낸 구체具體 내지 공능功能에 해당하는 것이다.

그럼에도 대부분의 주석자들은 노자가 유가의 덕목을 타기唾棄 내지 반대한 것으로 해석하고 있다. 노자가 유가의 덕목을 질타한 것은 사실이나 그러한 덕목 자체를 사갈시蛇蝎視한 것은 아니다. 이는 기본적으로 마치 음기와 양기가 계속 뒤섞이는 채 더 이상 진전치 못하면 끝내 음기와 양기가 조화를 이룬 '화기'를 만들어낼 수 없다고 본 데 따른 것이었다. 결코 『장자』와 같이 음기와 양기가 뒤섞이는 단계를 생략한 채 일一로 존재하는 '기' 자체가 삼三의 '화기'로 변화할 수 있다고 주장한 적이 없다.

『장자』가 통치의 문제를 거론하고 있음에도 불구하고 무치無

治의 관점에서 '무위지치'를 언급하는 오류를 범하고 있다는 지적을 받는 것은 바로 이 때문이다. 출세간의 관점에서 입세간의 문제를 해결코자 하는 것 자체가 모순이다. 이는 말할 것도 없이 세속을 뜻하는 '유위지치'의 '충기'과정을 생략한 데 따른 필연이기도 하다.

동서고금을 막론하고 출세간에 속하는 신국神國의 관점에서 입세간의 인국人國의 문제를 해결코자 한 모든 시도가 끝내 실패한 이유가 바로 여기에 있다. 『성경』의 천년왕국千年王國 교리를 원용한 마르크시즘의 지상낙원 구상이 실패한 것도 바로 이 때문이라고 할 수 있다. '필요에 의해 생산해 필요한 만큼 소비한다'는 주장 자체가 '충기'과정을 생략한 채 '일一'에서 '삼三'으로의 비약이 가능하다는 잘못된 발상에서 나온 것이었다.

통치의 성패는 고금동서를 막론하고 '유위지치' 단계에서 이뤄지는 '충기'과정을 과연 조화롭게 이룰 수 있는가 하는 문제에 달려 있다고 해도 과언이 아니다. 유가는 이를 인·의·예 등의 인위적인 덕목으로 얼마든지 이룰 수 있다고 보았다. 그러나 노자는 그것만으로는 낮은 수준의 하덕지치下德之治는 이룰 수 있을지언정 최상의 수준인 상덕지치上德之治, 즉 '무위지치'를 실현할 수는 없다고 본 것이다.

노자가 유가의 덕목을 질타한 것은 이들 덕목을 사갈시했기 때문이 아니라 그것만으로는 근원적인 문제를 해결할 수 없다고 본 데 따른 것이었다. 노자는 결코 유가의 덕목을 반대하거나 타기한 적이 없다는 사실을 유념할 필요가 있다. 노자가 '무위'를 통해 그토록 얻고자 한 '무위지치'는 바로 '유위지치'의 지극한 모습인 '지치'였다.

마르크스는 착취계급이 사라지기만 하면 지상낙원을 구현할 수 있다고 주장했다. 그러나 이는 『장자』와 같이 '유위지치'의 '충기'과정을 생략한 채 '무지무욕'만으로 '무위지치'를 이룰 수 있다고 주장하는 오류를 답습한 것이나 다름없다. 노자는 치자와 피치사 간의 2분법적 구별을 거부했다. 그가 치자를 비난하는 동시에 지나친 욕망에 사로잡힌 피치자들을 비판하면서 양자 모두 영아嬰兒와 같은 '무지무욕'을 체득할 필요가 있다고 주장한 것은 바로 이 때문이었다. 통치자만이 '무지무욕'을 체득해서는 결코 '무위지치'를 이룰 수 없다는 게 그의 확고한 생각이었다. 노자가 통치자에게 '무지무욕'의 덕을 널리 확산시킬 것을 강력히 권한 이유가 바로 여기에 있다. 『노자』가 통치자를 대상으로 한 저술이라는 주장이 나오는 것도 바로 이 때문이라고 할 수 있다.

그러나 노자가 치자와 피치자 간의 구별을 거부했음에도 치자에게만 특별히 강권하고 있는 점이 있다는 사실을 염두에 둘 필요가 있다. 그것이 바로 통치의 구체적인 방법론이라고 할 수 있는 '지족겸하'이다. 노자가 말하는 '지족겸하'는 '무지무욕'과 달리 피치자인 백성이 반드시 체득하지 않아도 되는 덕목이다. 노자는 통치자가 '지족겸하'의 통치술을 발휘하지 못할 경우 결코 '무위지치'의 결과를 얻을 수 없다고 단언하고 있다.

노자의 '무위지치'사상에서 가장 핵심적인 부분이 바로 '지족겸하'의 통치술이라고 할 수 있다. '무지무욕'은 통치와는 무관하게 개인적인 수련을 통해 얼마든지 체득할 수 있다. 그러나 '지족겸하'만큼은 통치자가 반드시 체득하지 않으면 안 되는 덕목이다. 통치자가 '지족겸하'의 미덕을 갖추지 못할 경우 유가에서 말하는 '인仁'의 공업을 쌓을 수 있을지는 몰라도 결코 '무위지치'는 이룰 수 없다는 게 노자의 생각이었다.

『노자』의 '지족겸하'는 '치국'과 '치천하'의 분기점이기도 하다. 물론 유가에서도 소위 '예양禮讓'을 강조하고 있기는 하나 이는 '지족겸하'와 비교할 바가 못 된다. '예양'은 어디까지나 인위적인 데다가 형식에 그칠 우려가 크고 그 기준 자체 또한 매우 유동적이다. 그러나 '지족겸하'는 우주만물의 근본 이치인 '도'에 기초하고 있는 까닭에 영구불변한 것이다.

따라서 자국自國과 타국他國의 구별을 전제로 하는 예양의 미덕은 치천하의 통치논리로 원용될 수 없다. 자국과 타국의 구별을 없애고 천하 만민을 모두 통치대상으로 삼는 '치천하'의 수준에 도달하기 위해서는 반드시 노자가 말한 '지족겸하'의 통치술을 구사해야만 한다. 그래야만 최상의 치도인 제도帝道와 최상의 상덕上德에 입각한 덕치德治가 이뤄질 수 있다. '지족겸하'는 노자의 '무위통치'사상을 상징하는 최고의 덕목이자 '무위' 개념의 요체에 해당한다. '무지무욕'을 전제로 하여 '유위지치' 과정에서 반드시 '지족겸하'의 통치술을 가미해야만 얻어낼 수 있는 통치의 최종적인 산물이 바로 '무위지치'인 것이다.

그러나 여기서 주의할 대목이 있다. 설령 '무지무욕'과 '지족겸하'의 요건을 갖췄을지라도 일정한 조건이 맞아떨어져야만 '무위지치'를 이룰 수 있다는 점이다. 그 조건이 바로 '무사無事'이다. 이는 '유위'로 인해 빚어지는 '유사有事'가 없는 상황을 말한다.

'무위지치'의 궁극적인 목표는 '무불위無不爲'의 결과를 얻어 내는 데 있다. 따라서 무위이면서 '무불위'를 이루기 위해서는 '유위'로 인한 '유사'가 있어서는 안 된다. '유사'가 거듭 출현하는 한 아무리 '무지무욕'과 '지족겸하'의 요건을 갖췄을지라도 궁극적으로는 '무위지치'를 이룰 수 없게 된다. '치천하'의 논리로 이보다 더 탁월한 이론은 존재한 적이 없다. 노자사상의 위대함이 약여하게 드러나는 대목이 아닐 수 없다.

이상과 같은 검토를 통해 '무위지치'를 강조한 노자의 통치사상은 최상의 통치 수준인 '치천하'의 논리였음을 쉽게 알 수 있다. 유가의 통치사상 역시 비록 '치국평천하'를 외쳤지만 '치천하'의 통치이론으로는 여러 모로 부족할 수밖에 없었다. 바로 '무위'의 논리가 결여된 데 따른 것이었다. 서구의 민주주의가 그 한계를 노정하고 있는 지금이야말로 동서양을 아우르는 21세기의 새로운 통치사상으로 노자의 통치사상을 적극 검토할 때가 아닐 수 없다.

제2장 노자사상의 구성

제1절 도덕주의(道德主義)

동양의 고대인들은 자연을 끊임없이 만물을 낳는 창조적 과정으로 보면서 인간 역시 이 과정에 참여해 만물을 화육하는 공동의 창조자로 해석했다. 동양의 통치사상에서 자연과 인간이 둘이면서 하나가 된 이유가 여기에 있다. 춘추전국시대에 등장한 제자백가의 통치사상이 모두 자연의 순환이치를 뜻하는 천도天道와 인간 삶의 이치를 뜻하는 인도人道에서 출발하는 것도 바로 이 때문이라고 할 수 있다. 우주론과 인성론이 표리의 관계를 이루고 있는 것이다.

동양에는 일찍부터 '천도'와 '천명天命' 등으로 표현되는 '천天'의 관념이 존재했다. 당초의 '천'은 우주의 최고 주재자를 뜻했다. 그러나 이는 기독교에서 말하는 절대자와는 다른 것이었다. 이는 인간을 주체적으로 파악한 데 따른 당연한 결과이기도 했다. 동양은 서양과 달리 이미 기원전부터 인간 중심 내지 인간 본위의 주체성과 도덕성을 통치의 근간으로 삼았던 것이다. 동서양의 문화가 인간과 신이라는 문제를 놓고 극히 다른 양상을 보이게 된 이유가 바로 여기에 있다.

동양의 '천인天人' 관계는 원래 조화를 전제한 것이므로 충돌이 있을 수 없었다. 이는 집약적인 농경문화를 신석기시대부터 영위해 온 사실과 밀접한 관련이 있었다. 사시四時의 변화에 민감할 수밖에 없는 농민들은 천체의 운행에 비상한 관심을 기울였다. 이는 삶을 풍요롭게 만들기 위한 현실적인 노력과 불가분의 관계를 맺고 있었다.

천도와 인도의 상호관계에 관한 탐구결과 이들이 찾아낸 원칙은 기본적으로 자연 속에서는 인간을 포함한 그 어느 것도 오래갈 수 없고 한결같을 수 없다는 사실 자체였다. 변치 않는 것은 모든 것이 변화한다는 사실뿐이었다. 『노자』 제1장이 바로 이를 천명한 것이기도 하다.

"도道는, 가히 '도'라고 쉽게 말하지만, 이는 상도常道가 아니다. 명名은, 가히 '명'이라고 쉽게 이름을 붙이지만, 이는 상명常名이 아니다."

여기의 '상도'와 '상명'은 만물의 영허소장을 뜻하는 우주만물의 변화법칙 그 자체를 말한다. 이는 말할 것도 없이 『노자』의 '도'가 천지만물의 근원인 동시에 그 변화법칙을 의미한 데서 비롯된 것이다. 원래 은대에는 '상제上帝'라고 하는 인격신이 존재했다. 은대의 백성들은 하늘을 하나의 인격과 의지를 가지고 만물을 지배하는 주재자로 생각했다.

주대로 들어오면서 '천天' 개념이 '상제'를 대신하기 시작하면서 '도'의 개념이 싹트기 시작했다. '도'는 원래 어의 그대로 사람이 다니는 길을 뜻했으나 이때에 들어와 사물이 일정한 궤적을 따라 움직이는 자연법칙의 뜻으로 전용되기 시작한 것이다. 이에 인간의 이치인 인도가 천지만물의 이치인 천도에서 어긋나면 재앙을 입는다고 생각하게 되었다. 이런 생각은 제자백가에게 그대로 이어졌다. 춘추전국시대에 나온 제자백가의 통치사상이 일종의 우주론인 천인관天人觀에 깊은 뿌리를 내리고 있는 이유가 바로 여기에 있다.

신석기시대 이래의 천인관이 결정적인 전환점을 맞게 된 것은 주왕조의 성립 때문이었다. 기원전 12세기에 서북쪽의 섬감陝甘 일대에서 흥기한 주나라는 은나라를 멸망시키고 중원의 새로운 주인공으로 등장하면서 소위 '천명론天命論'을 대대적으로 선전했다. 주나라는 은대의 천명을 새롭게 해석해 천명은 고정불변의 것이 아니라 항시 바뀔 수 있다는 이른바 '천명미상天命靡常'의 주장을 펼친 것이다. 이는 상대적으로 문화 수준이 매우 높았던 은나라 유민을 회유코자 하는 취지에서 나온 것이었다. 이를 계기로 백성은 '천'이라는 원칙이 나타나게 되었다.

여기서 인격신의 성격이 짙었던 '천'으로부터 유래하는 '천명' 개념은 객관적인 우주만물의 법칙이라고 할 수 있는 '천도' 개념에 독점적인 지위를 넘겨주지 않을 수 없게 되었다. 이는 천도를 보다 객관적인 입장에서 규명하려는 시도로 연결되었다. 그러나 주왕조의 정사가 문란해지면서 백성들이 점차 '천명'을 불신하게 되었다. 이는 기본적으로 '천'을 대신하는 자로 간주된 통치자가 백성을 착취해도 '천'은 아무런 벌도 내리지 않는 것에 대한 불만에서 비롯된 것이었다.

이에 백성들 사이에 정사와 자연현상을 은대의 '상제'와 같이 인격신의 성격이 잔존하고 있는 '천' 대신 객관적 자연법칙인 '도'로 해석하는 기운이 크게 일기 시작했다. 노자의 '무위'사상과 '도' 개념은 바로 이런 시대상황을 반영한 것이기도 하다.

『노자』의 '천도'가 '인도'와 불가분의 관계를 맺고 있는 것도 바로 이 때문이라고 할 수 있다. 『노자』의 '도'는 우주만물의 영허소장盈虛消長의 근원이다. 노자는 지극한 통치의 요체를 백성들의 본성을 회복시켜 주는 데 있다고 보았다. 이는 노자가 모든 혼란의 원인이 '유위'에 있다고 강조하면서 유가의 덕목을 질타한 사실을 통해 쉽게 확인할 수 있다. 노자는 인간이 가지는 편견과 무지, 미신, 분별심 등에 의한 인위적인 덕목으로는 결코 어지러운 세상을 바로 잡을 수 없다고 본 것이다.

원래 '천'은 유가나 노자 모두에게 '도'의 연원이었다. 그러나 유가는 '천'을 인격적인 색채가 짙은 존재로 받아들였다. 공자의 '도'가 사람으로서 마땅히 걸어야 할 실천도덕의 의미를 띠게 된 것도 이와 무관치 않다. 그러나 노자는 '천'의 의지를 부정할 뿐만 아니라 일체의 미신적 요소를 제거했다. 천지는 의지도 목적의식도 없으므로 그 어떤 것을 편애한다거나 미워하는 일도 없다.

노자가 볼 때 '도'는 비록 만물을 생육하지만 그것을 사유화하거나 거기에 머물러 주재하는 존재가 아니었다. '도'의 입장에서 보면 빈부귀천 및 지배복종과 같은 개념들은 모두 인간의 구분에 의한 것으로 원칙적으로 그렇게 정해진 것은 아니었다. 노자는 이러한 인위적인 개념을 초월한 진정한 의미의 통치를 상정해 이를 '도'로 표현했다.

노자가 말하는 '도'가 단순히 감각이나 형식적 사유에 의해 인식될 수 없는 것은 바로 이 때문이다. 노자는 바로 이러한 통찰을 통해 인륜도덕을 보다 높은 차원으로 승화시키고자 했다. 그가 궁극적으로 우주만물과 인간을 포괄하는 '도'를 통해 '천도'와 '인도'를 하나로 묶고자 한 이유가 여기에 있었다.

노자의 이런 취지는 『노자』와 『주역』을 하나로 꿰어 해석코자 한 왕필王弼에 의해 확연히 드러났다. 왕필은 '도'에 대한 논의가 중국 전래의 '음양오행설陰陽五行說' 및 '역易'과 불가분의 관계를 맺고 있는 점에 주목해 이런 작업에 착수했다. 그가 얻어낸 결론은 '무無'였다. '무'가 『노자』와 『주역』을 관통하는 유일한 핵심어라는 게 왕필의 결론이다.

원래 음양설과 오행설은 다르다. 오행설은 비교적 후대에 나타난 것으로 천지만물의 운행을 체계적으로 설명코자 한 데서 나온 형이상의 논변이다. 오행설은 은나라의 기자箕子가 주무왕의 질문에 대한 답변 속에 잘 나타나 있다. 당시 기자는 '도'를 묻는 주무왕의 질문에 '홍범9주洪範九疇'로 답한 바 있다.

'홍범'은 대법大法의 뜻으로 5행五行과 5사五事, 8정사八政事, 5기五紀, 황극皇極, 3덕三德, 계의稽疑, 서징庶徵, 5복6극五福六極을 말한다. 이는 사람들이 살아나가는 데 필요한 9가지 기본 원리를 뜻하는 것으로 국가와 천지의 모든 현상을 하나로 망라한 이론이다. 오행설은 훗날 진한秦漢시대에는 복잡한 '참위설'로 발전했다.

『주역』에서 말하는 '역'은 원래 간이簡易와 변역變易, 불역不易 등의 3가지 뜻을 지니고 있다. 우주의 삼라만상은 변화무쌍해 잠

시도 정지함이 없으므로 '변역' 한다고 한다. 그 변역 중 일정한 법칙이 있으므로 '불역' 한다고 한다. 그 변역은 원리를 알고 보면 간명한 것이므로 '간이' 하다고 하는 것이다. 이런 이유 등으로 인해 『주역』은 유가의 최고 경전이 되었다.

『주역』에는 태극太極이 양의兩儀인 음양을 낳고 양의가 4상四象을 낳고 사상이 8괘八卦를 낳았다고 기록되어 있다. '역' 은 길흉을 판단하는 데서 출발해 점차 8괘로 우주 삼라만상을 해명하고 치도를 설명하는 이론으로 진화했다. 『노자』 제42장에서 '역'과 관련한 언급이 나온다.

"도道는 일一 : 음 · 양 분화 이전의 一氣을 낳고, '일' 은 이二 : 음 · 양를 낳고, '이' 는 삼三 : 천 · 지 · 인을 낳고, '삼' 은 만물萬物을 낳는다. 만물이 부음포양負陰抱陽 : '음' 을 지고 '양' 을 껴안음하면 이내 충기沖氣 : 음 · 양의 두 기운이 뒤섞여 조화를 이룸하여 화기和氣가 된다."

노자가 말한 '도' 가 음기와 양기의 근원적 실체로서의 '1기一氣' 를 말한다면 『주역』「계사전」에서 '일양일음一陽一陰' 을 '도' 로 표현한 것과는 어떤 관련이 있는 것일까.

송대의 정이천程伊川은 음양은 '기' 이고 '기' 는 형이하자形而下者인 데 반해 '도' 는 형이상자形而上者라고 주장했다. 그는 생멸현상은 곧 음양에 포섭되고 음양은 곧 도에 포섭되므로 '도' 와 '음양' 의 생멸은 시간상 동시적인 것이고 노자가 허虛에서 '기' 가 나온다고 한 것은 잘못이라고 주장했다. 주희朱熹는 '도' 를 '이理', '음양' 을 '기氣' 로 해석한 뒤 각각을 '형이상자' 와 '형이하자' 로 규정했다.

이에 대해 장횡거張橫渠는 '기'는 단지 모여서 형상을 이루기만 하는 것이 아니라 흩어져서 '무형無形'에 들기도 한다며 주자와 다른 견해를 제시했다. 그는 '태허太虛'는 '기'가 없을 수 없고, '기'는 취합해 만물이 되지 않을 수 없으며, 만물은 다시 흩어져서 '태허'가 되지 않을 수 없다고 강조했다. 그는 '태허'와 '기'가 이같이 작용하는 원인을 '부득이연不得已然'으로 표현했다.

장횡거의 견해가 사실 노자의 '도'에 가까운 해석이라고 보아야 한다. 노자의 '도'는 결코 고정불변의 도가 아니고 쉴 새 없이 변화하고 있는 현상 그대로의 '도'이다. 따라서 노자가 말한 '허'는 단순히 공허한 '허'가 아니라 그 속에 모든 것을 갖춘 '허'인 동시에 만물이 모두 복귀하는 '허'로 보아야 한다. '허'와 '무'는 '실實'과 '유有'에 대립되거나 모순되는 개념이 아니라 유무와 허실을 관통하는 개념인 것이다.

따라서 노자가 말한 '도'는 『주역』의 '태극'과 유사한 개념으로 보아야만 한다. 노자가 말한 '도' 개념도 사실 따지고 보면 음양사상과 오행사상이 결합해 나타난 '기'의 개념을 통해 구체화되었다고 할 수 있다. 노자가 말한 '도' 역시 크게 보면 장횡거가 언급한 '일기론一氣論'에 가까운 것으로 해석할 수 있다. 음기와 양기는 '일기'에서 구분된 것이고 '일기'는 '도'에서 나온 것이므로 결국 '일기'는 '무'를 포함한 '유'인 동시에 '덕'의 또 다른 모습에 해당한다. 노자가 생각하는 최상의 통치는 인간의 본성인 '덕성'을 자연 그대로 발현시키는 것이므로 결국 '무위지치'를 의미한다고 해석할 수 있다.

원래 노자의 '도'는 천지가 있기 이전에 이미 '허'이자 '무'인 까닭에 인식의 대상이 될 수 없다. 노자는 유가의 덕목 역시 고정불변의 것이 아니라 상황에 따라 변하는 것으로 보았다. 그가 혼란스런 세상을 인위적인 덕목으로 극복하려고 했던 유가를 질타한 것도 바로 이 때문이었다.

노자가 볼 때 인간의 본성을 속박하는 인위적인 덕목은 '도'와 '덕'이 상실된 뒤 나타난 편의적인 것에 불과했다. 인위적인 덕목은 오히려 명예나 이욕의 근원이 되어 백성들로 하여금 부귀와 재물, 권력, 명예 등에 집착케 만든다고 본 것이다. 이는 『노자』 제1장의 다음 구절이 뒷받침한다.

"무명無名 : 도은 천지의 시작이고, 유명有名 : 천지은 만물의 어미이다. 늘 무욕無欲이면 그 현묘玄妙 : 현묘한 도를 지칭를 보고, 늘 유욕有欲이면 그 귀요歸徼 : 세인들이 관심을 기울이는 이익과 명예 등의 세속적인 가치를 보게 된다. 이들 양자兩者 : 유명과 무명는 같은 곳에서 나와 이름을 달리 한 것이다. 모두 현묘하다고 부르니, 현묘하고 현묘해서 중묘지문衆妙之門 : '모든 현묘함의 출입문'으로 '도의 문'을 의미이 된 것이다."

이를 통해 알 수 있듯이 노자와 공자의 통치사상이 엇갈리게 된 가장 큰 원인은 바로 '천' 또는 '도' 등과 관련된 '천도' 및 '인도'에 관한 해석 차이에 있었다. 공자는 '인도'를 통해 '천도'를 추급推及할 수 있다고 보았다. 공자가 '인' 등의 인위적인 덕목을 통해 인간들로 하여금 말하거나 들을 수 있게 하고 나아가 반드시 실천할 수 있도록 만들고자 한 것은 바로 이 때문이었다. 이에 대해 노자는 '무위'를 본질로 하는 '천도'를 통해 인도'를

'천도'의 수준으로 끌어올리고자 한 까닭에 '천도'의 상징인 '도'를 통해 '인도'를 해결코자 했다. 노자가 우주만물의 근원인 '도'가 인간을 포함한 삼라만상에 내재해 있다고 주장한 것은 바로 이 때문이었다. 『노자』 제25장의 다음 구절이 그 증거이다.

"혼성混成 : 형체가 없는 혼돈 속에서 뒤섞여 생겨남된 것이 있으니 천지보다 먼저 생겨났다. 소리도 없고 형체도 없구나, 홀로 우뚝서 고치지 않고 두루 돌아다녀도 위태롭지 않으니 이에 가히 천하의 어미가 될 수 있다. 나는 그 이름을 알지 못한다. 대략 자字를 붙여 '도道'라고 하고, 억지로 이름을 지어 '대大'라고 한다."

『노자』는 '도'가 혼돈 속에서 기원한 까닭에 '혼성混成'이라고 정의한 것이다. 나아가 '도'는 두루 행해지지만 위태롭지 않은 까닭에 천하의 어미가 될 수 있다고 보고 있다. 제25장은 바로 '도'가 천도의 근원임을 설명하고 있는 것이다. 『노자』는 제2장에서 '도'의 효용을 이같이 설명해 놓았다.

"도는 텅 비어 있어 이를 아무리 쓸지라도 늘 가득 차지 않는다. 깊기도 하구나, 마치 만물의 종조宗祖 : 본원인 듯하구나. 좌예해분挫銳解紛 : 욕망의 날카로움을 꺾고 엉킴을 풂과 화광동진和光同塵 : 번쩍거리는 '빛'을 부드럽게 해 세속에 섞임을 행하는구나."

원래 비어 있으면 쓸 수가 있으나 가득 채워져 있으면 쓸 수 없게 된다. '도'가 바로 그와 같다. 아무리 쓸지라도 늘 가득 차지 않는다는 것은 '도' 자체가 원래 텅 비어 있기 때문이다. '좌예해분挫銳解紛'과 '화광동진和光同塵'은 치국평천하의 요체를 말한 것이다.

그렇다면 어떻게 해야 '좌예해분'과 '화광동진'을 구현할 수 있을까. 『노자』는 제48장에서 구체적인 방안을 이같이 제시해 놓았다.

"위학爲學 : 학문을 함은 날로 더하는 것이나 위도爲道 : 도를 행함는 날로 덜어내는 것이다. 덜어내고 덜어내어 마침내 무위無爲에 이르게 되면 '무위' 한데도 유위有爲하지 않는 게 없게 된다."

이 장은 학문을 닦으면 날로 사물에 대한 지식이 늘고 도를 닦으면 날로 사물을 분별하는 지식이 준다는 전제 위에 서 있다. 일반적인 지적 탐구방법으로는 '도'를 결코 이해할 수 없음을 강조한 것이다. 노자가 여기서 말한 '학문'은 바로 인위적인 덕목을 익히는 것을 의미한다. 인위적인 덕목을 익히면 익힐수록 '무위'에 입각한 '도'와는 멀어지게 된다는 것을 경고한 것이다. '좌예해분'과 '화광동진'은 인위적인 덕목을 완전히 덜어내고 '무위'의 덕목으로 채워넣었을 때 비로소 도달 가능한 경지를 의미하는 것이다.

이를 통해 짐작할 수 있듯이 노자가 말하는 '도'는 '무위'의 단계로 나아가지 않으면 결코 손에 넣을 수도 없고 제대로 인식할 수도 없는 것이다. 이는 '무위'의 단계로 나아가야만 '도'를 인식할 수 있고, 궁극적으로는 '무위'를 행하면서 '무불위'로 상징되는 지극히 이상적인 통치의 경지까지 이를 수 있음을 말한 것이다. 『노자』는 제11장에서 그 의미를 이같이 비유해 놓았다.

"30폭공일곡三十輻共一轂 : 30개의 바퀴살을 하나의 바퀴통으로 모음으로 수레를 만들 때 수레의 빈 곳에 수레의 쓰임이 있다. 연식埏埴 : 진흙을 반죽함으로 그릇을 만들 때 그릇의 빈 공간에 그릇의 쓰임이 있다. 호유戶牖 : 창호를 뚫음으로 방을 만들 때 방의 빈 공간에 방의 쓰임이 있다. '유有 : 형체를 갖춘 사물'가 이로울 수 있는 것은 '무無'가 '유'의 용用이 되었기 때문이다."

노자는 여기서 '무위'의 의미를 절묘한 비유를 통해 설명하고 있다. 『노자』에 따르면 천지만물은 '유'에서 나오고 '유'는 '무'에서 나온다. '유'와 '무'는 둘이면서 하나인 것이다. 노자는 이러한 이치를 깨닫는 것이 곧 '도'를 아는 것이라고 말하고 있는 것이다. 노자의 '무'는 '유'와 대립하는 단순한 '무'가 아니라 '유가 환원하는 본원으로서의 무'이다. '유'도 단순한 사물이 아니라 본질적으로 '무'를 내포하고 있는 '유'이다. 노자가 '무위'를 본질로 하는 '천도'를 '유위'를 속성으로 하는 '인도'에 적용시켜 '유위'의 지극한 경지인 지치至治를 이룰 수 있다고 역설한 것은 바로 이 때문이었다.

여기서 진정한 의미의 '천인합일天人合一'이 이뤄질 수 있다. 이는 맹자가 말한 '천인합일설'과는 차원이 다르다. 맹자의 '천인합일설'은 인도와 천도가 하나로 합치되어 있는 까닭에 지성至誠을 통해 천도와 합치되어야 한다는 형이상의 사변론으로 꾸며져 있다. 이는 미신적인 인격신의 성격을 띠고 있는 천도를 전제로 한 것이다. 용어만 같을 뿐 오히려 '천도'를 철저한 '무위'의 관점에서 파악한 노자의 주장과 극단적으로 대립하는 것이기도 하다.

맹자의 '천인합일설'은 전한제국 때 동중서董仲舒의 '천인감응설天人感應說'을 거쳐 남송대의 '천리인욕설天理人欲說'로 이어졌다. 이들 이론이 노자가 말한 진정한 의미의 '천인합일' 주장과 질적인 차이가 있는 것은 물론 '괴력난신'을 타기하며 '외천명畏天命'의 자세를 견지한 공자의 기본 취지와도 크게 동떨어진 것임은 말할 것도 없다. 순자가 소위 '천인상분설天人相分說'을 주장하며 맹자의 '천인합일설'을 통타한 것도 바로 이 때문이었다.

당초 '천'에 종속해 있는 것으로 간주된 땅을 '천'과 동일한 위치로 격상시킨 최초의 인물은 관중管仲이었다. 제환공齊桓公이 춘추시대 첫 패업을 이루는 데 결정적인 공헌을 한 그는 '천지' 개념을 통해 천도의 의미를 적극 규명하고 나섰다.『관자』「형세」편에 나오는 그의 다음과 같이 언급이 그 증거이다.

"풍족豊足은 하늘과의 합치에 달려 있고 안위安危는 사람과의 합치에 달려 있다."

인간이 발을 딛고 사는 땅을 '천'과 동일한 위치로 격상시킨 것은 사상사적으로 볼 때 중요한 의미를 지니고 있다. 이는 인간을 종교로부터 분리시키는 일종의 '인간해방 선언'에 해당한다. 관중이 바로 역사상 최초로 천도와 인도의 구별을 주창하고 나섬으로써 '인간해방 선언'의 남상이 된 것이다.『관자』「판법版法」편에 나오는 다음 구절이 그 증거이다.

"하늘을 본받아 '합덕合德 : 덕에 합치함하고, 땅을 닮아 무사무친無私無親해야 한다."

그는 천지간을 관통하는 '무사무친'의 이치가 하늘을 좇아 덕에 합치될 때 최상의 통치를 이룰 수 있다고 강조한 것이다. 그는 천도의 이치를 인도의 기본 원칙으로까지 확대 적용해야 한다는 이른바 '용도用道'의 필요성을 제기하면서 천지의 객관적인 규율을 배워 '치평治平'할 것을 주장했다. 이는 내용상 노자의 '천인합일' 주장과 맥을 같이 하는 것이기도 하다.

관중보다 1백여 년 뒤에 태어난 노자와 공자의 천인관은 사실 관중의 천인관에 대한 동공이곡同工異曲의 재해석이라고 할 수 있다. 두 사람 모두 관중과 마찬가지로 인도를 통해 난세를 극복코자 했다. 난세의 원인을 '인도의 피폐疲弊'에서 찾은 공자는 인 · 의 · 예 등의 덕목을 갖추기만 하면 인도를 회복할 수 있고, 이것이 천도에 부응하는 것이라고 생각했다.

이에 대해 난세의 원인을 '천도와 인도의 괴리乖離'에서 찾은 노자는 '무위'의 천도원리를 인도에 적용키만 하면 이내 모든 문제를 해결할 수 있을 것으로 보았다. 노자가 볼 때 천도와 인도가 괴리된 가장 큰 원인은 사람들이 욕망을 절제하지 못한 데 있었다. 이는 『노자』 제77장의 다음 구절을 보면 쉽게 알 수 있다.

"천도는 남는 것을 덜어내고 부족한 것을 보태준다. 그러나 인도는 정반대로 부족한 데서 덜어다가 남는 자에게 봉헌한다. 누가 능히 남는 것을 덜어 하늘을 봉양할 수 있겠는가. 오직 유도자有道者일 뿐이다."

노자는 사람들이 남는 것을 덜어 부족한 것을 메우는 이른바 '손유여보부족損有餘補不足'을 행하지 않은데서 천도와 멀어지기 시작했다고 본 것이다. 관중이 『관자』「판법」편에서 통치의 요체로 거론한 '합덕'과 '무사무친' 중 공자는 '합덕', 노자는 '무사무친'에 무게를 둔 셈이다. 여기서 '천도'에 대한 노자와 공자의 시각차를 확인할 수 있다.

공자는 기본적으로 인 · 의 · 예 등의 덕목을 제대로 세우기만 하면 그것이 곧 인도의 피폐현상을 막을 수 있다고 보았다. 공자가 굳이 천도에 대한 천착의 필요성을 느끼지 못한 것은 바로 이 때문이었다. 그는 인·의·예 등의 '인덕人德 : 인도의 덕' 자체가 '천덕天德 : 천도의 덕'과 하등 다를 게 없다고 본 것이다.

이에 반해 노자는 인위적인 덕목만으로는 결코 천도에 부합할 수 없고 '무사무친'에 입각한 '손유여보부족'의 단계로 나아가야 한다고 보았다. 노자가 천도에 대한 깊은 천착에 들어가 '무위'로 상징되는 '천덕'을 찾아낸 것은 바로 이 때문이었다. 노자가 천도를 인도에 적용시킨 소위 '무위지치'를 주장케 된 근거가 바로 여기에 있다. 이 점이 바로 노자의 '도'를 공자의 '도'와 차이 나게 만든 근원이라고 할 수 있다. 공자의 '도'가 인간의 도덕적 규범이나 당위법칙을 말하는 데 그친 반면 노자의 '도'가 우주만물의 근본 원리의 성격을 띠게 된 것도 바로 이 때문이었다.

노자가 말하는 '도'는 '유위'에 세계에서 빚어지는 모든 대립과 분별을 초월하는 동시에 '무위'를 통해 이러한 대립과 분별을 모두 포용하는 궁극적인 원리를 의미한다. 노자는 공자가 인·의·예 등의 덕목을 통한 '구세제민救世濟民'을 강조하면서도 시종 외천명畏天命의 자세를 견지한 것처럼 '도'를 강조하면서도 시종 '구세제민'의 취지를 잊지 않았다. 그런 점에서 두 사람은 천인관에서 동공이곡을 행한 셈이다.

공자가 '인도'를 기초로 '천도'를 추급推及한 데 반해 노자는 '천도'를 기초로 '인도'를 추급한 것만 달랐을 뿐 두 사람의 기본 목적은 일치하고 있었다. 두 사람이 추구한 궁극적 목적이란 말할 것도 없이 구세제민의 취지를 구현할 수 있는 새로운 통치 질서의 구축이었다.

공자와 노자가 말한 '유위'와 '무위'는 상호 모순되는 개념이 아니라 그 내부에 모순되는 듯이 보이는 것까지를 포함한 포괄적인 의미의 '유위'와 '무위'라고 보아야 한다. 공자의 '도'와 노자의 '도'는 본질적으로 하등의 차이가 없다. 이는 두 사람 모두 춘추시대 말기의 어지러운 세상을 바로 잡아 백성을 도탄에서 구원하겠다는 숭고한 뜻을 품은 사실과 무관치 않을 것이다.

그러나 노자의 '도'와 공자의 '도' 사이에 개념상의 차이가 없는 것은 아니다. 노자의 '도'는 우주만물의 배후에 놓여 있는 궁극의 원리로서 언제 어디서나 존재한다는 점에서 이를 인정치 않은 공자의 '도'와 차이가 있다. 노자가 말하는 '도'는 통치의 차원에서 볼 때 일체의 대립과 갈등을 넘어서서 우주만물과 사물 사이, 인간 상호 간의 관계에 그대로 통용되는 '무위지치'를 의미한다. 천도에 대한 끝없는 탐색 끝에 얻어낸 노자의 개가가 아닐 수 없다.

노자의 '도' 개념은 '덕' 개념과 불가분의 관련이 있다. 노자사상에 대한 연구는 반드시 '도'와 더불어 '덕'에 대한 정확한 이해가 전제되지 않으면 안 된다. 『노자』의 '덕'은 대개 '도지용道之用 : 도의 쓰임' 내지 '도지현道之見 : 도의 드러남' 등으로 풀이되고 있다. '도'는 구체적인 형용은 없지만 형용할 경우 '덕'으로 표현된다는 뜻을 담고 있는 것이다. 『노자』에 나오는 '덕'은 매우 다양한 형식으로 표현돼 있다. '현덕玄德'과 '공덕孔德', '상덕常德', '상덕上德' 등이 그것이다. 이들 모두 '도지용' 내지 '도지현'인 '덕'을 다양한 의미로 풀이해 놓은 것이라고 할 수 있다.

『노자』가 '덕'과 관련해 '현덕'과 '공덕', '상덕' 등의 다양한 표현을 쓴 것은 기본적으로 유가에서 말하는 통상적인 '덕'과 차별코자 하는 취지에서 나온 것이다. 『노자』의 정의에 따르면 유가의 '덕'은 소위 '하덕下德'에 해당한다. '하덕'은 덕을 잃지 않으려고 노력하는 소위 '부실덕不失德'에서 비롯된 것이다. 이는 특별히 '덕'을 인위적으로 닦을 필요도 없고 스스로 내포하고 있는 '덕'을 '덕'으로 생각지도 않는 소위 '부덕不德'과 대칭되는 것이다.

『노자』에 따르면 '하덕'이 나오게 되는 가장 근본적인 이유는 바로 '덕'을 '유위'를 통해 찾으려고 한 데 있다. '도지용' 내지 '도지현'인 '덕'은 결코 '유위'를 통해 얻을 수 없는 것임에도 불구하고 이를 '유위'에서 찾으려고 한 결과 결국 혼란만을 가중시키게 되었다는 것이 노자의 지적인 것이다.

노자의 '덕'은 흔히 알고 있듯이 결코 '도'의 하위 개념이 아니다. 『백서帛書 노자』가 제38-81장의 소위 「덕경」을 제1-37장의 「도경」보다 앞에 편제해 놓은 것도 결코 우연이라고 볼 수는 없다. 이는 '덕'이 '도'의 하위 개념이 아니라 동일한 개념으로 사용되었음을 의미한다. '덕'을 '도'의 하위 개념으로 오해케 된 데에는 『노자』 제38장의 다음 구절이 적잖은 영향을 미쳤다.

"도道를 잃은 뒤 덕德이 나오고, '덕'을 잃은 뒤 인仁이 나오고, '인'을 잃은 뒤 의義가 나오고, '의'를 잃은 뒤 예禮가 나오게 된 것이다."

이를 액면 그대로 해석하면 '덕'을 '도'의 하위 개념으로 해석할 소지가 크다. 그러나 이는 '덕'이 유출되는 경위를 설명한 것으로 결코 '덕'을 '도'의 하위 개념으로 간주한 데서 나온 것이 아니다. 제38장을 근거로 '덕'을 '도'의 하위 개념으로 파악하는 것은 마치 제25장의 '도법자연道法自然' 구절을 근거로 '도' 위에 '자연'이 있는 것으로 오해하는 것과 같다.

원래 '덕'은 '득得'과 같은 뜻이다. 실제로 『노자』 역시 제48장에서 '덕선德善'을 '득선得善'의 의미로 사용하고 있다. 삼국시대의 왕필王弼 역시 『노자』 81장 전편을 통틀어 가장 긴 주석을 가한 제38장에 대한 주석에서 '덕'을 '득得'으로 규정했다.

왕필은 제38장에 대한 주석에서 원문에 대한 '축자逐字 해석'과는 거리가 먼 '도덕'에 관한 논변論辨으로 일관하고 있다. 왕필은 여기에서 『주역』의 논리를 도입해 『노자』 전체를 관통하는 여러 주제를 두루 언급해 놓았다. 그러나 비록 다양한 주제에 관해 장황한 논변을 전개했음에도 불구하고 그 골자는 대략 무위대도無爲大道의 공능功能에 대한 설명으로 요약할 수 있다. 왕필은 제38장의 주석에서 '도'와 '덕'의 관계를 이같이 정리해 놓았다.

"만물이 비록 귀하지만 '무'를 용用으로 삼는 것이니 '무'를 버리고 형체를 이룰 수는 없는 것이다. '무'를 버리고 물체가 되면 그 위대해질 수 있는 소이를 잃게 된다. 이것이 소위 '실도위덕失道爲德 : 도를 잃고 덕이 있음'인 것이다. '무'를 '용'으로 삼으면 곧 그 근원을 얻는 까닭에 능히 자신은 힘들지 않고 사물은 잘 다스려지게 되나 그리 하지 않으면 '용'의 근원을 잃게 된다. '무위'를 행할 수 없어 박시博施 : 널리 베풂를 귀하게 여기고, '박시'할 수 없어 정직正直을 귀하게 여기고, '정직'할 수 없어 식경飾敬 : 공경을 꾸밈을 귀하게 여기는 것이다. 이를 일컬어 '덕을 잃은 후 인仁이 있고, 인을 잃은 후 의義가 있고, 의를 잃은 후 예禮가 있다'고 하는 것이다."

왕필은 제38장의 취지를 '무' 개념을 통해 간명하게 정리해 놓은 셈이다. 왕필의 주석에 따르면 '인'은 '박시', '의'는 '정직', '예'는 '식경'에 해당하는 셈이다. 유가의 덕목이 인·의·예의 순으로 내려갈수록 부정적으로 묘사되어 있음을 알 수 있다. 이는 기본적으로 '인의'를 유가의 최고 덕목으로 삼은 맹자의 주장을 좇은 것이기도 하다. 『노자』 제38장 자체가 이미 인·의·예의 순으로 유가의 덕목을 규정한 점에 비춰 제38장 역시 맹자 이후에 이런 순위가 확정된 뒤 나온 것임을 짐작케 해준다. 『노자』 제18장에도 유사한 취지의 내용이 나온다.

"대도大道가 폐해지자 인의仁義가 있게 되고, 지혜慧智가 나타나자 대위大僞 : 큰 거짓가 있게 되었다. 육친六親 : 父·母·兄·弟·妻·子이 불화하자 효자孝慈 : 효도와 자애가 있게 되고, 국가가 혼란하자 충신忠臣이 있게 되었다."

여기에서는 제38장에서 언급되지 않은 유가의 덕목 중 지知·효孝·충忠 등의 나머지 주요한 덕목이 언급돼 있다. 『노자』는 이 또한 '도'가 폐지된 데 따른 인위적인 덕목에 불과하다는 사실을 지적하고 있는 것이다. 여기의 '대도'는 '도'를 잃은 뒤에 출현하는 '인의'와 대비시키기 위해 일종의 과장법을 사용한 것으로 보인다. 왕필은 제18장에 대한 주석에서 '대도'를 '무위지사無爲之事'로 해석하면서 인·의·예·지로 상징되는 유가의 덕목 중 '지知'를 가장 수준이 낮은 덕목으로 간주했다. 이는 제18장에 대한 그의 다음과 같은 주석을 통해 쉽게 확인할 수 있다.

"'무위지사'를 잃게 되자 다시 꾀를 부려 '선도善道'를 내세우며 사물을 그에 따르도록 부추기게 되었다. 술명術明 : 계책과 밝음을 사용해 간위姦僞 : 간교한 속임수를 살피면 그 의향이 보이고 외형이 드러난다. 이에 사물이 이내 이를 피할 줄 알게 되었다. 그래서 지혜가 나타나면 대위大僞가 생겨나는 것이다."

이는 지혜가 나타난 뒤 '대위大僞'가 나타나는 이유를 설명한 것이다. '지'에 대해 극히 부정적인 평가를 내리게 된 것은 제38장에 대한 주석과 마찬가지로 맹자 이후 인·의·예·지로 고정된 유가 덕목의 순서를 그대로 좇은 데 따른 것으로 볼 수 있다. 사실 이는 '예'를 '인'의 구체적인 표현으로 간주하고 '지'를 극히 중시한 『논어』의 정신과 배치되는 것이다. 그럼에도 『노자』 제18장과 제38장 모두 '예'와 '지'를 유가의 여러 덕목 중 가장 수준이 낮은 것으로 평가해 놓은 것은 『노자』 역시 맹자 이후에 고착된 유가 덕목의 순서를 그대로 원용했음을 보여주는 것이다. 여기의 '대위'가 '큰 거짓'의 뜻으로 사용된 점에 비춰 제18장의 이 구절은 순자가 활약하는 전국시대 말기 이후에 삽입된 것으로 보는 게 타당할 것이다. 순자는 '위僞'를 '거짓'이 아닌 '작위'의 의미로 사용했다.

노자가 말하는 '덕'과 관련해 주의할 대목은 그가 말하는 '덕치'는 유가에서 말하는 인·의·예 등의 인위적인 덕목에 기초한 '덕치'와는 그 사상적 출발이나 내용 면에서 천양지차가 있다는 점이다. 이는 마치 송대의 성리학자들이 '도'를 집중적으로 얘기했지만 그 내용은 노자가 말한 '도'와 본질적인 차이가 있는 것과 같다.

노자가 말하는 '덕'은 기본적으로 '도'의 운동에서 비롯된 것이다. 노자의 '도'는 순환반복 운동을 한다. 이로 인해 우주만물 역시 쉬지 않고 영허소장을 반복한다. 그러나 '도'의 운동은 순환반복 이외에도 상반된 방향으로 발전한다. 이를 두고 노자는 근본으로 되돌아오는 소위 '반자도지동反者道之動'으로 해석했다. 여기서 '반反'은 순환반복의 뜻 이외에도 상반 대립된다는 뜻을 지니고 있다.

이는 만물이 고정불변의 것이 아니라 수시로 변하는 것임을 의미한다. 삼라만상은 모두 일견 대립되는 듯한 모습을 보이나 그 본원은 한가지라는 것이다. 대표적인 실례로 대전체帶電體를 들 수 있다. 음전하 또는 양전하를 띨 경우 이는 해당 물체가 온통 음전하 내지 양전하로만 이뤄졌다는 것을 뜻하는 것이 아니다. 음전하를 띠는 것은 음선하가 양전하에 비해 상대적으로 많거나 겉으로 두드러져 나타나기 때문이다. 그 내부를 보면 오히려 양전하가 많다는 사실을 알 수 있다. 음 속에 양이 있고 양 속에 음이 있는 셈이다.

노자는 만물이 생명의 근원을 지향해 돌아오는 작용을 '귀근歸根' 또는 '복명復命'으로 명명했다. 만물이 '도'로 돌아오려고 하기 때문에 '도'는 비로소 끝없이 응용될 수 있고 만물 역시 낳고 또 낳아 끝이 없게 된다. 만물의 '귀근'과 '복명' 작용은 '도'의 기본 특성을 표현한 것이기도 하다. 만물은 존재하는 동안 '덕'을 거쳐 생명의 원류인 '도'로 돌아오려는 움직임을 계속하는 까닭에 '도' 역시 중도에 없어지거나 다하는 날이 없다는 게 노자의 기본적인 생각이다.

이는 '도'가 인간의 '덕성'으로 구현된 통치에도 그대로 적용된다. 어떤 면에서 노자의 '덕'은 인간을 중심으로 한 통치를 염두에 두고 만들어졌다고 할 수 있다. 물론 공자가 말하는 인·의·예 등의 '덕'도 '인간'을 중심으로 한 것이다. 그러나 공자가 말한 '덕'은 일정한 한계가 있는 인위적인 덕목에 불과하다. 『노자』가 유가의 덕목을 '도'와 '상덕'이 상실된 뒤 나타난 '하덕'으로 평가한 것은 바로 이 때문이다.

노자의 '덕'은 우주만물의 순환이치인 '천도'와 인간 통치의 이치인 '인도'에 두루 적용할 수 있는 것이다. 노자는 인간이 자신에게 내재하는 본성인 '도'를 자각해 행위로 드러낸 것이 바로 '덕'이라고 파악했다. '도'를 본질, '덕'을 그 공능功能으로 파악한 셈이다. 노자의 '덕'에는 3가지 특징이 있다. '무위無爲'와 '무욕無欲', '부쟁不爭'이 그것이다. 이 3자는 상호 밀접한 관련을 맺고 있으나 그 핵심이 '무위'인 것은 말할 것도 없다.

노자의 '무위' 개념은 춘추시대 초기에 맹아가 나타난 개념을 더욱 발전시켜 만든 것이다. 이는 그의 독특한 통치사상인 '무위지치'의 요체에 해당한다. 『노자』에 나오는 '무위'는 가혹한 형벌과 조세, 전쟁 동원 등에 반대되는 개념으로 나타나고 있다. 이는 백성의 입장을 대변한 것으로 '천'의 의지는 물론 '인간'의 의지에 대한 부정인 동시에 당시의 '천명' 개념에 대한 정면 부인이기도 하다.

『노자』가 유가의 여러 덕목 중 '예禮'와 '지知'에 대해 가장 신랄한 비판을 가하고 있는 것도 이와 무관치 않다. '예'와 '지'는 『노자』에 언급된 '유위'의 대표적인 덕목이다. 『노자』에 나오는 '유위'에는 인·의·예·지 이외에도 효·충·학學 등 유가의 여타 덕목이 모두 포함된다. '유위'는 곧 인간의 의도가 개입된 '인위'이자 '작위'를 의미한다.

노자가 '유위'를 경계한 것은 말할 것도 없이 '유위'의 덕목을 덜어내야만 작게는 백성들이 다투지 않게 되고 크게는 백성들이 본래의 '덕성'을 되찾을 것으로 확신한 데 따른 것이다. 이는 곧 '무위지치'를 의미하는 것으로 천지만물의 순환이치에 순응하는 것을 말한다. 결국 노자에 따르면 '무위지치'를 이루기 위해서는 기본적으로 인간을 포함한 우주만물 모두 '덕성'의 본원인 '도'로 돌아가야만 한다. 이는 '도'의 구체적 발현인 원래의 '덕성'에 따라 자발적으로 움직이는 것을 의미한다.

통치 차원에서 볼 때 '무위'는 그 자체에 의미가 있는 게 아니라 '무불위'라는 공효를 기대할 수 있기 때문에 의미가 있는 것이다. 이는 기본적으로 '도'가 만물을 이루는 동인으로 작용하면서도 결코 그것을 소유하려 하지 않는 특성에서 비롯된다. 만물을 입히고 먹여주어도 바라지 않는 '무욕'이 바로 '도'의 기본 특성을 그대로 드러내는 것이기도 하다. 노자는 '무욕'을 통치에 적용하면 이내 천하질서가 바로 잡혀 아무런 다툼도 일어나지 않을 것으로 보았다.

원래 다툼은 사욕과 불평등에서 비롯되는 것이다. 춘추시대의 혼란도 무위도식을 일삼는 통치자들이 백성들을 가혹하게 착취한 데서 비롯된 것이다. 백성들은 많은 수확을 얻을지라도 통치자들의 가혹한 착취로 인해 늘 굶주릴 수밖에 없었다. 이러한 불평등이 바로 세상의 혼란으로 나타난 것이다. 중국의 역대 왕조가 교체될 때마다 『노자』를 경전으로 삼는 도교의 무리가 반란의 선봉에 서게 된 것도 『노자』의 통치자에 대한 통렬한 지적과 결코 무관할 수 없다.

노자는 세상의 모든 것을 받아들이는 성인이 다스리는 세상에서는 다툼이 없고, 설령 다툴 경우가 있을지라도 다투지 않고도 이길 수 있는 길이 열리게 된다고 보았다. 『노자』 제78장에 이에 관한 설명이 나온다.

"나라의 구탁垢濁 : 더러움을 받아들이는 자를 일컬어 '사직주社稷主 : 사직의 주인으로 곧 일국의 군주를 지칭', 나라의 불상不祥 : 상서롭지 못함을 받아들이는 자를 일컬어 '천하왕天下王 : 통일천하의 군주를 지칭'이라고 한다."

노자가 이상적으로 그린 통치자는 바로 나라의 온갖 더러움과 상서롭지 못한 것을 자신의 몸으로 받아들이고 백성들의 삶을 풍족하게 해주는 존재인 것이다. 그러한 통치자가 바로 『노자』에서 강조하고 있는 '성인'이다. 노자의 '성인'은 유가의 '성인'과 달리 깨끗하고 상서로운 것뿐만 아니라 구탁垢濁과 불상不祥까지 자신의 것으로 받아들이는 자이다. 노자의 통치사상이 만물이 서로 다투지 않고 서로의 본성을 최대한 살리는 세계로 귀결될 수밖에 없는 이유가 바로 여기에 있다. 노자사상의 위대함이 약여하게 드러나는 대목이 아닐 수 없다.

노자의 '덕'을 구현키 위해서는 기본적으로 '무욕無欲'과 '부쟁不爭'이 전제되어야만 한다. 그래야만 사람과 사물을 버리지 않고 모두 포용함으로써 그 본래의 본성을 최대한 발휘토록 만들 수 있다. 노자가 유가의 덕목을 '유위'에 입각한 '하덕'으로 평가한 것은 바로 그런 덕목들 모두 '유욕有欲'과 '쟁취爭取'에 뿌리를 두고 있다고 판단한 데 따른 것이었다. 『노자』 제21장의 다음 구절이 그 증거이다.

"공덕孔德 : 큰 덕의 모습을 보니 오직 도만을 따르는구나. 도는 위물爲物 : 물건 됨이 오직 황홀恍惚 : 있는 듯 없는 듯함할 뿐이로다."

『노자』의 '덕'은 한마디로 '도지용'이자 '도지현'이라는 사실을 은유적으로 설명해 놓은 것이다. 이는 곧 '도'는 비록 말로 표현키도 어렵고 느낄 수도 없지만 그 용用인 '덕'을 통해 얼마든지 인식할 수 있다는 것을 의미한다. 『노자』는 '도' 자체가 신비에 쌓인 불가지不可知의 형이상적 실체가 아니라는 사실을 '덕'의 규정을 통해 강조하고 있는 것이다. 누구든지 만물에 내재하고 있는 '도'의 발현체인 '덕성德性'을 통찰하면 얼마든지 '도'의 존재를 확인할 수 있다는 게 제21장의 기본 취지인 것이다. 이는 '공덕' 구절 뒤에 나오는 다음 구절을 보면 쉽게 알 수 있다.

"자금급고自今及古 : 지금부터 옛날에 이르기까지 '도'의 이름이 떠나지 않았다. 이로써 만물의 시작을 살필 수 있다."

노자는 이 장에서 유한하고 차별적인 만물을 통해 '도'의 근원을 파악할 수 있다고 강조하고 있다. 『백서 노자』 갑본과 을본 등에 나오는 '자금급고自今及古' 구절은 「왕필본」과 「하상공본」에는 '자고급금自古及今 : 예로부터 지금까지'으로 되어 있다. 이를 두고 몇 가지 견해가 제시되었으나 순자의 소위 '법후왕法後王'사상을 흡수한 한비자 등의 법가가 '지금'에 무게를 두고 '자금급고'로 해놓은 것을 「왕필본」이 나올 무렵 후대의 유가가 개작해 놓았을 공산이 크다. 이는 제21장에서 '도'의 근원을 파악하는 추급推及 가능성을 언급해 놓은 사실이 이를 뒷받침한다. 『노자』는 제14

장에서도 비슷한 취지로 다음과 같이 언급해 놓았다.

"고도古道 : 옛날 치세의 도를 갖고 금유今有 : 현재의 모든 것를 다스리면 능히 고시古始 : 옛날의 시원를 알 수 있다. 이를 일컬어 '도기道紀 : 도의 벼리' 라고 한다."

『노자』는 제21장에서는 '금유今有' 를 기초로 '고도古道' 를 연역할 수 있고, 제14장에서는 '고도' 를 기초로 '금유' 를 판별할 수 있다고 주장한 셈이다. '도' 는 시간과 공간을 뛰어넘어 만물의 본성에 상존하는 까닭에 어떤 방식을 취하든 '도' 의 실체를 인식하는 데에는 아무런 문제가 없다. 이는 결국 '덕' 을 통해 '도' 를 인식할 수 있다는 사실을 강조한 것이라고 할 수 있다.

이를 통해 노자가 말하는 '도' 는 결코 우원迂遠하기 짝이 없는 형이상의 공론空論이 아니라 만물에 편재하는 본성, 즉 '덕성' 을 통해 능히 그 실체를 인식할 수 있는 형이하의 개념임을 알 수 있다. 이는 공자가 말한 '인仁' 개념과 별반 차이가 없는 것이다. 공자 역시 '인' 에 대한 구체적인 정의를 피하기는 했으나 다양한 형식의 설법을 통해 사람들이 능히 '인' 의 실체를 확인하고 이를 실천할 수 있음을 증명한 바 있다. 노자 역시 '도' 에 대한 구체적인 정의를 피하기는 했으나 만물에 편재하는 덕성을 통해 능히 '도' 의 실체를 확인할 수 있다는 점을 분명히 한 것이다.

만물에 편재하는 '덕성' 의 가장 구체적인 모습은 인간에게서 찾을 수 있다. 그것이 바로 인성人性이다. 동양 통치사상사의 관점에서 볼 때 인성의 논의는 시대에 따라 늘 새롭게 변모했다. 이러한 변모는 당시의 시대적 상황에 따라 상이한 처방이 내려진 데 따른 것이기도 하다. 이는 인성론이 결코 현실 문제를 떠난 철학적 사변이 아니라는 사실을 반증하는 것이다. 동양의 인성론이 인간세상을 역동적으로 추동시키는 원인으로 작동한 이유가 여기에 있다. 인성을 어떻게 정의하느냐에 따라 인간을 평가하는 기준과 교육, 통치술 등이 완전히 새롭게 달라질 수밖에 없다.

인성에 관한 관심은 춘추시대 말기 이후 특히 전국시대에 들어서면서 고조되었다. 하극상의 풍조가 만연한 시대상황 속에서 이는 하나의 자연스런 현상이기도 했다. 학자에 따라 '성'의 의미를 다양하게 사용하고 있는 까닭에 '도'가 인간에게 부여한 덕성인 '인성'을 제대로 알기 위해서는 먼저 '성'의 의미부터 정확히 해둘 필요가 있다.

'성'자는 본래 '생生'과 함께 생래적 욕구 등과 같은 뜻으로 쓰였다. 이를 통해 알 수 있듯이 원래의 '성'은 후세에 논의된 '성'과 달리 일상적으로 사용된 용어였다. 후세에 학문적으로 '성'이 본격 논의됨에 따라 다양한 의미로 해석되어진 것은 자연스런 일이기도 했다.

당초 노자는 인간의 본성과 관련해 만물과 인간의 차이점에 착안하기보다는 오히려 인간과 천지만물이 서로 공유하고 있는 공통분모에 주목했다. 그는 인간과 천지만물이 상호 공유하고 있는 것을 바로 인간의 본성으로 본 것이다. 노자의 인성관人性觀에 소위 성선性善 및 성악性惡과 같은 윤리적 색채가 없는 것은 바로 이 때문이라고 할 수 있다.

노자의 인성관은 그가 말한 '도'를 단순히 '유'와 대립하는 '무'로 해석할 수 없듯이 단순히 '선' 내지 '악'의 개념으로 규정할 수 없다. 굳이 선악의 개념으로 해석코자 할 경우 대략 '시비양행론是非兩行論'에 입각한 '선악상대주의'로 규정할 수 있을 것이다. 노자는 현상계의 상대적 '양행'을 역설하면서 인성을 선악의 두 측면에서 주어진 그대로 파악할 것을 주문한 바 있다. 『노자』 제19장의 다음 구절이 그 증거이다.

"절성기지絶聖棄智 : 뛰어난 지혜를 끊어서 버림하면 백성들의 이익이 1백 배가 되고, 절인기의絶仁棄義 : 인의를 끊어서 버림하면 백성들이 효자孝慈로 돌아오고, 절교기리絶巧棄利 : 교묘한 재주를 끊어서 버림하면 도적이 사라진다."

노자는 선과 악의 개념에 얽매여서는 안 된다는 점을 지적하고 있는 것이다. 만일 그리 하지 못하면 안으로는 마음이 얽매이고 밖으로는 발자국을 남기게 되어 인간의 본성인 소박함을 잃어버리게 된다고 본 것이다. 장자도 『장자』 「제물론」에 나오는 '조삼모사朝三暮四' 일화를 통해 선을 추구하면 그에 따라 비례적으로 악도 커진다는 '시비양행론'에 입각한 선악상대주의를 표방한 바 있다.

노자의 '도'는 원래 시비와 선악 등을 초월해 존재하는 개념이다. 따라서 그의 인성관도 선악이라는 고정된 규준을 동원해 분석할 수 없다. 그러나 인성이 천지만물의 덕성을 닮은 것이라면 인성 역시 '도'가 현실적으로 체현된 '덕'의 일종이 될 수밖에 없을 것이다. 그렇다면 노자는 과연 천지만물의 덕성을 어떻게 본 것일까. 『노자』 제49장에 그 해답의 실마리가 있다.

"나는 선자善者 : 선한 자도 선하게 대하고, 불선자不善者도 선하게 대한다. 이에 선함을 얻을 수 있다. 나는 신자信者 : 미더운 자도 믿고, 불신자不信者도 믿는다. 이에 믿음을 얻을 수 있다."

노자는 인위적인 잣대에 기초한 선악의 판단 자체를 거부한 셈이다. 인 · 의 · 예 등의 인위적인 덕목이 잣대로 사용되는 한 진정한 의미의 시비선악 자체가 성립될 수 없다는 게 그의 기본 입장이었다. 이는 그의 인성론이 본질적으로 무선무악설無善無惡說에 입각해 있었음을 의미한다.

노자의 주장에 따르면 인성은 인간에게 부여된 '덕성'인 까닭에 '도'의 구체적인 표현일 수밖에 없다. 그렇다면 노자가 생각한 인성은 안으로는 자신에게 알맞고 밖으로는 남에게 알맞아 만물이 모두 스스로의 본성에 부합하는 상태를 의미한다고 보아야 한다. 이는 개인과 국가는 말할 것도 없고 전 인류와 우주만물이 서로 회통하며 조화를 이루는 상태를 의미한다. 노자는 바로 이런 이유로 인성을 굳이 '성'이라는 별개의 개념으로 따로 떼어내 고찰할 필요를 느끼지 않았을 것이다. 사실 노자가 말한 '덕'이라는 통합 개념에 따르면 인간만의 덕성을 굳이 따로 떼어내 설명할 필요가 전혀 없다. 유가가 인성문제를 놓고 수천 년 동안 극히 소모적인 논쟁을 전개한 사실을 감안할 때 노자의 혜안이 약여하게 드러난 대목이 아닐 수 없다.

노자의 논리에 따르면 원래의 '덕'은 '일기一氣'와 마찬가지로 주객主客과 피차彼此, 선악善惡 등이 분화되지 않은 상태를 가리킨다. 이때의 '덕'은 아직 '도'로부터 분화한 상태가 아니므로 '도'와 아무런 차이가 없다. '일기'가 음기와 양기로 분화되어 '충기沖氣'함으로써 '화기'를 만들어 만물을 생성하듯이 '덕' 또한 개별적 사물들이 생을 이루는 본성으로 구체화된다. '덕'이 개별적인 사물에 내재하여 일정한 무늬와 결 등을 형성하면서 각각 특이한 성질과 원칙을 가질 때 이것이 바로 인성을 포함한 만물의 '본성'이 되는 것이다.

따라서 '덕'은 사물의 존재 자체를 의미하는 개념이라고 할 수 있다. 그렇다면 인간은 모든 잠재적 능력을 발휘해 '도'로부터 품수稟受받은 생명을 인격의 발현으로 완성해야 할 것이다. 이것이 바로 인생의 의의이고 인간의 본성인 '덕성'의 소임이라고 할 수 있다. 실제로 노자는 통치 차원에서 인간의 본성인 '덕성'이 소위 '치덕治德'으로 발현되어야만 진정한 통치를 이룰 수 있다고 주장했다. 『노자』 제3장의 다음 구절이 그 증거이다.

"성인의 다스림은 허심실복虛心實腹 : 마음을 비우고 배를 채움과 약지강골弱志强骨 : 뜻을 약하게 하고 뼈를 강하게 함로 늘 백성을 무지무욕無知無欲 : 순박하고 순수함하게 만들어 지자智者 : 꾀 있는 자들로 하여금 감히 망동치 못하게 한다. '무위'를 행하면 다스려지지 않는 게 없다."

노자가 '무지무욕'을 언급한 것은 '도'로부터 품수받은 인간의 덕성을 본래 순박하고 순수한 것으로 파악한 데 따른 것이다. 이러한 '무지무욕'을 기초로 '무위'를 행할 경우 능히 '상덕上德'에 도달할 수 있다고 본 것이다. 노자의 입장에서 볼 때 '상덕'에 이르지 못해 인 · 의 · 예 등을 닦아 통치에 임하는 것은 스스로 '하덕下德'의 길로 나아가는 것과 같다. 유가의 덕목은 노자의 '상덕' 개념에 비추어 볼 때 세상을 더욱 혼란하게 만드는 것에 불과할 뿐이다.

노자의 논리에 따를 경우 통치자가 '치덕'을 연마하면 최고의 경지로는 '상덕'의 통치를 이루고, 최소한 '하덕'의 수준까지도 이룰 수 있다는 결론이 나오게 된다. 이는 인성을 '도'의 구체적인 발현으로 간주한 데 따른 논리적 귀결로 인성을 굳이 성선과 성악으로 나눠 수천 년 동안 소모적인 논쟁을 전개한 유가의 인성관과 대비된다. 노자 통치사상의 핵심을 차지하고 있는 '도덕주의'가 그 진가를 유감없이 드러낸 대목이 아닐 수 없다.

제2절 제도주의(帝道主義)

치도治道는 통치의 도리를 말한다. 일종의 통치의 목적론이라고 할 수 있다. 제자백가의 치도는 구체적인 내용에서는 약간의 차이가 있을지언정 '위국위민爲國爲民'과 '치국치민治國治民'을 위한 최상의 방안을 강구한 점에서는 하등 차이가 없다. 이와 관련해 일찍이 관중은 『관자』「대수大數」편에서 치도를 이같이 정리한 바 있다.

"무위로써 다스리는 자를 '제帝', 유위로써 다스리되 무위로 나아가려는 자를 '왕王', 유위로써 다스리되 이를 존귀하게 생각지 않는 자를 '패覇'라고 한다. 스스로 존귀하게 여기지 않는 것이 군도君道이고, 존귀한 자리에 있으면서 지나치지 않는 것이 신도臣道이다."

이는 노자의 통치사상과 공자의 통치사상을 하나로 통합한 것으로 볼 수 있다. 원래 치도는 맹자가 처음으로 '왕도王道'를 사용하면서 본격적으로 거론되기 시작했다. 『관자』의 이 구절은 노자사상의 핵심인 '무위지치'와 인·의·예로 상징되는 유가의

'유위지치'를 하나로 통합해 서열을 매긴 것으로 치도에 관한 최초의 체계적인 분류에 해당한다.

『관자』의 이 구절을 기준으로 보면 노자의 '무위지치'는 치도의 여러 수준에서 가장 높은 수준인 소위 '제도帝道' 내지는 '황도皇道'에 해당한다. 비록 노자는 치도에 관해 구체적인 언급을 하지는 않았으나 인의仁義를 질타한 기본 입장에서 볼 때 유가에서 최상의 치도로 간주한 왕도王道에 대해서도 동일한 입장을 취했을 것이다. 그렇다면 노자는 '무위지치'에 입각한 '제도'를 높이 받들면서 유위통치에 입각한 '왕도' 이하의 치도에 대해서는 비판적인 시각을 견지했다고 할 수 있다.

당초 치도문제를 본격적으로 거론한 맹자는 오직 왕도만을 치도로 인정하고 패도를 치도로 간주하지 않았다. 그는 '무위지치'에 입각한 가장 높은 수준의 '제도'에 대해서는 전혀 언급도 하지 않은 채 오직 '왕도'만이 유일한 치도라고 강조했다. 그렇다면 맹자는 '제도'의 존재에 대해 몰랐을까. 이는 맹자가 묵가와 도가를 신랄하게 공격한 점에 비춰 가능성이 희박하다. 맹자는 의도적으로 '제도'의 존재를 무시했을 공산이 큰 것이다.

맹자의 편협한 치도관에 가장 먼저 강력한 이의를 제기하고 나선 사람은 순자였다. 그는 왕도에 준하는 수준의 패도가 있음을 적극 역설하면서 왕도와 패도를 모두 동일한 범주에 넣어야 한다고 주장했다. 이는 공자의 치도관과 동일한 것이기도 했다. 물론 순자는 맹자와 같이 '제도'에 관해 구체적인 언급을 하지는 않았다. 그러나 『순자』의 내용을 자세히 살펴보면 제도의 통치 수준을 언급한 대목이 산견되고 있다. 『순자』「정론」편의 다음 구절이 그 실례이다.

"천자는 권세가 지중至重하고, 몸이 지일至佚 : 지극히 안락함하고, 마음이 지유至愉 : 지극히 유쾌함하고, 뜻은 위굴委屈 : 굴복함할 일이 없다. 몸은 수고로울 일이 없고, 존귀함은 무상無上인 것이다."

순자가 여기서 말하는 천자는 곧 최상의 통치를 실현할 수 있는 성인의 경지에 도달한 인물을 의미한다. 그렇다면 이는 곧 천자의 통치는 '무위'의 경지에까지 이르러야 한다는 것을 지적한 것이나 다름없다. 『순자』「해폐」편은 '무위'의 공효를 이같이 풀이해 놓았다.

"인자仁者의 행도行道는 무위無爲이고, 성인의 '행도'는 무강無强 : 스스로 강해지려는 의도가 없는 행위이다."

이를 통해 알 수 있듯이 관중과 순자는 '무위지치'와 '유위통치'를 하나로 통합해 지극한 통치의 유형을 구체적으로 밝혀낸 셈이다. 그렇다면 과연 '무위지치'에 입각한 '제도'는 구체적으로 어떤 특징을 갖고 어떤 모습으로 나타나는 것일까. 『노자』 제17장에 그 해답이 나온다.

"태상太上 : 최상의 군주은 백성들이 부지유지不知有之 : 군주가 존재한다는 사실조차 모름하고, 그 다음의 군주는 백성들이 친예親譽 : 가까이 하며 칭송함하고, 그 다음의 군주는 백성들이 외군畏君 : 군주를 두려워함하고, 그 다음의 군주는 백성들이 아예 모군侮君 : 군주를 업신여김한다."

'부지유지不知有之' 구절은 일부 판본에 '하지유지下知有之'로 되어 있다. '하지유지'로 새길 경우 이는 '백성들이 오직 왕이 존재한다는 사실만을 안다'로 풀이해야 할 것이다. 그러나 '무위지치'는 노자의 통치사상에 비추어 볼 때 백성들이 군주가 있는지조차 의식하지 않는 수준을 의미하는 것으로 보는 게 옳다. 이 부분은 원문에 대한 두 가지 견해가 공존하고 있는 데서 알 수 있듯이 최상의 치도로 '부지유지'의 단계가 있고 그 바로 아래 단계에 '하지유지'가 있다고 해석하는 게 타당할 것이다. 그렇게 볼 경우 최상의 치도인 '제도'는 구체적으로 최고의 경지인 '부지유지' 단계와 그 다음에 해당하는 '하지유지'의 두 단계가 있는 셈이다.

그렇다면 노자가 얘기하는 차상의 단계인 '친예親譽'의 단계는 과연 어떤 수준의 치도를 말하는 것일까. 노자의 통치사상에 비추어 볼 때 노자가 '친예'의 단계를 '무위지치'의 내용으로 간주하지 않은 것만큼은 확실하다. 대략 '친예'의 단계는 왕도를 뜻하거나 왕도와 패도를 한데 묶어 평가한 것으로 보는 게 옳을 것이다.

맹자의 관점에 설 경우 '친예'의 단계는 왕도만을 뜻하는 것으로 새길 소지가 크다. 그러나 그 다음에 거론되는 '외지畏君'의 단계를 보면 '친예'의 단계는 왕도와 패도를 일괄해 평가한 것으로 보는 것이 옳다. 이는 순자가 패도의 요건으로 강조하고 있는 '중법애민重法愛民'을 생각하면 쉽게 이해할 수 있다.

세 번째로 거론한 '외군'의 단계는 백성들이 군주를 두려워하는 까닭에 패도의 단계로 이해할 소지가 크다. 그러나 이는 순자가 말한 소위 '왕패王霸4분법' 내지 '왕패5분법'에 대입시켜 볼 때 힘으로 다스리는 '강도强道'를 지칭한 것으로 새기는 게 옳다.

순자가 말하는 '강도'는 덕치德治를 포기하고 역치力治를 구사해 현상유지를 꾀하는 치도를 말한다. 순자는 윤리의식이 결여된 '강도'를 바람직한 치도의 범주에 넣지 않았다. 따라서 순자의 분류법에 따를 경우 '외지'의 단계는 '강도'를 의미한다고 새기는 것이 타당하다.

마지막으로 거론된 '모군侮君'의 단계는 과연 어떤 경우를 말하는 것일까. 맹자는 소위 '왕패준별법王霸峻別法'에 의거해 왕도가 아닌 모든 치도를 싸잡아 '패도'로 분류한 바 있다. 그의 기준에 입각해 분석할 경우 패도는 백성들이 군주를 두려워할 뿐만 아니라 경멸하는 단계까지를 모두 포함하게 된다.

그러나 순자의 '왕패4분법' 내지 '왕패5분법'에 따를 경우 이는 소위 '위도危道' 내지 '망도亡道'의 단계를 합쳐놓은 것에 가깝다. 순자는 '강도'를 계속 추진할 경우 '위도'를 거쳐 '망도'의 단계로 나아갈 수밖에 없다고 주장했다. '위도'와 '망도'는 통치질서가 무너져 나라가 파멸의 지경에 이르는 단계를 말한다. 이 단계에서는 백성들의 불만이 극에 달해 군주를 모멸하는 지경에 이르게 된다. 제17장의 '모군'의 단계는 '위도'와 '망도'를 통칭한 것으로 보는 게 합리적이다.

이를 통해 노자도 비록 왕도와 패도를 '무위지치'에 입각한 치도의 범주로 간주하지는 않았으나 '유위지치'의 범주 내에서는 가장 높은 단계의 치도로 인정했음을 알 수 있다. 제도와 왕도는 기본적으로 '무위'와 '유위'의 차이가 있다. 그러나 가장 높은 수준의 지극한 '유위지치'는 곧 공자가 말하는 '지인지치至仁之治'로 이는 노자가 말하는 '무위치치' 수준에 근접한 것으로 볼 수 있다.

객관적인 관점에서 볼 때 지극한 '유위지치'는 곧 '무위지치'로의 진입을 의미한다고 풀이하는 게 타당하다. 이는 『노자』와 『서경』에 나오는 다음과 같은 구절을 비교해 보면 더욱 쉽게 확인할 수 있다. 『노자』는 제79장에서 이같이 언급해 놓았다.

"천도는 무친無親 : 사사롭게 가까이 하는 바가 없음이다. 천도는 늘 선인善人과 함께 할 따름이다."

여기의 천도는 곧 '제도'를 말한다. 이는 '도'에 의해 통치되는 소위 '도치道治'를 의미하는 것이기도 하다. 그렇다면 유가에서 말하는 '덕치德治'의 지극한 모습은 과연 구체적으로 어떤 모습을 하고 있는 것일까. 『서경』「주서 · 채명지중債仲之命」에 다음과 같은 구절이 나온다.

"황천皇天은 무친無親이다. 다만 덕 있는 자를 도울 따름이다."

황천은 곧 하늘을 뜻하는 것으로 노자가 말하는 천도와 동일한 개념이다. 유가의 최고 경전 중의 하나인 『서경』에 나오는 '황천무친' 구절은 『노자』의 '천도무친' 구절과 하등 차이가 없음을 쉽게 알 수 있다. 이를 통해 노자가 비록 '무위지치와'와 '유위지치'를 구별해 놓기는 했으나 그 차이는 단지 미세한 수준의 차이에 불과한 것임을 대략 짐작할 수 있다.

따라서 『노자』 제17장은 순자의 왕패분류법에 넣어 해석할 경우 ① 제도로서의 '부지유군不知有君', ② 제도로서의 '하지유군下知有君', ③ 왕도로서의 '친예親譽', ④ 패도로서의 '친예', ⑤ 강도로서의 '외군畏君, ⑥ 망도와 패도로서의 모군侮君 등 모두 6단계의 치도를 언급한 것으로 볼 수 있다.

노자의 '무위지치'는 우주만물이 '도'에 근거해 저절로 운행하고 변화하듯이 통치도 자연스럽게 이뤄지는 경지를 말한다. 이는 제17장의 '부지유군'과 '하지유군'에 해당한다고 할 수 있다. 일체의 통치가 '무위'에 입각해 이뤄진 상태가 곧 '무위지치'인 셈이다. 『관자』에 노자의 '무위지치'가 최상의 치도인 '제도'로 분류된 이유가 바로 여기에 있다.

그렇다면 '제도'는 구체적으로 어떤 모습을 띠고 있고 그 실현 방법은 과연 어떤 것일까. 노자가 말하는 '무위지치'는 '무위이치無爲而治' 내지 '무위이무불치無爲而無不治'를 언급한 것이라고 할 수 있다. '무위이치'는 사물이 자연스런 덕성을 발현하는 것을 의미한다. 이는 치자와 피치자를 2분법적으로 나누지 않는 데서 출발한 것으로 단순히 아무 것도 하지 않는 '무치無治'와는 천양지차가 있다. 통치에서 '무치'는 최악의 상태로 일종의 무정부상태에 가깝다. 노자가 가장 우려한 것은 '무치'였다. 혼란이 극에 달한 상황이 바로 '무치'이다.

노자는 치자와 피치자를 이원화하는 방식으로는 결코 국가와 천하를 다스릴 수 없다고 보았다. 이는 유가에서 말하는 '순민심順民心'의 이념과도 상통하는 것이기도 하다. 노자의 '순민심'은 유가와 같이 어떤 자의적인 해석에 좇은 것이 아니라 말 그대로 우주만물의 순환이치를 그대로 좇는 것을 뜻한다. 이는 '무위'를 통해서만 가능하다. 이것이 바로 '제도'의 모습인 것이다. 노자는 만약 통치자가 성인을 본받아 '무위지치'를 행할 수만 있으면 천하에 다스려지지 않는 게 없는 최상의 경지에 도달할 수 있다고 보았다.

그러나 유가와 법가에서 말하는 '왕도'와 '패도'는 노자의 '제도'와 달리 통치자인 군신君臣과 피치자인 백성을 엄격히 구분하는 데서 출발하고 있다. 노자는 이런 방식으로는 지치至治를 이룰 수 없다고 보았다. 그는 통치자가 인위적으로 조작하는 것이 없게 되면 백성은 저절로 교화되고 부유하게 될 수 있다고 주장했다. 이는 치자와 피치자를 2분법적으로 나누어서는 안 된다는 것을 전제로 하고 있는 것이다. 이 점이 치자와 피치자를 엄격하게 구분하는 유법 및 법가의 입장과 뚜렷이 대비되는 점이라고 할 수 있다.

그렇다면 지극한 치도인 '제도'를 실현하기 위한 구체적인 방안으로는 어떤 것이 있는 것일까. 노자는 우선 백성들로 하여금 자아와 사물을 2분화하는 자세를 제거시킬 것을 요구했다. 이를 위해서는 백성들이 '무지無知'와 '무욕無欲'으로 나아가야만 한다. 여기서 말하는 '무지'는 백성들을 '우민愚民'으로 만들라는 주문이 아니라 자아와 사물을 2분법적으로 분별하는 지식을 제거하라는 주문인 것이다.

노자는 오랫동안 '무지무욕' 주장으로 인해 비난을 받아야만 했다. 많은 사람들이 노자의 진의를 곡해한 나머지 노자가 백성들을 무지몽매한 상태에 가둬두는 소위 '우민정책'을 권장했다는 식으로 매도했다. 그러나 노자가 말한 '무지무욕'은 이와 정반대의 뜻을 지니고 있다. 그가 언급한 '무지무욕'은 자아와 사물을 2분법적으로 구분하는 것을 거부하는 것을 뜻한다. 노자는 백성들이 나와 남을 2분법적으로 구분하는 인식을 강화할 경우 서로 자기 이익만을 추구해 끝내 나라가 혼란스러워질 수밖에 없다고 보았다. 노자가 통치자에게 백성들을 영악한 백성으로 만들지 않기 위해서는 반드시 '무지무욕'의 단계로 이끌고 나가야 한다고 충고한 이유가 여기에 있다.

노자는 백성들의 '무지무욕'을 통해 구현하려고 한 이상국가의 모습을 소위 '소국과민小國寡民'으로 표현했다. 이를 두고 아직도 적잖은 사람들이 노자가 통치 자체를 부정하고 원시공산사회 내지 무정부상태를 염원했던 것으로 오해하고 있다. 그러나 노자가 '소국과민'을 주장한 기본 취지는 통치자가 필요 없을 정도로 인위적인 통치의 내용을 최소화하라고 주문한 데 있다.

노자가 그린 이상국가는 모든 사람이 주어진 자신의 삶에 만족해 나와 남을 비교할 필요가 없는 국가를 말한다. 모든 국가공동체의 성원이 자신이 속해 있는 공동체와 일체가 되어 더 이상 통치자의 인위적인 개입이 필요 없는 상황이 바루 '소국과민'인 것이다. 이는 인위적인 덕목을 내세워 이상국가를 세우려고 했던 유가와 극명한 대조를 이루는 대목이기도 하다.

노자가 그린 이상국가는 우주만물의 본성인 '덕성'에 기초하고 있지만 유가의 이상국가는 인위적인 덕목에 기초한 것이다. 노자가 가장 이상적인 치도로 상정한 '제도'는 바로 '제국帝國'의 실현을 전제로 한 것이다. '소국과민'도 '제국'의 실현에 의해 비로소 그 진정한 의미를 찾을 수 있다. '제도'는 '제국' 내지 '천하'의 단위에 적용되는 '치천하治天下'의 통치 논리이기도 한 것이다. 실제로 『노자』에는 '천하'라는 용어가 모두 29개 장에 걸쳐 61번이나 나오고 있다. 이는 노자의 통치사상이 '치국治國' 차원이 아닌 '치천하治天下' 차원에 기반하고 있음을 보여주는 것이다.

그렇다면 노자의 '제도'는 맹자가 '치천하'에 적용할 수 있는 최상의 치도로 내세운 '왕도'와 어떤 차이가 있는 것일까. 『노자』에도 '왕王'이 등장한다. 그러나 『노자』의 '왕'은 맹자가 말한 '왕도'의 '왕'과는 질적인 차이가 있다. 『노자』 제16장에서 '왕'을 '천도'에 좇은 최상의 치도 개념으로 사용하고 있는 것이 그 실례이다.

"상常을 알면 용容 : 만물을 포용함, '용'이면 공公 : 공정하게 됨, '공'이면 왕王 : 왕이 됨, '왕'이면 천天 : 하늘과 통함, '천'이면 도道: 도를 얻음, '도'이면 구久 : 오래도록 이어지는 불멸의 경지에 다다름가 이뤄진다."

여기의 '왕'은 노자가 생존한 시절에는 '황제'라는 용어가 존재하지 않았던 점 등을 감안할 때 최상의 치도인 '제도'를 의미한다고 새기는 것이 좋을 것이다. '왕'이 곧 '천', '천'이 곧 '도'라고 하는 구절이 그 증거이다. 노자의 '제도'는 만물을 늘 포용하고 지극히 공평하기 그지없는 통치를 의미한다고 새길 수 있다. 이는 곧 우주만물이 천명으로 돌아가는 것이 영원불변의 원칙이고, 이러한 이치를 알면 그 마음은 천지와 같이 커서 만물을 다 포용하게 된다는 뜻을 내포하고 있다.

사실 우주만물을 모두 포용하는 것만큼 공평한 것은 존재하지 않는다. 이같이 공평무사한 단계가 곧 '왕'이고, 이런 '왕'이 곧 '천'이자 '도'라는 말한 것은 곧 노자가 그린 최상의 통치가 '제도帝道'임을 입증하는 것이다. 이 대목에서 노자의 치도는 '천도'와 '인도'가 하나로 합쳐지는 소위 '천인합일天人合一'의 경지에 이르게 된다.

유가에서 말하는 최고의 치도인 '왕도' 역시 '천인합일'을 전제로 한 것이다. 노자와 유가 모두 우주의 궁극적인 이치인 '도' 내지 '천'이 '인도'로 구현된다고 본 점에서는 하등의 차이가 없다. 따라서 노자의 '제도'와 맹자의 '왕도'는 구체적인 내용의 차이에도 불구하고 그 취지만큼은 동일하다고 할 수 있다. '제도'와 '왕도'는 치도의 수준이 '무위'의 단계에 이르렀는지 여부에 따른 정도 차이에 불과한 셈이 되는 것이다.

따라서 노자가 말한 '왕'은 '제도'에 해당하는 것으로 유가에서 말하는 '천도'에 부합하는 최상의 통치유형으로 보아야만 한다. '제도'가 최상의 치도가 될 수 있는 이유는 말할 것도 없이 '공평무사'로 상징되는 '무위'에 있다. 『노자』에 나오는 '왕'은 사사로움이 없이 천지와 더불어 천도를 실천하는 인물을 말한다.

'제도'를 시행하는 통치자는 백성들에게 무위의 선정을 베풀기 때문에 백성들은 통치의 흔적을 찾을 수 없다. 백성들은 모든 것이 그들 스스로가 그렇게 만든 것으로 생각한다. 이런 통치를 행하는 사람이 바로 노자가 말하는 '성인'인 것이다. 노자의 '성인지치聖人之治'는 '무위지치'의 또 다른 표현이기도 하다. 노자가 말하는 '성인지치'가 유가에서 말하는 '성인지치'와 다른 것은 말할 것도 없다.

유가에서 말하는 '성인지치'는 요 · 순 · 우 · 탕과 주나라의 문왕과 무왕, 주공 등의 통치를 말한다. 이들은 모두 인위를 통해 지극한 통치를 이루려고 한 사람들이다. 그러나 노자가 볼 때 이들의 통치는 '유위지치'의 한계를 벗어나지 못했다. 초굉익후焦竑

弱侯가 편집한 『노자익老子翼』에 따르면 북송대의 소동파蘇東坡는 『노자』를 해석하면서 이같이 말한 바 있다.

"대도가 융성하게 되면 인의는 그 안에 있는 것이지만 백성들은 이를 모른다. 대도가 폐해진 뒤에야 인의를 보게 되기 때문이다. 세인들은 도가 만물을 능히 굽어볼 수 있다는 사실을 모르고 지혜를 통해 이를 보려고 한다. 이로 인해 백성들은 거짓으로 보답하려고 한다. 육친의 화목에 누가 자애를 얘기하지 않고 국가의 통치에 누가 충신을 자처하지 않는가. 요임금이 불효를 한 것은 아니지만 유독 순임금만이 효자로 칭송되는 것은 고수瞽瞍 : 순의 부친가 있었기 때문이다. 이윤伊尹과 주공이 불충한 것은 아니었지만 유독 용봉龍逢과 비간比干이 거론되는 것은 걸桀 · 주紂가 있었기 때문이다. 물이 마른 연못의 고기들이 거품을 뿜어 서로 위로하고 적셔주는 것은 강호江湖에서 서로를 잊고 사는 것만 못한 것이다."

소동파의 해석은 『노자』의 취의를 제대로 파악한 것이다. 이를 통해 노자가 결코 '인의'를 가볍게 보지 않았음을 알 수 있다. 노자가 말하는 성인은 백성의 마음으로 자신의 마음을 삼음으로써 지나치게 자신의 주견을 내세우지 않고 오히려 백성의 의견을 자신의 의견으로 삼는다. 이는 유가에서 말하는 성인의 모습과 같은 것이기도 하다. 결국 노자와 유가 모두 '성인지치'의 지치至治를 추구한 점에서는 하등의 차이가 없었던 셈이다. 『맹자』「만장상」편에 이를 뒷받침하는 대목이 나온다.

"하늘은 백성의 눈을 통해 보고 하늘은 백성의 귀를 통해 듣는다."

맹자는 왕도로 천하를 다스리면 마치 손바닥 위에 물건을 놓은 것처럼 쉽게 다스릴 수 있다고 주장했다. 맹자는 왕도에 입각한 통치를 펼치지 못할 경우 결국 민심이 이반하여 군주의 자리마저 위태롭게 된다고 경고했다.『노자』제53장에도 유사한 대목이 나온다.

"궁궐이 심제甚除 : 크게 수축하여 깨끗이 닦여 있음하면 전창田倉 : 밭과 창고은 황폐하여 텅 비게 된다. 문채文綵 : 무늬 있는 오색 옷를 입고, 이검利劍 : 날카로운 칼을 차고, 음식飮食을 물리도록 먹고, 재화財貨가 남아돌면 이를 일컬어 '도과盜夸 : 도적의 호사'라고 한다. 이는 도가 아니다."

노자는 통치자가 사치를 하지 않아야 함은 물론 백성들도 사치와 영예를 추구하지 말아야 한다고 경고한 것이다. 노자는 이 밖에도 법률과 제도 등 절차를 간소화할 것을 강조했다. 그는 통치자가 대범해야만 백성들이 순박하게 될 수 있다고 언급하기도 했다. 그의 이런 주장들은 모든 '민리民利'를 위한 것이다. 그러기 위해서는 반드시 인위적인 덕목과 제도를 극히 간소화하여야만 한다. 여기에는 특히 백성들의 검소한 삶이 중요한 의미를 지니고 있다.『노자』제19장의 다음 구절이 그 증거이다.

"절성기지絶聖棄智 : 뛰어난 지혜를 끊어서 버림와 절인기의絶仁棄義 : 인의를 끊어서 버림, 절교기리絶巧棄利 : 교묘한 재주를 끊어서 버림는 문식文飾 : 예법으로 삼기에 부족하다. 그래서 사람을 '현소포박見素抱樸 : 소박함을 드러내고 품음'과 '소사과욕少私寡欲 : 사욕을 작게 함'에 붙잡아 매어두어야만 한다."

노자는 '무위지치'의 선결요건으로 백성들의 소박素樸과 과욕

寡欲을 거론한 셈이다. 이는 맹자가 소위 '귀민경군貴民輕君'을 주장하면서 통치자에게 모든 책임을 묻는 자세와 대조를 이루고 있는 것이다. 노자는 기본적으로 치자들의 노력만으로는 결코 '무위지치'를 이룰 수 없다고 보았다. 노자의 통치사상이 '치국' 차원에 부응하는 유가의 통치사상과 달리 '치천하' 차원의 통치사상이라는 사실을 여실히 보여주는 대목이 아닐 수 없다.

『노자』에서 말하는 성인은 '제도'를 현세에 실현시킬 수 있는 이상적인 인격을 갖추어야만 한다. '성인'은 상편인 「도경」에 11회, 하편인 「덕경」에 20회 언급되어 있다. 노자가 말하는 성인은 '도의 완성자' 내지 '이상적 인격자'이다. 하편의 「덕경」에 보다 많이 언급된 것은 바로 이 때문이라고 할 수 있다. 『노자』 81장 가운데 모두 31회에 걸쳐 언급돼 있다는 것은 '성인'이 노자의 통치사상을 이해하는 관건임을 시사한다.

실제로 노자는 오직 성인만이 나라를 능히 오래도록 편안하게 다스릴 수 있다고 보았다. '무위지치'의 주체를 '성인'으로 규정한 이유가 바로 여기에 있다. '도'가 개개 사물의 본성으로 표현된 것이 '덕'이므로 성인의 덕은 곧 '도'를 체득한 '도인道人'의 덕이 된다. '성인지치'는 바로 '도인지치道人之治'의 또다른 표현인 셈이다.

노자의 '제도'는 곧 '무위'의 상덕上德을 체득한 성인이 다스리는 치도를 말한다. 이는 '도'와 '덕'의 발현이기도 한 '무위無爲'와 '지족知足', '겸하謙下' 등의 통치술을 통해 '치평治平'하는 것을 의미한다. 이로써 비로소 '무위이치無爲而治'의 지극한 통치가 이뤄지게 된다. 이것이 바로 '제도'의 지극한 모습이기도 한 것이다.

노자가 말한 '소국과민'의 진정한 의미가 바로 여기에 있다. 이를 두고 원시공산사회 내지 무정부상태를 그린 것으로 해석하는 것은 노자사상에 대한 일대 왜곡이 아닐 수 없다. '제도'의 통치영역은 오히려 '대국'에 적합한 것으로 궁극적인 대상은 '천하'이다. '소국과민'은 '치천하'를 하기 위해서는 '무위지치'에 입각해 다스려야 하는 까닭에 가능한 한 인위적인 통치를 최소화해야 한다는 취지에서 나온 비유이다. '소국과민'의 정신은 통치의 방식을 말한 것으로 결코 통치의 대상을 의미하는 것이 아니다. 그런데도 수많은 주석자들은 노자가 원시공산사회와 같이 소규모 촌락단위의 작은 나라를 아무 것도 하지 않는 '무치'의 상태에서 다스릴 것을 주장했다는 식으로 풀이해 놓고 있다. 노자사상에 대한 일대 왜곡이 아닐 수 없다.

'소국과민'은 '제도'에 해당하는 '무위지치'가 '소국과민'보다는 오히려 '대국중민大國衆民'에 더 잘 어울리는 치도임을 강조키 위한 역설적 비유이다. '소국과민'의 치도는 다스리는 주체와 다스려지는 대상을 따로 설정하지 않고 있다. 이는 사물의 본성에 따라 저절로 그러하게 다스린다는 의미에서 '자연'의 이치에 좇은 '무위지치'를 달리 표현한 것이다. 천하와 같이 큰 규모의 대상을 다스릴 때에는 반드시 '소국과민'의 비유에 나타난 바와 같이 '무위'로 임하는 것이 가장 바람직하다는 취지를 언급한 것이다.

'노장학老莊學'에서 오해하고 있는 것과 달리 노자는 비록 장자와 공히 인위적인 정치를 반대하기는 했으나 결코 다스림 자체를 부정한 적이 없다. 오히려 '무위'에 입각한 무차별적인 통치를 강조한 점에서 유가보다 훨씬 강력한 통치론을 주장했다. 노자와 장자는 통치문제에서 정반대의 입장에 서 있었다고 해도 과언이 아니다. 장자는 노자가 언급한 '도법자연道法自然'의 근본 취지를 제대로 파악치 못한 채 구의句義에 얽매여 '무위자연無爲自然'의 출세간으로 나아가고 만 것이다.

그렇다면 '소국과민'으로 상징되는 '제도'를 이루기 위해서는 구체적으로 어떤 방안을 동원하여야만 하는 것일까. 『노자』 제3장에 언급된 '무지무욕無知無欲'이 그 해답이다. 노자는 치자와 피치자를 막론하고 욕망을 억제하는 게 선결과제라고 본 것이다. '무지무욕'은 상대적으로 피치자인 백성들에게 무게를 두고 있다. 백성들 또한 통치자와 마찬가지 수준에서 '무지무욕'의 순박함을 되찾아야만 '무위지치'를 이룰 수 있다는 게 노자의 확고한 생각이었다. 이는 '우민정책愚民政策'과 질적으로 차원이 다른 것이다.

노자가 백성들의 '무지무욕'을 강조한 것은 '소국과민'의 비유를 통해 '제도'의 이상적인 모습을 제시한 것과 같은 취지에서 나온 것이다. '무지무욕'은 백성들을 결코 폐쇄적인 틀 안에 가두라고 권한 것이 아니다. 통치자는 백성들로 하여금 늘 소박함을 잃지 않도록 주의해야 한다는 점을 강조한 것이다.

노자가 말하는 '무지무욕'과 '소국과민' 등은 노자 통치사상의 전체 맥락을 제대로 파악치 못할 경우 마치 '우민정책'과 '원시공산사회'를 지칭한 것으로 오해받을 소지가 크다. 실제로 오랫동안 그런 오해를 받아 왔다. 이는 '성악설'을 주장한 순자가 그 의미를 제대로 파악치 못한 성리학자들의 오해로 인해 끝내 이단으로 몰리고 만 사실에 비유할 만하다. 노자가 '무지무욕'과 '소국과민'을 주장한 기본 취지는 그의 반전反戰사상에 잘 드러나 있다. 그는 『노자』 제30장에서 이같이 주장한 바 있다.

"이도좌인주자以道佐人主者 : '도'로써 군주의 역할을 수행하는 자는 무력으로 천하를 강압하지 않는다. 그는 일을 하면서 호환好還 : 즐겨 스스로에게 책임을 물음한다. 군사가 머문 곳에는 형극荊棘 : 가시덤불만 자라고, 대군이 지나간 뒤에는 반드시 흉년이 온다."

이를 통해 알 수 있듯이 노자는 기본적으로 무력사용을 반대했다. 이는 기본적으로 백성들의 안녕을 염두에 둔 것이다. 아무리 전쟁에서 위대한 승리를 거둔다 할지라도 거기에는 희생이 수반될 수밖에 없다. 그는 난세 속에서 수많은 백성들이 아무 이유도 없이 희생되는 것을 통절하게 생각했던 것이다. 그러니 그 또한 부득이한 경우의 무력사용은 용인했다. 이는 『노자』 제32장의 다음 구절을 보면 쉽게 확인할 수 있다.

"병기는 불상지기不祥之器 : 상서롭지 못한 기물로 군자지기君子之器 : 군자가 사용하는 기물가 아니다. 부득이이용병不得已而用兵 : 부득이할 때에 한해 용병함하니 염담恬淡 : 담백한 마음을 높이 친다. 이겨도 이를 좋게 여기지 않는다. 이를 좋게 여기는 자는 살인을 즐기는 자이다. 무릇 살인을 즐기는 자는 천하에 득지得志할 길이 없다."

이를 통해 노자는 기본적으로 전쟁을 반대했지만 부득이한 경우의 전쟁에 대해서는 제한적으로 이를 수용했음을 알 수 있다. 그렇다면 '부득이이용병不得已而用兵'은 어떤 경우를 말하는 것일까. 구체적인 언급은 없으나 대략 자위를 위한 경우를 지칭한 것으로 짐작된다. 자위전은 침략을 위한 공격전과 달리 자위의 목적이 달성되면 그 즉시 전쟁을 종식해야만 한다. 노자는 결코 통치자들의 사적인 야욕을 위해 백성들이 무고하게 희생되는 전쟁을 용인하지 않았다.

전쟁에 관한 노자의 이런 자세는 21세기형 세계평화의 기본이념과 맞아떨어진다. 초강대국이 자신의 자의적인 무력사용을 '자유'와 '인권', '정의' 등을 내세워 정당화하고 있는 저간의 상황을 감안할 때 그 의미가 자못 크다고 할 수 있다.

사실 따지고 보면 춘추전국시대의 숱한 전쟁조차 '인의'를 내세우지 않은 적이 한번도 없었다. 노자의 '반전' 주장 역시 바로 열국의 이런 기만적인 모습에 대한 비판의식에서 나온 것이다. 노자가 '반전'을 주창케 된 배경은 『노자』 제31장의 마지막 문장에 잘 나타나 있다.

"길사吉事는 왼쪽을 높이나 흉사凶事는 오른쪽을 높인다. 편장군偏將軍 : 副將이 왼쪽, 상장군上將軍이 오른쪽에 자리하는 것은 상례喪禮로써 대우하는 것을 말한다. 전쟁으로 죽인 사람의 숫자가 많으면 애비哀悲로써 곡읍哭泣하고, 전쟁에 이길지라도 '상례'로써 대한다."

노자가 승전勝戰조차 '상례'로써 대해야 한다고 주장한 것은 전쟁 자체가 기본적으로 하잘 것 없는 이해와 시비에서 비롯된 것이라는 사실을 통찰한 데 따른 것이다. 그가 분쟁을 원천적으로 봉쇄하기 위해서는 '무위'와 '무사無事', '무욕無欲'이 필요하다고 역설한 이유가 바로 여기에 있다.

노자가 말한 '무위지치'는 이를 구현하는 통치자 자신의 실천과 수양을 전제로 한다. 통치자는 먼저 스스로 삶의 방식을 변화시킨 뒤 다른 사람의 변화를 유도해야 한다. '무위지치'는 남을 다스리기 이전에 통치자 자신에 대한 수양을 요구하고 있는 것이다. 그러기 위해서는 통치자는 국가공동체의 성원을 치자와 피치자로 나누는 2분법적 발상을 폐기해야만 한다. 그래야만 2분법적 접근을 통해 모든 책임을 통치자에게 미뤄둔 채 스스로 피동적인 위치에 머물며 사리를 추구코자 하는 백성들의 무책임한 행보를 차단할 수 있다. 이런 상황이 지속될 경우 국가공동체는 붕괴할 수밖에 없다.

노자가 '무위지치'의 선결요건으로 백성들의 '무지무욕'을 강조한 것은 바로 이 때문이다. 욕망의 무절제한 추구를 허용하는 한 '무위지치'는 성사될 가망이 없다. '무위지치'를 이루기 위해서는 백성들로 하여금 본래의 '덕성'을 되찾도록 만들어야 한다. 그래야만 공리公利와 공의公義 대신 사리私利와 사의私義를 추구코자 하는 간교한 자들의 횡행을 막을 수 있다. 노자가 말한 '무지무욕'의 기본 취지가 바로 여기에 있는 것이다.

이는 백성들을 우민愚民으로 만드는 게 아니라 보는 것 없이 저절로 보고, 듣는 것 없이 저절로 듣고, 아는 것 없이 저절로 아는 '도'의 기본 원리로 회귀시키는 것을 뜻한다. 그러기 위해서는 통치자는 먼저 스스로를 다스릴 수 있어야만 한다. 이것이 바로 노자가 말하는 '치기치인治己治人'이다. 이는 유가에서 말하는 수기치인修己治人의 정신과 맥을 같이 하는 것으로 단지 '무위'를 통해 이룬다는 점만이 다를 뿐이다.

노자가 말하는 '치기치인'은 '치기'를 통해 다른 모든 것들이 우주만물의 운행방식에 따라 질서와 조화를 이루도록 만든다는 측면에서는 '무불치無不治'가 된다. '치기'는 단순히 개인 차원에서 이뤄지는 고립적인 행위가 아니라 세계에 존재하는 모든 것과 관련되는 '치인', 즉 '치천하'가 되는 것이다.

'치천하'의 대전제는 바로 통치자의 자기 변화이다. 노자는 통치자가 솔선수범하여 치자와 피치자를 양분하는 2분법적 발상을 폐기해야만 군민이 일체가 되어 진정한 의미의 공동체를 이룰 수 있다고 본 것이다. 너와 나를 나누지 않고 자신과 주변의 모든 사물을 하나로 융합시키는 소위 '주객일체主客一體'의 자세로 '무위지치'의 지치至治를 이루고자 한 노자의 통치사상은 통치의 극의極意를 통찰한 데서 나온 것이다.

'치국' 차원에서 국가공동체 성원의 인간다운 삶을 보장하고 '치천하' 차원에서 국경을 뛰어넘는 전 인류의 공존공영을 추구하는 세계평화의 이념적 지표를 우리는 노자의 '무위지치'사상에서 찾아낼 수 있다. '무지무욕'과 '소국과민'으로 표현된 노자의 '제도帝道'가 찬연히 빛을 발하는 대목이 아닐 수 없다. 노자의 통치사상에서 국경과 인종, 종교를 뛰어넘는 21세기형 세계평화의 새로운 이념적 지표를 찾아는 것은 전적으로 21세기를 사는 우리들의 몫이다.

제3절 덕치주의(德治主義)

노자와 공자가 난세의 원인분석 및 그 처방에 대해 이견을 보이게 된 데에는 인 · 의 · 예 등의 인위적인 덕목에 대한 상이한 관점이 크게 작용했다. 공자는 이들 덕목으로 통치자를 비롯해 백성을 능히 교화시킬 수 있다고 본 데 반해 노자는 인위적인 덕목으로는 오히려 백성의 '덕성'을 해칠 수 있다고 보았다. 노자가 '무위지치'를 주창케 된 근본 배경이 여기에 있다.

노자가 '대도가 폐해지자 인의가 나타났다'고 비판한 것은 인위적인 덕목이 소위 상덕上德에 입각한 진정한 의미의 '덕치'를 교란시킬까 우려한 데 따른 것이었다. 노자가 말한 '성인지치' 역시 유가에서 말하는 '성인지치'와 마찬가지로 '덕치德治'를 의미한다. '상덕'과 '하덕下德'의 차이만 있을 뿐 '덕'을 체득한 성인의 인치人治를 주장한 점에서는 하등 차이가 없는 것이다. 이 점에서 노자와 유가는 일종의 물치物治를 주장한 법가와 뚜렷한 차이를 보이고 있다.

그렇다면 노자가 말하는 '덕치'는 구체적으로 무엇을 말하는 것일까. 나아가 이를 실현하기 위한 구체적인 방안은 무엇일까. 노자는 유가에서 말하는 것과는 정반대되는 덕목들을 제시했다. 양陽에 대한 음陰, 동動에 대한 정靜, 지智에 대한 우愚, 명明에 대한 암暗, 강强에 대한 유柔, 웅雄에 대한 자雌 등 모두 소극적인 것뿐이다. 유가의 기준에서 볼 때 이는 '덕'이 아닌 '비덕非德'에 속하는 것이다. 노자는 왜 이처럼 소극적인 의미를 지니고 있는 일련의 개념을 '무위지치'의 덕목으로 거론한 것일까.

노자는 기본적으로 이러한 소극적 덕목들이야말로 우주만물의 이치에 합당할 뿐만 아니라 인위적으로 조탁된 유가의 덕목들과 달리 우주의 본원적인 힘을 지니고 있다고 보았다. 발상의 대전환이 요구되는 특이한 인식이 아닐 수 없다. 그렇다면 노자는 무슨 근거로 이러한 소극적인 덕목이 적극적인 의미의 덕목보다 낫다고 판단한 것일까. 여기서 재차 발상의 대전환이 요구된다. 노자는 이런 덕목들도 결국은 '덕치'를 이루기 위한 수단에 불과한 것으로 궁극적으로 이들 또한 초극대상이 되어야만 한다고 보았다. 이는 '무' 자체가 '유'의 존재를 전제로 한 개념으로 결코 '유'와 대립되는 개념이 아니라는 주장과 맥을 같이 하는 것이다.

노자는 이런 소극적인 덕목이 비록 인위적으로 조탁된 덕목과 달리 우주만물이 본래 지니고 있는 덕목이기는 하나 이를 고집할 경우 결코 지극한 '무위지치'는 이룰 수 없기 때문에 이를 초극해야 한다고 주장한 것이다. 노자가 '무위지치'의 지극한 모습을 영아嬰兒의 모습에서 찾은 이유가 바로 여기에 있다.

『노자』에 나오는 '영아'는 온갖 인위적인 덕목에 대한 분별을 뛰어넘는 한 단계 높은 경지를 상징한다. 노자는 통치자가 바로 '영아'와 같이 순연한 경지에 도달할 때 비로소 치자와 피치자 간의 벽을 허물고 무사무편無私無偏한 통치를 이룰 수 있다고 본 것이다. 공자와 맹자, 순자가 각각 인인仁人과 의인義人, 예인禮人에 의해서만 '무사무편'한 통치를 이룰 수 있다고 본 것과 대조되는 대목이 아닐 수 없다. 노자는 왜 '영아'를 인인과 의인, 예인

등과 대치되는 개념으로 거론한 것일까.

노자가 볼 때 '무위지치'를 이루기 위해서는 무엇보다 먼저 통치자가 솔선수범하여 성인의 경지에 도달해야 한다. 이는 공자를 비롯한 유가 모두 동일한 전제 위에 서 있는 만큼 하등 특이할 게 없다. 그러나 문제는 성인에 대한 개념이 상이한 데 있다. 노자는 성인의 지극한 모습이 '영아'와 닮았다고 본 것이다. 『맹자』「공손추 상」편에서 우물을 향해 기어감으로써 소위 측은지심惻隱之心을 유발시킨 '유자孺子'와 극명한 대조를 이루는 대목이 아닐 수 없다. 『순자』「정론」편에도 '영아'는 난세에 거인이 불에 구워 먹는 식육食肉의 대상으로 묘사돼 있을 뿐이다.

노자는 '영아'의 어떤 모습에서 '무위지치'의 당사자인 성인의 모습을 찾아낸 것일까. 노자는 기본적으로 지극한 통치를 이루기 위해서는 '도'가 사물에 분여分與된 '덕성' 그 자체를 발현시키는 것이 반드시 필요하다고 보았다. 노자가 '영아'를 성인의 모습으로 거론한 이유가 바로 여기에 있다. 『노자』 제2장의 다음 대목이 그 증거이다.

"천하인은 모두 아름답게 보이는 것을 아름다운 것으로 알지만 이는 보기 흉한 것일 뿐이고, 선하게 보이는 것을 선한 것으로 알지만 이는 선하지 않은 것일 뿐이다. 그래서 유무상생有無相生 : 유무가 서로 생겨남과 난이상성難易相成 : 난이가 서로 이뤄짐, 장단상형長短相形 : 장단이 서로 형성됨, 고하상정高下相呈 : 고하가 서로 드러남, 음성상화音聲相和 : 소리가 서로 어울림, 전후상수前後相隨 : 앞뒤가 서로 따름가 나타나는 것이다."

노자는 인위적인 잣대에 기초한 분별에 반대하면서 이러한 기준에 의한 대립 개념이 사실은 모두 같은 뿌리에서 나온 것임을 설파한 것이다. 지극한 통치는 바로 인위적인 잣대에 기초한 이런 분별을 제거한 뒤 '무위'의 경지로 들어가야만 가능하게 된다. 노자는 이것이 전제되어야만 '무위'를 통한 '무불위'의 지극한 통치를 이룰 수 있다고 보았다. 『노자』 제29장의 다음 대목이 그 증거이다.

"장차 취천하取天下하여 유위有爲로써 다스리고자 하는 것은 내가 보기에 불가능할 뿐이다. 천하인은 신기神器 : 신묘한 기물인 까닭에 유위로 다스릴 수 없다. 유위하면 실패하고, 억지로 잡고자 하는 자는 백성을 잃게 된다."

노자는 인위적인 '유위'의 덕목으로 천하인을 다스리고자 할 경우 이기심과 분별심의 횡행으로 통치가 성공할 수 없음을 경고한 것이다. '치국'의 수준을 넘어 사해의 모든 만민을 다스리는 '치천하'의 단계로 나아가기 위해서는 '상덕'에 입각한 '덕치'가 전제되지 않으면 안 된다. 노자가 말하는 '덕치'는 곧 천하인의 마음을 존중해 그에 따르는 것을 의미한다. 『노자』 제13장의 다음 대목에 그 의미가 잘 나타나 있다.

"제 몸을 천하처럼 귀하게 여기는 사람에게는 가히 천하를 맡길 수 있고, 제 몸을 천하처럼 아끼는 사람에게도 가히 천하를 맡길 수 있다."

노자는 기본적으로 인간의 근심은 제 몸을 소중히 여기는 데 있으므로 천하와 백성을 제 몸처럼 소중히 아끼는 사람에게는 천하를 맡겨도 좋다고 본 것이다. 노자의 이런 주장은 백성을 존중치 않은 당시의 시대적 상황에서 나온 것이다. 당시 열국의 통치자들은 개인적인 이욕利欲을 채우기 위해 백성들을 혹독하게 착취했다.

장자 역시 천하보다 자신의 몸을 사랑할 수 있는 자에게는 가히 천하를 맡길 수 있다고 주장한 바 있다. 장자는 개인이 자기 자신을 위하는 것과 통치자가 천하를 다스리는 것은 본질상 다를 바가 없다고 본 것이다. 이를 흔히 '내성외왕內聖外王'이라고 한다. 서진西晉시대의 곽상郭象은 『장자』를 주석하면서 '내성외왕'을 우주만물의 통일적 조화를 구축하는 원동력으로 풀이했다. 그러나 장자가 말한 '내성외왕'은 원래 양주楊朱의 '위아爲我'사상과 맥을 같이 하는 것으로 노자의 통치사상과는 동떨어진 것이다.

그럼에도 훗날 유가에서는 이를 차용해 통치자의 바람직한 모습으로 원용했다. '내성외왕'에 대한 유가의 평가는 대단했다. 전한제국 초기의 육가陸賈는 강압적인 법치를 시행하다가 멸망한 진나라를 반면교사로 삼아 '무위지치'를 통치이념으로 받아들일 것을 역설했다. 조참曹參 역시 '무위지치'를 현실정치에 적극 도입할 것을 주장하면서 군신이 모두 '무위'를 통해 휴식을 취할 수 있기를 기대했다. 전한제국 초기에 소위 '황로학'이 극성케 된 배경이 바로 여기에 있었다.

그러나 이들의 '무위지치' 주장에도 불구하고 전한제국 초기만 하더라도 진秦제국 당시의 법제가 그대로 통용되었다. 법가의 이론과 주장이 진제국의 멸망으로 완전히 사멸한 것은 아니었다. 전한제국 초기에 표면상 '무위지치'를 표방했음에도 불구하고 유가의 '도덕정치'와 법가의 '법치'가 공히 시행되는 도·유·

법 3가 통치술의 잡용雜用이 이뤄진 이유가 바로 여기에 있었다. 전한제국 초기에 '무위지치'를 표방한 황로학의 이론을 집대성한 『회남자』는 「원도훈原道訓」편에서 이같이 주장했다.

"무릇 천하도 나를 지니고 있고 나 또한 천하를 지니고 있다. 그러니 천하와 내가 어찌 사이가 있겠는가. 무릇 천하를 지니고 있다는 것이 어찌 반드시 권세와 권력을 잡고 호령하는 데 그 취지가 있겠는가. 내가 이른바 천하를 지니고 있다는 것은 그런 것을 말한 게 아니다. 이는 스스로 얻는 것일 뿐이다. 스스로 얻는다면 천하 또한 나를 얻게 된다."

이는 치자와 피치자의 구분을 반대하면서 통치자가 스스로를 다스리게 되면 결국 다스려지지 않는 게 없다는 취지를 밝힌 것으로 곧 '무위지치'를 풀이한 것이나 다름없다. 『회남자』는 '무위지치'의 요체를 적확히 짚어낸 셈이다. 이를 통해 노자의 '무위지치'사상은 국가공동체 구축을 위한 조화에 역점을 두고 있다는 사실을 확인할 수 있다.

그러나 한무제漢武帝는 표면상 소위 '독존유술獨尊儒術'을 표방했음에도 불구하고 강력한 중앙집권적 통치질서를 구축함으로써 '법치'에 입각한 강력한 '황제독치黃帝獨治'의 모습을 보여주었다. 전한제국이 한선제漢宣帝 이후 '황제독치'의 모순이 심화되면서 심각한 위기를 맞게 된 것은 바로 이 때문이었다.

본래 노자의 주장에 따르면 진정한 '치천하'는 '무위지치'를 통해 이뤄질 수밖에 없다. 그러나 역사적으로 이를 이룬 적은 한번도 없었다. '치천하'를 외친 중국의 역대 왕조가 '화이론華夷論'에 입각한 소위 '기미책羈縻策'에 의해 중화질서를 유지한 것은 바로 '치천하'의 수준에 한번도 도달하지 못했음을 반증하는 것이다. 공자의 대의론大義論도 노자의 입장에서 볼 때는 일종의 편협한 '중화주의'에 불과했다

'치천하'는 '천자天子'는 말할 것도 없고 여타 국가의 통치자 모두 그 이상만큼은 '무위지치'에 둘 때 비로소 가능할 수 있다. 그래야만 설령 최상의 치도인 '제도'를 추구하다 이루지 못할 경우 최소한 차상의 '왕도' 수준의 통치라도 이룰 수 있기 때문이다. 이는 곧 최상의 '무위지치'를 이루기 위해 '상덕上德'을 추구하다가 여의치 못하면 최소한 '하덕下德'의 최고 수준인 '인仁'에 의한 '유위지치'라도 이룰 수 있음을 의미한다.

이를 통해 알 수 있듯이 유가에서 말하는 '덕치'는 비록 노자가 말한 '상덕'에 입각한 통치는 아닐지라도 '치국'의 논리로서는 나름대로 매우 숭고한 이념이라고 할 수 있다. 노자도 비록 인·의·예 등의 인위적인 덕목을 비판키는 했으나 이들 인위적인 덕목에 의한 '하덕의 덕치'를 타기한 것은 아니었다. '무위'를 통해 지치至治를 이룰 수 있는데도 불구하고 기껏 잘해 봐야 '하덕' 수준의 왕도에 불과한 치도에 안주할까 우려했던 것이다. 노자가 볼 때 최상의 목표를 왕도 수준에 둘 경우 왕도는커녕 패도조차 이루기 어렵다고 판단했음에 틀림없다. 『노자』 제5장의 다음 대목이 그 증거이다.

"천지는 불인不仁하여 만물을 추구芻狗 : 제사 때 사용하는 풀로 묶은 개의 모형로 여긴다. 성인도 불인하여 백성을 '추구'로 여긴다."

이는 백성들에게 인위적인 덕목을 베풀기보다는 백성들로 하여금 본연의 '덕성'을 발휘토록 하는 것이 지치를 이루는 첩경임

을 충고한 것이다. 여기의 '추구'에 대해 소동파와 왕필의 해석이 엇갈리고 있으나 그 내용은 대동소이하다. 송대의 소철蘇轍은 이를 두고 이같이 풀이했다.

"풀을 묶어 개 모형을 만들어 제사상에 올리는 것이 '추구'이다. 이때 그것은 온갖 장식으로 받들어진다. 그러나 어찌 그것을 사랑해서 그러했겠는가. 정황이 그러했기 때문이다. 그래서 제사가 끝나면 이를 내다버려 행인이 밟고 다니게 된다. 그러나 어찌 그것을 미워해서 그러했겠는가. 정황이 그러했기 때문이다."

이는 제79장에 나오는 소위 '천도무친天道無親'에 입각한 해석이라고 할 수 있다. 이에 대해 왕필은 '추구'를 '추芻'와 '구狗'로 나누어 원래의 뜻으로 풀이하는 게 타당하다고 주장하면서 이같이 풀이해 놓았다.

"천지가 가축을 위해 풀을 생성하는 것은 아니지만 가축은 풀을 먹고, 천지가 사람을 위해 가축을 생성하는 것은 아니지만 사람은 가축을 먹는다."

왕필은 천지가 특별히 인간을 위해 '추'와 '구'를 만들지는 않았다는 뜻으로 새긴 것이다. '천도무친'에 입각한 소철의 해석이 '천지와 성인이 불인不仁하다'는 구절의 의미를 보다 명쾌히 설명해 주고 있다. 현재 대부분의 주석가들이 소철의 주석을 따르고 있으나 두 사람의 주석에 큰 차이가 있는 것은 아니다.

원래 천지의 힘은 이를 움직여 이용만 할 수 있다면 무진장한 힘으로 작용할 수 있다. 그 책임은 천지의 힘과 법칙을 이용해야 할 사람, 즉 통치자에게 있다. 『노자』 제72장도 같은 취지에서 이같이 언급해 놓았다.

"백성들이 위력威力을 두려워하지 않게 되면 곧 더 큰 위력이 닥치게 된다. 백성들이 머무는 곳을 옹색케 만들지 말고, 그들의 삶을 억누르지 말아야 한다. 무릇 싫증내지 않아야 백성도 싫어하지 않게 된다. 이에 성인은 스스로를 알면서도 스스로를 드러내지 않고, 스스로를 아끼면서도 스스로를 귀하게 여기지 않는 것이다."

통치자들에게 보내는 강력한 경고가 아닐 수 없다. 노자는 만일 통치자가 힘으로 백성들을 다스리려고 할 경우 자칫 상하질서가 붕괴되어 마침내 공동체 붕괴의 위험에 직면케 될 것이라고 경고한 것이다. 사실 통치자가 힘과 교지巧智로써 백성을 다스리게 되면 백성 역시 교지로써 겉으로는 순종하면서도 속으로는 통치자의 뜻을 어기게 된다. 『노자』 제65장의 다음 대목이 그 증거이다.

"옛날에 도를 잘 행한 자는 명민明民 : 백성을 명민하게 만듦하려 하지 않고 우민愚民 : 백성을 어리석게 만듦하려 했다. 백성들을 다스리기 어려운 것은 백성에게 지모智謀가 많기 때문이다."

노자는 통치자가 성신誠信으로 백성을 대할 때 백성 또한 마음으로 기뻐하고 기꺼이 복종케 된다고 충고한 것이다. 백성을 존중하는 것이야말로 치국의 전제조건임을 역설한 셈이다. 이는 『노자』 제10장의 다음 대목에 보다 선명히 드러나고 있다.

"애민치국愛民治國을 능히 무지無知 : 술수가 없음로 이룰 수 있겠는가. 천문개합天門開闔 : 천하통치의 이치가 나오는 천문을 여닫음을 능히 암컷처럼 고요히 할 수 있겠는가."

노자는 여기서 반어법을 사용해 '무위'를 통한 '애민치국'의

'치천하'의 이치를 역설하고 있는 것이다. 노자에 의하면 성인은 '도'에 입각한 까닭에 고정된 사견이 없다. '도'에 따라 백성의 이로운 바를 이롭게 하기 때문에 '덕치'가 민의에서 벗어날 일이 없게 되는 것이다. 성인은 사사로움이 없이 온후한 마음으로 백성을 마치 자식을 보호하듯이 대하기 때문에 천하인이 교화되고 백성도 그를 우러러 보게 되는 것이다. 노자는 천하가 화평을 찾는 요체가 바로 여기에 있다고 확신했다. 『노자』 제49장의 다음 대목이 그 증거이다.

"성인은 천하를 다스리면서 흡흡歙歙 : 가까이 거둬들임하히 천하를 위하는 자세로 혼민심渾民心 : 민심과 뒤섞여 하나가 됨한다. 백성들은 모두 성인의 이목耳目을 통해 시청視聽한다. 이에 성인은 백성을 마치 영해적자嬰孩赤子 : 갓난아기를 대하듯이 사랑하며 길러준다."

노자가 말하는 '성인지치'는 바로 흡흡歙歙한 마음으로 혼민심渾民心하는 데 그 요체가 있는 것이다. 이는 근본을 존중하고 백성을 포용하는 큰 도량을 의미한다. 노자는 백성을 마치 어린아이를 대하듯 사랑하며 길러주어야만 비로소 천하를 제대로 다스릴 수 있다고 강조한 것이다. '무위지치'는 '도'를 이용해 백성들로 하여금 본래의 덕성으로 돌아가 질박한 품성을 지니도록 만들 수 있어야만 그 실현이 가능하다.

이것이 곧 '무위'로써 '무불위'의 지극한 통치를 이루는 '무위지치'의 요체이다. 노자의 '덕치'가 바로 백성을 존중하고 사랑하는 '애민愛民'에 있음을 여실히 보여주는 대목이 아닐 수 없다. '애민'이야말로 바로 노자가 말하는 '덕치'의 핵심어라고 할 수 있다. 노자의 통치사상은 기본 원리로서의 '도'와 실천원리로서의 '덕'으로 요약할 수 있다. 노자의 통치사상에 나타나는 '도'와 '덕'은 본질적으로 아무 차이가 없는 것이다.

노자의 통치사상은 중국 역사상 가장 혼란스런 시기에 만들어졌다. 노자사상도 당시의 상황에 대한 노자 나름의 견해에 입각한 것이다. 개인의 사상은 기본적으로 그 자신의 역사관에서 비롯된다. 노자 역시 역사에 대한 나름대로의 견해를 가지고 있었다. 노자는 고대사회에는 인간의 '소박성'이 고스란히 남아 있었던 것으로 간주했다. 그러나 시간이 흐르면서 인지가 발달하고 욕망이 많아짐에 따라 인간사회가 타락한 것으로 보았다. 인지의 발달과 과다한 욕구가 무절제를 초래하고 인간의 작위가 횡행함에 따라 '도'와 '덕'을 상실하고 마침내는 '인'과 '의', '예'가 차례로 나타나게 되었다고 본 것이다. 노자와 유가의 통치사상이 갈리게 되는 분기점이 바로 여기에 있다.

노자는 유가가 내세운 덕목은 결코 어지러운 세상을 구제하는 기준이 되기는커녕 더욱 더 분별의식을 강화시켜 세상을 더욱 소란스럽게 만들 뿐이라는 확신을 갖고 있었다. 노자는 당시의 혼란상을 크게 두 가지 원인에서 비롯된 것으로 파악했다. 정치제도의 복잡성과 지배층의 인위적인 통치가 바로 그것이다. 노자는 법률과 예식, 윤리, 규칙 등의 모든 제도는 한낱 백성에게 족쇄만 될 뿐 결코 도탄에 빠진 백성을 구하는 방안이 될 수 없다고 보았다. 노자가 볼 때 통치자에 의해 자의적으로 운용되는 일체의 제도는 결국 백성을 질곡에 빠뜨리는 도구에 불과했다. '무위지치'는 당시의 혼란상에 대한 노자의 통렬한 비판의식에서 비롯된 것이다. 그는 당시의 혼란은 기본적으로 인지의 발달과 그로 인한 지나친 욕망에서 비롯된 것으로 확신했던 것이다. 『노자』 제57장에 나오는 다음 구절이 그 증거이다.

"천하에 기휘忌諱 : 금지하고 꺼림가 많아지면 백성은 더욱 빈궁해지고, 백성에게 이기利器 : 백성들이 私利를 꾀할 수 있는 도구가 많아지면 국가는 더욱 혼란해지고, 사람에게 기교伎巧 : 기술과 재주가 많아지면 기물奇物 : 비실용적인 사치물이 더욱 생겨나고, 법물法物 : 선망의 대상이 되는 좋은 물건이 복잡해지면 도적은 더욱 많아진다."

노자가 활약할 당시의 혼란상을 잘 보여주고 있다. 당시 노자는 기휘忌諱와 이기利器, 기교伎巧, 법물法物을 버리면 혼란을 막을 수 있다고 본 것이다. 그는 인위적인 제도와 문명의 이기 등에서 혼란의 원인을 찾은 셈이다. 노자가 '제도帝道'와 '덕치德治'의 요체로 '무위無爲'를 거론한 이유가 바로 여기에 있다. '무위'는 구체적인 통치술인 동시에 '제도' 및 '덕치'의 구체적인 모습이기도 한 것이다.

왕필이 노자 통치사상의 핵심을 '무無'라는 단 한 글자로 표현한 것도 이와 무관할 수 없다. 노자의 '도'는 만물을 생성시키는 원리이나 '도' 자체가 사물은 아닌 까닭에 만물과 같이 작용할 수는 없다. 그러나 만물은 '도'로부터 생성되어 나오기 때문에 '도'에 의하지 않고는 아무 것도 생겨날 수 없다. 외견상 '도'는 아무 것도 하지 않는 듯하나 사실 모든 사물이 작용하는 이면에서 그 작동원리로 작용하고 있는 것이다. '무위'의 이치가 바로 여기에 있다.

통치 역시 '도'를 본받은 것인 까닭에 통치자도 이러한 '도'의 원리를 좇아야만 한다. 그러기 위해서는 통치에 의도적인 작위를 가해서는 안 된다. 이것이 '무위'이다. '무위지치'는 바로 의도적인 작위가 배제되어야만 가능한 것이다. 『노자』 제57장은 그 이유를 이같이 언급해 놓았다.

"정책正策 : 올바름을 내세우는 계책으로 치국하고자 하면 끝내 기책奇策 : 기이한 술책으로 용병하는 지경에 이르게 된다. 무사無事 : '유위'로 일을 만들지 않음를 통해서만 취천하取天下 : 치천하할 수 있다."

'무위지치'의 진정한 목표는 바로 난세의 종식을 통해 백성을 작위로 인한 숱한 질곡에서 해방시켜 인간다운 삶을 영위토록 만드는 데 있다. 노자는 천지가 만물에 작위를 가하지 않듯이 통치자도 백성에게 억지로 작위를 가해서는 안 된다고 역설한 것이다. 천지가 무정無情한 것처럼 성인도 백성에게 무정해야만 '무위지치'가 가능하다는 것이 노자의 확고한 생각이었다.

노자의 통치사상은 장자와 달리 현실의 혼란상을 제거코자 하는 취지에서 비롯된 것이다. 사실 『노자』 어디를 보더라도 노자가 국가의 존재 자체를 부인한 대목은 한 군데도 없다. 노자는 오히려 유가 못지않게 통치자들의 안일과 향락을 비판하면서 백성들을 위해 헌신할 것을 촉구했다. 『노자』 제77장의 다음 구절이 그 증거이다.

"천도는 마치 장궁張弓 : 활을 당김과 같구나. 높은 것은 내리누르고 낮은 것은 들어올린다. 남는 것은 덜어내고 부족한 것은 보탠다."

노자의 '무위지치'는 외견상 아무 것도 하지 않는 것을 주장한 듯하나 사실은 백성을 위해 모든 것을 다하라는 매우 적극적인 메시지를 담고 있다. 노자의 통치사상이 '무정부주의'와 질적으로 다른 것은 물론 '자유방임주의'와도 현격한 차이가 있다.

'무위'는 외견상 '자유방임'과 유사하나 기실은 천양지차가 있다. '자유방임'은 말 그대로 모든 것을 방임하는 까닭에 그 결과조차도 방임하는 것이다. 그러나 '무위'는 궁극적 목표인 지치至治를 이루기 위한 수단인 까닭에 백성을 '무지무욕'으로 이끌고 가는 고도의 정교한 작위가 가해져야만 한다. '무지무욕' 자체가 통치자의 솔선수범에 의해 이뤄지는 까닭에 작위로 보이지만 않을 뿐 백성들을 일정한 방향으로 유도한다는 점에서는 분명 작위에 해당한다. 이는 소위 '값싼 정부'를 표방하는 '자유방임주의'와는 질적으로 다른 것이다. 노자가 말하는 '무위'의 진정한 의미가 바로 여기에 있다.

원래 '자유방임주의'는 18세기 자연법사상에 기초한 것으로 신흥 부르주아의 '경제적 자유경쟁'을 옹호하기 위해 나온 개인주의 사조를 말한다. 기업과 노동, 해외무역 등 모든 경제적 활동에 국가가 어떠한 간섭을 해서도 안 된다는 게 그 골자이다. 이는 경제적 자율을 확보하기 위해 국가는 사회질서의 유지와 재산의 보호, 국토방위 등 최소한의 역할에 그쳐야 한다는 주장을 담고 있다.

로크는 『통치 2론』에서 '평등한 개인들의 완전한 자유상태'를 인간 본연의 모습으로 파악해 국가란 백성의 생명과 자유, 재산을 보장하는 제한적인 임무만을 갖는 백성의 수탁자에 불과하다고 주장했다. 만일 국가권력이 권력을 남용해 인간의 자연적 권리를 침해할 경우 백성은 소위 '저항권抵抗權'을 발동해 정부를 뒤엎고 새로운 정부를 세울 수 있는 권력을 보유하고 있다는 것이다. 로크의 통치이론에 뿌리를 두고 있는 서구의 자유방임주의 사상은 개인의 자각에 기초한 '근대적 자아' 개념 위에 성립된 것으로 개인의 '권력으로부터의 자유'를 전제로 하고 있다.

18세기 후반 프랑스혁명 당시 중농학파의 중심 인물인 케네F. Quesnay는 사회에서 개별이익과 전체이익이 분리되지 않는 것을 곧 자연질서의 본질로 보고 이는 자유주의 제도에서만 가능하다고 주장했다. 이는 아담 스미스Adam Smith가 '보이지 않는 손invisible hand'에 의해 공동의 이익이 자동 조절된다고 주장한 것과 마찬가지 논리 위에 서 있다. 계몽주의 사상가들이 중국의 통치사상으로부터 많은 세례를 받았다는 사실에 비추어 볼 때 케네 또한 어떤 식으로든 노자의 '무위지치'사상에 대해 어느 정도의 지식을 갖고 있었다고 보는 게 옳다.

그러나 노자사상은 개인의 자유와 국가통치를 대립시키는 로크의 2분법적 사유와 질적으로 다르다. 통치는 기본적으로 우주만물의 기본 원리인 '도'가 발현된 것인 까닭에 통치자가 '무위지치'를 실현할 수만 있다면 개인과 국가 모두에게 도움이 될 것으로 본 것이다. 백성을 자유롭게 놓아둔다는 측면에서는 외견상 유사성이 있지만 그 본질 면에서는 근원적인 차이가 있었던 것이다.

노자는 우주와 인간을 관통하는 '무위'의 이론을 통해 통치를 해석했기 때문에 국가와 백성의 이익이 충돌할 하등의 이유가 없다. 이는 『노자』 제60장의 다음 구절을 보면 쉽게 알 수 있다.

"대국을 다스리는 것은 마치 팽소선烹小鮮 : 작은 생선을 삶음과 같다. 도로써 이천하莅天下 : 천하에 임함하면 귀물鬼物이 신통神通하지 못하다. 귀물만 신통하지 못한 게 아니라 신령神靈도 사람을 해치지 못한다. 신령만 그런 게 아니라 성인聖人도 사람을 해치지 못한다. 이들 양자兩者 : 귀신과 성인는 서로 인간을 해치지 않는다. 이에 덕이 교귀交歸 : 번갈아 돌아옴하는 것이다."

이는 광대한 나라를 마치 작은 물고기를 삶듯이 조심스럽게 통치하라고 충고한 것이다. 작은 물고기를 요리할 때 지나치게 자주 뒤집으면 오히려 부서져 못 먹게 된다. 노자는 통치자들이 작은 물고기를 요리하듯이 백성을 자유롭게 놓아두야만 광대한 나라를 온전히 다스릴 수 있다고 본 것이다. 이는 천하통치를 위한 백성에 대한 불간섭을 말한 것으로 '소국과민'의 정신과 일맥상통하는 것이다.

노자의 '소국과민'은 어디까지나 '무위지치'의 방법론을 언급한 것이라는 점을 잊어서는 안 된다. '무위지치'가 이뤄지는 나라는 '도'와 '덕'에 의해 통치가 이뤄지는 까닭에 인·의·예 등의 인위적인 덕목과 여타 법제가 불필요하다. 노자는 이를 '소국과민'으로 형상화한 것이다. 이는 '소국과민'을 언급한 『노자』 제80장의 구절을 보면 쉽게 확인할 수 있다.

"소국과민小國寡民을 이루기 위해서는 십백지기什佰之器 : 여러 편리한 기물가 있을지라도 이를 사용치 않게 하고, 백성으로 하여금 죽음을 중히 여겨 멀리 옮겨다니지 않게 한다. 그리 하면 비록 주여舟輿 : 배와 수레가 있을지라도 이를 탈 일이 없게 되고, 갑병甲兵 : 무기이 있을지라도 이를 펼칠 일이 없다. 또한 사람들로 하여금 다시 결승結繩 : '새끼줄을 엮음'의 뜻으로 대용문자를 의미하여 사용하도록 한다. 이에 백성들은 감식甘食 : 음식을 달게 여김과 미복美服 : 복장을 아름답게 여김, 안거安居 : 거처를 편히 여김, 낙속樂俗 : 풍속을 즐김을 이루게 된다. 그리 하면 인국鄰國이 서로 바라보이고 계견雞犬의 소리가 서로 들릴 정도로 가까울지라도 백성들은 노사老死 : 늙어 죽음할 때까지 서로 왕래치 않을 것이다."

자칫 문면 그대로 해석하면 노자가 복고적인 원시공산사회를 이상적인 국가모형으로 상정한 게 아닌가 하는 의구심을 낳을 소지가 큰 대목이 아닐 수 없다. 그러나 이는 어디까지나 인위적이면서도 자의적인 '유위통치'를 극소화하라는 취지에서 나온 것이다. 본래 노자의 '무위지치'는 '치천하'에서 그 진면목을 드러내게 되어 있다. '치천하'는 '치국'과 차원이 다르다. 단지 통치의 외양이 '소국과민'과 같이 '무위'인 듯이 보일 뿐이다. 그 내면을 보면 그 통치가 너무 굉대宏大한 까닭에 그같이 보이는 것에 불과한 것이다.

기본적으로 노자 역시 춘추전국시대의 제가들과 마찬가지로 '치천하'의 방략을 찾아내기 위해 고심했던 인물이다. 그가 '무위'를 주장한 것은 인·의·예 등의 인위적인 덕목에 기초한 유가의 '덕치'와 부국강병을 겨냥한 법가의 '법치'로는 결코 천하를 다스릴 수 없다는 생각에서 나온 것이다. 노자의 '소국과민'을 협소하고 폐쇄적인 현실국가를 염두에 둔 것으로 풀이하는 것은 노자의 통치사상에 대한 왜곡이다.

노자의 '소국과민'은 '유위통치'를 극소화해 '무위지치'를 현실 속에서 구현코자 하는 의지가 반영된 것이다. 이는 노자가 '소국과민'을 주장하면서 그 전제조건으로 '무위'의 이상을 실현할 수 있는 '성인지치'를 강조한 사실을 통해 극명하게 확인할 수 있다. 노자가 말한 '성인지치'는 결코 작고 폐쇄적인 농촌공동체를 의식한 것이 아니다. '성인지치'가 필요한 나라는 소국이 아니라 대국이다. 대국보다 규모가 큰 천하일 경우 '성인지치'는 더욱 빛을 발할 수밖에 없다.

노자가 말한 '성인지치'는 농촌과 같은 자치공동체의 기본 모형을 천하단위로 확대한 것으로 보아도 좋을 것이다. '소국과민'이 일견 폐쇄적으로 보이는 것은 노자가 '유위통치'에 의한 국가의 발전을 백성의 복리와는 거리가 먼 통치자들의 일방적인 의지의 표현으로 간주한 데 따른 것이다. 이는 '무위지치' 이념에서 도출된 필연적인 귀결이기도 하다. '소국과민'은 타인이나 타국을 동경하는 인간의 기본적인 성향 내지 욕구에 대한 억제를 의미한다고 해석할 수 있다. 노자는 이러한 욕구가 백성들의 질박한 덕성을 해칠 소지가 많다고 본 것이다.

노자가 '결승結繩'을 언급한 것도 같은 맥락에서 이해할 수 있다. 이는 인류역사의 발전과정을 부인하고자 한 것이 아니다. 노자는 교활한 지식으로 인한 공동체의 갈등을 근원적으로 막기 위해 이런 주장을 편 것이다. 난세의 최대 원인으로 인간의 지나친 욕망을 지목한 노자가 '소국과민'을 내세워 우주만물의 근원인 '도'로 돌아갈 것을 주장한 것은 논리적 필연이기도 하다. '무위'의 진정한 의미가 바로 여기에 있다. 이는 『노자』 제27장에 나오는 '습명襲明' 개념을 통해 보다 쉽게 이해할 수 있다.

"성인은 항상 사람을 잘 구제하는 까닭에 버려지는 사람이 없고, 항상 사물을 잘 구하는 까닭에 버려지는 사물이 없다. 이를 일컬어 '습명襲明 : 본래의 밝음을 이어받음'이라고 한다."

'습명'의 '습襲'은 '승承'의 뜻인 까닭에 '습명'은 '본래의 밝음을 이어받아 덮여 가려진 것을 통하게 한다'는 뜻을 지니고 있다. 이는 '대도를 이어받아 밝게 하다'의 뜻과 같다. 노자는 뒤이어지는 구절에서 '습명'으로 인해 '선인善人'은 '불선인不善人'의 스승이 되고 '불선인'은 '선인'의 귀감이 된다고 언급했다. '선善'은 '불선不善'을 똑같이 착하게 만드는 까닭에 이를 스승이라 한 것이고, '불선'은 '선'에 의해 착하게 되므로 버릴 수 없다고 한 것이다.

노자가 말하는 '습명'은 통치자가 어떤 덕목이나 제도를 내세워 백성을 차별하지 않는 소위 '불기인不棄人'에 그 요체가 있다. 노자의 관점에서 볼 때 통치자가 내세우는 덕목과 제도에 의해 백성의 '선'과 '불선'을 가리는 것은 자연의 이치를 거스르는 것이나 다름없다. 노자가 말한 '습명'은 '무위' 통치술의 극의를 표현한 것이다.

상식적으로 생각할지라도 자연의 이치에 따라 사리가 막힘이 없어야 일체의 문제를 평화롭게 해결할 수 있다. 자연의 이치에 좇아야만 사람이나 물건을 버리는 일이 없게 된다. '성인지치'에 나타나는 '무위'는 인위적인 '유위'의 틀을 깨는 데서 출발하고 있다. 『노자』 제71장에서 '최상의 치도는 백성들이 군주가 있다는 사실조차 모른다'고 역설한 것도 같은 취지에서 나온 것으로 보아야 한다.

'무위'의 통치술과 더불어 노자의 '덕치'를 가장 잘 실현할 수 있는 통치술을 하나 더 들라면 '겸하謙下'의 통치술을 들 수 있다. 『노자』는 '겸하'의 덕을 골짜기와 여성, 물 등의 비유를 통해 설명해 놓았다. 골짜기와 여성의 비유는 도가의 요체를 설명하는 비유로 자주 등장하곤 한다. 이러한 비유는 노자가 말하는 '덕치'를 구현할 수 있는 요체가 바로 '겸하'의 통치술에 있음을 의미한다.

『노자』에 나오는 '겸하'의 비유 중 물의 비유가 가장 눈에 띈다. 사실 물은 모든 만물에 이익을 주지만 자신의 이익을 위해 남과 다투지 않고 항상 낮은 곳으로 흐른다. 노자가 자주 물의 비유를 통해 '도' 및 '덕'의 위대함을 표현한 이유가 바로 여기에 있다. 『노자』 제8장의 다음 구절이 대표적인 실례이다.

"상선약수上善若水 : 최고의 선은 물과 같음이니 물은 능히 이물부쟁利物不爭 : 만물을 이롭게 하면서도 공을 다투지 않음하여 중인衆人이 싫어하는 곳에 머문다. 그래서 기어도幾於道 : 거의 도에 가까움인 것이다."

노자가 '무위지치'의 요체를 설명하기 위해 물을 인용한 것은 물이 만물을 이롭게 해주면서도 다투지 않고 늘 낮은 곳에 머물기 때문이다. 무형의 '도'는 유형의 '덕'을 통해 우주만물의 이치를 드러내는 까닭에 제8장의 '물'은 곧 '덕'의 상징어에 해당한다. 이는 곧 '무위'를 의미하는 것으로 위정자는 백성과 더불어 이익과 명예, 지식 등 일체의 세속적인 가치를 두고 쟁리爭利, 쟁명爭名, 쟁지爭智해서는 안 된다는 강력한 메시지를 담고 있다. 『노자』 제43장은 '무위'의 모습을 이같이 비유해 놓았다.

"천하의 지유至柔 : 가장 유약한 것가 천하의 지견至堅 : 가장 견고

한 것으로 치빙馳騁 : 깊이 스며듦한다. 무無는 무간無間 : 틈이 없는 곳도 스며든다. 나는 이로써 무위가 유익하다는 것을 안다."

이 대목은 자연의 이치에 부합하는 물의 힘이 얼마나 강한 것인지를 역설적으로 보여주고 있다. 노자는 물의 이런 효능에 바로 참된 '도'의 작용이 있다고 보았다. '무위'와 '무욕', '부쟁' 등의 미덕이 바로 낮은 곳에 임하면서도 앞을 다투지 않는 물의 위대한 속성과 닮았다고 본 것이다. 노자가 말한 '겸하'의 취지가 바로 여기에 있다. '겸하'는 '덕치'를 실현하는 가장 가까우면서도 구체적인 방법론이기도 하다. 노자가 강조하는 소위 '무위지치'는 바로 '겸하'를 통해 그 구체적인 모습을 드러낸다고 해도 과언이 아닌 것이다.

그렇다면 '겸하'의 통치술은 과연 구체적으로 어떤 것을 의미하는 것일까. 본래 『노자』에서 말하는 '성인'은 '무위'의 이치를 체득한 인물을 말한다. '도'와 '덕'의 구현자가 '성인'인 셈이다. '성인'은 비록 '무위'를 체득했을지라도 막상 통치에 임해서는 반드시 '겸하'의 통치술을 구사해야만 '무위지치'를 이룰 수 있다. 이는 마치 '물'이 만물을 자애로 기르고 만물과 서로 다투지 않는 것과 같다. 노자가 말하는 지극한 '덕치'의 취지가 바로 여기에 있다. 『노자』 제64장의 다음 대목이 그 취지를 밝힌 것이다.

"성인은 욕불욕欲不欲 : 사람들이 모두 바라는 욕망을 뛰어넘는 단계를 추구함과 불귀난득不貴難得 : 보화를 귀하게 여기지 않음, 학불학學不學 : 사람들이 배우지 않는 '도'를 배움, 복인소과復人所過 : 사람들로 하여금 간과한 근본으로 되돌아가게 함를 행한다. 이로써 성인은 만물의 자연自然을 도울 뿐 감히 강위强爲 : 억지로 행함하지 않는 것이다."

이는 통치자를 비롯한 백성들의 세속적 삶의 태도에 대한 근본적인 각성을 촉구한 것으로 '겸하'의 요체를 말한 것이다. 여기의 '욕불욕'은 인간의 무한한 욕망으로부터 벗어나는 '불욕不欲'의 단계로 나아가고자 하는 것을 의미한다. '학불학'도 같은 맥락에서 해석할 수 있다. 모든 사물은 한 순간에도 정지해 있는 것이 없고 하나의 사물은 다른 모든 것들과의 상호 관련성 속에서만 존재한다. 그런데도 사람들은 현상에 집착한 나머지 근본을 모른 채 알맹이를 버리고 껍데기에 힘을 쏟는다. '학불학'은 바로 사물의 이런 종합적인 관계를 파악하는 것을 의미하는 것으로 곧 '수도修道'를 뜻하는 것이기도 하다.

성인은 '욕불욕'과 '학불학'의 수행을 통해 사물의 진상을 근원적으로 파악해 백성의 과실을 바로 잡을 수 있다. 노자가 말하는 성인은 곧 '덕'의 가장 순수한 상태를 견지하는 소위 '무지수박無知守樸'의 경지에 들어간 사람이라고 할 수 있다. 노자가 유가의 인위적인 덕목을 배척한 이유가 바로 여기에 있다. 『노자』 제65장은 '욕불학'과 '학불학'의 공능을 이같이 언급해 놓았다.

"지모智謀로 치국하는 자는 국적國賊 : 나라를 해치는 도적, 지모로 치국하려 하지 않는 자는 국복國福이 되었다. 이 두 가지를 아는 것이 또한 계식稽式 : 치국의 法式이다. 늘 이 '계식'을 알면 이를 일컬어 '원덕元德 : 玄德'이라고 한다."

노자가 지모로 국가를 통치하는 소위 '이지치국以智治國'을 국가의 재앙이라고 한 것은 '지智'에 대한 강한 불신감에서 비롯되었다. 노자는 '지'가 만연할 경우 온갖 교묘한 꾀가 난무해 통치질서가 붕괴하는 것을 염려한 것이다. 사실 바람직하지 못한 '지'

가 국가에 만연하면 아무리 훌륭한 법령과 제도를 마련해도 별 도움이 되지 않는다. 나라가 위급할 때 군대를 쓰는 일은 불가피하지만 '도'의 차원에서 볼 때 처음부터 그런 일이 발생하지 않도록 하는 것이 최선의 길이다.

노자가 이처럼 인간의 소박성을 강조한 것은 당시 제자백가의 출현과 더불어 온갖 궤사詭詐와 허위虛僞가 난무한 사실과 깊은 관련이 있다. 노자가 수박守樸을 위해 백성을 항상 '무지무욕'의 상태에 있도록 하여야 한다고 주장한 것도 이런 역사적 사실과 무관치 않을 것이다.

그러나 노자가 '수박'을 강조한 것을 놓고 '지' 자체를 경시한 것으로 해석해서는 안 된다. 노자는 오히려 '무위' 등과 같은 '큰 지혜'에 대해서는 열심히 체득할 것을 적극 권장하고 있다. 『노자』 제44장의 다음 구절이 그 증거이다.

"심애대비甚愛大費 : 친애가 지나치면 반드시 크게 손실을 봄하고, 다장후망多藏厚亡 : 많이 쌓아두면 크게 상실함한다. 그래서 지족불욕知足不辱 : 만족할 줄 알아야 욕을 당하지 않음이고, 지지불태知止不殆 : 멈출 줄 알아야 위태롭지 않음인 것이다. 그래야만 가히 장구長久할 수 있다."

이는 '지족知足'의 요체를 설파한 것이다. '지족'은 '겸하'의 또 다른 표현이기도 하다. 노자는 '지족'을 할 줄 모르면 큰 화를 자초할 수밖에 없다고 보았다. 그가 심애대비甚愛大費와 다장후망多藏厚亡을 언급한 이유가 바로 여기에 있다. 『노자』 제46장은 그 의미를 보다 상세히 풀이해 놓았다.

"죄罪는 가욕可欲 : 가히 취할 수 있다는 이유로 다 갖고자 하는 욕심보다 더 큰 게 없고, 화禍는 부지족不知足 : 이미 충분한데도 더 갖고자 하는 욕심보다 더 큰 게 없고, 구咎 : 허물는 욕득欲得 : 충분치 못해 더 갖고자 하는 욕심보다 더 큰 게 없다. 그래서 지족지족知足之足 : 지족을 통한 만족만이 상족常足 : 恒常된 만족이 될 수 있다."

그칠 줄 아는 자는 도를 어겨가면서 명예를 바라지 않고 잘한 것을 자랑해 이름 얻기를 바라지 않는다. 그래서 남의 공격을 받는 걱정을 면할 수 있다. 그렇게 하면 욕되지 않고 위태롭지 않게 된다. 이것이 곧 마음이 편안하고 이치가 장구함을 얻게 되는 이치인 것이다. 이를 '지족'이라고 할 수 있다. '지족' 할 줄 모르면 '겸하' 할 수 없고, '겸하' 할 줄 모르면 '지족' 할 줄도 모르게 된다. 『노자』는 제12장에서 '지족'의 구체적인 모습을 다음과 같이 묘사했다.

"성인은 위복爲腹 : '배를 위한다'는 말로 곧 안을 충실히 함할 뿐 위목爲目 : '눈을 위한다'는 말로 곧 밖을 화려하게 꾸밈하지 않는다."

성인은 만족할 줄 알기 때문에 감각적인 쾌락을 버리고 그 내실을 택한다는 뜻이다. 왕필은 '위복爲腹'과 '위목爲目'의 차이에 대해 '배를 위한다는 것은 사물로 자신을 기르는 것이고, 눈을 위한다는 것은 사물에 의해 자신이 부림을 당하는 것을 말한다'고 새겼다. 이는 결국 '지족' 할 줄 알면 욕심이 없어져 현실을 직시할 수 있다는 사실을 지적한 것이라고 할 수 있다. 노자가 말하는 '도'는 매우 현묘해서 그 지극한 것은 비록 '성인'일지라도 알지 못하는 바가 있다. 이를 두고 『노자』 제72장은 다음과 같이 풀이해 놓았다.

"성인은 자지自知 : 스스로를 앎하면서도 자현自見 : 스스로를 드러냄하지 않고, 자애自愛 : 스스로를 아낌하면서도 자귀自貴 : 스스로를 귀하게 여김하지 않는다."

'성인'은 도에 밝아서 비록 뱃속에 경륜을 가득히 담고 있어도 결코 재능을 밖으로 드러내지 않는다. '덕'으로 나아가 비록 존귀한 지위에 이를지라도 결코 사람 위에 자신의 존귀함을 나타내지 않는 것이다. 『노자』는 제3장에서 '지족'에 이르는 방안을 이같이 기술해 놓았다.

"성인의 다스림은 허심실복虛心實腹 : 마음을 비우고 배를 채움과 약지강골弱志强骨 : 뜻을 약하게 하고 뼈를 강하게 함로 늘 백성을 무지무욕無知無欲 : 순박하고 순수함하게 만들어 지자智者 : 꾀 있는 자들로 하여금 감히 망동치 못하게 한다. 무위無爲를 행하면 다스려지지 않는 게 없다."

'지족'은 자연의 이치에 순응하여 백성들 스스로 할 수 있는 일을 백성들 스스로 하도록 내버려두어야만 그 극의를 얻을 수 있다. 이는 곧 자연을 거스르지 않고 자연의 이치를 좇아 일을 하는 것을 말한다. 결국 노자가 말하는 '겸하'는 백성들의 '지족'을 통해야만 소기의 성과를 얻을 수 있는 셈이다. 『노자』는 제28장에서 '겸하'의 통치술을 골짜기와 여성의 비유를 통해 다음과 같이 설명해 놓았다.

"그 웅성雄性 : 수컷을 알고 그 자성雌性 : 암컷을 지키면 천하의 계谿 : 계곡가 된다. 천하의 '계'가 되면 상덕常德이 떠나지 않아 영아嬰兒로 복귀한다."

고요한 골짜기와 부드러운 여성을 관통하는 상징어는 '물'이다. '겸하'의 통치술을 비유하는 데에 물만큼 핍진逼眞한 비유도 없을 것이다. 물은 고요하고 부드러우면서도 미치지 않는 곳이 없고 앞을 다투지도 않는다. 이는 노자가 말하는 '덕치'의 지극한 모습을 형상한 것이기도 하다.

사실 바다는 물의 종류를 가리지 않는 '강해불염수江海不厭水'를 그 본질로 하고 있고, 산은 깊숙한 곳에 독초를 키우는 '산수장병山藪藏病'을 그 내용으로 삼고 있고, 내와 연못은 더러운 것을 받아들이는 '천택납오川澤納汚'를 그 속성으로 하고 있다. 바다와 산, 내와 연못 모두 '겸하'를 전제로 하여 모든 것을 포용하고 있는 것이다. '무위'가 최상의 치도인 '제도'를 의미하는 동시에 최상의 통치술을 뜻하듯이 '겸하' 역시 최상의 '덕치'를 의미하는 동시에 최상의 통치술을 뜻한다. 이는 『노자』 제78장의 다음 구절을 보면 쉽게 알 수 있다.

"천하에 물보다 유약柔弱한 게 없으나 물처럼 견강자堅强者를 공격해 능히 이길 수 있는 것도 없다. 세상에 그 무엇도 물의 유약을 활용하는 것과 바꿀 수 있다. 약한 것이 강한 것을 이기고 부드러운 것이 단단한 것을 이긴다는 사실을 천하에 모르는 자가 없으나 막상 이를 실행하지는 못한다."

물은 겉으로는 부드러우나 일단 계곡에 모여 흘러내리기 시작하면 모든 장애물을 뚫고 지나간다. 이보다 더 강할 수가 없는 것이다. 그런데도 세인들은 강한 것을 사모한 나머지 군중 속에서 뛰어나기를 좋아하여 '지유지약至柔至弱'의 묘리를 체득할 수가 없다. 그러나 '성인'은 '겸하'의 통치술로 '도'와 '덕'을 닦아나가면서도 결코 사람 위에 자신의 존귀함을 드러내지 않는다. 『노자』는 제72장에서 다음과 같이 역설하고 있다.

"성인은 자애自愛 : 스스로를 아낌하면서도 자귀自貴 : 스스로를 귀하게 여김하지 않는다."

노자는 왜 '자애' 하면서도 '자귀' 하지 않는다고 말한 것일까. 통상 '아끼다' 와 '귀하게 여기다' 가 같은 개념으로 통용되고 있는 현실에 비추어 일견 모순된 표현으로 여겨질 수밖에 없다. 이를 두고 왕필은 풀이키를, "스스로 귀하게 여기면 장차 '무위' 에 머무는 것을 깔보게 되고 겸양하는 삶에 염증을 내게 된다"고 했다. 문의에 부합하는 해석이다. 이를 토대로 보면 『노자』는 제13장에서 자신의 몸을 천하와 같이 아끼라고 주문한 데 이어 다시 제72장에서 지극한 통치를 이루려면 '자애' 는 하되 '자귀' 해서는 안 된다며 일정한 제한을 가하고 있는 셈이다. 『노자』는 제70장에서 자애와 자귀의 관계를 이같이 설파해 놓았다.

"말에는 종지宗旨 : 근본 취지, 일에는 군지君旨 : 중심 요지가 있다. 무릇 사람들은 내 언사言事의 종군宗君 : 근본 취지와 중심 요지을 모르는 까닭에 나를 알지 못한다. 그러나 나를 아는 자가 희소한 까닭에 나는 오히려 귀하다. 이에 성인은 피갈회옥被褐懷玉 : 거친 베옷을 입고 옥을 품음하는 것이다."

이 대목을 자애와 자귀의 논리로 환원시켜 살펴보면 '회옥懷玉' 은 천하와도 자신을 바꾸지 않는 '자애' 를 뜻한다. '피갈被褐' 은 곧 '부자귀不自貴' 를 의미한다. 만일 '회옥' 과 동시에 '금의錦衣' 를 걸쳤다면 이는 곧 '자애' 하면서 '자귀' 하는 경우에 해당한다. 이같이 해서는 '겸하' 의 통치술을 발휘할 수 없게 된다. 비록 '회옥' 을 했을지라도 '피갈' 을 통해 '부자귀' 를 행해야만 '도' 를 깨우쳐 늘 겸허하게 백성들 앞에 나설 수 있게 된다.

이를 통해 알 수 있듯이 '겸하'야말로 백성으로 하여금 '수박守樸'의 길로 기꺼이 나서게 하는 유일무이한 통치술이라고 할 수 있다. 최상의 '무위지치'를 이루기 위해 반드시 '겸하'의 통치술을 구사해야 하는 이유가 여기에 있다. 『노자』에서 '피갈회옥' 만큼 촌철살인寸鐵殺人하는 표현은 그리 많지 않다. '겸하'의 구체적인 방법론과 관련해 『노자』는 제49장에서 다음과 같은 방안을 제시했다.

"성인은 상무심常無心 : 늘 무심함한 까닭에 백성심百姓心을 자신의 마음으로 삼는다."

천하를 대할 때 분별심을 제거한 무심한 상태로 임하는 것이 곧 '성인'이 취하는 '겸하'의 덕인 것이다. '겸하'의 미덕을 갖춘 자가 천하의 제왕이 될 수 있는 이유가 바로 여기에 있다. 『노자』는 제16장에서 '피갈회옥'에 준하는 '강해선하江海善下'라는 표현을 통해 '겸하'의 중요성을 이같이 강조해 놓았다.

"강해江海가 능히 백곡왕百谷王 : 뭇 계곡물의 귀착지를 '왕'으로 표현한 것임이 될 수 있는 것은 자신을 잘 낮추기 때문이다. 그래서 능히 '백곡왕'이 된 것이다. 이에 백성 위에 서고자 하면 반드시 말을 낮춰야 하고, 백성 앞에 나서고자 하면 반드시 몸을 뒤로 물려야 한다."

노자의 지적과 같이 강과 바다가 온 골짜기의 '왕'이 될 수 있는 것은 자신을 잘 낮추기 때문이다. 노자가 통치자에게 통치를 잘 하고자 하면 반드시 말을 낮추고 뒤로 물러서라고 충고한 것은 바로 이 때문이다. 그래야만 백성들이 통치자의 존재를 부담스러워하지 않고 통치자를 추대하는 것을 싫증내지 않게 된다.

이는 곧 천하의 제왕이 되고자 하는 자일수록 더욱 더 겸허한 자세를 견지해야 한다는 주장이라고 할 수 있다. 『노자』는 제7장에서 그 이유를 이같이 밝혀 놓았다.

"성인은 후신이선後身而先 : 자신을 뒤로 하여 오히려 앞섬하고, 외신이존外身而存 : 자신을 돌보지 않아 오히려 보존됨한다. 이 어찌 무사無私 : 사사로움이 없이 공정함로 인한 게 아니겠는가. 그래서 오히려 능히 성사成私 : 사적인 일을 이룸할 수 있는 것이다."

이를 통해 알 수 있듯이 노자는 '무위'를 통한 '성인'의 '사私'는 세인들의 '사'와 달리 오히려 지극한 '공公'에 해당한다고 본 것이다. 이는 한비자가 무사무편無私無偏의 법지를 통해 '군주의 사리私利'를 '공리公利'로 만들 수 있다고 주장한 것과 맥을 같이 하는 것이다. 그렇다면 노자는 '겸하'의 통치술을 어떻게 발휘해야 한다고 본 것일까. 『노자』 제77장에 그 해답이 있다.

"성인은 베풀면서 보답을 기대하지 않고, 공이 이뤄져도 이에 머물지 않고, 자신의 현명함을 드러내려 하지도 않는다."

'성인'이 '무위지치'를 이룰 수 있는 것은 공을 이루고도 자랑하거나 머물지 않았기 때문이다. '성인'은 자신을 드러내지 않기 위해 자신에게 남는 것을 덜어내어 부족한 곳에 메우려고 한다. 그는 스스로를 드러내지 않기 때문에 어리석게 보이기조차 한다. 그러나 그의 어리석음은 '도'의 체득을 통해 나온 것으로 실상은 '겸하'의 극치를 의미하는 것이다.

성인은 늘 무심한 까닭에 선인과 악인을 구분하지 않고 받아들일 수 있고, 백성을 마치 어린 아이를 어르듯이 대할 수 있는 것이다. 이는 세상을 구하면서도 자기의 공로를 내세우지 않는 까닭에 가능한 것이기도 하다. 이에 천하인과 다툴 일이 없게 된다. 이를 소위 '부쟁지덕不爭之德'이라고 한다. 『노자』 제68장은 '부쟁지덕'을 쌓아야 하는 이유를 다음과 같이 밝혔다.

"선위사자善爲士者 : 장수노릇을 잘 하는 자는 불무不武 : 무력을 쓰지 않음하고, 선전자善戰者 : 싸움을 잘하는 자는 불노不怒 : 노하지 않음하고, 선승적자善勝敵者 : 적을 잘 이기는 자는 불여不與 : 다투지 않음하고, 선용인자善用人者 : 용인을 잘하는 자는 위하爲下 : 스스로를 낮춤한다. 이를 일컬어 '부쟁지덕不爭之德 : 다투지 않는 덕', '용인지력用人之力 : 용인의 능력'이라고 한다."

이를 통해 알 수 있듯이 '부쟁지덕'은 곧 사람을 부리는 힘, 즉 '용인지력'인 것이다. 다투지 않으면서도 이길 수 있는 길은 먼저 스스로를 낮추는 방법밖에 없다. 훗날 모든 병가兵家들이 최상의 용병술로 채택한 것도 바로 이 '부쟁지덕'이었다. '부쟁지덕'은 '겸하'를 실천하는 최상의 방법론을 제시한 것으로 '겸하'와 '무위'의 통치술이 만나는 지점이기도 하다.

노자의 '성인'은 만물을 있는 그대로 포용할 수 있는 인물이라고 할 수 있다. 모든 인위적인 잣대에 의한 편견을 버리고 사물을 있는 그대로 바라볼 수 있을 때 사물이 내재하고 있는 본연의 모습을 인지할 수 있다. 노자는 바로 '겸하'의 통치술을 통해 이를 터득할 것을 권고한 것이다. 그러기 위해서는 모든 것을 포용할 줄 아는 열린 마음이 전제되어야만 한다.

노자의 통치사상은 '무위'와 '겸하'를 통해 그 극의를 이룰 수 있다. '무위'와 '겸하'의 통치술은 상통하는 것으로 두 통치술은 반드시 같이 구사해야만 한다. '무위'와 '겸하'를 통틀어 표현하면 일종의 '청정수박淸靜守樸'의 통치술이라고 할 수 있다. '덕치德治'는 바로 '청정수박'의 통치술을 통해 그 극의를 이룰 수 있는 셈이다.

'청정수박'은 흔히 말하는 '공평무사公平無私'로 풀이할 수 있다. '청정수박'이 우주만물의 본원을 의미한다면 '공평무사'는 노자가 말하는 '덕치'의 구체적인 표현이라고 할 수 있다. '공평무사'를 체득한 '도인'이야말로 백성의 마음을 자기의 마음으로 삼고 백성의 고통을 자기의 고통으로 여길 수 있는 까닭에 능히 지치至治를 이룰 수 있는 것이다.

제3장 노자사상의 전개

노자의 '무위지치'는 기본적으로 치자와 피치자를 구분하지 않은 데서 출발하고 있다. 이는 사물에 대한 2분법적 구분을 거부한 데 따른 것으로 치자와 피치자를 엄격하게 구분하는 유가 및 법가의 입장과 뚜렷이 대비된다. 유가와 법가의 통치사상은 국가 단위를 뛰어넘는 '치천하'의 논리로 원용키에는 미흡한 면이 있다. 그러나 노자의 '무위지치'는 당초 우주와 천하만물을 포함한 통치 논리에서 출발한 까닭에 능히 최상의 치도인 제도帝道와 진정한 의미의 덕치德治가 될 수 있다. '치천하'야말로 노자 통치사상의 본령이라고 해도 과언이 아닌 것이다.

노자의 '제도'는 만물을 늘 포용하고 지극히 공평하기 그지없는 통치를 말한다. 물론 유가와 법가 역시 군주의 '무사무편無私無偏' 원리에 입각한 통치를 이념적인 지표로 제시하기는 했다. 그러나 유가와 법가가 제시한 무사무편의 원리는 자연의 이치에 의거한 영구불변의 '도'와 일정한 간격이 존재하는 까닭에 상황에 따라 왜곡될 소지가 많다. 성리학이 나타난 이후 사대부들이 파당을 지어 '군자당君子黨'을 자처하면서 정적을 '소인당小人

黨' 으로 몰아간 사실이 그 실례이다.

노자의 '제도' 는 외견상 맹자가 가장 이상적으로 상정한 '왕도' 와 유사하다고 할 수 있다. 그러나 노자의 '제도' 는 '치천하' 의 논리에 적합한 '무위지치' 를 전제로 했다는 점에서 '유위지치' 에 그친 맹자의 '왕도' 와는 질적인 차이가 있다고 보아야 한다. 노자의 통치사상만이 최상의 치도인 '제도' 가 될 수 있는 이유는 바로 '공평무사' 의 극의를 이룰 수 있는 '무위지치' 를 기초로 한 데 있다.

노자가 말하는 '성인지치' 가 유가에서 말하는 '성인지치' 와 질적인 차이를 보이는 이유가 바로 여기에 있다. 노자는 유가에서 '성인지치' 의 전형으로 손꼽고 있는 요 · 순 · 우 · 탕 등의 통치는 모두 '유위통치' 에 불과하다고 생각했다. 노자가 말하는 성인은 곧 우주만물의 영허소장을 가능케 하는 '도' 를 체득한 인물이다. 그는 '도' 에 입각한 까닭에 일체의 인위적인 덕목과 제도를 배제하고 오직 백성들의 수박守樸을 중시한다. 이는 '무위지치' 를 위해 반드시 필요한 선결조건이기도 하다.

물론 노자의 '제도' 와 가장 가까운 것은 맹자의 '왕도' 이다. 그러나 노자의 '제도' 와 맹자의 '왕도' 는 질적인 차이가 있다. 이는 말할 것도 없이 '무위' 와 '유위' 의 차이에 따른 것이다. 맹자는 바람직한 통치자로 오직 '왕자王者' 만을 인정했다. 공자가 이른바 '인인仁人' 으로 평가한 관중이 맹자의 비판을 받은 것은 바로 이 때문이다.

그러나 공자는 맹자와 달리 이상과 현실, 명분과 실리의 조화 차원에서 관중의 패업霸業을 높이 평가했다. 공자의 이런 입장에 가장 근접한 사람은 순자였다. 순자는 왕도를 앞세우면서도 왕도의 실현이 불가능할 경우 왕도에 준하는 패도도 수용할 수 있다는 소위 '선왕후패先王後覇'의 입장을 취했다. 이는 그가 예치禮治의 이상을 버리지 않으면서 법치의 효능을 적극 수용한 것과 맥을 같이 하는 것이다. 다만 공자는 왕도의 실현을 중시하면서 패도를 제한적으로 수용하려고 한 데 반해 순자는 왕도를 최상의 치도로 내세우면서도 패도를 적극 수용하는 자세를 취한 점이 차이라면 차이라고 할 수 있다.

순자의 치도관에 나타나는 가장 큰 특징은 그가 왕도에 대한 이상을 버리지 않고 있다는 점이다. 그는 이상과 현실의 조화라는 과제 앞에서 이상을 앞세우면서 현실을 수용하는 절충적인 입장을 취한 것이다. 공자가 현실과 이상의 조화문제에서 이상의 실현에 상대적으로 강한 희망을 표시했다면 순자는 보다 적극적으로 현실을 수용하는 입장을 보였다고 할 수 있다.

그러나 공자와 맹자, 순자는 모두 왕도의 실현이라는 이상을 버리지 않았다는 점에서 한비자를 위시한 법가가 패도만을 인정한 것과 대조를 이루고 있다. 이 점이 바로 도가와 유가, 법가 등 3가家의 치도론을 확연히 구분짓는 기준점이라고 할 수 있다. 법가의 경우는 아예 왕도의 존재 자체를 인정하지 않았다.

법가의 치도론은 오직 패도만을 인정했다는 점에서 일종의 '패도지상주의'라고 할 수 있다. 이는 맹자가 오직 왕도만을 인정하고 패도를 전혀 인정하지 않은 것과 극명한 대조를 이루고 있다. 법가는 유가의 '덕치' 주장을 공허한 관념의 유희에 지나지 않는 것으로 보았다. 이들이 오직 힘에 의한 패도만을 진정한 치도로 인정한 이유가 여기에 있다. 법가가 현실정치에 곧바로 적용할 수 있는 실용적인 부국강병책에 심혈을 기울인 것은 당연한 논리적 귀결이었다.

사실 법가는 '병농일치兵農一致'사상에 입각한 각종 정책을 패업의 실현을 위한 구체적인 방안으로 제시했다. 전국시대 말기의 군주 중에서 진시황이 이를 가장 적극적으로 수용했다. 진秦제국이 한비자의 패도지상주의에 입각해 천하를 통일한 것은 한비자의 이론이 현실에 직핍했기 때문에 가능했다. 난세에는 패도가 훨씬 이론적 적실성을 지니고 있음을 역사적으로 증명해 준 셈이다. 곽말약郭沫若은 『사기』「이사열전李斯列傳」 등을 근거로 진제국 때의 군신君臣은 한비자사상에 깊이 침잠해 있었다고 분석하면서 당시 한비자사상이 사실상 관학官學의 역할을 담당했다고 주장했다.

그러나 철저한 패도주의에 입각해 천하를 통일한 진나라는 불과 15년 만에 무너졌다. 이를 두고 많은 사람들은 진나라가 천하통일을 이루었음에도 불구하고 법가가 주장하는 통치술을 그대로 답습했기 때문이라고 분석하고 있다. 사실 진나라의 급속한 패망을 예로 들어 법가의 패도주의는 이론적 적실성을 상실한 것으로 볼 수도 있을 것이다. 진나라의 속성속패速成速敗는 난세의 치도와 치세의 치도가 다를 수밖에 없다는 사실을 확연히 보여준 대표적 사례라고 할 수 있다.

진나라의 혼란기를 틈타 초패왕 항우를 제압하고 두 번째로 천하를 통일한 유방劉邦의 한제국은 진제국의 실패를 거울삼아 법가사상을 통치사상으로 채택하지 않았다. 대신 조참曹參 등의 건의를 받아들여 도가사상을 통치사상으로 삼았다. 이로 인해 전한제국 초기만 하더라도 소위 황로학黃老學이 사상계를 지배했다. 그러나 이내 한무제漢武帝의 소위 '독존유술獨尊儒術' 선포를 계기로 사상계에 일대 변혁이 일어났다.

한무제가 '독존유술'을 선포케 된 데에는 여러 이유가 복합적으로 작용했다. 여기에는 황로학을 존숭하는 두태후竇太后와 한경제漢景帝 간의 갈등이 주요 원인으로 작용했다. 당초 두태후는 한경제의 후사後嗣로 그의 동복동생인 양효왕梁孝王 유무劉武를 선택코자 했다. 이때 한유漢儒들이 『춘추공양전春秋公羊傳』「노은공 3년」조에 나오는 '은나라는 친친親親하여 동생을 후사로 세웠으나 주나라는 존존尊尊하여 아들을 후사로 세웠다'는 구절을 인용해 '한제국은 주나라를 본받은 만큼 당연히 아들을 후사로 세워야 한다'며 두태후를 설복시켰다. 이에 한경제의 아들인 유철劉徹이 보위에 오르게 되었다. 그가 바로 한무제이다.

한무제는 보위에 오른 뒤 『춘추공양전』을 극도로 신봉하면서 '독존유술'을 적극 수용했다. 이에 구전으로만 전해오던 공양씨公羊氏의 가학家學이 『춘추공양전』이라는 책으로 엮어져 경전 가운데서도 주도적인 위치를 점하게 되었다. 이를 계기로 마침내 '독존유술'이 선포됨에 따라 유가사상은 청나라 말기까지 독점적인 지위를 유지하게 되었다.

그러나 그 내막을 살펴보면 한무제의 통치행태를 통해 알 수 있듯이 한제국 이래 역대 중국 왕조는 왕도와 패도를 겸용하는 이른바 '왕패병용王霸並用'의 입장을 견지했다. 이는 진한秦漢 이래 역대 중국 왕조가 인치와 법치를 절충시킨 이른바 '덕법상보

德法相輔'를 고수한 것과 맥을 같이하는 것이다.

이를 두고 기무라 에이이치木村英一는 『법가사상의 연구』에서 한제국의 유학을 일종의 종합사상인 '신유학新儒學'으로 평가한 바 있다. 기무라의 주장에 따르면 당시 신유학은 음양가의 우주관을 비롯해 상하계층에 폭넓게 삼투된 도가사상을 흡수했다. 신유학이 형명학刑名學을 매개로 법치法治를 예치禮治의 보조수단으로 삼음으로써 법가사상 역시 유가와 마찬가지의 위상을 지니게 되었다.

기무라의 주장과 같이 한무제가 '독존유술'을 선언한 이래 시종 관학官學이라는 독점적 지위를 누려온 유가사상 내에는 도가道家와 법가法家는 물론 음양가陰陽家의 사상이 두루 섞여 있었다. 노자를 비롯해 유가와 법가 등 제자백가의 통치사상은 춘추전국시대라는 절망과 불인의 시대에서 태어났다는 공동섬을 지니고 있다. 이들 제자백가들은 모두 어지러운 난세를 자신들이 제시한 통치사상을 통해 바르게 만들 수 있다고 확신했다. 이들 사이에는 단지 어지러운 난세를 치세로 돌리기 위한 방법론상의 차이만 있었을 뿐이다. 이는 이들의 통치사상이 기본적으로 전래의 천도관에 뿌리를 두고 있다는 사실과 밀접한 관련이 있다.

노자의 '천'에 관한 인식은 '천' 위에 '도'를 상정했다는 점에서 유가와 차이를 보이고 있다. 이는 유가에서 말하는 '천명天命'에 대한 부인을 의미하는 것이기도 하다. 노자가 말하는 '천'은 유가의 '천'과 달리 인격적인 의지가 완전히 배제되어 있다는 점에 가장 큰 특징이 있다.

그러나 노자 역시 '천도'가 '인도'에 그대로 반영된다고 보았다. 이 점에서는 유가와 동일한 입장에 서 있었다고 할 수 있다. 물론 노자가 말하는 천도와 인도의 원리는 '무위'에 기초해 있었다는 점에서 유가의 주장과 질적인 차이가 있다. 그럼에도 유가의 최고 경전 중 하나인 『서경』에는 노자의 천도관과 유사한 구절이 등장한다. 이는 노자와 유가 모두 고대의 천인관에서 천도 및 인도의 이론을 도출한 데 따른 것이다.

유가의 경우 사람마다 천도론에서 약간의 차이를 보이고 있다. 공자는 시종 '외천명畏天命'의 자세를 견지했다. 이에 대해 맹자는 '천인합일天人合一'을 주장했고, 순자는 천도와 인도의 구별을 주장하면서 천도에의 참여를 주장하는 '참천參天'을 내세웠다. 순자의 '참천'사상을 이어받은 한비자는 아예 천도와 인도의 구분단계를 넘어 천도와 인도의 절연絶緣을 주장했다.

한비자의 주장은 일견 천명을 부인한 노자의 천도관과 맥을 같이 하는 것이나 그 내용은 사뭇 다르다고 할 수 있다. 노자는 천명을 부인하면서 천도의 '무위성無爲性'을 강조한 데 반해 한비자는 천명을 부인하면서 천도의 '비명성非命性'을 강조했다. 노자의 천도관은 비록 천도의 '무위성'을 강조하며 천명을 부인했지만 우주만물의 법칙성을 강조한 점에서는 유가의 천명사상과 맥을 같이 한다. 이는 노자의 천도관이 유가와 법가의 천도관을 관통하고 있음을 여실히 보여주는 것이다.

이를 통해 알 수 있듯이 노자를 위시해 유가 및 법가의 통치사상은 어떤 한 기준만을 놓고 평가할 수 없다. 가장 현실적으로 보이는 한비자의 통치사상은 다른 측면에서는 노자사상에 가장 가깝고, 가장 이상적으로 보이는 노자의 통치사상은 왕도를 인정치 않았다는 점에서는 한비자의 통치사상에 가장 가까웠다. 맹자사상을 토대로 한 송대의 성리학이 노학老學과 한학韓學을 이단으로 매도한 것도 이와 무관치 않다고 보아야 한다.

그러나 정반대의 입장에 설 경우 통치의 지극한 모습은 오히려 노자와 한비자의 주장에서 찾을 수 있다. 이는 노자를 비롯해 유가와 법가의 통치사상이 서로 통하고 있음을 보여주는 것이다. 한무제 때 비록 '독존유술'이 선포되었지만 내면적으로는 소위 '유법합류儒法合流'에 입각한 통치가 행해진 사실이 그 좋은 실례이다. 제자백가의 통치사상을 대표하는 기본서로 『노자』와 『논어』, 『한비자』를 추천하는 것도 이와 무관치 않은 것이다.

그렇다면 왜 수천 년 동안 비록 표면적이라고 할지라도 '유가독패儒家獨覇'의 전통이 계속 이어져 내려온 것일까. 당초 노자사상은 전국시대로 들어오면서 좌우 두 파로 분화했다. 좌파의 흐름은 한학韓學으로 대표되는 법가와 손자孫子를 태두로 하는 병가兵家의 통치술로 흡수되었다. 『손자孫子』「계편計篇」에서 손자가 전략을 세우는 기준으로 '도道 · 천天 · 지地 · 장將 · 법法'을 언급한 사실이 이를 잘 보여주고 있다. 오자吳子를 비롯한 나머지 병가들 역시 기본적으로 손자와 동일한 논리를 펼치고 있다. 한비자와 마찬가지로 병가 역시 노자의 통치사상으로부터 커다란 영향을 받았던 것이다. 이에 반해 우파의 흐름은 '입세간'의 관심을 끊고 오직 '출세간'의 문제에 관심을 집중시킨 장학莊學으로 정리되었다.

결국 전국시대 후기로 접어들면서 좌우파의 분립으로 인해 노학老學은 커다란 위기를 맞게 되었다. 시간이 지날수록 궤사詭詐

와 술수術數가 난무함에 따라 노학의 정맥은 거의 수면 아래로 잠입해 들어가는 모습을 보이게 된 것이다. 진시황의 천하통일 이후 세상에 모습을 드러낸 노학의 모습은 소위 술사術士 내지 방사方士로 불리는 자들이 보여준 '도교道敎'의 모습이었다. 이들은 진시황을 기망한 죄로 인해 분서갱유焚書坑儒사건 당시 유생들과 함께 대거 주륙되기도 했다.

진시황을 분노케 만든 대표적인 방사는 제나라 출신의 서복徐福과 연나라 출신의 노생盧生이었다. 서복은 신선이 사는 동쪽 봉래산에서 불사약을 구해오겠다는 거짓말로 진시황으로부터 막대한 자금을 얻어낸 뒤 도주했다. 노생은 거만금을 받고도 불사약을 구하기는커녕 진시황을 비난하고 도주했다. 『사기』를 보면 당시 서복과 노생 같은 도사들의 사기행각으로 인해 '갱유坑儒사건'이 일어났음을 알 수 있다. 이는 당시 진시황의 다음과 같은 발언을 통해 분명히 확인할 수 있다.

"서복은 거만금을 받고도 종내 불사약을 얻지 못하고 노생은 짐이 하사한 것이 심히 많은데도 지금 오히려 짐을 비방하는 지경에 이르렀으니 이로써 짐의 부덕이 더욱 깊어졌노라. 짐은 이제 함양에 있는 제생諸生들 중 요사스런 말로 백성들을 미혹케 하는 자가 있는지 어사들을 보내 조사코자 하노라."

이를 통해 알 수 있듯이 노학은 이미 진제국 때 크게 왜곡되어 있었다. 그러나 노학의 정맥이 사라진 것은 아니었다. 한제국의 건국을 계기로 노학은 다시 세상에 그 진면목을 드러내게 되었다. 건국의 원훈인 장량張良과 조참曹參 등이 모두 노학의 정맥을 이은 사람들이었다. 이들은 건국 초기에 황실과 조정이 노학을 사실상 유일한 통치사상으로 받아들인 데 결정적인 공헌을 했다.

노학이 이런 과정을 걷는 동안 사상계에서는 유가와 법가가 자웅을 가리는 양상이 전개되었다. 전국시대부터 불붙기 시작한 양가의 접전은 진시황의 천하통일로 인해 일단 법가의 승리로 매듭지어졌다. 그러나 진제국이 불과 15년 만에 멸망하고 전한제국이 건국 초기에 황로학을 숭상함에 따라 혼란스런 양상이 전개되었다. 전한제국이 천하를 재통일한 이후 곧바로 사상통일을 도모하지 않은 것도 이런 혼란을 지속시킨 한 이유가 되었다.

전한제국 초기의 학술 및 사상은 크게 중앙과 지방에 따라 다양한 부침의 모습을 보여주었다. 중앙에서는 법가를 숭상하는 적극파와 노학을 추종하는 소극파가 득세한 데 반해 지방에서는 종횡가縱橫家가 세력을 떨쳤다. 당시 중앙의 사상계를 지배했던 황로학은 노장학老莊學과 음양가의 사상을 기초로 삼은 위에 법가의 사상을 결합시켜 형성한 일종의 형명학파刑名學派에 해당한다. 이러한 황로학 사상이 집대성된 것이 바로 『회남자淮南子』이다.

그러나 곧 한무제 때에 이르러 '독존유술'이 표방됨에 따라 이른바 '유가독패儒家獨覇'의 시대가 열리게 되었다. 이에 노학의 정맥은 점차 위축되다가 마침내 후한제국 말기에 이르러 삼국시대의 난세를 맞아 또 다시 침체 일로를 걷게 되었다. 다행히 왕필王弼의 출현으로 다시 중흥의 계기를 맞았으나 그의 요절로 정맥이 끊어지고 말았다. 이후 수백 년 간에 걸친 남북조시대를 거치는 동안 오직 장학을 추종하는 우파세력만이 득세하게 되었다. 이를 고비로 노학은 장학과 함께 소위 '노장학'으로 불리면서 출세간의 염세론厭世論으로 변질되고 말았다. 한무제의 '독존유술'

표방 이후 '유가독패儒家獨覇'의 기조는 청나라 말기까지 아무런 변동이 없었다. 이런 관점에서 볼 때 유가가 최종적인 승리를 거두었다고 할 수 있다. 그러나 한대의 유학은 법가는 물론 도가와 음양가의 학설 등을 다양하게 혼합해 성립된 까닭에 공자가 개창한 원시유학과는 질적인 차이가 있다.

따라서 유가사상은 비록 '유가독패'의 시대를 열었음에도 불구하고 사실은 법가를 비롯한 다양한 사상과의 결합을 통해 우위를 유지했다고 보아야 한다. 역대 중국 왕조 역시 유학을 유일한 관학으로 채택했음에도 불구하고 법가사상을 적절히 활용하는 이른바 '유법합류儒法合流'의 기조를 버리지 않았다. 물론 시대별로 다양한 편차를 드러낸 것은 사실이나 이른바 '외유내법外儒內法'에 입각한 '유법합류'의 기조는 줄곧 유지되었다.

역대 중국 왕조가 시종 견지한 '왕패병용王覇竝用' 역시 전한제국 초기에 선진시대의 치도 논쟁이 매듭지어지면서 형성된 것이다. '왕패병용'은 표면적으로는 왕도를 내세우면서도 내부적으로는 패도를 적절히 구사하는 치도를 말한다. 역대 중국 왕조는 전한제국의 전통을 이어받아 '왕패병용'을 기본적인 치도로 삼았다.

그러나 이는 이론적인 측면에서 그렇다는 것뿐이지 실제로 왕도와 패도는 엄연히 구별되었다. 이로 인해 역대 중국 왕조는 사실상 패도를 적절히 섞어 사용하는 '왕패병용'의 통치방략을 구사했음에도 불구하고 표면적으로는 어디까지나 유가사상에 입각한 왕도를 내세웠다. 이 와중에 '무위지치'에 입각한 노자의 '제도'는 왕도 속에 녹아들어 흔적도 없이 사라지고 말았다.

그러나 힘을 바탕으로 한 법가의 패도만큼은 왕도와 뚜렷한 차이를 지님으로써 독자성을 유지할 수 있었다. 성리학이 탄생한 남송대에 전개된 주희朱熹와 진량陳亮 간의 치도 논쟁이 그 실례이다. 이 논쟁은 아무 결말도 없이 끝나고 말았지만 치도 논쟁이 지닌 역사성을 보여준 중요한 사례가 아닐 수 없다. 역대 중국 왕조가 왕도를 내세우면서도 실질적으로는 패도를 적절히 구사하는 '왕패병용'을 채택한 것도 이와 무관치 않았다. 패도는 노자의 '제도'와 달리 왕도와 뚜렷한 차이를 보임으로써 그 효용성을 인정받았던 것이다.

역대 중국 왕조가 인치와 법치가 정밀하게 결합된 '덕법상보德法相輔'의 통치술을 구사한 것도 같은 맥락에서 해석할 수 있다. '덕법상보'의 가장 큰 특징은 표면적으로는 제왕의 덕치를 내세우면서도 실제로는 법치를 구사한 데 있다. 이로 인해 노자가 내세운 진정한 의미의 '덕치'는 유가의 '덕치' 속으로 녹아들어 이내 사라지고 말았으나 법가의 법치는 그 차별성을 인정받음으로써 독자성을 유지할 수 있었다.

그러나 '덕법상보'는 인치 및 법치가 내재하고 있는 문제점을 모두 지니고 있었다. 가장 큰 문제는 불초한 군주의 '덕치를 가장한 법치'의 폭정을 어떻게 막아낼 수 있는가 하는 문제에 집약되어 있었다. 그러나 역대 중국 왕조는 이를 근원적으로 치유할 마땅한 수단을 찾아내지 못했다. 성군이 나타나지 않는 한 덕치를 가장한 폭정과 법치를 내세운 민폐를 해결할 길이 전혀 없었던 것이다.

악정이 횡행할 경우 아래로는 엄법이 가차없이 집행된 까닭에 법치를 앞세운 관리들의 백성들에 대한 가렴주구를 통제할 길이 없었다. 동시에 위로는 황제의 덕정이 천하를 감싸고 있는 것으로 간주되었던 까닭에 불초한 황제와 권신들의 권력 농단을 제어할 길이 없었던 것이다. 물론 성군이 나타날 경우에는 위로는 관인한 덕치를 기대할 수 있고 아래로는 공정한 법치를 기대할 수 있었다. 그러나 역사적으로 볼 때 성군의 치세로 일컬어질 만한 기간은 상대적으로 매우 짧았다. 노자의 '덕치'를 포함한 유가의 '덕치'사상이 제왕정의 근원적인 문제점을 호도하는 이론적 배경으로 작용케 된 이유가 바로 여기에 있었다.

인치 및 법치의 부정적인 측면이 증폭되어 나타나는 폭정이 자행될 경우 잘못된 상황을 근본적으로 치유할 수 있는 유일한 방안은 민란을 배경으로 한 무력혁명밖에 없었다. 역대 중국 왕조가 모두 무력을 배경으로 한 혁명을 통해 정권을 장악한 사실이 이를 뒷받침한다. 역성혁명에는 과격한 혁명이론이라고 할 수 있는 맹자의 '폭군방벌론'이 적극 활용되었다.

지난 20세기 중반에 전개된 중국의 문화대혁명에서 나타난 소위 '유법투쟁사儒法鬪爭史 논쟁'은 노자의 통치사상과 유가 및 법가의 통치사상이 지니고 있는 차이점을 일깨워 준 계기가 되었다. 당시 소위 '사인방四人幇'측은 유가가 복고적이고 유심론적인 데 반해 법가는 진보적이고 유물론적인 사상이라고 높이 평가하면서 중국의 정치사를 일종의 '유법투쟁사'로 규정하고 나섰다. 이는 일면 선진시대 제자백가사상에 대한 재평가작업의 성격을 띠고 있었다.

결국 반사인방측이 정권을 장악함으로써 사인방측의 주장이

관철되지는 못했으나 선진시대에 시작된 통치사상 논쟁이 2천여 년이 지난 오늘날까지 계속되었다는 점에서 그 의미는 자못 컸다. 역대 중국 왕조는 표면상 '덕치'를 내세우면서도 기실 '법치'를 섞어 구사했고, '왕도'를 내세우면서도 '패도'를 병행했다.

이런 관점에서 볼 때 통치사상을 둘러싼 노자와 유가, 법가의 논쟁은 사상적 통일을 이루기 위한 진통과정으로 이해할 수 있다. 춘추전국시대에 이들이 전개한 사상논쟁은 2천여 년에 걸친 제왕정의 시대를 거쳤음에도 불구하고 여전히 논쟁의 불씨를 간직하고 있다. 중국통치사상사의 시기구분에서 제1기의 봉건정과 제2기의 제왕정에 이어 제3기라고 할 수 있는 공화정의 시대에 들어와 문화대혁명 와중에 논쟁이 재연된 사실이 이를 증명한다.

물론 지난 세기에 전개된 '유법투쟁사' 논쟁은 선진시대의 논쟁과 기본적인 성격을 달리하고 있다. 그러나 치도에 관한 관점에는 큰 차이가 없다. 치도에 관한 논쟁은 아직 끝나지 않은 논쟁이라고 보아야 한다. 정치가 이상과 현실의 조화문제를 놓고 영원히 고민할 수밖에 없듯이 치도 논쟁 또한 계속될 수밖에 없다.

맹자와 법가는 이상과 현실을 양극으로 하는 일직선상의 양 끝에 위치하면서 각각 편향된 이상주의와 현실주의를 대표하고 있다. 공자와 순자는 이들의 중간 지점에 위치함으로써 이들과 대조를 이루고 있다. 공자와 순자는 맹자 및 법가와 달리 이상과 현실의 조화를 그 요체로 삼고 있다는 점에서 맥을 같이 하고 있다.

제자백가의 통치사상은 천인관이라는 전래의 사상체계에서 파생되어 형성되었다는 점에서 불가분의 관계를 맺고 있다. 노자의 '천인합일' 사상이 이들 제자백가의 통치사상 형성의 효시가 되었음은 말할 것도 없다. 유가는 인물에 따라 적잖은 차이점을 노정하고 있음에도 불구하고 대략 천도에 대한 외경심을 지닌 까닭에 왕도로 나아갔다. 이에 대해 법가는 인도의 실현은 오직 통치를 통해서만 이뤄질 뿐이라고 확신한 나머지 패도로 나아갔다.

공자는 바람직한 통치에 관한 다양한 방안을 제시했음에도 불구하고 불초한 통치자의 출현에 대한 구체적인 해결방안을 제시하지 않았다. 맹자와 순자 역시 근원적인 해결책을 제시하지는 못했다. 결국 이 문제에 대한 근본적인 해결책은 법가에 의해 제시되었다. 그러나 법가 역시 악법의 출현을 어떻게 방지할 수 있는가 하는 근원적인 문제를 해결하지는 못했다. 법가는 설령 악법이라 할지라도 무법보다는 낫다고 주장했으나 이것이 정답이 될 수는 없었다.

이들의 논쟁을 통해 바람직하면서도 올바른 통치를 보장할 수 있는 완벽하고도 궁극적인 방안은 결코 존재하지 않는다는 사실을 재삼 확인할 수 있다. 이는 통치가 인간의 인간에 대한 다스림이라는 인치人治의 성격을 띠는 한 바람직한 통치형태를 찾기 위한 모색작업은 국가가 존재하는 한 영원히 지속될 것임을 시사하는 것이기도 하다. 우리는 21세기 동북아시대를 맞아 양의 동서를 아우르는 새로운 통치이념의 가능성을 노자의 통치사상에서 찾을 수 있다. 노자사상에 대한 심도 있는 연구가 절실히 요구되는 이유가 바로 여기에 있다.

그렇다면 중국이 이처럼 다양한 사상 논쟁을 전개하는 동안 우리나라는 노자사상을 언제 접하고 어떻게 수용한 것일까. 기록에 따르면 우리나라에 노자사상이 유입된 시기는 멀리 삼국시대로까지 거슬러 올라간다. 고구려가 사상 최초로 영류왕榮留王 7년 624에 당나라로부터 도교사상을 받아들였다고 기록된 점에 비춰 백제와 신라도 비슷한 시기에 받아들였을 것으로 추정되고 있다. 그러나 우리나라는 도가사상이 신선사상神仙思想과 융합된 형태로 유입된 까닭에 『노자』를 대상으로 한 본격적인 연구는 전혀 이뤄지지 못했다. 이런 경향은 고려를 거쳐 조선조 건국 때까지 그대로 이어졌다.

노자사상에 대한 최초의 이론적인 접근은 조선조 개국 초기에 정도전鄭道傳에 의해 이루어졌다. 그는 『심기리편心氣理篇』과 『불씨잡변佛氏雜辨』 등에서 성리학이 통치사상의 본류라는 점을 천명하기 위해 노학老學 및 불학佛學을 이단으로 몰아갔다. 조선조의 노자사상에 대한 관심은 이같이 노자사상을 이단으로 몰아 근질시키려는 목적에서 출발한 것이었다. 그럼에도 노학을 이단으로 규정한 『심기리편』은 노자사상에 대한 우리나라 최초의 본격적인 연구서에 해당한다.

당시 정도전은 유 · 불 · 도 3가 사상의 기본적 특징을 '심心 · 기氣 · 이理'에서 찾았다. 불학은 심학心學, 노학은 기학氣學, 유학은 이학理學이라는 게 그 요지이다. 정도전의 이러한 규정은 그 타당성 여부와 상관없이 학자로서 유 · 불 · 도 3가 사상에 대한 기본 입장을 분명히 했다는 점에서 적잖은 의미를 지녔다고 할 수 있다.

정도전이 노학을 '기학'으로 규정할 때 사용한 '기' 개념은 말할 것도 없이 성리학에서 말하는 '이기理氣'의 '기'를 말한다. 그러나 성리학의 '기氣'는 '이理'에 대칭된 개념으로 2분법적 발상에서 나온 것이다. '이'가 본원적이고 불변적인 형이상의 개념인 데 반해 '기'는 개체적이고 가변적인 형이하의 개념이다. 그러나 『노자』에 나오는 '기'는 성리학에서 말하는 '기'와 근본적으로 다른 것이다. 성리학의 '기'는 '이'에 대칭되는 개념인 데 반해 『노자』의 '기'는 '도'와 둘이면서 하나인 소위 '일기一氣'를 의미한다. 그럼에도 정도전 이래 조선조의 성리학자들은 시종 『노자』의 '기'를 성리학의 '기'와 같은 의미로 해석해 노학을 일거에 폄하하는 모습을 보였던 것이다.

조선조의 노자사상에 대한 이러한 연구자세를 소위 '이유석로以儒釋老'라고 한다. 이는 성리학의 관점에서 노자사상을 연구하는 것을 말한다. 조선조의 사대부들이 줄곧 '이유석로'의 입장에서 한치도 벗어나지 못하는 입장을 보인 데에는 따지고 보면 정도전의 영향이 컸다고 해석할 수밖에 없다. 조선조는 건국 초부터 노자사상에 대한 왜곡에서 출발했다고 해도 과언이 아닌 것이다.

그러나 조선조의 사대부들이 모두 이런 입장에 머물렀던 것은 아니다. 대표적인 인물로 이율곡李栗谷을 들 수 있다. 이퇴계李退溪와 더불어 조선조 최고의 거유巨儒로 일컬어지는 이율곡은 『노자』를 대상으로 하여 노자의 통치사상을 깊이 검토했다. 노자사상에 대한 최초의 본격적인 연구는 바로 통유通儒로 칭송된 이율곡에 의해 이뤄졌다고 해도 과언이 아니다.

물론 이율곡에 앞서 순유醇儒로 칭송된 이퇴계도 도인導引과 양생養生에 관한 논저를 낸 바 있다. 이는 그가 겉으로 드러내지는 않았지만 도가사상에 대해 나름대로 상당한 관심을 가지고 있었음을 보여주는 것이다. 그러나 '도인'과 '양생'은 일종의 치신술治身術과 관련된 것으로 『노자』에 대한 본격적인 연구로 볼 수는 없다. 조선조에서 노자사상에 대한 본격적인 연구를 시도한 사람은 역시 이율곡으로 보아야 한다.

당시 이율곡은 『노자』 81장의 내용 중 중요한 부분을 발췌해 이를 40장으로 재편집한 『순언醇言』이라는 책을 펴낸 바 있다. 『순언』이 '노자초해구결老子抄解口訣'이라는 부제副題를 갖게 된 것은 『노자』의 내용 중 정순精純한 것만을 골랐다는 취지에서 나온 것이다. 이는 영조 때의 홍계희洪啓禧가 이 책의 발문跋文에서 '잡박雜駁한 것을 제거하고 좋은 말만을 취한 데서 이런 제목을 붙인 것이 아닌가 생각된다'고 밝힌 사실이 뒷받침한다. 이율곡은 정도전과 달리 애초부터 노자사상에 대해 매우 긍정적인 생각을 가지고 있었음을 시사하는 대목이 아닐 수 없다.

원래 이율곡은 조선조의 사대부들이 노자사상을 제대로 이해하지 못한 까닭에 노자사상을 이단으로 몰아붙이는 것으로 생각했다. 그가 『순언』의 말미에 '이 책은 상달처上達處만을 논한 것이 많고 하학처下學處를 논한 것은 적기 때문에 중간 수준 이하의 사람들은 이해하기 어려운 책이다'라고 언급해 놓은 것이 그 증거이다. 이율곡이 얼마나 개방적이면서도 폭넓은 시야를 가지고 있었는지를 짐작케 해주는 대목이 아닐 수 없다. 이율곡은 성리학만이 진리에 이르는 길이 아니라는 확고한 생각을 가지고 있었음에 틀림없다.

『순언』의 내용을 개괄적으로 살펴보면 1-3장은 도체道體, 4장은 심체心體, 5장은 치기치인治己治人, 6-7장은 손색론損嗇論, 8-

12장은 손색론의 확충, 13장은 삼보설三寶說, 14-19장은 삼보설의 확충, 20장은 경조론輕躁論, 21장은 청정론淸淨論, 22장은 용공론用功論, 23-24장은 전천지효론全天之效論, 25장은 도체의 공효功效, 26-35장은 치인지도治人之道와 그 공효, 36장은 신시려종론愼始慮終論, 37-38장은 천도天道와 익겸론益謙論, 39-40장은 진능행도론眞能行道論에 관한 것으로 되어 있다. 『순언』에는 『노자』 81장 중 50개 장만이 인용되어 있다. 『순언』의 1장은 『노자』의 제5장과 제42장의 중심 부분을 재구성한 것이다. 『노자』의 제45장과 제63장, 제81장은 『순언』에서 각각 두 군데로 나뉘어 인용되었다.

이율곡이 『노자』 81장 중 통치와 관련된 것만을 뽑은 내용은 모두 2천98자로 전체의 절반가량에 해당한다. 이율곡은 『순언』을 편찬하면서 『노자』의 내용 중 성리학의 관점에서 성리학의 이론과 배치되거나 이론의 여지가 있는 것은 제외했다. 이를 감안할 때 『노자』 81장 중 통치와 직접 관련된 것은 전체의 3분의 2 가량에 해당한다고 할 수 있다. 『논어』도 통치사상과 직접 관련된 부분은 대략 전체의 3분의 2 가량에 불과하다는 점을 감안할 때 『노자』가 얼마나 심도 있는 통치사상서인지를 대략 짐작할 수 있다.

이율곡이 비록 성리학의 관점에 서기는 했지만 『노자』에 직접 주석을 가한 것은 매우 특기할 만한 일이라고 할 수 있다. 당시 그는 제자들의 반대에도 불구하고 이런 작업을 감행했다. 이는 그 자신이 젊은 시절 불가에 잠시 몸을 의탁하며 노자를 비롯한 제자백가 사상을 깊이 탐색했던 일과 무관하지 않다. 여기에는 그가 '이'를 중시한 이퇴계와 달리 '기'를 중시한 점도 적잖이 작용했을 것으로 짐작된다.

이율곡이 『순언』을 펴낸 것이 계기가 되었는지는 알 길이 없으나 조선조 후반기에는 도가사상에 대한 적잖은 주석서들이 출간되었다. 박세당朴世堂의 『도덕경주해道德經註解』, 한원진韓元震의 『장자변해莊子辨解』, 서명응徐命膺의 『도덕지귀道德指歸』 등이 그것이다. 서산대사의 『도가귀감道家龜鑑』은 우리나라 최초로 불교의 관점에서 도가의 이론을 이해한 개설서라는 점에서 특기할 만하다. 이밖에도 주석서는 아니지만 도가의 이론에 입각한 연단술이나 양생술 등을 기록한 책도 적지 않았다. 비록 노학이 이단으로 배척을 받고 있었지만 조선조 후기에 들어와 적잖은 사대부들이 도가사상에 대해 긍정적인 생각을 가지고 있었음을 대략 짐작할 수 있다.

그러나 노자사상에 대한 본격적인 연구의 단초를 연 『순언』에도 결정적인 약점이 있었다. '이유석로'에 따른 해석상의 한계는 성리학이 불변의 통치이념으로 작동했던 당시의 상황을 감안할 때 어느 정도 이해할 수 있다. 그럼에도 『순언』에는 『노자』의 핵심적인 내용이 적잖이 누락되어 있다. '무명無名'에 관한 제1장을 포함해 '무지無知'에 관한 제3장과 '도기道紀'에 관한 제14장 등이 누락되어 있는 것이 그 실례이다. 이들 장들은 노장사상의 요체를 밝힌 것들이다.

『노자』는 노자의 통치사상을 집대성해 놓았다고 해도 과언이 아니다. 그럼에도 현재에 이르기까지 『노자』의 전체 내용 중 도술론道術論 및 덕술론德術論에 관한 일부 장들만을 통치이론으로 간주하는 견해가 주류를 이루고 있다. 이는 성리학이 극성했던 조선조 당시 이율곡이 통치사상의 요체로 발췌했던 분량의 절반에도 못 미치는 것이다. 이율곡만 하더라도 『노자』 전체의 내용 중 8분의 5 가량을 매우 중요한 통치사상으로 간주했다. 사상적 제약이 전혀 없는 현 시점에서조차 『노자』의 일부 내용만을 통치사상에 관한 것으로 간주하는 것은 커다란 잘못이다.

예나 지금이나 가장 이상적인 통치는 노자의 '제도'에 입각한 진정한 의미의 '덕치'임은 말할 나위가 없다. 그러나 어느 시대 어느 나라에서도 이런 이상적인 통치가 실현된 적은 없었다. 통치는 본질적으로 힘을 전제로 한 패도와 분리될 수 없기 때문이다. 그러나 통치가 비록 힘을 토대로 한 것이기는 하나 결코 이상을 포기할 수는 없다. 유가와 법가에 전개된 치도논쟁은 기본적으로 '치천하' 논쟁이 아닌 '치국' 논쟁이었다. 양가 모두 '치천하'를 내세웠음에도 불구하고 사실은 '치국' 수준에 머물렀던 것이다.

이는 노자가 말한 '제도'와 '덕치'의 의미를 제대로 파악치 못한 결과로 볼 수 있다. 21세기는 분열과 대립의 역사를 마감하고 화해와 공존공영의 나아가야만 한다. 이러한 당위론의 관점에서 볼 때 노자의 통치사상은 오늘날 더욱 부각될 수밖에 없다. 치자와 피치자의 2분법적 구분을 거부하며 우주만물의 운행이치와 인간세상의 통치를 '무위지치'로 회통시킨 노자의 통치사상은 이에 대한 적절한 해답을 제시해 줄 것이다. 노자의 통치사상에 대한 집중적인 탐사가 절실히 요구되는 이유가 바로 여기에 있다.

제2부

『노자』론

중국의 문자는 당초 문자를 기록한 용구와 불가분의 관계를 맺고 있었다. 최초의 문자인 갑골문甲骨文은 거북 등과 소의 뼈 등에 새거진 문자라는 뜻이다. 출토된 갑골문의 90% 가량이 거북의 등을 불에 태워 갈라지는 금을 보고 점복占卜한 내용으로 구성된 소위 '정복문貞卜文'이다. 은왕조 때 주로 사용된 갑골문은 글자 모양이 세소細小하며 행렬이 바르고 가지런한 것이 특징이다.

주왕조에 들어와서는 갑골문 대신 금문金文이 널리 사용되었다. 제례용祭禮用 기물인 종鐘과 정鼎 등의 청동기물에 주조된 까닭에 흔히 '종정문鐘鼎文'으로도 불린다. 금문은 글자모양이 갑골문과 별반 다르지는 않았으나 그 내용이 보다 길고 소상하면서도 실생활과 관련된 내용이 주종을 이루고 있는 점에서 갑골문과 차이를 보이고 있다. 기원전 8세기 말에 만들어진 모공정毛公鼎의 명문銘文은 청동기 명문 중 가장 긴 것으로 모두 500여 자가 기록돼 있다. 노자가 활약할 때 만들어진 것으로 추정되는 명문 청동기로는 청대 말기에 산서성에서 출토된 '제자중강박齊子中姜鎛'을 들 수 있다. 종鐘의 일종인 이 유물은 기원전 6세기 중엽에 만들어진 것으로 명문은 모두 170여 자로 종을 만든 사람이 태사太史에 임명된 것을 기념한 내용으로 구성돼 있다. 이밖에도 진흙을 구워 만든 도기에 글자를 새겨넣은 도문陶文과 돌에 글을 새겨넣은 석각문石刻文 등이 있다.

그러나 춘추전국시대에 잘 다듬은 나무에 글을 쓴 목간木簡과 대나무에 글을 쓴 죽간竹簡이 널리 사용되면서 글자체도 크게 바뀌게 되었다. 목간과 죽간을 통칭해 '간독簡牘'이라고 한다. 간독은 종이가 출현하는 전한제국 초기까지 가장 보편적인 것이었다. 당시 열국은 독립을 유지하기 위한 수단으로 서로 다른 도량형度量衡을 사용한 것은 물론 각기 갑골문과 금문에 유래한 독특한 문자체계를 유지했다. 이러한 상이한 문자체계는 진시황의 천하통일을 계기로 도량형과 함께 비로소 하나로 통일되었다.

당시 진秦제국이 사용한 공식문자를 소전小篆, 그 이전에 사용된 문자를 흔히 대전大篆 또는 '주문籒文 : 과두문자'이라고 한다. 진제국이 패망하고 한제국이 들어선 이후에도 죽간이 널리 사용되었으나 이때는 이미 진제국의 공식문자인 '소전' 대신 일반 관아에서 널리 사용된 소위 예서隷書가 사실상 공식문자가 되었다.

1901년에 3-4세기에 만들어진 목간 50매가 발견된 이후 영국의 스타인이 1906년에 서역을 탐사하던 중 돈황에서 9백 매의 간독을 발견했다. 이를 소위 '돈황한간敦煌漢簡'이라고 한다. 1930-1931년 사이에는 중국과 스웨덴의 공동 조사단이 거연居延 땅에서 '거연한간居延漢簡'을 발굴했다. '거연한간'은 그 양이 1만여 점에 달한다. 1975년에는 1천여 매의 진간秦簡이 출토되었다. 우리나라에서도 최근 경남 함안 성산산성에서 목간이 출토된 바 있다. 이들 모두 예서체로 되어 있다. 여러 정황에 비춰 『노자』 역시 당초 죽간에 예서체로 기록되었을 공산이 크다.

『노자』와 관련된 대표적인 죽간으로는 지난 1993년에 중국의 호북성 형문시荊門市 곽점촌郭店村의 초묘楚墓에서 발견된 죽간을 들 수 있다. 이를 소위 『곽점본 노자』 또는 『초간楚簡 노자』라고 한다. 이미 도굴된 흔적이 있던 이 무덤에서 804매의 죽간이 쏟아져 나와 세상을 놀라게 했다. 무덤의 주인은 상사上士 신분이었다. 출토된 술잔에 새겨진 '동관지배東官之杯'라는 명문銘文에 비춰 초나라 동궁의 스승이었을 것으로 추정되고 있다.

출토 당시 모든 죽간 위에는 끈으로 꿸 수 있는 구멍이 나 있었다. 비교적 길이가 긴 두 종류의 죽간은 상하로 하나씩 두 개의 구멍이 나 있는 데 반해 가장 짧은 죽간은 상중하로 세 개의 구멍이 나 있었다. 죽간에 쓰인 문자는 전형적인 초나라 문자로 글자체가 매우 단아해 전문가에 의해 필사되었을 가능성을 시사하고 있다. 당시 발굴자들은 뒤엉켜 있는 죽간을 길이와 형태, 필체 등에 따라 분류했다.

당초 초묘에서 발견된 죽간은 총 804매로 10%에 해당하는 85매의 죽간이 도가道家에 속하는 것이었다. 그 중 71매가 춘추시대에 쓴 『노자』 갑본甲本과 을본乙本을 비롯해 전국시대에 쓴 『노자』 병본丙本이었다. 갑 · 을 · 병본의 구분은 출토 당시 세 묶음으로 되어 있었던 데 따른 것이다. 나머지 14매는 도가 계열에 속하는 『태일생수太一生水』였다. 이들 도가 계열의 죽간을 뺀 나머지 719매는 『치의緇衣』와 『오행五行』, 『노목공문자사魯穆公問子思』, 『궁달이시窮達以時』, 『성자명출性自命出』, 『성지문지成之聞之』, 『존덕의尊德義』, 『육덕六德』, 『당우지도唐虞之道』, 『충신지도忠信之道』, 『어총語叢』 등 대부분 유가儒家와 관련된 것이었다.

『곽점본 노자』의 갑본은 모두 39매로 길이가 32.3cm이다. 1매의 평균 자수는 30자로 모두 1,170자이다. 을본은 모두 18매로 길이가 30.6cm이다. 1매의 평균 자수는 28자로 모두 510자이다. 병본은 14매로 길이가 26.5cm이다. 1매의 평균 자수는 23자로 모두 322자이다. 이들 세 본을 모두 합치면 글자는 2,002자이다. 이는 현재 통용되고 있는 『노자』의 2/5 정도에 불과한 양이다.

『곽점본 노자』는 편編과 장章이 나눠져 있지 않고 상하의 문구를 구분하는 부호만 있다. 이 부호에 따르면 문구가 짧고 분장이 많은 셈이다. 『곽점본 노자』의 내용은 모두 현존 『노자』에 포함되어 있으나 현존 『노자』의 많은 내용이 『곽점본 노자』에는 나오지 않고 있다. 갑 · 을 · 병본 중 서로 겹치는 부분은 지금의 『노자』의 64장의 후반부 한 군데만 있다. 이를 통해 대략 당시 이미 현행 『노자』와 유사한 편제가 성립되어 있었고, 『곽점본 노자』가 『노자』의 원형에 가깝다는 것을 짐작할 수 있다.

『곽점본 노자』는 난해하며 형이상形而上적인 현행 『노자』와 달리 질박하면서도 형이하形而下적인 구절로 이뤄져 있다. 나아가 『곽점본 노자』는 비록 분량 면에서 현행 『노자』의 절반에도 채 미치지 못하지만 내용 면에서 볼 때 그 자체로써 완정完整한 모습을 갖추고 있다.

한때 분량이 적은 이유와 관련해 도굴되었을 가능성과 학당의 선생이 교육용으로 필요한 부분만 뽑아서 만든 발췌용일 가능성이 제기되기도 했다. 그러나 몇 매의 손상된 죽간을 제외하고는 죽간의 문구에 단절이 전혀 없고, 『곽점본 노자』와 함께 출토된 다른 고적古籍들 모두 완정한 모양을 갖추고 있다. 이런 짐 등을 근거로 현재는 애초부터 『곽점본 노자』가 완정한 모습을 갖췄다는 견해가 지배적이다.

『곽점본 노자』 갑 · 을 · 병본은 여러 면에서 차이가 나고 있다. 이는 『곽점본 노자』가 사용되던 시기에 이미 여러 형태의 판본板本이 존재했고, 『곽점본 노자』 역시 최고最古의 판본이 아니고 세 본은 각기 다른 계통의 전승일 가능성을 시사하는 것이다. 이와 관련해 『곽점본 노자』를 비롯한 수많은 판본 모두 각기 다른 시기에 나타난 독립된 저술로 보아야 한다는 견해도 있으나 현존 『노자』가 만들어지는 과정에 나타난 과도적인 모습으로 이해하는 것이 합리적이다.

『노자』 연구의 획기적인 전환점은 『곽점본 노자』의 출토에 앞서 지난 1973년에 중국의 호남성 장사長沙의 마왕퇴馬王堆 한묘漢墓 3호분에서 나온 소위 『백서본帛書本 노자』의 출토에서 찾을 수 있다. 당시 마왕퇴에 자리한 어느 요양원에서 방공호를 파던 중 전한제국 때의 무덤을 발굴케 되었다. 이 무덤의 주인공은 전한제국 초기인 기원전 194년에 장사국長沙國의 제후로 봉해진 이창利蒼의 아내였다. 무덤의 부장품 중에 비단에 글을 쓴 대량의 백서帛書가 발견되었다. 그 중 세상을 놀라게 한 『백서본 노자』가 발견된 것이다. 『백서본 노자』와 함께 출토된 유물 중 연대가 기재된 목간의 기록에 근거해 볼 때 이 무덤은 대략 기원전 2세기 중엽의 한문제漢文帝 때 조성된 것으로 추정되었다.

당시 출토된 백서에는 총 10여만 자가 쓰여 있었다. 거기에는 『백서본 노자』를 비롯해 『주역』과 『병서』, 『의서』 등 20여 종의 다양한 고적古籍이 포함되어 있었다. 발굴에 참여한 백서정리조帛書整理組는 글자체가 비교적 오래된 것을 '갑본', 나중의 것을 '을본'으로 명명했다.

발굴 당시 가늘고 긴 나무조각 위에 감겨 있었던 '갑본'은 길이가 대략 24cm 가량으로 여기에는 붉은 줄 사이에 전서篆書와 예서隸書의 중간에 가까운 글씨체로 모두 464행이 쓰여 있었다. 한고조漢高祖 유방劉邦과 황후 여치呂雉의 이름을 기휘忌諱하지 않은 점 등으로 미뤄 '갑본'은 진시황이 보위에 오르기 전인 기원전 3세기 중엽 이전에 만들어진 것으로 추정되고 있다.

이에 대해 '을본'은 『황제사경黃帝四經』으로 불리는 도가서적과 함께 한 폭의 커다란 비단 위에 쓰여져 있었다. 발굴 당시 이 비단은 차곡차곡 접혀져 옻칠함 속에 들어 있었으나 개함하여 비단을 펼치는 과정에서 끊어져 모두 32조각으로 나눠지게 되었다. '을본'은 각 조각의 길이가 48cm 가량으로 여기에는 붉은 줄 사이에 예서체 글씨체로 모두 252행이 쓰여 있었다. 한고조 유방의 이름이 기휘되었으나 이후의 황제인 한혜제漢惠帝 유영劉盈과 한문제漢文帝 유항劉恒의 이름이 기휘되지 않은 점에 비춰 대략 한고조가 사망한 기원전 2세기 말의 전한제국 초기에 만들어진 것으로 추정되고 있다.

이같이 추정할 경우 『백서본 노자』는 기원후 3세기경으로 추정되는 현존 『노자』보다 무려 4백 년이나 앞선 셈이다. 『백서본 노자』는 특이하게도 현존 『노자』와 달리 하권으로 편제되어 있는 소위 「덕경德經」이 상권인 「도경道經」보다 앞에 나와 있다. 또한 『백서본 노자』는 현존 『노자』가 81장으로 분장되어 있는 것과 달리 전혀 분장되지 않은 채 연이어 쓰여져 있다. 다만 '갑본'의 경우는 일부 단락 사이에 분장을 나타내는 '•' 부호가 들어 있다. 『백서본 노자』는 순서에서도 현존 『노자』와 적잖은 차이를 보이고 있다. 예컨대 현존 『노자』의 제24장이 『백서본 노자』에는 제22장 앞에, 제41장은 제40장 앞에, 제80장과 제81장은 모두 제67장 앞에 배치되어 있다.

『백서본 노자』의 출토는 학계에 심각한 논쟁거리를 안겨주었다. 먼저 「덕경」을 「도경」보다 앞에 배치한 백서본의 편제가 논쟁거리로 등장했다. 이는 『노자』 원본에 대한 새로운 차원의 논쟁에 해당한다. 일각에서는 선진시대의 여러 기록을 토대로 『노자』는 전국시대에 「덕경」과 「도경」의 순서를 두고 두 개의 판본이 이미 존재하고 있었다는 주장을 펴기도 했다. 「도경」을 「덕경」보다 앞에 둔 것이 도가의 전본傳本이고 「덕경」을 「도경」보다 앞세운 것은 법가의 전본이라는 것이다.

사실 『한비자』 「해로解老」편은 가장 먼저 「덕경」의 제1장을 해설하고 「도경」 제1장을 나중에 해석해 놓았다. 도가와 법가는 서로 『노자』에 대해 중시하는 부분이 달랐다는 것이다. 전한제국 말기에 나온 엄준의 『도덕지귀道德指歸』 체제도 「덕경」이 「도경」보다 앞에 배치되어 있다. 『백서본 노자』가 만들어질 당시에는 현존 『노자』가 통상 『도덕경道德經』으로 불린 것과 달리 『덕도경德道

經』으로 불렸을지도 모를 일이다. 만일 전국시대에 「도경」과 「덕경」의 순서를 두고 서로 다른 두 개의 판본이 존재했다면 『백서본 노자』는 법가의 전본으로 보아야만 할 것이다. 이는 아직도 논란중이다.

갑본과 을본의 성립시기도 적잖은 논란거리였다. 발굴 당시 두 개의 사본 중 하나는 소전체小篆體로 쓰여져 있었다. 이를 '갑본'이라고 한다. 다른 하나는 예서隷書로 쓰여져 있었다. 이를 '을본'이라고 한다. '갑본'의 비단은 많이 파손되어 문자도 많이 빠져 있고, '을본'의 비단은 대체로 완전하고 문자도 대부분 분명하다. 서체와 사본의 형태만 볼 때 '갑본'이 '을본'보다 앞서 제작된 것이 확실하다.

그러나 이것만 갖고 선후를 단정키는 쉽지 않다. 발굴 당시 '을본'은 '칠렴漆匳' 안에 있었고 '갑본'은 나무판자 위에 있었다. '갑본'이 많이 파손된 것은 당연하다고 보아야 한다. 나아가 한나라 초기에도 '소전체'를 쓸 수 있는 사람들이 있었다. 그렇다면 이것만을 토대로 '갑본'이 '을본'보다 앞서는 것으로 단정하는 것은 무리이다.

원래 '소전체'는 진제국이 천하를 통일한 뒤 만들어낸 공용문자이기는 하나 관리들이 부역과 송사 등의 사무를 처리할 때는 통상 '예서'를 사용했다. 글자체의 변화는 통상 간략한 것을 취하는 까닭에 '예서'가 성행하자 '소전체'는 점차 사라지게 되었다. 기록하는 사람도 자연히 '예서'를 사용하고 '소전'을 사용치 않았다. 그러나 한제국 때 들어와서도 의고풍擬古風으로 소전체를 쓰는 사람이 있었을 것이다. 파손상태와 서체만을 근거로 시기를 단정해서는 안 되는 이유가 바로 여기에 있다.

그렇다면 '갑본'과 '을본'이 만들어진 정확한 시기와 그 선후는 어떻게 된 것일까. 먼저 '갑본'에는 한나라 황제의 이름을 쓰지 않은 점에 주목할 필요가 있다. '갑본'에는 분명하게 분별할 수 있는 '방邦'자가 모두 22개나 나온다. 한고소의 이름이 유방劉邦이다. 이는 '갑본'이 한제국 건국 이전에 만들어진 것을 의미한다. '갑본'은 무덤의 주인공이 활약하던 시기에 만들어진 것으로 유방이 황제가 되기 이전에 쓰여진 것이 확실하다.

'을본'은 '방'자를 '국國'으로 써놓았다. 이는 이 책이 유방이 황제로 즉위하는 기원전 206년 이후에 쓰여진 것을 뜻한다. 책에는 한혜제의 이름인 '영盈'과 한문제의 이름인 '항恒'이 있는 것으로 보아 기원전 206에서 기원전 108년 사이에 지어진 것으로 보아야 한다. 이로써 비로소 '을본'이 '갑본'보다 제작연대가 늦다는 추론이 타당성을 지닐 수 있다.

현존 『노자』는 총 81개 장의 5천2백여 자로 구성되어 있다. 현존 『노자』의 성립은 대략 전한제국 초기로 이뤄진 것으로 보는 게 통설이다. 편제는 남북조시대에 상편 37장, 하편 44장, 도합 81장으로 정착된 이래 현재까지 그대로 이어지고 있다. 그렇다면 현존 『노자』의 5분의 2 가량의 분량에 불과했던 『곽점본 노자』의 편제가 언제 어떤 경로를 통해 이처럼 크게 확장된 것일까.

현존 『왕필주본』의 체제를 기준으로 보면 제1장과 제3장, 제4장, 제6장, 제7장 등 총 49개 장의 내용이 『곽점본 노자』에는 전혀 나타나지 않고 있다. 그외에도 『곽점본 노자』에 나오는 구절 중 『백서본 노자』 등에 전혀 나타나지 않고 있는 것이 제법 많다. 나아가 후대로 오면서 일부 글자와 문구가 추가로 삽입된 것도 적지 않다. 문구의 추가는 『곽점본 노자』와 『백서본 노자』가 상호 중복되는 총 31개 장 중 13장에 걸쳐 모두 16회나 된다.

여기에는 필사과정의 오류가 명백한 경우도 있지만 의도적인 개작도 들어 있다. 이런 점 등을 종합해 고려할 때 후대로 내려오면서 『노자』 원형에 가까운 『곽점본 노자』의 조야한 문장에 여러 차례에 걸친 첨삭작업이 이뤄졌다고 보는 게 합리적이다. 『노자』의 첨삭과정에서 과도적인 위치에 있는 『백서본 노자』는 현존 『노자』와 큰 차이가 없으나 『곽점본 노자』와는 커다란 차이를 보이고 있다. 이는 『백서본 노자』가 만들어질 당시 현실정치에 필요한 이론을 제공한 소위 황로학의 영향을 크게 받은 나머지 '무위지치'의 의미를 보다 강화한 데 따른 것으로 짐작된다.

『노자』의 별칭으로 통용되고 있는 『도덕경』이라는 명칭은 『노자』 전편이 '도경道經'과 '덕경德經'의 상하 양편으로 편제된 데 따른 것이다. 『노자』는 원래 여타 제자백가서와 마찬가지로 『노자』 또는 『노자서』라고 칭해졌다. 그러던 중 전한제국 말기의 유향劉向이 『노자』의 편제를 「도상道上」편과 「덕하德下」편의 2편으로 나누었다. 그러나 당시에도 이를 「도경」과 「덕경」으로 나눠 부르지는 않았다.

『노자』는 당제국 때 들어와 황실의 성과 노자의 성이 모두 이씨李氏인 점 등이 감안되어 크게 존숭되었다. 당고종唐高宗이 노자를 '태상현원황제太上玄元皇帝'로 부르도록 하고 당현종唐玄宗이 전국의 명산에 노자의 사당을 짓도록 한 것 등이 그 실례이다. 당현종 때 노자의 칭호는 더욱 높아져 '대성조고상대도금궐현원

천황대제大聖祖高上大道金闕玄元天皇大帝'가 되었다.

당현종의 『노자』에 대한 탐구열정은 각별했다. 그는 안사고顔師古를 시켜 『오경五經』을 교감토록 지시하면서 부혁傅奕에게 『노자』 2권에 주석을 가하고 위정魏征에게 요의要義를 편술케 한 바 있다. 그는 한 걸음 더 나아가 자신이 직접 『노자』에 주소注疏를 단 뒤 천보天寶 원년742에는 『노자』를 『도덕경』 상편과 하편으로 나눌 것을 명하는 조서를 내리기도 했다. 이로써 『노자』의 명칭도 『도덕진경道德眞經』으로 격상되어 과거시험 과목으로 채택되었다. 『노자』의 편제를 현존 『노자』의 형태로 통일시킨 사람이 바로 당현종이었다.

『노자』의 편제상 특징은 판본에 따라 다양하게 나타나고 있다. 두드러진 점으로는 『백서본 노자』가 가차假借를 매우 빈번히 사용한 점을 들 수 있다. 이는 당시 사람들이 상용한 글자가 3천여 자에 불과한 사실과 무관치 않았다. 그러던 것이 전한제국 말기에 6천여 자로 확충되었고, 후한제국 때에 들어와 다시 1만여 자로 늘어났다. 이는 후한제국 당시 허신의 『설문해자說文解字』에 모두 1만 619자가 수록된 사실이 뒷받침한다. 전한제국 초기에 성립된 것으로 추정되는 『백서본 노자』가 가차를 많이 사용할 수밖에 없었던 이유도 바로 여기에 있을 것이다.

한때 현존 『노자』는 고본古本의 조야한 문장을 세련되게 다듬어 현재의 정형화된 운문으로 만든 것으로 생각했다. 이로 인해 간명한 구어체 문장을 보다 오래된 것으로 간주했다. 그러나 『백서본 노자』의 출현으로 사실은 이와 정반대라는 것이 밝혀졌다. 이는 대략 필사과정에서 문장구조에 별다른 영향을 미치지 못하는 허사를 대거 생략한 데 따른 것이었다.

이를 통해 짐작할 수 있듯이 현존 『노자』는 오랜 세월에 걸쳐 여러 사람의 손을 거쳐 완성된 것인 까닭에 비록 '무위지치'를 종지宗旨로 삼고 있음에도 불구하고 다양한 사상이 두루 섞여 있는 게 사실이다. 이를 총체적으로 파악치 않고 개별적으로 파악할 경우 『노자』의 성격이 매우 애매해질 수밖에 없다. 『노자』의 각 장을 전체 문맥의 관점에서 파악해야 하는 이유가 여기에 있다.

당연한 결과로 『노자』는 각 판본에 따른 여러 차이에도 불구하고 『곽점본 노자』에서 현존 『노자』를 관통하는 편제상의 특징이 존재한다. 가장 큰 특징으로는 간명하면서도 풍부한 뜻을 담고 있는 운문체 문장을 들 수 있다. 간결한 표현과 풍부한 은유, 의미심장한 함축성 등이 『노자』만이 지니고 있는 뛰어난 문체상의 특징이라고 할 수 있다. 비슷한 문체로 구성돼 있는 『논어』와 비교할 때 『노자』의 운문체가 훨씬 돋보이는 것도 바로 이 때문이라고 할 수 있다. 『논어』 역시 간결한 표현에서는 『노자』에 못지않으나 풍부한 은유와 의미심장한 함축성 등에서는 『노자』를 추급追及치 못하고 있다.

나아가 판본에 따라 약간의 출입이 있기는 하나 대략 5천여 자로 '무위지치無爲之治'의 통치사상을 일이관지一以貫之하여 논파하고 있는 것도 『노자』의 또 다른 편제상 특징으로 꼽을 수 있다. 『논어』의 경우도 유가 후학에 의한 위문僞文이 일부 삽입되어 있기는 하나 큰 틀에서 볼 때 '인仁'에 관한 공자의 논지가 선명히 드러나고 있다. 그러나 '무위지치'에 관한 『노자』의 일관된 논지와 비교할 때 『논어』의 '인'에 관한 논지는 상대적으로 산만한 느낌을 주는 게 사실이다.

이는 『노자』가 불과 5천여 자로 '무위지치'의 논지를 압축해 놓은 사실과 무관치 않을 것이다. 비록 후대인의 첨삭으로 인해 다소 압운押韻상의 문제가 생긴 구절이 전혀 없는 것은 아니나 전체적으로 볼 때 이는 사소한 분제에 불과하나. 선진시대에 나온 제자백가서 중 『노자』만큼 극히 축약된 문장 속에 일이관지하여 논파코자 하는 논지를 절묘하게 압축해 놓은 고전은 전무후무하다고 해도 과언이 아니다.

제2편 주석론註釋論

『노자』의 주석서는 언제 나오기 시작한 것일까. 『한서』「예문지」는 당시에 이미 실전된 여러 편의 주석서의 명칭을 기록해 놓았다. 이를 통해 『노자』에 대한 주석서가 매우 일찍부터 유행했음을 알 수 있다.

『노자』에 대한 가장 오래된 주석은 한비자에 의해 이뤄졌다. 그는 『한비자』「유로喩老」편과 「해로解老」편에서 노자사상을 설명하면서 법가사상이 도가사상에 뿌리를 두고 있음을 간접적으로 증명했다. 그러나 이를 『노자』에 대한 본격적인 주석서로 볼 수는 없다.

『도덕경』에 대한 본격적인 주석서는 황로학이 흥기하는 전한제국 이후의 일이다. 전한제국 때 12가家 12종種의 주석서가 처음으로 출현했다. 이후 삼국시대에서 육조시대까지 77가 86종, 당제국 때 53가 63종, 송대에 64가 69종, 원대에 30가 34종, 명대에 59가 62종, 청대에 40가 45종 등 총 341가 371종의 주석서가 쉬지 않고 쏟아져 나왔다.

크게 볼 때 『노자』의 주석서는 원문의 글자와 밀접한 관련이 있고, 전해지는 과정 또한 특이해 일종의 판본역할을 한 까닭에 통상 '주본注本 : 주석과 판본'으로 불리고 있다. '주본'은 크게 두 계통으로 나눌 수 있다. 하나는 삼국시대 위나라에서 나온 '왕필주본王弼注本 : 이하 『왕본』'이다. 이는 대개 문인계통으로 이어진 까닭에 주로 현학玄學의 입장에서 쓰여졌다. 문장이 명쾌하고 매끄러우며 어기조사語氣助辭를 줄이지 않아 자수가 5천 자를 넘는 것이 특징이다. 다른 하나는 전한제국 한문제 때 나온 것으로 알려진 '하상공주본河上公注本 : 이하 『하본』'이다. 이는 대개 민간계통으로 이어진 까닭에 불로장생을 추구한 도교의 입장에서 쓰여졌다. 문장이 간략하고 어기조사를 삭제해 자수가 5천 자 정도인 것이 특징이다. 남북조시대 당시 남조 송宋의 배인裵駰과 당제국 때 사마정司馬貞과 장수절張守節이 주석서를 펴내기도 했으나 이들 주석서는 현재 전해지지 않고 있다.

당제국 이전에 나타난 주본 중 현재까지 완벽한 형태로 전해지는 주본으로는 『왕본』과 『하본』 등 단 2종밖에 없다. 이는 두 종의 주본만이 수천 년간에 걸쳐 널리 유포된 데 따른 것으로 볼 수 있다. 사실 이들 2종의 주본이 역대 주석서 중 가장 탁월한 것이기도 하다. 『왕본』과 『하본』은 여러 종의 이본이 존재했다. 송대의 사수호謝守灝가 쓴 『노군실록老君實錄』에 따르면 당제국의 부혁이 『노자』를 교열할 때 『하본』은 5천3백여 자와 5천5백여 자로 된 2종의 판본이 있었다고 한다. 훗날 돈황에서 발견된 『하본』은 어기조사가 생략되어 5천 자에서 단 1자가 모자라는 4,999자로 되어 있다. 이를 통해 『하본』만 할지라도 일찍부터 여러 종의 이본이 존재했음을 알 수 있다. 『왕본』 역시 여러 종의 이본이 존재했을 것으로 짐작되나 송대 이후에 목판으로 인쇄된 극히 조잡한 판본만이 전해지고 있다.

『왕본』과 『하본』은 여러 면에서 대조되고 있다. 우선 이들이 유행한 시기가 각기 달랐다. 송대 이전까지만 할지라도 『하본』이 유행했다. 그러나 문인들 사이에 왕필본이 유행하기 시작하면서 이내 명·청대에는 오히려 『왕본』이 압도적인 위치를 점하게 되었다. 나아가 어기조사의 생략과 고자古字의 사용 등에서도 『왕본』과 『하본』은 적잖은 차이를 보이고 있다. 그러나 이러한 차이는 사소한 것에 불과한 까닭에 전체 맥락에 비춰볼 때 『왕본』과 『하본』은 대동소이하다고 평가해도 대과는 없다.

그렇다면 『하본』은 언제 누구의 손에 의해 만들어진 것일까. 『한서』「예문지」에는 『하본』에 관한 기록이 나오지 않는다. 과거 이를 근거로 『하본』을 전설적인 인물에 가탁한 위작으로 본 사람이 적지 않았다. 만일 『하본』이 후대의 위작이라면 대략 『왕본』과 거의 같은 시기일 공산이 크다. 그렇다면 『하본』의 작자로 알려진 하상공은 어떤 인물일까. 이에 대해서도 하상장인河上丈人이 곧 하상공이라는 설을 비롯해 특정인을 지칭한 말이 아니라는 설 등 여러 해석이 제시되었으나 아직까지 정설이 없는 실정이다.

다만 후한제국 말기 한헌제漢獻帝 때 태어나 서진 무제武帝 때까지 활약한 황보밀皇甫謐이 지은 『고사전高士傳』에 하상공의 실체를 짐작케 해주는 다음과 같은 기록이 나온다.

"하상장인은 노자의 학술에 밝았다. 그는 이름을 감추고 강가에 살면서 『노자』를 지었다. 그래서 세인들은 그를 '하상장인'이라고 불렀다. 당시는 전국시대 말기로 제후들이 서로 다툰 까닭에 유세하기에 바쁜 선비들은 모두 권세에 따라 이리저리 기울어졌다. 그러나 오직 하상장인만은 은둔한 채 도를 닦으면서 늙도록 본모습을 잃지 않았다."

황보밀은 하상장인을 전국시대 말기의 인물로 본 셈이다. 황보밀과 같은 시대의 혜강嵇康도 『성현고사전聖賢高士傳』에서 하상장인을 하상공과 동일인물로 간주했다. 그러나 그는 과연 하상장인이 『하본』을 저술했는지 여부에 대해서는 아무런 언급도 하지 않았다. 도가경전인 『포박자抱朴子』의 저자인 갈홍葛洪의 종조부인 갈현葛玄이 지었다는 『노자도덕경』「서결序訣」은 하상공을 전한제국 초기인 한문제 때의 인물로 보고 있다.

"하상공은 한문제 때 강가의 초막에 머물며 늘 『노자도덕경』을 읽었다. 한문제는 노자의 말을 좋아해 여러 제후와 공경대부, 관원에게 조서를 내려 노자의 말을 외우게 했다. 이때 이해되지 않는 몇 글자가 있었으나 아무도 이를 설명해 주지 못했다. 이에 시랑 배해裴楷가 하상공을 언급하자 한문제가 곧 사자를 보내 이를 묻게 했다. 하상공이 '도덕은 존귀하니 멀리서 물을 수 없다'고 하자 한문제가 직접 수레를 타고가 말하기를, '그대가 비록 도를 지녔다고는 하나 짐의 신하에 불과하다'고 하자 하상공이 즉시 손바닥을 문질러 앉은 채 허공으로 뛰어올라 이내 백여 장 올라가다가 우뚝 멈췄다. 이어 머리를 조아리며 말하기를, '위로 하늘에 이르지 않고, 가운데로 사람에게 매이지 않고, 아래로 땅에 머물지 않으니 어찌 폐하의 백성이겠습니까'라고 했다. 한문제가 곧 예를 갖춰 청하기를, '짐이 덕도 없으면서 선왕의 유업을 계승했으나 늘 마음 속으로 도덕을 사모해 왔습니다. 오직 도군道君이 저를 불쌍히 여겨 가르침을 내린다면 어두운 저녁에 밝은 태양을 본 듯할 것입니다' 라고 했다. 이에 하상공이 흰 비단에 쓴 『노자도덕경』 2권을 내준 뒤 홀연히 사라졌다."

갈홍의 『신선전神仙傳』에도 이와 유사한 내용이 나온다. 한문제 때는 황로학이 크게 유행했던 시기이다. 오랫동안 많은 사람들이 하상장인과 하상공을 같은 사람으로 여겼다. 이는 『사기』「악의열전樂毅列傳」의 다음 기록에 그 근거를 둔 것이었다.

"악신공樂臣公 : 악의은 황로학을 공부했다. 그의 스승은 '하상장인' 이다. 그러나 출신성분에 대해서는 알 길이 없다. 하상장인은 안기생安期生, 안기생은 모흡공毛翕公, 모흡공은 악하공樂瑕公, 악하공은 악신공을 가르쳤고, 악신공은 개공蓋公을 가르쳤다. 개공은 제나라의 고밀高密과 교서膠西 땅에서 제자들을 가르쳤고, 나중에 상국 조참曹參의 스승이 되었다."

원래 조참은 전한제국 건국 초기에 소하蕭何의 뒤를 이어 재상이 된 인물로 황로학의 신봉자였다. 그는 재상이 되기 이전에 제나라의 재상으로 있었을 때 개공으로부터 가르침을 좇아 '무위지치' 를 시행해 9년 만에 제나라를 크게 안정시켰다. 조참을 기준으로 하면 하상장인은 아무리 빨라도 전국시대 말기의 사람으로 볼 수밖에 없다. 그렇다면 『하본』은 아무리 늦춰 잡아도 삼국시대에 나온 『왕본』보다는 일찍 나왔다고 보는 게 합리적이다.

그러나 이에 대한 반론도 만만치 않았다. 대표적인 인물로 당대의 육덕명陸德明을 들 수 있다. 그는 『수서』「경적지」에서 이같이 말했다.

"노자가 편찬한 글에 한문제 때 하상공이 주를 달았다. 전국시대 당시 하상장인이 주를 단 『노자』 2권이 있었고, 한나라 장릉長陵의 은사 엄준嚴遵이 주를 단 『노자』 2권이 있었고, 우번虞翻이 주를 단 『노자』 2권이 있었으나 모두 없어졌다."

이를 통해 알 수 있듯이 육덕명은 하상장인과 하상공을 별개의 인물로 간주한 것이다. 과연 하상공과 하상장인은 육덕명의 주장과 같이 별개의 인물일까. 청대에 나온 『사고전서총목제요四庫全書總目提要』는 육덕명의 견해를 좇아 이같이 기술해 놓았다.

"『수서』 「경적지」에 실린 『노자』 2권은 한문제 때 하상공이 주를 단 것이다. 전국시대의 인물인 하상장인이 주석하고 양나라 때까지 존재한 『노자』 2권은 없어졌다. 하상장인과 하상공은 다른 사람이고 두 종류의 『노자주』는 서로 다른 책이다. 전국시대 하상장인이 지은 책은 수나라 때 이미 없어졌고, 현존하는 것은 사실 한나라 때의 하상공이 지은 것이다. 현존 『하본』이 이와 관련이 있는지 여부는 확인할 길이 없다."

이는 대략 『하본』이 오랜 세월에 걸쳐 단속적斷續的으로 여러 사람의 손에 의해 만들어졌음을 말한다. 하상공과 하상장인이 별개의 인물인지 여부는 그다지 중요치 않은 셈이다. 그렇다면 『하본』이 최초로 출현한 시기는 과연 언제일까. 이와 관련해 현재 3가지 견해가 대립되고 있다.

첫째 전한설前漢說이다. 갈현의 『노자도덕경』 「서결」과 갈홍의 『신선전』에서 하상공을 전한제국 한문제 때의 인물로 간주한 것이 그 논거이다. 둘째 후한설後漢說이다. 후한제국 때 소위 '고문

경학古文經學'의 영향으로 장구체章句體가 유행한 점에 주목한 견해이다. 셋째 위진설魏晉說이다. 『하상공장구』와 『포박자』의 사상이 서로 상통하고 있다는 점에 주목해 『하상공장구』는 『포박자』 이후 갈홍의 일파에 의해 쓰여졌을 것으로 보는 견해이다. 현재는 후한설이 가장 폭넓은 지지를 받고 있다. 이를 토대로 전한제국 초기부터 삼국시대까지 전개된 노학老學의 변화과정을 살펴보면 크게 3단계로 나눌 수 있다.

첫째, 전한 초기로 통치술에 치중하는 황로학이 횡행한 시기이다. 이때는 주로 치국경세 방면에 관심을 두었다. 당초 전한제국은 초기에 노자의 '무위지치'사상을 채택해 성세를 구가했다. 한문제와 한경제 때의 성세를 일컬어 소위 '문경지치文景之治'라고 한다. 이는 '무위지치'사상이 전한제국의 안정에 크게 기여했음을 의미한다. 그러나 한무제가 소위 '독존유술'을 선포하면서 노가학파는 점차 주류에서 밀려나게 되었다. 『회남자』 이후 '경세經世'에 관한 도가서가 나타나지 않은 사실이 이를 뒷받침한다.

둘째, 후한제국 중기부터 장생술에 치중하는 황로학이 대두했다. 이에 개인의 생명을 온전히 보전해 이를 최대한 발현시키는데 관심을 집중시킨 양생론養生論이 크게 유행했다. 황제로부터 일사逸士에 이르기까지 장학莊學에 뿌리를 둔 양생론에 탐닉했다. 한환제漢桓帝가 장생불사를 기원키 위해 연희延熹 8년163에 3차례나 사람을 보내 노자에게 제사를 지낸 뒤 이듬해에는 친히 노자에게 제사를 지낸 것이 대표적인 실례이다. 양생론은 훗날 도교의 성립에 결정적인 배경이 되었다.

셋째, 삼국시대로 이때는 현학玄學이 유행했다. 현학은 도가와 유가를 결합시킨 사변적인 학문으로 비록 도가의 무위자연 개념을 받아들여 인격신에 가까운 '속유'의 천도 개념을 부정했으나 도가처럼 입세간入世間의 정치행위까지 부정하지는 않았다. 당시 현학의 주류는 도가의 무위자연 개념을 도입해 침체한 유학의 명교名敎를 보완코자 했다. 소위 '죽림칠현竹林七賢'으로 불린 혜강嵇康과 완적阮籍 등은 '속유'들이 강조하는 명교의 허위를 날카롭게 파헤쳤다. 그러면서도 이들은 인의를 끊는 방법으로 순수한 자연의 본성으로 돌아갈 수 있다는 도가의 주장을 배격하고 오히려 명교의 완비를 목표로 삼았다.

이러한 여러 정황에 비춰 『하본』은 대략 장생술에 치중하는 황로학이 발전한 시기에 나왔을 공산이 크다. 이는 『왕본』이 나온 시기와 겹치는 것이기도 하다. 통상 『하본』은 『하상공장구河上公章句』로 칭해지고 있다. 이는 명대의 도교경전인 『정통도장正統道藏』에 속해 있는 『하본』의 제목이 『하상공장구』로 되어 있는 데서 나온 것이다. 각 장의 첫머리에는 각 장의 표제가 부기되어 있고, 경문과 주가 이어져 쓰여 있다. 문장 내의 광匡 자는 송태조 조광윤趙匡胤의 이름을 기휘해 획수를 줄여놓았다. 이를 통해 명대 『정통도장』에 포함되어 있는 『하상공장구』는 북송 정화政和 : 1112-1120 연간에 간행된 '도장'의 복제본임을 알 수 있다. 이런 이유로 이는 통상 『도장본』으로 불리고 있다. 『도장본』은 현존하는 『하본』의 여러 판본 중 『하본』의 원형에 가장 가까운 것으로 평가받고 있다.

『하본』은 현존 주석서 중 가장 오래된 것에 속한다. 물론 이에 앞서 『회남자』의 「도응道應」편과 엄준嚴遵의 『노자지귀老子指歸』

등이 나오기는 했다. 그러나 「도응」편은 『한비자』와 마찬가지로 『노자』에 대한 단편적인 풀이에 불과하다. 『노자지귀』 역시 본래는 『노자』 전체에 대한 주석서로 나왔다고는 하나 「도경」에 대한 주석서는 산일되고 현재는 「덕경」에 대한 주석서만 전해지고 있을 뿐이다.

『하본』은 당나라 때까지만 해도 『노자』를 공부하는 기본 교재로 널리 사용되었다. 당초 양생을 주로 하는 도교 사람들에 의해 중시되면서 도교의 경전으로 채택되었다. 이후 일반인들도 그 중요성을 인정하면서 점차 각계각층으로 퍼져나가기 시작했다. 동진東晋의 왕희지王羲之도 산음山陰 땅의 도사에게 『하본』을 써준 적이 있다.

남북조시대 말기에서 수 · 당대에 이르면서 승려와 유자도 『왕본』보다 『하본』을 즐겨 익혔다. 수나라 소길蕭吉의 『오행대의五行大義』와 당제국 초기의 육덕명陸德明의 『경전석문京田釋文』, 위징魏徵의 『군서치요群書治要』 등이 모두 『하본』을 인용하고 있는 사실이 이를 뒷받침한다. 최근 돈황에서 발견된 『노자』 판본들 역시 대부분 『하본』 계열인 것으로 알려졌다.

이로 인해 당현종이 개원開元 7년에 직접 주석한 『어주도덕경御注道德經』을 펴내기 전까지만 해도 국학國學에서 가르친 『노자』 교본은 말할 것도 없이 『하본』이었다. 당초 당현종이 즉위했을 때 역사이론서인 『사통史通』의 저자로 유명한 유지기劉知幾가 상소를 올려 「하주」 대신 「왕주」를 채택할 것을 건의했으나 받아들여지지 않았다. 이후 재상 송경宋璟과 박사 사마정司馬貞이 「왕주」를 병행해 사용할 것을 청하자 당현종이 이를 받아들였다. 당시

『하본』이 얼마나 널리 유포되었는지를 짐작케 해주는 대목이다.

그러나 이후 『왕본』이 보다 널리 통용되기 시작했다. 특히 송대에 성리학이 등장하면서 이런 풍조가 더욱 가속화되어 마침내 『왕본』이 우위를 점하게 되었다. 이는 청대 말기까지 지속되었다. 지난 세기 말에 『백본』과 『곽본』이 출토되기 전까지만 해도 『노자』를 읽는 사람은 대부분 왕필의 『노자』를 읽은 사실이 이를 뒷받침한다. 이는 말할 것도 없이 송대 이후 『왕본』을 『노자』의 원문으로 간주하고 「왕주」를 『노자』 주석의 정통으로 받아들인 데 따른 것이었다.

이로 인해 『왕본』은 오랫동안 『노자』의 기본 교재로 통용되었다. 그러나 20세기에 들어와 이에 대한 반론이 제기되었다. 노학老學의 전문가인 주겸지朱謙之는 『노자독본老子讀本』을 통해 『하본』이 『왕본』보다 우수하다는 평을 내렸다. 『하본』이 『왕본』보다 오래된 것인데도 오자와 탈자가 적고 그 의미 또한 뛰어나며, 운이 합치되고 여타 판본과 합치된다는 것 등이 그 이유로 제시되었다. 주겸지의 주장을 둘러싸고 일시 뜨거운 논쟁이 일었으나 『곽본』과 『백본』이 그 모습을 드러낸 현재 『왕본』과 『하본』을 두고 우열을 논하는 것은 소모적인 논쟁에 불과할 뿐이다.

「하주」는 오랫동안 「왕주」의 유행으로 인해 치국治國보다 치신治身을 강조한 것으로 인식되었다. 그러나 이는 사실과 다르다. 「하주」는 비록 양생론에 입각해 치신을 치국과 같은 차원에서 해석해 놓기는 했으나 결코 치신을 치국보다 중시한 것은 아니었다. 그럼에도 「하주」가 오랫동안 치신을 위주로 한 것으로 오해받은 데에는 「하주」가 '도'와 '만물' 사이에 '정기精氣' 개념을 개입시킨 사실이 크게 작용했다. 「하주」는 만물 생성의 실질적 원천은 최초의 '기'인 '정기'이고, 이를 바탕으로 하늘과 땅과 인간이 형성되고, 이들의 공동작용에 의해 만물이 생육되는 것으로 보고 있다.

「하주」의 가장 큰 특징은 소위 '기일원론氣一元論'에서 찾을 수 있다. '기일원론'은 인간을 포함한 우주만물 모두 '기'로 구성되어 있다는 이론이다. 「하주」가 군주의 품성과 행위에 따라 하늘도 상응하는 형태로 반응하게 된다는 입장에서 치국治國과 치신治身을 동일한 원리로 간주한 것은 바로 이 때문이다. 이는 전국시대 말기부터 시작되어 한제국 때 크게 유행한 '기일원론'을 그대로 흡입한 데 따른 것이다. 『회남자』「태주泰族」편의 다음 대목이 그 증거이다.

"하늘과 인간은 상호 통하는 것이 있다. 그래서 국가가 위태로우면 천문天文이 변한다."

전한제국 초기에 나온 『회남자』 역시 「하주」와 마찬가지로 군주의 통치가 천문의 변화와 직결돼 있다고 보았다. 「하주」와 『회남자』의 '기일원론'은 맹자의 '천인합일설', 동중서의 '천인감응설'과 통하는 것이기도 하다. 이들 모두 자연계와 인간계는 '기'를 매체로 서로 감통感通할 수 있다는 전제 위에 서 있다.

전한제국 초기에 나온 동중서의 『춘추번로春秋繁露』는 '천인감응설'을 이론적으로 정립한 최초의 고전이라고 해도 과언이 아니다. 동중서가 『춘추번로』를 통해 '천인감응설'을 역설한 데에는 원래 군주의 통치를 천문과 직결시킴으로써 군권君權을 견제코자 하는 의도가 크게 작용했다. 송대의 성리학이 '천인감응설'을 더욱 정치하게 다듬어 '천리인욕설'을 전개한 것 역시 군권을 견제해 신권臣權 우위의 통치체제를 구축코자 하는 취지에서 나온 것이었다.

그러나 전한제국 때 나온 『회남자』와 후한제국 때 나온 「하주」는 군권을 견제코자 하는 의도에서 나온 것으로 볼 수는 없다. 그보다는 오히려 '기일원론'의 입장에서 '치국'과 '치신'을 통일적으로 설명코자 하는 당시의 시대정신을 반영한 것으로 보는 게 타당할 것이다. 여기에는 출세간에 초점을 맞춘 장학莊學의 영향이 크게 작용했다.

송대 이후 「왕주」가 「하주」를 누르고 『노자』 주석의 정통으로 간주된 데에는 「왕주」의 독특한 형이상적 주석이 송대 성리학자들에게 크게 어필한 사실과 무관치 않다. 이는 전적으로 왕필王弼의 천재적인 능력에 기인한 것이기도 하다.

『삼국지』「위서 · 왕필전」에 따르면 왕필은 위문제魏文帝 조비曹丕의 재위기간인 황초黃初 7년226에 태어나 정시正始 10년249에 24세의 나이로 요절했다. 왕필은 권신 사마의司馬懿의 정적인 조상曹爽 및 하안何晏과 가까웠다. 그는 훗날 사마의가 정변을 일으켜 두 사람을 피살할 때 이에 연루되어 면직되었다가 이내 그해 가을에 병사하고 말았다.

「왕필전」에 따르면 왕필은 어려서부터 총명했다. 그는 10세 때 이미 『노자』를 좋아하고 논변에 통달했다. 그는 18세 때 이미 『노자』에 주석을 가하고, 22-24세 때에는 『주역』에 관한 주석서를 냈다. 당시 약관의 나이에 『장자』와 더불어 소위 '3현경三玄經'으로 알려진 『노자』와 『주역』에 주석을 가한 점에 비춰 그는 희대의 천재였음에 틀림없다. 왕필은 『주역』에 대한 주석을 가하면서 『노자』와 『주역』의 내용이 일맥상통하고 있음을 최초로 밝힌 인물이기도 하다.

원래 왕필의 집안은 명족이었다. 외증조부인 유표劉表와 유표에게 『주역』을 가르친 고조부 왕창王暢, 친형 왕굉王宏 모두 역학에 조예가 깊었다. 이는 청대의 초순焦循이 『주역보소周易補疏』 서문에서 밝힌 다음 대목을 통해 쉽게 알 수 있다.

"왕필의 학문은 유표에 연원을 두었으나 실은 왕창에 뿌리를 둔 것으로 그의 형 왕굉도 '역易'에 밝았다. 왕필의 경전을 해석하는 법은 마융馬融 및 정현鄭玄 등과 멀지 않다. 얼핏 보기에 고간高簡해서 주소注疏를 다는 자들이 그의 논의가 공소空疎하다고 여기기도 한다."

초순은 당시 사람들이 간략하기 그지없는 왕필의 주석을 제대로 이해하지 못한 나머지 그의 주석을 공소하게 여겼다고 꼬집은 것이다. 「왕주」는 총 1만 1천8백90자로 이뤄져 있다. 원문의 2배에 달하기는 하나 그 양이 너무 작고 문체 또한 간결하기 그지없어 「하주」와 현격한 차이가 있다. 그럼에도 그의 주석은 노자사상을 가장 명확히 드러낸 것으로 정평이 나 있다. 왕필은 노자사상의 요지를 '근본을 높이고 말단을 줄이는' 이른바 '숭본식말崇本息末'에서 찾았다.

『세설신어』「문학」편에 따르면 왕필의 고향은 산양군山陽郡 고평현高平縣 : 산동성 금향현이다. 당시 고평에는 3사람의 명인이 있었다. 소위 '팔준八俊'의 하나인 형주자사 유표와 '건안칠자建安七子'의 한 사람인 왕찬王粲과 중장통仲長統이 그들이다. 원래 유표는 왕필의 집안과 누대에 걸친 세교가 있었다. 두 집안은 동향으로 유표는 왕필의 고조부인 왕창에게 『주역』을 배운 바 있다. 왕창의 손자가 바로 건안칠자의 대표적인 인물인 왕찬이다. 왕찬은 왕필의 조부인 왕개王凱와 절친했다.

「왕필전」은 후한제국 말기에 왕찬이 왕필의 조부인 왕개와 함께 전란을 피해 형주자사 유표에게 몸을 의탁한 것으로 기록해 놓았다. 당시 수많은 문인과 학자들이 난을 피해 형주로 몰려들었다. 이로 인해 형주는 학술과 문화의 중심지가 되었다. 유표는 스승인 왕창의 손자인 왕찬의 재주를 높이 사 딸을 시집보내려다가 그의 용모가 왕개보다 못하자 왕개에게 딸을 시집보냈다. 그 사이에 태어난 왕업王業이 이내 왕굉과 왕필을 낳게 되자 유표는 왕필의 외조부가 되었다.

유표가 죽은 뒤 왕찬은 유표의 아들을 부추겨 조조에게 귀의토록 만들었다. 조조가 왕찬의 공을 높이 사 중용했다. 왕찬이 죽은 뒤 두 아들이 위풍魏諷의 모반사건에 연루돼 처형을 당하자 왕업이 왕찬의 뒤를 잇게 되었다. 이에 왕찬은 왕필의 사조부嗣祖父가 되었다. 이때 동탁董卓의 당우로 몰려 왕윤王允의 핍박을 받고 옥사한 채옹蔡邕으로부터 물려받은 왕찬의 장서藏書가 왕필에게 전해지게 되었다. 왕필이 어린 시절에 두각을 나타낼 수 있었던 것도 이와 무관치 않았다.

왕필은 19세에 자신보다 36세 연상인 하안을 배견했을 때 부친 왕업의 동료인 배휘裴徽와 더불어 공자와 노자에 관한 문답을 나누고, 이어 하안 및 종회鍾會와 더불어 성인에게 오정五情이 있는지 여부를 놓고 문답을 나누면서 하안의 격찬을 받았다.

그밖에도 당대의 논객인 유도劉陶를 포함해 순융荀融 등과도 논변을 전개했다. 당시 하안은 왕필의 천재성을 알아보고 그를 조정에 천거키 위해 애썼다.『세설신어』「문학」편에는 하안이 『노자』주석을 마친 뒤 왕필의 주석을 보고 감복한 나머지 '이런 사람이야말로 가히 더불어 천인지제天人之際를 말할 만하다' 고 칭송하면서 자신의 주석을 '도덕이론道德二論' 으로 낮춰 말했다고 한다. 하안과 왕필은 서로 큰 영향을 주고받았음에 틀림없다. 하안의 노력에도 불구하고 당시 실권자인 조상은 왕필을 만나보고는 그를 대단치 않게 여겨 중용치 않았다.

왕필은 흔히 천재들이 그렇듯이 다른 사람을 업신여기는 바람에 주변사람들과 잘 어울려 지내지 못했다. 당시 위나라에서 활약하면서 역학에 조예가 깊었던 왕숙王肅 및 관로管輅, 동우董遇 등은 왕필과 교유한 흔적이 전혀 없다. 왕숙과 동우는 마융 등의 『비씨고문역費氏古文易』을 계승했고, 관로는『상수역학象數易學』을 전수받은 인물이다. 왕숙이 역학을 배운 송충宋衷은 유표와 더불어 문명을 떨친 인물로 15년 동안 형주에서 활동한 왕찬 등과 가까이 지낸 것으로 알려져 있다. 당시 왕필이 이들과 교유치 않은 것을 두고 그의 성격 탓으로 보는 견해도 있으나 그보다는 왕필이 이들과 견해를 달리 한 것이 가장 큰 이유였을 것으로 보인다.

당시 왕필은 '유'와 '무'라는 한 쌍의 추상적 개념을 중심으로 자신의 사상체계를 확립했다. 이는 '무'를 근본으로 삼는 까닭에 흔히 '귀무론貴無論' 으로 불리고 있다. 그의 사상은 불과 20대의 약관의 나이에 완성된 것으로 소위 '위진현학魏晉玄學' 을 대표하는 것으로 평가받고 있다. 그가 노자사상을 요약한 「노자지략老子指略」은 오랫동안 실전되었다가 1948년에 '도장道藏' 속에 실려 있던 무명씨의 글이 그의 작품이라는 사실이 알려짐으로써 세상에 알려지게 되었다.

왕필은 『노자』에 주석을 가하면서 본문을 모두 79장으로 나눈 바 있다. 그러나 현재 전해지고 있는 『왕본』은 「도경」으로 불리는 상편 37개 장과 「덕경」으로 불리는 하편 44개 장으로 이뤄져 있다. 비슷한 시기에 만들어진 것으로 추정되고 있는 『하본』 역시 모두 81장으로 되어 있다. 도중에 어떤 연유로 2개 장이 첨가되었는지는 확인할 길이 없다. 『노자』 또한 다른 경전과 마찬가지로 후세의 학자들에 의해 적잖이 첨삭이 이뤄졌을 것이다.

『왕본』 이후 각 주석가들이 간혹 자기의 뜻대로 나누거나 합쳤으나 거의 예외 없이 81장을 기준으로 삼았다. 주소注疏는 최근 쏟아지고 있는 것까지 포함하면 이미 1천여 종이 넘고 있다. 『노자』를 주석한 책으로는 한제국 이후 현재에 이르기까지 모두 3백 종 가까이 전해지고 있다. 일본의 경우도 근 2백 종 가까이 된다. 우리나라의 경우는 20세기 들어와서야 비로소 제대로 된 주석서가 나오기 시작했다. 대략 한 · 중 · 일 3국의 주석서와 관련논문 등을 포함하면 근 2천 종류에 달할 것으로 관측되고 있다.

『노자』는 비록 5천여 자에 불과하지만 『노자』를 해석한 저술은 원서의 수만 배에 달할 정도로 많은 셈이다. 중국의 경우는 『논어』를 제외하고는 이와 비교할만한 것이 거의 없다고 해도 과언이 아니다. 중국은 어떤 연유로 『노자』에 대한 연구서가 이처럼 많이 나오게 된 것일까.

여기에는 대략 2가지 이유가 작용했을 것으로 짐작된다. 하나는 『노자』의 내용 자체가 사람들을 흡입하는 마력이 있다는 점을 들 수 있다. 다른 하나는 노자사상이 중국인들의 심성과 매우 잘 부합하고 있다는 점을 들 수 있다. 중국인 중 『노자』에 나오는 대목 중 한 구절 이상 모르는 사람이 없을 정도로 노자사상은 중국인의 기본적인 심성을 이루고 있다. 21세기 동북아시대를 주도적으로 이끌기 위해서는 먼저 중국인의 심성을 깊이 탐구할 필요가 있다. 『노자』에 대한 보다 심도 있는 연구가 절실히 필요한 이유가 바로 여기에 있다.

◇ 일러두기

1. 본서는 『왕필주본王弼注本』을 원문으로 삼았다. 이는 『왕필주본』이 오랫동안 현존 『노자』의 원문으로 간주되어 온 점을 감안한 것이다. 『왕필주본』의 원문 중 『백서본帛書本 노자』 및 『곽점본郭店本 노자』와 비교해 명백한 오사誤寫로 보이는 경우는 『백서본 노자』 및 『곽점본 노자』를 좇아 이를 수정한 뒤 그 근거를 밝혀놓았다. 『왕필주본』의 원문은 『諸子集成 : 老子注』中華書局, 1990에서 취했다.
2. 『하상공주본河上公注本』의 원문은 『왕필주본』의 원문과 큰 차이가 없어 부기附記하지 않았다. 『하상공주본』은 여러 판본 중 송대의 『도덕진경주道德眞經注』, 즉 『도장본道藏本』을 기본서로 삼았다. 이는 『도장본』이 다른 판본에 비해 오자 및 탈자가 적고 『하상공주본』의 원형을 거의 그대로 유지하고 있다는 판단에 따른 것이다. 『하상공주본』의 원문 중 『왕필주본』과 다른 글자는 한글 해역解譯의 해당 대목에 빠짐없이 적시해 놓았다. 『하상공주본』의 주석 중 『왕필주본』의 주석과 현격한 차이가 나는 부분 역시 여타 판본과 세밀히 비교해 그 당부當否를 정밀하게 분석해 놓았다.
3. 각 장의 제목은 『하상공주본』을 좇았다. 이는 『하상공주본』만이 유일하게 제목을 붙인 점을 높이 평가한 데 따른 것이다. 다만 제17장과 제57장 모두 '순풍淳風'으로 되어 있는 까닭에 각 장의 제목을 구분하기 위해 부득이 제57장의 제

목을 원문의 요지에 가깝게 '자연自然'으로 개제改題해 놓았다.

4. 『백서본帛書本 노자』는 그 중요성을 감안해 시기적으로 앞선 갑본甲本의 원문을 『왕필주본』 원문의 바로 밑에 부기해 놓았다. 을본乙本은 대략 갑본과 같은 까닭에 생략했다. 갑본의 내용 중 결락된 부분은 을본을 참고하여 전문全文을 완성했다. '을본'에서 따온 부분은 원문에 '「 」' 부분으로 표시해 놓았다. '「 」'은 사실상 '을본'의 원문에 해당한다. 『곽점본郭店本 노자』 역시 그 중요성을 감안해 『백서본 노자』 다음에 부기해 놓았다.
5. 원문에 대한 주해註解는 주로 협주夾註로 처리했다. 이는 '협주'가 각주脚註나 미주尾註보다 본문해독에 훨씬 편이하고 별도의 주해를 두는 것 자체가 원활한 본문해독에 적잖은 지장을 초래한다는 판단에 따른 것이다.
6. 『곽점본 노자』 및 『백서본 노자』의 원문 중 해독에 지장을 주는 가차假借와 고자古字, 이체자異體字 등의 경우는 'a(=b)'의 표시로 독자들이 그 뜻을 용이하게 파악토록 도모했다. 협주로 처리하기 어려운 대목과 각 판본 및 주석서 간의 해석차이 등은 해설부문에서 상세히 설명해 놓았다.
7. 서술의 편의를 위해 이하에서 『왕필주본』은 『왕본』, 『하상공주본』은 『하본』, 『백서본 노자』는 『백본』, 『곽점본 노자』는 『곽본』으로 약술했다. 다만 『백서본 노자』 갑·을본과 『곽점본 노자』 갑·을·병본을 구체적으로 적시할 필요가 있을 때는 『백서갑본』, 『곽점갑본』 등으로 표시했다. 주석과

관련해서도 『왕필주본』의 주석은 「왕주」, 『하상공주본』의 주석은 「하주」로 약술했다.

1. 상편 도경(道經)

제1장 체도(體道 : 도를 체득함)

道, 可道, 非常道. 名, 可名, 非常名.
無名, 天地之始. 有名, 萬物之母.
故常無欲, 以觀其妙. 常有欲, 以觀其徼.
此兩者, 同出而異名, 同謂之玄, 玄之又玄, 衆妙之門.

『백서갑본』: 道, 可道也, 非恒道也. 名, 可名也, 非恒名也. 无名, 萬物之始也. 有名, 萬物之母也. 「故」恒无欲也, 以觀其妙. 恒有欲也, 以觀其噭(=徼). 兩者同出, 異名同胃(=謂), 玄之有(=又)玄, 衆妙之「門」.

도(道)는, 가히 '도' 라고 쉽게 말하지만, 이는 상도(常道 : 인위적인 작위가 시도되기 이전의 영원한 도)가 아니다. 명(名 : 이름)은, 가히 '명' 이라고 쉽게 이름을 붙이지만, 사실 이는 상명(常名 : 인위적인 명명 이전의 사물 자체의 본질적인 명)이 아니다.

무명(無名 : '도' 를 지칭)은 천지의 시작이고, 유명(有名 : '천지' 를 지칭)은 만물의 어미이다.

그래서 늘 무욕(無欲)이면 그 현묘(玄妙 : 현묘한 상도)를 보고, 늘 유욕(有欲)이면 그 귀요(歸徼 : 세인들이 관심을 기울이는 이익과 명예 등의 세속적인 가치)를 보게 된다.

이들 양자(兩者 : 「왕주」는 '유명과 무명', 「하주」는 '유욕과 무욕')는 같은 곳에서 나와 이름을 달리 한 것이다. 모두 현묘하다고 부르니, 현묘하고 현묘해서 중묘지문(衆妙之門 : '모든 현묘함의 출입문'으로 곧 '상도의 출입문'을 지칭)이 된 것이다.

각 장의 첫머리에 붙은 제목은 송대 이후에 나오는 『하본』에 처음으로 등장한 것으로 『노자』의 각 장에 대한 유일무이한 편명이기도 하다.

「왕주」와 「하주」는 제1장 첫 문장에 나오는 '도道'를 크게 '가도지도可道之道 : 말할 수 있는 도'와 '불가도지도不可道之道 : 말할 수 없는 도'로 양분해 풀이해 놓았다. 뒤이어 나오는 '명名'에 대해서도 크게 '가명지명可名之名 : 이름을 붙일 수 있는 이름'과 '불가명지명不可名之名 : 이름을 붙일 수 없는 이름'으로 나누어 놓았다.

'불가도지도'는 첫 문장에서 '상도常道'로 정의된 뒤 다음 문장에서 재차 무명無名과 무욕無欲, 현玄 등으로 규정되어 있다. 제1장의 논리에 따르면 결국 〈상常=무無=도道=현玄〉의 도식이 성립된다. 이 도식은 『노자』의 처음과 끝을 관통하는 기본 도식이기도 하다.

「왕주」는 '가도지도'와 '가명지명'을 묶어 '지사조형指事造形 : 구체적인 일이나 형체를 가리킴'으로 규정하면서 '불가도지도'와 '불가명지명'은 이에 반대되는 것으로 풀이해 놓았다. 이에 대해 「하주」는 '가도지도'를 '경술정교지도經術政敎之道', '불가도지도'를

'자연장생지도自然長生之道 : 저절로 늘 그러하게 존재하는 도'로 풀이했다. 이어 '가명지명'은 '고세지명高世之名 : 富貴尊榮과 같이 세상에 높이 드러나는 이름', '불가명지명'은 '자연상재지명自然常在之名 : 저절로 늘 그러하게 존재하는 이름'으로 풀이해 놓았다.

「하주」에서 말한 '경술經術'은 '유가경전에 따른 치술治術'을 말하고, '정교政敎'는 '최고통치권자인 군왕이 내리는 일체의 교령敎令'을 의미한다. '자연장생지도自然長生之道'는 늘 그러하게 존재하는 '도'를 말한다. 일각에서는 이를 두고 '스스로 그러하게 장생長生함'의 뜻으로 간주해 '양생론養生論'을 피력한 것으로 보았으나 이는 잘못이다.

「하주」가 비록 양생론의 관점에 입각해 '치국'과 '치신'을 같은 차원에서 논의하고 있는 게 사실이나 제1장의 주석에 나오는 '자연장생지도'를 양생론의 관점에서 이해하는 것은 잘못이다. 이같이 해석할 경우 「하주」가 '불가명지명'을 '자연상재지명自然常在之名'으로 풀이한 것과 상충하게 된다. '자연장생지도'의 '생生'은 '자연상재지명'의 '재在'와 조응하는 글자로 '존存 : 존재'의 뜻으로 풀이하는 게 타당하다.

「하주」가 「왕주」와 달리 '치신'의 문제를 중시한 것은 사실이나 이는 어디까지나 '치국'을 전제로 한 것이었다. 「하주」에 나오는 '치국' 및 '치신'에 관한 내용은 출현빈도를 기준으로 보면 '치국'은 60여 회임에 비해 '치신'은 1백 회 이상에 달한다. 그러나 이러한 표면적인 이유만으로 「하주」가 '치신'을 '치국'보다 중시했다고 보는 것은 잘못이다. 제1장에 대한 「하주」의 주석에 나오는 '장생長生'을 '장수長壽'와 같은 의미로 새긴 것도 '치국'

을 중시한 「하주」의 기본 입장을 '치신'의 입장으로 곡해한 대표적인 사례로 꼽을 수 있다.

「하주」에서 '치국'을 배제한 '치신'의 논리는 존재하지 않는다. 「하주」 역시 「왕주」와 마찬가지로 '치국'의 관점에서 『노자』를 풀이하고 있다. 이는 『노자』의 3분의 2 이상이 모두 통치와 관련된 얘기로 점철돼 있는 사실을 통해 알 수 있듯이 『노자』의 기본 특성에서 비롯된 것이기도 하다. 『노자』 자체가 시종 '치평治平'에 관한 얘기로 점철되어 있는데도 불구하고 「하주」만 유독 '치국'을 도외시한 채 '치신'을 강조했다고 보는 것 자체가 비합리적이다. '장생'을 '장존長存'으로 해석할 경우 「하주」는 『노자』가 말하고자 하는 취지를 간명하면서도 정확히 파악해 놓은 것이 된다. 「하주」를 좇는 것이 타당하다.

그러나 「왕주」는 말할 것도 없고 「하주」 역시 '도가도道可道' 구절을 두고 '도라고 할 수 있는 도는'의 뜻으로 해석해 놓아 문장 해석만큼은 정곡을 찌르지 못했다는 지적을 면키 어렵다. 이는 기본적으로 구두점을 잘못 찍은 데서 비롯된 것이다. 제1장의 첫 번째 문장은 구두점의 위치에 따라 그 뜻이 사뭇 달라진다.

만일 '도道, 가도可道'와 같이 떼어 읽지 않고 '도가도道可道'로 붙여 읽게 되면 '도라고 할 수 있는 도'의 의미가 된다. 문맥상 가도可道는 '도라고 할 수 있음'의 뜻이 되어 앞에 나오는 '도'를 수식하는 관형구冠形句가 될 수밖에 없다. 설령 '도가도' 전체를 조건절로 간주해 "'도'가 '도'라고 하게 되면"의 뜻으로 풀이해도 별반 차이가 없다. '도가도'를 붙여 읽는 한 "도라고 할 수 있는 도는 상도常道가 아니라"라는 뜻이 되어 뒷 구절인 '비상도非常道'와 문맥상 순통順通하지 않게 되는 것이다.

노자가 궤변론자가 아닌 이상 "도라고 할 수 있는 도는 '상도'가 아니다"라고 말했을 리가 없다. 만일 이런 해석이 맞는다면 노자는 "도는 결코 말할 수 없는 것이다. '도'라고 말하는 것 자체가 '도'의 신비한 오의奧義를 훼손하는 것이다"라고 말한 셈이 된다. 난세를 바로 잡고자 하는 '구세제민'의 취지에서 출발한 『노자』가 제1장의 첫 문장 첫 구절에서 신비주의에 입각한 이런 말을 늘어놓았을 리 없다. 이는 같은 취지에서 출발한 『논어』의 맨 첫 구절이 '학이시습지學而時習之'라는 극히 평범한 얘기로 시작하고 있는 사실을 보면 쉽게 짐작할 수 있다.

제1장의 첫 구절은 응당 '도, 가도'로 떼어 읽어야만 한다. 이때 가도可道의 '도'는 앞에 나오는 '도'와 달리 '설說'의 뜻이다. 이 구절은 "'도'는 흔히 너도 나도 '도'에 관해 가히 쉽게 말하고 있지만 사실 이는 '상도'가 아니다"라는 뜻이다. 떼어 읽어야만 '가도'를 양보절로 해석할 수 있게 되어 비로소 전후 문맥이 순통케 되는 것이다. '명, 가명, 비상명' 구절 역시 떼어 읽어야만 그 뜻이 순통케 되는 것은 말할 것도 없다.

여기서 주목할 점은 『백본』에서는 '천지'와 '만물'이 동일한 개념으로 사용되고 있는 점이다. 『왕본』과 『하본』의 '천지시시天地之始'가 『백본』에서는 '만물지시萬物之始'로 되어 있는 점이 그 실례이다. 『사기』「일자전日者傳」의 인용문도 『백본』과 같이 '만물지시'로 되어 있다. 이로 인해 예로부터 적잖은 논란이 있었다.

본래 『왕본』과 『하본』의 개념 정의에 따르면 〈무명無名 : 자연=도=천지지시 → 유명有名 : 천지=만물지모 · 만물〉의 관계가 성립된다.

사실상 '시始'와 '모母'는 같은 개념인 까닭에 유명有名에 속해 있는 『왕본』과 『하본』의 '만물지모'는 결국 '천지'의 다른 이름에 지나지 않는다.

그러나 『백본』에는 '천지'와 '만물'이 동일한 개념으로 사용된 까닭에 〈무명無名 : 자연=도=만물지시→유명有名 : 만물지모·만물〉의 관계로 되어 있다. 여기서는 '시始'와 '모母'를 차등적인 개념으로 풀이해야만 논리상 무리가 없게 된다. 그러나 '시'와 '모'를 이같이 풀이하는 것은 무리이다.

이와 관련해 「왕주」는 '시'와 '모'를 '재수위시在首謂始, 재종위모在終謂母'로 구분한 뒤 '무명지시無名之時, 만물지시萬物之始'로 풀이해 놓았다. 이는 논리적으로 모순이다. 논리상 시원始原에 해당하는 '천지'의 결과물인 '만물'이 '시始' 자와 결합될 수 없기 때문이다. 후대에 나온 『왕본』과 『하본』 모두 '만물지시'를 '천지지시'로 바꾼 이유가 바로 여기에 있다고 보인다. 『왕본』과 『하본』의 현재 원문은 후대인이 원래의 원문과 「왕주」 및 「하주」의 모순을 제거하기 위해 원래의 원문을 개작해 놓은 데 따른 것으로 짐작된다.

제2장 양신(養身 : 몸을 기름)

天下皆知美之爲美, 斯惡已. 皆知善之爲善, 斯不善已.

故有無相生, 難易相成, 長短相形, 高下相呈, 音聲相和, 前後相隨.

是以聖人, 處無爲之事, 行不言之教, 萬物作焉而不始, 生而不有, 爲而不恃, 功成而弗居. 夫唯弗居, 是以不去.

『백서갑본』:

天下皆知美之爲美, 惡已. 皆知善, 訾(=斯)不善矣.「有无之相」生也, 難易之相成也, 長短之相刑(=形)也, 高下之相盈也, 音聲之相和也, 先後之相隨, 恒也. 是以聲(=聖)人居无爲之事, 行「不言之教. 萬物昔而弗始」也, 爲而弗侍(=恃)也, 成功而弗居也. 夫唯居, 是以弗去.

『곽점갑본』:

天下皆知美之爲美, 惡已. 皆知善, 此其不善已. 又亡(=無)之相生也, 難易之相成也, 長短之相型也, 高下之相浧也, 音聲之相和也, 先後之相隨也. 是以聖人居亡爲之事, 行不言之教. 萬物作而弗始也, 爲而弗志也, 成而弗居. 夫唯弗居也, 是以弗去也.

천하(天下 : 천하인을 지칭)는 모두 아름답게 보이는 것을 아름다운 것으로 알지만 이는 보기 흉한 것일 뿐이고, 선하게 보이는 것을 선한 것으로 알지만 이는 선하지 않은 것일 뿐이다.

그래서 유무상생(有無相生 : 유무가 서로 생겨남)과 난이상성(難易相成 : 난이가 서로 이뤄짐), 장단상형(長短相形 : 장단이 서로 형성됨), 고하상정(高下相呈 : 고하가 서로 드러남), 음성상화(音聲相和 : 소리가 서로 어울림), 전후상수(前後相隨 : 앞뒤가 서로 따름)가 나타난다.

이에 성인은 무위지사(無爲之事 : 무위로 처리하는 일)에 처하고, 불언지교(不言之敎 : 말없는 가르침)를 행하고, 만물이 일어날 때 일을 일으키지 않고, 생산하면서도 소유하지 않고, 베풀고도 보답을 기대치 않고, 공을 이루고도 거기에 안주하지 않는다. 무릇 안주하지 않기에 그 공이 시종 떠나지 않는 것이다.

『왕본』에는 원래 '장단상형長短相形'이 '장단상교長短相較'로 되어 있다. 전후의 운韻이 성成과 정呈으로 되어 있어 '형形'이 협운協韻에 맞아떨어지고 『회남자』「제속齊俗」편에도 '단수상형短修相形'으로 되어 있는 점에 비춰 당초 필사筆寫과정에서 오류가 있었던 것으로 보인다. 실제로 『하본』과 『백본』 모두 '형'으로 되어 있다.

또한 『왕본』에는 '고하상정高下相呈'이 '고하상경高下相傾'으로 되어 있으나 이 또한 오사誤寫로 보는 게 타당하다. 실제로 『백본』에는 '영盈', 『곽본』에는 '영浧'으로 되어 있다. 이와 관련해 당초 『백본』을 정리한 중국의 연구팀은 언급키를, "『백본』의 '영盈'이 『왕본』과 『하본』에는 '경傾'으로 되어 있다. 이는 한혜제漢惠帝의 이름을 피하기 위한 것으로 보인다. '영盈'은 '정呈' 또는 '영浧'의 가차로 곧 정현呈現 : 드러남의 의미이다"라고 한 바 있다. '고하가 서로 기운다'는 뜻의 '고하상경'은 전후맥락에 비춰 의미가 잘 통하지 않는다. '고하가 서로 드러난다'고 풀이해야만 그 뜻이 순통順通한다.

이밖에도 '만물작언불시萬物作焉而不始' 구절의 '시始'도 『왕본』 원문에는 '사辭'로 되어 있으나 이 역시 오사誤寫에 따른 것으로 보는 게 타당할 것이다. 문맥상으로도 '시'가 되어야만 문장 전체의 주어가 '성인'으로 통일되어 뜻이 순통한다. 『곽본』도 '불시'로 되어 있을 뿐만 아니라, 제17장의 「왕주」 또한 동일한 문장이 '불사'가 아닌 '불시'로 되어 있다. 후대의 전사과정에서 오사된 것이 확실하다.

'음성상화音聲相和' 구절의 '음성'의 구체적인 의미와 관련해 주석가들 사이에 해석이 엇갈리고 있다. '악기소리와 목소리'를 비롯해 '음향과 메아리', '울림과 소리' 등 여러 해석이 나왔으나 아직 합의점을 찾지 못하고 있다. 「하주」는 이를 '상창하화上唱下和 : 위에서 부르면 아래서 대답함'로 풀이해 놓았다. 이에 따르면 '음音'은 '군주의 소리', '성聲'은 '백성의 소리'가 되는 셈이다.

'생이불유生而不有' 구절은 『백본』과 『곽본』에는 나오지 않는다. 이 구절은 『왕본』과 『곽본』에 제2장을 포함해 제10장과 51장에 나오는 등 모두 3번 출현한다. 제77장에는 '생이불유' 구절이 생략된 채 후속구절인 '위이불시爲而不恃, 공성이불처功成而弗處' 구절만 나온다. 원래 제2장에는 제77장과 같이 '생이불유' 구절이 없었으나 후대인들이 유사한 구절이 나오는 제10장과 제51장에 의거해 새로이 첨가시켰을 공산이 크다.

'생이불유' 구절에 뒤이어 나오는 '위이불시爲而不恃' 구절을 두고 「하주」는 '위爲'를 '시施', '시恃'를 '망望'으로 보아 '베풀어도 보답을 바라지 않음'으로 해석해 놓았다. '위'를 성인이 베푸는 시혜로 간주할 경우 타당한 해석이라고 할 수 있다. 이에 대해 「왕주」는 '위爲'를 '유위有爲'로 보아 '위이불시'를 '작위를 행하되 뽐내지 않음'으로 풀이해 놓았다. 그러나 「왕주」의 이런 해석은 앞서 나온 '무위지사' 및 '불언지교' 등과 그 뜻이 배치된다. 「하주」가 문맥상 순통한다.

제3장 안민(安民 : 백성을 편히 함)

不尙賢, 使民不爭. 不貴難得之貨, 使民不爲盜. 不見可欲, 使民心不亂.

是以聖人之治, 虛其心, 實其腹, 弱其志, 强其骨. 常使民無知無欲. 使夫智者不敢爲也.

爲無爲, 則無不治.

『백서갑본』 :

不上賢, 「使民不爭. 不貴難得之貨, 使民不爲盜. 不見可欲」, 使民不亂. 是以聖人之「治也, 虛其心, 實其腹, 弱其志, 强其骨. 恒」使民无知无欲也. 使「夫知者不敢, 弗爲而已, 則无不治矣」.

불상현(不尙賢 : 현자를 받들지 않음)하여 백성이 다투지 않게 하고, 난득지화(難得之貨 : 얻기 어려운 재물)를 귀하게 여기지 않아 백성이 도둑질하지 않게 하고, 욕심낼 만한 것을 보여주지 않아 민심을 어지럽지 않게 한다.

이에 성인의 다스림은 허심실복(虛心實腹 : 마음을 비우고 배를 채움)과 약지강골(弱志强骨 : 뜻을 약하게 하고 뼈를 강하게 함)로 늘 백성을 무지무욕(無知無欲 : 순박하고 순수함)하게 만들어 지자(智者 : 꾀 있는 자들)로 하여금 감히 망동치 못하게 한다.

무위(無爲)를 행하면 다스려지지 않는 게 없다.

여기의 불상현不尙賢을 액면 그대로 해석할 경우 유가 및 묵가의 상현尙賢 논리와 정면으로 배치된다. 이에 대해 「왕주」는 '현賢'을 '능能'으로 간주해 '오직 능력이 있어 임용했는데 어찌 다시 숭상하겠는가'로 풀이했다. 능력을 숭상할 경우 필연적으로 서로 다투게 된다는 사고에서 나온 것이다. 이에 대해 「하주」는 '현'을 구변이 뛰어나고 권도權道에 능한 '세속지현世俗之賢'으로 풀이했다. 「왕주」와 「하주」 모두 이 장에서 말한 '불상현'이 유가와 묵가에서 성인에 버금하는 개념으로 사용하는 현인賢人을 반대하는 것이 아님을 강조한 셈이다.

사실 『노자』는 도를 터득한 자를 성인聖人으로 규정해 높이 평가하고 있다. 성인에 버금하는 현인을 성인과 구분해 '불상현'의 대상으로 삼았을 리 없다. 「왕주」와 「하주」는 『노자』의 이런 취지를 적확히 짚어낸 셈이다. 여기의 '불상현'을 유가와 묵가의 '상현'에 대한 반대 개념으로 해석하는 것은 잘못이다.

성인지치聖人之治를 두고 「하주」는 '치국治國과 치신治身'으로 해석해 놓았다. '치신'을 '치국'과 같은 이치로 간주한 「하주」의 독특한 관점이 약여하게 드러난 대목이 아닐 수 없다. 이를 두고 일부 학자는 '국신동형론國身同形論'으로 정의키도 한다. 사실 외견상 「하주」의 기본 입장은 '치국'보다는 '치신'에 무게를 둔 소위 '선신후국론先身後國論'에 가깝다. 「하주」에 나오는 '치국'에 관한 언급이 60여 회인 데 반해 '치신'과 관련된 언급이 무려 1백여 회에 달하는 사실이 이를 뒷받침한다. 실제로 「하주」는 『노자』

의 원문이 분명 '치국'문제를 논하고 있는데도 불구하고 이를 '양생養生'의 '치신'문제와 관련시켜 해석해 놓은 경우도 있다. 실기복實其腹에 대한 「하주」의 다음과 같은 풀이가 그 실례이다.

"회도포일懷道抱一 : 도를 품고 '하나'를 안음하여 오장신五臟神을 지킨다."

'오장신'은 인체 내의 주요 장기인 오장에 머문다고 하는 5종류의 생명력을 말한다. 이를 두고 『황제내경』「소문素問 · 선명오기宣明五氣」편은 풀이키를, '심장은 신神, 폐장은 백魄, 간장은 혼魂, 신장은 정精, 비장은 지志를 간직하고 있다'고 했다. 이들 오장신의 존재는 곧 건강한 생명과 장수를 의미한다. '강기골强其骨'에 대한 「하주」의 다음과 같은 풀이도 같은 맥락에서 이해할 수 있다.

"정을 아껴 그것을 배출하는 데 신중히 하면 골수가 가득 차고 뼈가 단단해진다."

이는 도가에서 말하는 소위 환정보뇌還精補腦의 방중술房中術을 설명한 것이나 다름없다. 바로 남녀의 교합을 말한다. 「하주」는 무절제한 색욕을 경계하고 있다. 정을 잃게 된다고 보기 때문이다. 치신을 위해서는 '정'을 함부로 누출하지 말아야 한다는 주장은 도교에 그대로 받아들여져 방중술을 비롯한 양생술로 발전했다. 「하주」가 후대에 도교의 기본 경전이 된 것도 이와 무관치 않을 것이다.

여기의 '무지무욕無知無欲'에 대해 「왕주」는 '수진守眞 : 참된 근본을 지킴', 「하주」는 '반박수순反樸守淳 : 순박함으로 돌아가 이를 지킴'으로 풀이했다. 대략 같은 뜻으로 볼 수 있다. 이는 결코 군주에게 우민책愚民策을 권하거나 원시시대로의 회귀를 주장한 것이 아니다. 형식적이고 인위적인 법도예절이 만들어지기 이전의 인간 본연의 순박한 심성을 되찾을 것을 주장한 것이다. '무위를 행하면 다스려지지 않는 게 없다' 는 결론이 그 증거이다.

제4장 무원(無源 : 근원이 없음)

道沖而用之, 或不盈.
淵兮, 似萬物之宗. 挫其銳, 解其紛. 和其光, 同其塵.
湛兮, 似或存. 吾不知其誰之子, 象帝之先.

『백서갑본』:

「道盅(=沖)而用之, 有弗」盈也. 潚呵, 似萬物之宗. 銼其銳, 解其紛. 和其「光」, 同「其塵. 湛呵, 似」或存. 吾不知其「誰」之子也, 象帝之先.

도는 텅 비어 있어 이를 아무리 쓸지라도 늘 가득 차지 않는다.

연혜(淵兮 : 깊기도 하구나), 마치 만물의 종조(宗祖 : 본원)인 듯하구나. 좌예해분(挫銳解紛 : 욕망의 날카로움을 꺾고 엉킴을 풂)과 화광동진(和光同塵 : 번쩍거리는 '빛'을 부드럽게 해 세속에 섞임)을 행한다.

잠혜(湛兮 : 맑고 편안하구나), 마치 늘 존재하는 듯하구나. 나는 그것이 수지자(誰之子 : '누구의 자식'으로 「하주」는 '도의 由來處'로 해석)인지 모르나 천제(天帝 : 上帝)보다 앞선 듯하다.

『백본』에 나오는 '충盅'은 '충沖'의 고어古語이다. 이는 그릇이 텅 비어 있는 것을 뜻한다. 「왕주」는 첫 구절을 두고 풀이키를, '텅 빈 상태에서 쓰면 아무리 해도 가득 차지 않으니 그 무궁함이 지극하다'고 했다. 이에 대해 「하주」는 '충'을 '익장명예匿藏名譽 : 명예를 감춰둠'로 해석해 '드러나지 않는데 그 쓰임이 있어 항상 가득 차지 않는다'로 풀이해 놓았다. '충'의 의미는 다르나 결과적으로 해석은 동일하다.

'좌예해분挫銳解紛' 및 '화광동진和光同塵'과 관련해 「왕주」는 무손불로無損不勞 : 손해가 없고 수고롭지 않음와 불오불유不汚不渝 : 더럽혀지지 않고 변치 않음, 「하주」는 불현불별不見不別 : 자신을 드러내지 않고 남과 차별하지 않음에서 그 의미를 찾았다. 내용상 「하주」가 탁월하다. '자예해분'과 '화광동진'의 기본 취지는 남과 섞여 지내며 스스로를 드러내지 않는 데 있다. 만일 「왕주」와 같이 '불오불유'에서 그 의미를 찾게 되면 결국 자신을 드러내고 남과 차별할 수밖에 없게 된다. '불오불유'의 취지는 이해할 수 있으나 자칫 '좌예해분'과 '화광동진'의 기본 취지를 무색케 만들 우려가 큰 것이다.

제5장 허용(虛用 : 빔의 운용)

天地不仁, 以萬物爲芻狗. 聖人不仁, 以百姓爲芻狗.

天地之間, 其猶橐籥乎. 虛而不屈, 動而愈出. 多言數窮, 不如守中.

『백서갑본』:

天地不仁, 以萬物爲芻狗. 聲人不仁, 以百省「爲芻」狗. 天地「之間」, 其猶橐籥與. 虛而不淈, 動而俞出. 多聞數窮, 不若守於中.

『곽점갑본』:

天地之間, 其猶橐籥與. 虛而不屈, 動而愈出.

천지는 불인(不仁)하여 만물을 추구(芻狗 : 제사 때 사용하는 풀로 묶은 개의 모형)로 여긴다. 성인도 불인하여 백성을 '추구'로 여긴다.

천지 사이가 마치 탁약(橐籥 : 풀무)과 같지 않은가. 비었으되 다함이 없고, 움직일수록 소리가 더 많이 난다. 다언삭궁(多言數窮 : 말이 많으면 자주 궁해짐)이니 수중(守中 : 중도를 지킴)하느니만 못하다.

첫머리에 나오는 '천지와 성인이 불인不仁하다'는 구절은 유가의 인仁 개념을 정면으로 부인하는 듯한 느낌을 준다. 이는 무슨 뜻일까. 그 뜻을 정확히 헤아리기 위해서는 이를 추구芻

狗 : 『하본』은 芻狗와 관련지어 해석치 않으면 안 된다. 「왕주」는 '추구'를 '추'와 '구'로 나눠 풀이키를, "천지가 가축을 위해 풀을 생성하는 것은 아니지만 가축은 풀을 먹고, 천지가 사람을 위해 가축을 생성하는 것은 아니지만 사람은 가축을 먹는다"라고 했다. 「하주」 역시 '추'와 '구'를 나눠 풀이키를, "천지가 만물을 생성하는데 인간이 가장 귀하다. 그러나 천지는 인간을 마치 풀이나 가축처럼 여길 뿐 그 보답을 요구하거나 바라지 않는다"라고 했다. 「왕주」와 취지는 달리하나 '추'와 '구'를 나눠 해석한 점에서는 동일하다. 양자 모두 천지가 특별히 인간을 위해 '추'와 '구'를 만들지는 않았다는 뜻이다.

이에 대해 송대의 소철蘇轍은 전혀 다르게 풀이했다. 그는 '추구'를 두고 풀이키를, "풀을 묶어 개 모형을 만들어 제사상에 올리는 것이 '추구'이다. 이때 그것은 온갖 장식으로 받들어진다. 그러나 어찌 그것을 사랑해서 그러했겠는가. 정황이 그러했기 때문이다. 그래서 제사가 끝나면 이를 내다버려 행인이 밟고 다니게 된다. 그러나 어찌 그것을 미워해서 그러했겠는가. 정황이 그러했기 때문이다"라고 했다. 소철은 '추'와 '구'를 하나로 묶어 고대 제사에서 사용된 '풀로 된 개모형'을 뜻하는 '추구'로 본 것이다.

이는 제79장에 나오는 소위 '천도무친天道無親'에 입각한 해석이라고 할 수 있다. 「왕주」와 「하주」도 같은 취지의 해석이기는 하나 '천도무친'에 입각한 소철의 해석이 '천지와 성인이 불인不仁하다'는 구절의 의미를 보다 명쾌히 설명해 주고 있다. 현재 대부분의 주석자들이 소철의 주석을 따르고 있다.

탁약槖籥에 대해서도 예로부터 논란이 많았다. 「왕주」는 '탁'과 '약'을 각각 다른 물건으로 보아 주조용 '풀무'와 악기인 '피리'로 해석했다. 이에 대해 「하주」는 '탁약'을 악기의 일종으로 보았다. 현재는 '탁약'을 '풀무' 자체로 보는 견해가 주류를 이루고 있다. 대략 '탁'은 풀무의 바깥쪽 장치, '약'은 안에서 바람을 일으키는 부분으로 보고 있다. '탁약' 전체를 풀무로 보는 게 타당할 것이다.

『왕본』와 『하본』의 '다언삭궁多言數窮'이 『백본』에는 '다문삭궁多聞數窮'으로 되어 있다. '다언'과 '다문' 모두 '번다한 정령政令'을 뜻한다는 주장이 있으나 양자 간에는 적잖은 차이가 있다. '다언'은 쓸데 없이 말을 많이 하는 것이나 '다문'은 널리 듣는 것으로 곧 '박문博聞'을 의미한다. '다문'보다는 '다언'이 '삭궁數窮 : 자주 궁해짐'의 뜻에 부합한다. 원래 '다문'으로 되어 있던 것이 후대에 '다언'으로 개작되었을 공산이 크다.

'수중守中'의 '중中'에 대해서도 이를 '심心'으로 보는 견해와 '충沖 : 비어 있음' 또는 '무위無爲'로 보는 견해 등 매우 다양한 해석이 나와 있다. 「왕주」는 '지나치거나 모자라지 않는 중도'로 보았으나 「하주」는 '내면의 덕'으로 보았다. 대략 일부에서 제기하듯이 '충沖'이 필사과정에서 '중中'으로 바뀌었을 가능성을 배제할 수 없으나 「왕주」도 큰 무리가 없는 만큼 원문을 토대로 해석하는 게 타당할 것이다.

제6장 성상(成象 : 형상을 이룸)

谷神不死, 是謂玄牝.
玄牝之門, 是謂天地根.
緜緜若存, 用之不勤.

『백서갑본』 :

浴神「不」死, 是胃玄牝. 玄牝之門, 是胃「天」地之根. 緜緜呵若存, 用之不堇.

곡신(谷神 : 골짜기 중앙의 텅 빈 곳)은 죽지 않는 까닭에 이를 일컬어 현빈(玄牝 : 현묘한 암컷)이라고 한다.

현빈지문(玄牝之門 : 현빈이 비롯되는 곳)을 일컬어 천지근(天地根 : 천지의 시작되는 본원)이라고 한다.

현빈은 면면(緜緜 : 끊어질 듯 이어짐)히 존재하여 쓰는 데 조금도 힘들지 않다.

「왕주」는 '곡신谷神'을 가운데가 텅 비어 있는 '곡중앙무谷中央無'로 보았다. 도를 상징하는 '현빈玄牝'의 명칭도 무형영無形影 : 형체 및 그림자가 없음과 무역위無逆違 : 거스름이 없음로 수정불쇠守靜不衰한 까닭에 지어진 것으로 해석했다. 「왕주」는 또 현빈이 비롯되는 근본이 태극太極과 더불어 한몸인 까닭에 '천지근天地根'이라는 명칭이 나온 것으로 풀이했다. 이는 왕필이 『노자』와 『주역』을 하나로 묶어 풀이한 데 따른 독특한 해석으로 볼 수 있다. 「왕주」의 입장에 서면 '면면히 존재해 쓰는 데 힘들지 않다'는 마지막 구절은 결국 '현빈'의 공능功能을 풀이한 셈이 된다. 처음과 끝이 순통하는 해석이 아닐 수 없다.

이에 대해 「하주」는 이 장을 치신治身에 관한 풀이로 간주해 독특한 해석을 시도했다. 본래 '성상成象'이라는 제목 자체가 도교의 전통적인 수행법과 깊은 관련이 있다. 여기의 '상象'은 소위 단전호흡법에서 말하는 '단丹'을 의미하는 것으로 알려지고 있다. 내면에 '단'을 형성하는 것을 두고 도교에서는 소위 '성태成胎' 또는 '결태結胎'라고 한다. 실제로 「하주」는 이런 입장에서 '곡신'의 '곡谷'을 '곡穀'의 가치로 보아 특이한 해석을 시도했다.

"곡谷은 양養 : 기름이다. 사람이 신神을 기를 수 있으면 죽지 않는다. '신'은 곧 오장신五臟神을 말한다. 오장이 모두 상하면 '오장신'이 곧 몸을 떠나게 된다."

실제로 유월兪樾은 주장키를, "사실 '곡'에는 '양'의 의미가 없다. 『하본』의 '곡'은 마땅히 '곡穀'으로 읽어야 한다"고 했다. '현빈'을 인체에 비유한 「하주」의 다음과 같은 해석도 '곡신谷神'을 '곡신穀神'으로 간주한 데 따른 것으로 볼 수 있다.

"현玄은 하늘이다. 이는 사람의 코에 해당한다. 빈牝은 땅이다. 이는 사람의 입에 해당한다. 하늘이 사람에게 5기五氣 : 5行의 기운를 먹이면 5기는 코를 통해 심장에 저장된다. 이는 맑은 것으로 정精 · 신神 · 총聰 : 귀밝음 · 명明 : 눈밝음 · 음성音聲 · 오성五性 : 五臟의 성질로 靜 · 躁 · 力 · 堅 · 智를 지칭이 된다. 그 귀신을 혼魂이라고 한다. '혼'은 수컷으로 사람의 코로 출입하면서 하늘과 통한다. 그래서 코가 '현'이 되는 것이다. 땅이 사람에게 5미五味를 먹이면 5미는 입을 통해 위에 저장된다. 이는 혼탁한 것으로 형해形骸 · 골骨 · 육肉 · 혈血 · 맥脈 · 6정六情 : 眼 · 耳 · 鼻 · 舌 · 身 · 意의 六欲이 된다. 그 귀신을 백魄이라고 한다. '백'은 암컷으로 주로 사람의 입을 통해 출입하면서 땅과 통한다. 그래서 입이 '빈'이 되는 것이다."

「하주」는 이런 주장을 토대로 '현빈지문玄牝之門'을 '코와 입의 문', '천지근天地根'을 '천지의 기운이 넘나드는 곳', '면면緜緜'을 '호흡이 끊어질 듯 이어지는 것', '용지불근用之不勤'을 '기의 적절한 운용'으로 해석해 놓았다. 「하주」는 인간을 포함한 만물 모두 '기'를 얻어 생성되어 활동한다고 본 것이다. 「하주」의 이런 입장은 원기元氣를 '도'와 동일시한 데서 나온 것이다. '원기'는 『갈관자鶡冠子』「태록泰錄」편에 처음으로 나타난다. 전한제국 초기에 동중서도 『춘추번로春秋繁露』「천지지행天地之行」편에서 '원기' 개념을 이같이 원용한 바 있다.

"보은과 시혜를 마치 원기가 피모皮毛와 주리腠理 : 피부에 흐르듯이 한다."

『백호통白虎通』「천지」편과 『논형論衡』을 비롯해 도교경전인 『태평경太平經』에도 이와 유사한 사례가 나온다. 이는 한제국 때 크게 유행한 소위 '기화우주론氣化宇宙論'의 영향을 받은 것으로 보아야 한다. 「하주」 역시 그 영향을 받아 제6장을 '기'로 설명하고 있는 셈이다. 「하주」는 제6장에 대해 '기' 개념을 통해 나름대로 수미일관하는 설명을 시도하고 있는 셈이다.

「하주」가 '오장신'이 몸에 깃들게 하는 방법으로 식욕과 색욕 등 일체의 정욕을 제거하는 소위 '거욕설去欲說'을 주장한 것도 바로 '곡신谷神'을 '곡신穀神'으로 해석한 데서 비롯된 것이라고 할 수 있다. '거욕설'은 정욕을 없애야만 몸에 오장신이 깃든다는 주장이다. 도교에서는 장생불사를 위해서는 정신이 맑아져야 하고, 그러기 위해서는 섭취하는 음식의 양을 줄이고 장 속의 음식 찌꺼기를 깨끗이 제거해야 한다고 주장하고 있다. 이것이 소위 '벽곡술辟穀術'이다. 「하주」의 '거욕설'은 도교의 대표적인 양생술인 '벽곡술'을 언급한 것이나 다름없다. 「하주」가 도교의 성립에 얼마나 지대한 영향을 미쳤는지를 짐작케 해주는 대목이 아닐 수 없다.

제7장 도광(韜光 : 빛을 감춤)

天長地久. 天地所以能長且久者, 以其不自生, 故能長生.

是以聖人後其身而身先, 外其身而身存. 非以其無私邪, 故能成其私.

『백서갑본』 :

天長地久. 天地所以能「長」且久者, 以其不自生也. 故能長生. 是以聖人退其身而身先, 外其身而身存. 不以其无「私」輿, 故能成其「私」.

천장지구(天長地久 : 천지가 장구함)이니 천지가 능히 장구한 것은 자생(自生 : 자기만 살고자 함)하지 않기 때문이다. 그래서 능히 장생(長生)하는 것이다.

이에 성인은 후신이선(後身而先 : 자신을 뒤로 하여 오히려 앞섬)하고, 외신이존(外身而存 : 자신을 돌보지 않아 오히려 보존됨)한다. 이 어찌 무사(無私 : 사사로움이 없이 공정함)로 인한 게 아니겠는가. 그래서 오히려 능히 사사(私事)도 이룰 수 있는 것이다.

천장지구天長地久는 본래 천구지장天久地長으로 표현하는 게 맞다. 그런데도 왜 사시四時 등의 시간을 상징하는 '천天'을 공간 개념인 '장광長廣 : 넓다', 지역地域 등의 공간을 상징하는

'지地'를 시간 개념인 '영구永久 : 오래되다'로 표현한 것일까. 대략 당시에도 무한한 시간과 공간은 상호 밀접한 관련이 있다고 판단한 데 따른 것으로 짐작된다. 시공時空을 뜻하는 우주宇宙 : 공간과 시간가 본래는 공간을 뜻하는 '우宇'와 '주宙'의 합성어로 형성된 것이 이를 뒷받침한다.

성인이 능히 몸을 보존하는 이유와 관련해 「왕주」는 무위無爲를 그 요체로 보았다. 이는 결국 본문의 '무사無私'를 '무위'로 해석한 것이나 다름없다. 그러나 이는 무리이다. 『노자』에서 '무위'와 동일한 의미로 사용되는 것은 '무사無私'가 아니라 '무사無事'이다. 본문에 분명히 '무사無私'로 표현되어 있는데도 이를 '무사無事'와 동일시하여 '무위'로 해석한 것은 『노자』의 내용을 모두 '무위'로 해석코자 한 데 따른 오류로 볼 수 있다. 이에 대해 「하주」는 '공정公正'으로 보았다. 「하주」가 타당한 것은 말할 것도 없다. '치신治身'과 더불어 '치국治國'을 강조한 「하주」의 특징이 여실히 나타나는 대목이 아닐 수 없다.

제8장 이성(易性 : 쉬운 본성)

上善若水. 水善利萬物而不爭, 處衆人之所惡. 故幾於道.
居善地, 心善淵, 與善仁, 言善信, 正善治, 事善能, 動善時.
夫唯不爭, 故無尤.

『백서갑본』:

上善如水. 水善利萬物而有靜, 居衆之所惡. 故幾於道. 居善地, 心善潚, 予善天, 言善信, 正善治, 事善能, 踵善時. 夫唯不爭, 故无尤.

상선약수(上善若水 : 최고의 선은 물과 같음)이니 물은 능히 이물부쟁(利物不爭 : 만물을 이롭게 하면서도 공을 다투지 않음)하여 중인(衆人)이 싫어하는 곳에 머문다. 그래서 기어도(幾於道 : 거의 도에 가까움)인 것이다.

머무는 것이 땅처럼 낮고, 마음이 연못처럼 고요하고, 주는 것이 매우 인자하고, 말이 매우 믿음직하고, 정치가 잘 이뤄지고, 일이 잘 처리되고, 움직임이 때에 잘 맞는다.

오직 다투지 않기에 허물이 없는 것이다.

기어도幾於道와 관련해 「왕주」는 풀이키를, "도는 무無이고, 물은 유有이다. 그래서 '가깝다'고 표현한 것이다"라고 했다.

물이 비록 '도'의 특성을 지니고 있으나 어디까지나 사물에 지나지 않는 까닭에 '무' 자체인 '도'와 동시同視할 수는 없다는 게 그 이유이다. 타당한 지적이기는 하나 '도'를 형이상形而上의 개념으로 접근케 만들 소지가 크다.

본래 『노자』에서 말하고자 하는 '도'는 사실 인간의 삶과 동떨어진 '형이상의 도'라기보다는 인간의 삶과 직결된 '형이하形而下의 도'에 가깝다. 『하본』에 '정선치正善治'가 '정선치政善治'로 표현되어 있는 점 등이 이를 뒷받침한다. 「하주」가 비록 '치신'을 지나치게 강조해 도가道家가 도교道敎로 변질되는 데 크게 기여하기는 했으나 『노자』의 기본 취지를 치국治國에서 찾은 점만큼은 높이 평가할 만하다.

그러나 「왕주」에서는 이런 특징을 찾기가 힘들다. 「왕주」는 '정선치正善治'를 '공정하게 잘 다스려짐'으로 해석해 놓았다. 이는 원문에 대한 왜곡이다. 선진시대에는 정正이 정政의 뜻으로 사용되었다. 문맥에 비춰볼지라도 '정正'은 전후에 나오는 '언言'과 '사事' 등과 마찬가지로 특정 사물을 지칭하는 주어로 인용돼 있다. 이는 곧 '정치'를 의미한다. 그런데도 「왕주」는 이를 무시하고 '공정하게'로 풀이한 것이다. 「하주」가 일면 『노자』를 도교의 교리서로 만드는 데 일조했다면 「왕주」는 『노자』를 현실과 동떨어진 형이상의 철학서로 만드는 데 크게 기여했다고 할 수 있다. 맹자孟子의 이론을 바탕으로 형이상의 사변론에서 출발한 성리학이 출현한 이후에도 「왕주」가 유자들 사이에 널리 인용된 것도 「왕주」의 이런 특징과 무관치 않다고 보아야 한다.

제9장 운이(運夷 : 고르게 함)

持而盈之, 不如其已. 揣而銳之, 不可長保.
金玉滿堂, 莫之能守. 富貴而驕, 自遺其咎.
功遂身退, 天之道.

『백서갑본』 :

揗(=持)而盈之, 不「若其已. 揣而」兌之, 「不」可長葆之. 金玉盈室, 莫之能守也. 富貴而驕, 自遺咎也. 功遂身退, 天「之道也」.

『곽점갑본』 :

殖而盈之, 不若其已. 揣而群之, 不可長保之. 金玉盈室, 莫之守也. 富貴驕, 自遺咎也. 功遂身退, 天之道也.

지영(持盈 : 쥐고 있으면서도 더 채우려고 함)은 그만두느니만 못하고, 췌예(揣銳 : 담금질을 통해 이미 날카로워졌는데도 더 날카롭게 만들고자 함)는 오래 보존할 수 없다.

금옥만당(金玉滿堂 : 금옥이 방안에 가득 참)이면 능히 지킬 수 없고, 부귀이교(富貴而驕 : 부귀하여 교만함)는 스스로 허물을 남기게 된다.

공수신퇴(功遂身退 : 공이 이뤄지면 뒤로 물러남)가 천도(天道 : 하늘의 도)에 부합한다.

췌예揣銳의 예銳가 『왕본』에는 '탈梲', 『백본』에는 '태兌'로 되어 있다. 그러나 『하본』을 비롯한 모든 판본에는 '예銳'로 되어 있다. 『왕본』의 '탈'과 『백본』의 '태' 모두 '예'의 가차로 보는 게 타당하다. 「왕주」 역시 '췌예'를 '예지영리銳之令利'로 표현해 놓았다. 그러나 『왕본』의 '탈'은 『백본』의 '태'와 달리 '예'의 가차로는 잘 쓰이지 않는 글자이다. 대략 필사과정에서 '쇠 금金' 변의 생략형이 '나무 목木' 변으로 오사되었을 공산이 크다.

이 장의 핵심어는 '공수신퇴功遂身退'이다. 이는 제2장에 나오는 '공성불거功成弗居'와 제77장의 '공성불처功成不處'와 같은 취지이다. 『하본』에는 '공성명수功成名遂, 신퇴身退'로 되어 있다. '명수名遂 : 명성이 이뤄짐' 두 글자가 더 붙어 있는 셈이다. 다른 판본 모두 '공수신퇴'로 되어 있는 점에 비춰 『하본』의 '명수'는 '공수功遂'의 의미를 보다 정확히 표현키 위해 후대에 덧붙여진 것으로 짐작된다.

제10장 능위(能爲 : 능히 함)

載營魄抱一, 能無離乎. 專氣致柔, 能嬰兒乎. 滌除玄覽, 能無疵乎. 愛民治國, 能無知乎. 天門開闔, 能爲雌乎. 明白四達, 能無爲乎.

生之畜之. 生而不有, 爲而不恃, 長而不宰, 是謂玄德.

『백서갑본』 :

「載營柏抱一, 能毋離乎. 摶氣致柔」, 能嬰兒乎. 脩除玄藍, 能毋疵乎. 「愛民治國, 能毋以知乎. 天門啓闔, 能爲雌乎. 明白四達, 能毋以知乎」. 生之畜之, 生而弗「有, 長而弗宰也, 是謂玄」德.

재영백포일(載營魄抱一 : 혼백을 싣고 다니며 시종여일하게 근본을 포옹함)을 능히 몸에서 떨어지지 않게 할 수 있겠는가. 전기치유(專氣致柔 : 기운을 모아 부드럽게 함)를 능히 영아(嬰兒)처럼 할 수 있겠는가. 척제현람(滌除玄覽 : 현묘한 거울의 때를 깨끗이 씻어냄)을 능히 흠 하나 없이 할 수 있겠는가. 애민치국(愛民治國)을 능히 무지(無知 : 술수가 없음)로 이룰 수 있겠는가. 천문개합(天門開闔 : 천하통치의 이치가 나오는 천문을 여닫음)을 능히 암컷처럼 고요히 할 수 있겠는가. 명백사달(明白四達 : 현달하여 사방에서 명성을 떨침)을 능히 무위(無爲)로 이룰 수 있겠는가.

낳아 기르는 과정에서 낳고도 소유치 않고, 베풀고도 보답을 바라지 않고, 기르고도 부리지 않는 것을 일컬어 '현덕(玄德)' 이라고 한다.

첫 구절의 맨 앞에 나오는 '재載' 를 두고 「하주」는 글자 그대로 해석했으나 「왕주」는 '처處' 로 보았다. 이는 「하주」가 '영백營魄' 을 '혼백' 으로 해석한 데 반해 「왕주」는 '거처居處' 로 해석한 데 따른 것이다. 그러나 '재영백' 을 '일상의 거처에 처함' 으로 풀이하는 「왕주」의 해석을 두고 예로부터 논란이 많았다. 이에 일부 학자는 '재' 를 '재哉' 로 보아 앞장의 마지막 구절인 '천지도天之道' 에 붙여 읽어야 한다고 주장했다. 실제로 당태종唐太宗은 『노자』를 읽으면서 그같이 해석했다.

그러나 뒤에 나오는 '포일抱一' 의 뜻과 관련해 해석할 때 '재載' 를 '재哉' 로 풀이하는 것은 무리이다. 이와 관련해 주겸지朱謙之는 『노자독본』에서 '영백' 을 체백體魄 : 형체와 영혼으로 보아 '재영백' 을 '체백의 결합' 으로 풀이했다. 이는 「하주」의 해석을 좇은 것이나 다름없다.

그렇다면 '포일抱一' 은 구체적으로 무엇을 말하는 것일까. 「왕주」는 '일一' 을 '인지진人之眞 : 사람의 참됨' 으로 간주해 '하나의 맑은 정신을 껴안음' 으로 풀이했다. 이에 대해 「하주」는 '치신' 에 입각한 독특한 해석을 전개했다.

"사람이 '일' 을 포옹하여 몸에서 떨어지지 않게 할 수 있다면 오래 살게 된다. '일' 은 도가 처음 낳은 것으로 태화太和 : 태극의 정기이다. 그래서 '일' 이라고 한 것이다."

결국 「하주」는 제1장에서 살펴보았듯이 『노자』의 내용이 〈무명無名 : 자연=도=천지지시→유명有名 : 천지=만물지모·만물〉의 관계 도식 위에 성립되었다고 볼 때 '일'을 '천지지시天地之始'인 원기元氣로 해석한 것이다.「왕주」가 '일'을 '사람의 참됨'으로 풀이한 것과 대조되는 대목이 아닐 수 없다.「하주」는『노자』에 나오는 '일'을 시종 이런 개념으로 해석해 놓았다.

「하주」의 이런 해석은 도교에서 말하는 소위 '포일설抱一說'의 수행론과 밀접한 관련이 있다. '포일설'은 말 그대로 하나의 근원인 도를 껴안고 오장신五臟神을 지킨다는 논리 위에 서 있다. 이는 곧 '원기를 껴안다'는 뜻이다. '포일설'이 도교의 양신술養身術인 소위 '행기법行氣法' 내지 '기식법氣息法'의 이론적 근거가 된 이유가 바로 여기에 있다.

이 장에 대한「하주」의 풀이는 모두 '포일설'에 입각해 있다. 전기치유專氣致柔와 척제현람滌除玄覽, 애민치국愛民治國, 천문개합天門開闔, 명백사달明白四達을 모두 '치신'의 입장에서 풀이한 것이 그 실례이다. 대표적인 예로 '애민치국'의 방법론으로 제시된『하본』의 무위無爲에 대한 다음과 같은 풀이를 들 수 있다.

"치신자治身者는 기를 아끼면 몸이 온전해지고, 치국자治國者는 백성을 아끼면 나라가 편안해진다. 치신자는 정기精氣를 호흡할 때 숨소리가 귀에 들리지 않게 하고, 치국자는 은덕을 베풀 때 아랫사람들이 이를 알지 못하게 해야 한다."

'치국'의 문제를 '치신'의 문제와 매끄럽게 연결시켜 놓은 해석이 절묘하다.「하주」가 결코 '치신'을 강조해 '치국'의 문제를 소홀히 한 게 아니라는 사실을 여실히 보여주는 대목이 아닐 수 없다. 사실「하주」가 궁극적으로 강조코자 한 것은 '치신'이라기보다는 '치국'이다. 기본적으로 '치국'이 전제되지 않는 한 '치신'도 존재할 수 없다는 입장에 서 있는 것이다. 이는 『노자』의 기본 취지에 부합하는 것이기도 하다. 후대의 도교가 '치신'의 문제만을 집중 부각시켜 「하주」를 도교 이론으로 원용했을 뿐이다.

그러나 『왕본』은 '애국치민'의 방법론을 '무위'가 아닌 '무지無知'로 규정하면서 '무위'를 명백사달明白四達의 방법론으로 제시해 놓고 있다. 『하본』은 '무지'를 '명백사달'의 방법론으로 보고 있다. 『백본』은 '애민치국'과 '명백사달'의 방법론을 모두 '무지'로 규정해 놓았다. 『왕본』과 『하본』 모두 『백본』의 '무지'를 '명백사달'과 '애민치국'에서 '무위'로 개작한 것으로 짐작된다. 이는 과연 어떤 의미를 지니고 있는 것일까.

「왕주」는 '애민치국'의 방법론으로 '무지'를 들면서 이같이 풀이해 놓았다.

"술수를 써서 성공을 구하고 감춰진 것을 뒤지는 것이 바로 지智이다. 이를 버릴 수 있어야만 백성들이 편벽되지 않게 나라를 잘 다스릴 수 있다."

이러한 해석은 원문의 지知를 일종의 간지奸智로 파악한 데서 출발한 것으로 '애국치민'의 방법론으로 '무지'를 택한 데 따른 궁색한 해석이 아닐 수 없다. 이는 무위지치無爲之治를 강조하고 있는 『노자』의 근본 취지와 배치된다. 일찍이 유월兪樾은 반박키를, "당나라 때 나온 판본에는 '애민치국'이 '무위'와 연결되어 있다. 그 의미가 보다 나으므로 마땅히 이를 따라야 할 것이다. '애민치국'은 『노자』에서 강조하는 무위지치無爲之治를 말하는 것이다"라고 했다. 이는 「하주」를 지지한 것이나 다름없다.

그렇다면 『왕본』이 '명백사달'의 방법론으로 『백본』의 '무지'를 '무위'로 바꿔놓은 것은 어떻게 해석해야 좋은 것일까. 이는 '명백사달'에 대한 해석과 직결되어 있다. 『왕본』은 '명백사달'에 대해 이같이 풀이해 놓았다.

"사방에 통달하고, 미혹됨이 없고, 유위有爲하는 게 없다면 만물이 자생자화自生自化할 것이다. 이는 도가 늘 무위한 까닭에 왕후王侯가 이를 지킬 수 있다면 만물이 자생자화하는 것을 말한다."

'명백사달'을 '무위'와 연결시킨 타당한 해석이 아닐 수 없다. 이에 대해 「하주」는 '명백사달'을 「왕주」와 비슷하게 풀이하면서도 '무지'를 방법론으로 보지 않고 이같이 해석해 놓았다.

"사방에 도가 천하에 가득 차 있다는 사실을 알 수 있는 자가 없을 것이다."

'명백사달'의 방법론이 아니라 일종의 결과론으로 풀이해 놓은 셈이다. '명백사달'을 앞서 나오는 전기치유專氣致柔와 척제현람滌除玄覽, 애민치국愛民治國, 천문개합天門開闔 등과 끊어진 전환된 문장의 서두로 볼 경우 이러한 해석은 문맥상 큰 무리가 없다.

'명백사달' 역시 문장구조상 앞서 나온 '전기치유'와 '척제현람' 등과 병렬식으로 나열된 문장으로 보는 게 옳다. 「하주」 역시 '무지'를 '명백사달'의 방법론으로 해석하는 게 타당했다. 그렇다면 '명백사달'과 '무지'를 어떻게 해석하는 게 옳은 것일까.

기본적으로 '명백사달'을 완전히 새롭게 해석해야 한다. '명백사달'의 '백白'은 예로부터 매우 다양한 의미를 지닌 말로 사용되었다. 「하주」는 '분명해지다'의 의미의 자동사로 사용한 데 반해 「왕주」는 '통달하다' 는 뜻의 타동사로 사용했다. 그러나 여기의 '백' 은 '현달顯達' 의 의미로 보아 '명백사달' 을 '현달하여 사방에서 명성을 떨침' 으로 해석하는 게 타당하다. 여기의 '무지' 는 제3장에서 애기한 '무지무욕無知無欲 : 순박하고 순수함' 의 의미와 같다. 인위적인 예절법식이 나타나기 이전의 '순박함' 을 의미하는 것이다.

이같이 해석해야만 『하본』이 '명백사달' 의 방법론으로 '무지' 를 제시한 의미가 뚜렷이 부각된다. 「왕주」가 '명백사달' 의 방법론을 '무지' 가 아닌 '무위' 로 연결시키는 바람에 옹색한 해석을 초래했다면 「하주」는 '무지' 를 방법론이 아닌 결과론으로 해석하는 바람에 병렬식으로 나열된 원문의 취지를 훼손했다는 지적을 면키 어렵다.

척제현람滌除玄覽의 '현람玄覽' 과 관련해 「왕주」와 「하주」 모두 '현묘하게 바라봄' 으로 해석하고 있다. 이에 대해 일각에서는 '람覽' 을 거울을 뜻하는 '감鑒' 으로 읽어야 한다고 주장하고 있다. 고대에는 '람' 과 '감' 이 상통했다는 게 그 이유이다. 일리 있는 주장이다. 그러나 '현람' 을 '현감玄鑒' 의 의미로 새길지라도 굳이 '람' 을 '감' 으로 읽을 필요는 없다. 동일한 음에 여러 뜻이 동시에 존재할 수 있기 때문이다.

천문개합天門開闔의 '천문天門' 에 대해 「왕주」는 '천하가 나오는 곳' 으로 본 데 반해 「하주」는 치신治身의 관점에서 천기天氣와 통하는 비공鼻孔으로 보았다. 이는 『왕본』을 좇는 게 타당할 것이다. 그러나 뒤이어 나오는 구절이 『왕본』에는 『하본』의 '능위자호能爲雌乎' 와 달리 '능무자호能無雌乎' 로 되어 있다. 『백본』에는

'능위자호'로 되어 있다. 이와 관련해 일찍이 청대의 유월은 『왕본』의 이 대목을 두고 이같이 지적한 바 있다.

"「왕주」를 보면 애초에 '능위자호'로 되어 있음을 알 수 있다. 이는 『왕본』 역시 '능위자호'로 되어 있었음을 의미한다. '무無'는 필사과정의 오류이다."

이후 많은 사람들이 '무'를 '유'로 고쳐 읽었다. 이후 『백본』이 발굴되면서 유월의 주장이 옳다는 것이 사실로 확인되었다. 치밀한 고증의 개가가 아닐 수 없다. 그러나 사실 이 구절은 의문문으로 구성돼 있는 까닭에 '무'로 읽어도 그 뜻은 하등 차이가 없다.

'생이불유生而不有'로 시작되는 마지막 문장의 4구절은 제51장의 마지막 구절과 완전히 일치한다. 이들 4구절 중 앞의 3구절은 서론 격으로 언급된 '생지축지生之畜之'에 대한 구체적인 해석의 성격을 띠고 있다. '생지축지'를 포함한 제10장의 5구절이 원형에 가깝다고 보아야 한다. 『백본』은 갑본甲本과 을본乙本을 막론하고 제10장에서는 '생지축지'를 해설한 구절이 2구절밖에 나오지 않으나 제51장에는 『왕본』 및 『하본』과 마찬가지로 3구절이 모두 나온다. 이는 『백본』 자체도 제10장의 해당 구절이 만들어진 뒤 이 구절이 제51장에 삽입되면서 추가적인 보완이 이뤄졌음을 시사한다. 이런 점 등을 감안할 때 제10장에 나오는 마지막 문장의 4구절이 제51장 마지막 문장의 원형에 해당한다고 보는 게 합리적이다.

제11장 무용(無用 : 무의 이용)

三十輻共一轂《以爲車》, 當其無, 有車之用.
埏埴以爲器, 當其無, 有器之用.
鑿戶牖以爲室, 當其無, 有室之用.
故有之以爲利, 無之以爲用.

『백서갑본』:

卅「輻同一轂, 當」其「无, 有車之用也. 撚」埴爲器, 當其无, 有埴「之用也. 鑿戶牖, 當其无」, 有「室之」用也. 故有之以爲利, 无之以爲用.

30폭공일곡(三十輻共轂 : 30개의 바퀴살을 바퀴통으로 모음)으로 수레를 만들 때 당기무(當其無 : 수레의 빈 곳)에 수레의 쓰임이 있다.

연식(埏埴 : 진흙을 반죽함)으로 그릇을 만들 때 당기무(當其無 : 그릇의 빈 공간)에 그릇의 쓰임이 있다.

호유(戶牖 : 창호를 뚫음)로 방을 만들 때 당기무(當其無 : 방의 빈 공간)에 방의 쓰임이 있다.

그래서 '유(有 : 형체를 갖춘 사물)' 가 이로울 수 있는 것은 '무(無 : 「하주」는 空으로 해석)' 가 '유' 의 용(用 : 쓰임)이 되었기 때문이다.

원문의 내용만을 볼 때 '당기무當其無' 의 '기其' 는 각각

'곡轂'과 '기器', '실室'을 의미한다. '곡'과 관련해 「왕주」는 '기무其無'를 '곡중轂中 : 바퀴의 빈 곳'으로 본 데 반해 「하주」는 '곡중'뿐만 아니라 '여중轝中 : 수레 상자의 빈 곳'도 포함된 것으로 보았다. 사실 「하주」의 '여중'만이 '기중器中 및 '실중室中'의 취지와 부합한다.

첫 문장의 첫 구절은 두 번째와 세 번째 문장의 첫 구절과 비교할 때 눈에 띄는 차이가 있다. 그것은 바로 '이위거以爲車'에 해당하는 글자가 생략돼 있다는 점이다. 이는 무슨 까닭일까. 원래 연식埏埴 : 진흙을 반죽함과 착호유鑿戶牖 : 창호를 뚫음는 그릇과 방을 만들기 위한 제작과정을 의미한다. 마찬가지로 '30폭공일곡三十輻共一轂 : 30개의 바퀴살을 바퀴통으로 모음'도 수레를 만들기 위한 제작과정을 말한 것이다. 첫 문장의 첫 구절 역시 '30폭공일곡' 뒤에 '이위거以爲車'라는 글자가 들어가야 뒷 문장과 조응케 된다.

그러나 이같이 할 경우 글자 수가 너무 늘어나게 된다. 특히 『백본』에 나와 있듯이 '30'에 해당하는 '삽卅'이 '삼십三十'으로 늘어난 경우는 더 말할 게 없다. 운문韻文형식으로 구성된 『노자』의 문장에서 병렬식으로 나열된 한 문장이 다른 문장보다 길게 구성돼 있는 경우는 없다. 원래 있던 '이위거' 글자가 『백본』이 만들어질 무렵 이미 사라지고 '30폭공일곡' 구절만 남았을 가능성을 배제할 수 없는 것이다.

그렇다면 첫 번째 문장에 나오는 '당기무當其無'의 '기其'는 '곡轂'이 아니라 '거車'로 보는 게 타당하다. 이같이 해석해야만 '기중器中 및 '실중室中'의 취지와 부합한다. 사실 수레의 효용이

'곡중'에 있다고 보는 것은 상식에도 맞지 않는다. 수레 역시 그릇이나 방과 같이 수레의 상자 안에 물건과 사람을 담는 데 그 존재의의가 있다.

원문의 글자에 얽매어 「왕주」와 같이 '거중'이 아니라 '곡중'에 수레의 효용이 있다고 풀이하는 것은 근본을 버리고 말절을 좇는 사본축말舍本逐末이라는 지적을 면키 어렵다. 이를 두고 일부 학자는 왕필의 이간어번以簡御繁 내지 이과통중以寡統衆 취지가 반영된 결과로 해석하고 있으나 이는 억지이다. 만일 '이간어번'의 취지를 굳이 드러내고자 했다면 두 번째와 세 번째 문장 역시 '30폭공일곡'과 같이 그릇이 성형될 때 기반이 되는 기저器底와 창호가 뚫려 있는 벽면壁面에서 그릇과 방의 효용을 찾는 문장으로 꾸며져야만 한다.

이는 제11장에서 말하고자 하는 취지와 동떨어진 것이다. 『노자』는 기본적으로 상식에 입각해 해석할 필요가 있다. '곡중'은 '수레바퀴의 효용'일 뿐이지 '수레의 효용'이 될 수 없다. 「하주」의 경우는 일면 절충설을 취한 경우에 해당하나 과감히 '곡중설轂中說'을 폐기하고 '거중설車中說'을 취하는 것이 제11장의 취지에 부합한다.

제12장 검욕(檢欲 : 정욕을 검속함)

五色令人目盲. 五音令人耳聾. 五味令人口爽. 馳騁田獵令人心發狂. 難得之貨令人行妨.

是以聖人爲腹不爲目, 故去彼取此.

『백서갑본』:

五色使人目盲. 馳騁畋獵使人「心發狂」. 難得之貨使人行方(=妨). 五味使人口啪(=爽), 五音使人耳聾. 是以聖人之治也, 爲腹不「爲目」, 故去彼取此.

오색(五色 : 靑 · 赤 · 黃 · 白 · 黑)은 사람의 눈을 어둡게 하고, 오음(五音 : 宮 · 商 · 角 · 徵 · 羽)은 사람의 귀를 멀게 하고, 오미(五味 : 酸 · 苦 · 甘 · 辛 · 鹹)는 사람의 입을 상하게 하고, 치빙전렵(馳騁田獵 : 말을 타고 내달리며 사냥함)은 사람의 마음을 발광(發狂)토록 만들고, 난득지화(難得之貨 : 얻기 어려운 재화로 곧 보물을 지칭)는 사람의 행실을 방해한다.

이에 성인은 위복(爲腹 : '배를 위한다'는 말로 곧 안을 충실히 함)할 뿐 위목(爲目 : '눈을 위한다'는 말로 곧 밖을 화려하게 꾸밈)하지 않는다. 그래서 피자(彼者 : 後者로 '위목'을 지칭)를 버리고 차자(此者 : 前者로 곧 '위복'을 지칭)를 취하는 것이다.

'구상口爽'의 '상爽'을 두고 「왕주」는 '차실差失 : 어긋나 잃어버림', 「하주」는 '상傷'으로 보았다. 『백본』은 현재 사용되지 않는 '상㕟'으로 되어 있다. '상爽'은 원래 '차실差失'의 의미로도 쓰이는 글자이다. '실미失味'의 뜻으로 보면 될 것이다. '전렵田獵'의 '전田'은 통상 동사로 사용될 때 '농사짓다'와 '사냥하다'는 뜻을 지닌다. 여기서는 '사냥하다'는 뜻으로 '전畋'과 통한다.

'영인행방令人行妨'의 '방妨'과 관련해 「왕주」는 '방해妨害'로 보았으나 「하주」는 특이하게도 '상傷'으로 해석했다. '난득지화難得之貨'가 어떻게 해서 사람의 행동을 상하게 만드는 것일까. 이를 짐작케 해주는 다음과 같은 일화가 『열자列子』「설부說符」편에 실려 있다.

"옛날 제나라 사람 중에 금을 몹시 탐하는 자가 있었다. 하루는 아침 일찍 옷을 차려 입고 시장에 갔다가 금을 파는 곳을 지나게 되었다. 금에 욕심이 난 그는 순간 금을 움켜쥐고 달아났다. 관원이 그를 체포해 묻기를, '많은 사람들이 있는데 어찌하여 금을 훔쳤는가'라고 하자 그가 대답키를, '금을 훔칠 때는 사람들은 보이지 않고 오직 금만 보였습니다'라고 했다."

「하주」는 맹盲 : 보지 못함과 농聾 : 듣지 못함, 상爽 : 맛보지 못함, 광狂 : 마음이 산란함, 방妨 : 행동이 상함의 구체적인 대상을 '무색지색無色之色'과 '무성지성無聲之聲', '무미지미無味之味', '정신精神', '염족饜足 : 만족'으로 보았다. '위복爲腹'을 '양신養神', '위목爲目'을 '설정泄精 : 정기의 누출'으로 해석한 것도 이 때문이라고 할 수 있다.

이에 대해 「왕주」는 '위복'을 '이물양기以物養己 : 사물을 이용해 자신을 기름', '위목'을 '이물역기以物役己 : 사물로 하여금 자신을 부리게 함'로 풀이했다. 형이상적 해석이 아닐 수 없다. 제12장에서 말하는 '위복'과 '위목'은 각각 '실내實內 : 안을 충실히 함'와 '식외飾外 : 밖을 화려하게 꾸밈'로 풀이하는 게 타당하다.

제13장 염치(猒恥 : 수치를 막음)

寵辱若驚, 貴大患若身.

何謂 '寵辱若驚.' 寵爲下, 得之若驚, 失之若驚, 是謂寵辱若驚.

何謂 '貴大患若身.' 吾所以有大患者, 爲吾有身. 及吾無身, 吾有何患.

故貴以身爲天下者, 若可寄天下. 愛以身爲天下者, 若可託天下.

『백서갑본』 :

龍(=寵)辱若驚, 貴大梡(=患)若身. 何胃 '龍辱若驚.' 龍之爲下, 得之若驚, 失「之」若驚, 是胃龍辱若驚. 何胃 '貴大梡若身.' 吾所以有大梡者, 爲吾有身也. 及吾无身, 吾有何梡. 故貴爲身於爲天下, 若可以橐(=託)天下矣. 愛以身爲天下, 女何以寄天下.

『곽점을본』 :

人寵若驚, 貴大患若身. 何胃寵辱, 寵爲下也, 得之若驚, 失之若驚, 是胃寵辱若驚. 何謂 '貴大患若身.' 吾所以又大患者, 爲吾又身. 及吾亡身, 或何又患. 故貴以身爲天下, 若可以託天下矣. 愛以身爲天下, 若可以寄天下矣.

총욕약경(寵辱若驚 : 총애와 굴욕에 임해 마치 놀란 듯이 행동함)하고, 귀대환약신(貴大患若身 : 영예와 우환에 임해 마치 나의 몸처럼 여김)해야 한다.

무엇을 '총욕약경'이라고 하는가. 총위하(寵爲下 : '총애는 잃게 되면 下賤의 모욕으로 바뀜'의 뜻임)를 말한다. 그래서 득총(得寵)해도 놀란 듯이 하고, 실총(失寵)해도 놀란 듯이 행동하라고 한 것이다. 이를 일컬어 '총욕약경'이라고 한다.

무엇을 '귀대환약신'이라고 하는가. 나에게 대환(大患)이 있는 것은 내가 몸을 가지고 있기 때문이다. 만일 나에게 몸이 없다면 어찌 우환이 있을 수 있겠는가.

그래서 제 몸을 천하처럼 귀하게 여기는 사람에게는 가히 천하를 맡길 수 있고, 제 몸을 천하처럼 아끼는 사람에게도 가히 천하를 맡길 수 있는 것이다.

'귀대환약신貴大患若身' 구절을 두고 「하주」는 '귀貴'를 '외畏', '약若'을 '지至'로 간주해 풀이키를, "근심이 자신에게 이르는 것을 두려워한다"고 했다. 명쾌한 해석이기는 하나 '귀'를 '외畏', '약'을 '지至'로 간주한 근거가 약할 뿐만 아니라 앞 구절인 '총욕약경寵辱若驚'과 다른 식으로 해석한 이유를 납득키도 어렵다.

이에 대해 「왕주」는 '귀貴'와 '대환大患'을 각각 '영예'와 '큰 우환'으로 간주해 풀이키를, "영예는 기필코 걱정거리를 만든다. 영예와 우환은 동일하다. 사람이 영예에 미혹되면 결국 큰 우환이 제 몸으로 돌아오게 된다. 그래서 '영예와 큰 우환을 내 몸처럼 여긴다'라고 한 것이다"라고 했다.

이 구절은 「왕주」를 좇아 '귀'와 '대환'을 '총욕약경'의 '총寵'과 '욕辱'처럼 대립되는 개념으로 파악하는 게 타당하다. '약신若身' 또한 '총욕약경'의 약경若驚과 마찬가지로 '영예와 우환을 마치 나의 몸처럼 여겨 신중히 행보함'으로 해석하는 게 옳다. 그래야만 의미가 순통한다.

『왕본』의 '총위하寵爲下' 구절은 『하본』에 '욕위하辱爲下'로 되어 있다. 과거 유월은 이를 두고 주장키를, "『하본』의 구절은 마땅히 '총위상寵爲上, 욕위하辱爲下'가 되어야 한다. 필사과정에 위 구절이 탈락한 것으로 보인다. 『하본』의 진경원본陳景元本 등에 이같이 되어 있다"고 주장한 바 있다. 주겸지와 고형高亨 등은 유월의 이런 주장을 좇아 해당 원문을 고쳐 읽었다. 그러나 『백본』과 『곽본』 모두 '총위하' 구절로 되어 있어 유월의 이런 주장은 설득력을 잃고 말았다. 『하본』의 '욕위하'는 '총위하'의 오사誤寫로 보는 게 타당하다.

마지막 문장에 나오는 '귀이신위천하貴以身爲天下'와 '애이신위천하愛以身爲天下'의 두 구절도 예로부터 그 해석을 둘러싸고 많은 논란이 있었다. 구문 자체가 잘 해석이 되지 않을 뿐만 아니라 설령 억지해석을 할지라도 동일한 내용의 구절이 앞뒤로 반복되어 있는 이유를 밝히기가 쉽지 않았기 때문이다. 이로 인해 다양한 해석이 시도되었으나 만족스런 결과를 얻지 못했다.

「하주」는 '귀이신위천하' 구절을 '자신의 몸은 귀하게 여기지만 다른 사람은 천하게 여김'으로 해석해 두 구절 사이의 의미상 차별을 시도했으나 후속 문장과의 조응이 매끄럽지 못했다. 결국 이 문제는 『백본』의 발굴로 비로소 해결되었다.

『백본』은 '귀위신어위천하貴爲身於爲天下'로 되어 있다. 이는 '위신爲身 : 자신을 위함을 위천하爲天下 : 천하를 위함보다 귀하게 여기다'는 뜻이 되어 후속 구절과 매끄럽게 연결된다. 뒷 구절인 '애이신위천하愛以身爲天下' 역시 '애愛'를 '아끼다'가 아니라 '좋아하다'로 간주해 '천하를 위해 자신을 바치는 것을 좋아하다'는 뜻으로 보면 후속 구절인 '여하이기천하女何以寄天下 : 그대에게 어찌 천하를 맡길 수 있겠는가' 구절과 순통한다.

사실 이같이 해석해야만 이 장에서 얘기하고자 하는 '위기爲己'사상에 부합한다. 원래 도가사상은 '위기'를 기치로 내세운 양주楊朱사상과 밀접한 관련을 맺고 있었다. 이 장이 바로 그 증거라고 할 수 있다. 여기서는 일단 전래의 주석을 좇았다.

제14장 찬현(贊玄 : 현묘함을 기림)

視之不見名曰夷, 聽之不聞名曰希. 搏之不得名曰微. 此三者, 不可致詰, 故混而爲一. 其上不皦, 其下不昧.

繩繩兮不可名, 復歸于無物. 是謂'無狀之狀 · 無物之象'. 是謂恍惚.

迎之不見其首. 隨之不見其後. 執古之道, 以御今之有. 能知古始, 是謂道紀.

『백서갑본』:

視之而弗見, 名之曰微. 聽之而弗聞, 名之曰希. 搏之而弗得, 名之曰夷. 三者不可至計, 故混「而爲一」. 一者, 其上不攸(=悠), 其下不忽. 尋尋呵不可名也, 復歸于无物. 是胃无狀之狀, 无物之「象. 是胃忽恍. 隨而不見其後. 迎」而不見其首. 執今之道, 以御今之有. 以知古始, 是胃「道紀」.

보려 해도 볼 수 없는 것을 '이(夷)', 들으려 해도 들을 수 없는 것을 '희(希)', 잡으려 해도 잡을 수 없는 것을 '미(微)'라고 한다. 이들 3자는 치힐(致詰 : 끝까지 캐물음)할 수 없을 정도로 혼일(混一 : 하나로 섞임)하다. 그 위는 불교(不皦 : 밝지 않음)하고, 그 아래는 불매(不昧 : 어둡지 않음)하다.

승승혜(繩繩兮 : 끊임없이 이어져 있구나), 이름을 붙일 수 없어 무물(無物 : 아무 것도 없는 물질 이전 상태)로 복귀하니 이를 일컬어 '무상지상(無狀之狀 : 모양이 없는 모양)·무물지상(無物之象 : 사물이 없는 형상)'이라고 한다. 이를 '황홀(恍惚 : 보이지 않아 규정할 수 없음, 『하본』은 忽恍)'이라고 말하기도 한다.

이에 맞이해도 그 머리를 볼 수 없고, 뒤따라가도 그 뒤를 볼 수 없는 것이다. 그러나 고도(古道 : 옛날 치세의 도)를 갖고 금유(今有 : 현재의 모든 것)를 다스리면 능히 고시(古始 : 옛날의 시원)를 알 수 있다. 이를 일컬어 '도기(道紀 : 도의 벼리)'라고 한다.

『백본』은 『왕본』 및 『하본』과 달리 '이夷'와 '미微'가 뒤바뀌어 있다. 『광아廣雅』 등에 따르면 '이'는 '멸滅', '미'는 '무無'의 뜻을 지니고 있다. 『백본』이 의미상 보다 타당하나 『왕본』과 『하본』도 크게 잘못된 것은 아니다. 또한 『백본』에는 『왕본』 및 『하본』의 '불가치힐不可致詰'이 '불가지계不可至計'로 되어 있다. '불가지계'를 직역하면 '계산에 이를 수 없다'는 뜻이 되나 의역하면 '이夷와 희希, 미微를 나누어 따질 수 없다'는 뜻이 된다. '불가치힐'과 별 차이가 없는 것이다.

『백본』에는 특이하게도 '집고지도執古之道'가 '집금지도執今之道'로 되어 있다. 이를 두고 대략 『백본』이 만들어진 전한제국 초기에 크게 유행했던 현실 중시의 황로학黃老學사상이 반영된 결과로 보고 있다. 그러나 전국시대 말기에 제자백가사상을 집대성한 순자가 맹자의 '법선왕法先王' 주장을 공박키 위해 제시한 소위 '법후왕法後王' 주장이 반영된 것인지도 모를 일이다.

제15장 현덕(顯德 : 덕을 드러냄)

古之善爲士者, 微妙玄通, 深不可識.

夫唯不可識, 故强爲之容. "豫焉若冬涉川, 猶兮若畏四隣, 儼兮其若客, 渙兮若氷之將釋, 敦兮其若樸, 曠兮其若谷. 混兮其若濁."

孰能濁以靜之徐淸. 孰能安以久動之徐生, 保此道者不欲盈,

夫唯不盈, 故能蔽不新成.

『백서갑본』:

「古之善爲道者, 微妙玄達」, 深不可志. 夫唯不可志, 故强爲之容. 曰, '與呵其若冬「涉水, 猶呵其若」畏四「隣, 儼呵」其若客. 渙呵其若凌澤, 沌呵其若樸, 湷「呵其若濁, 曠呵其」若浴.' 濁而靜之徐淸. 女以重之徐生, 葆此道不欲盈, 夫唯不「欲盈, 是以能蔽而不」成.

『곽점갑본』:

長古之善爲士者, 必微妙玄達, 深不可志. 是以爲之容. '豫乎, 其如冬涉川. 猶乎, 其如畏四隣. 儼乎, 其如客. 渙乎, 其如釋. 敦乎, 其如樸. 混乎, 其如濁.' 竺能濁以靜者, 將徐淸. 竺能安以動者, 將徐生. 保此道者, 不欲尙盈.

옛날 도를 얻은 군주는 미묘현통(微妙玄通 : 미묘하고 그윽이 통달함)하여 그 깊이를 알 수 없었다.

알 수 없었기에 억지로 이같이 형용했다.

"예언(豫焉 : 조심하네), 마치 겨울에 개울을 건너듯. 유혜(猶兮 : 머뭇거리네), 마치 사린(四隣 : 사방의 이웃)을 두려워하듯. 엄혜(儼兮 : 엄숙하네), 마치 객(客 : 원래는 '容'으로 되어 있으나 이는 '客'의 誤寫임)인 것처럼. 환혜(渙兮 : 사라지네), 마치 얼음이 녹듯. 돈혜(敦兮 : 질박하네), 마치 통나무처럼. 광혜(曠兮 : 관대하네), 마치 텅 빈 계곡처럼. 혼혜(混兮 : 뒤섞였네, 『하본』은 '渾'), 마치 탁한 것처럼."

누가 능히 탁한데도 고요히 할 경우 서서히 맑아질 수 있고, 누가 능히 안정(安定)한데도 계속 움직일 경우 서서히 살아날 수 있겠는가. 이러한 도를 지닌 자는 가득 채우려고 하지 않는다.

무릇 채우려 하지 않는 까닭에 능폐불신성(能蔽不新成 : 자신의 공명을 덮어 가릴 뿐 새로이 공명을 이루려고 하지 않음)한다.

『왕본』과 『하본』의 '선위사자善爲士者'가 『백본』에는 '선위도자善爲道者'로 되어 있다. 당초 이를 두고 적잖은 논란이 일었다. 고형高亨과 주겸지朱謙之 등은 일부 판본에 '사'가 아닌 '도'로 되어 있는 점 등에 주목해 『왕본』과 『하본』의 '사'는 '도'의 오사誤寫라고 주장했다. 이들은 제65장의 「왕주」에 '사'가 아닌 '도'로 되어 있는 점 등을 그 논거로 들었다. 『백본』이 발견된 후 이들의 주장이 설득력을 얻었다. 그러나 『백본』보다 더 오래된 『곽본』이 출토되면서 상황이 역전되었다. 『곽본』은 『백본』과 달리 '사'로 되어 있었다. 이로써 『왕본』과 『하본』이 오히려 고본古本에 더 가깝다는 사실이 증명된 것이다.

『왕본』은 '엄혜기약객儼兮其若客'의 '객客'이 '용容'으로 되어 있다. 그러나 『하본』을 포함해 『백본』과 『곽본』 모두 '객'으로 되어 있다. '용'으로 볼 경우 문맥이 순통하지 않는다. 필사과정에 오류가 있었음에 틀림없다.

『왕본』과 『하본』의 맨 마지막에 나오는 '부유불영夫唯不盈, 고능폐불신성故能蔽不新成' 구절은 『백본』에는 나오나 시기적으로 이보다 더 오래된 『곽본』에는 나오지 않는다. 이 구절은 『백본』이 만들어질 당시에 가필되었을 공산이 크다.

일부 주석가는 '고능폐불신성故能蔽不新成' 구절과 관련해 '폐蔽 : 덮어 가림'와 '불신성不新成 : 새롭게 이루지 않음'이 문맥상 순통하지 않는다는 이유로 '불不'을 '이而'의 오사로 보고 있다. 이들은 제22장의 '폐즉신蔽則新 : 낡으면 새로워짐' 구절 등을 그 논거로 내세우고 있다. 그러나 이같이 해석할 경우 원문의 뜻과 정반대의 뜻이 된다. 이에 일각에서는 '신성新成'을 제64장의 '기성幾成'과 유사한 뜻을 지닌 것으로 간주해 '조급히 마구 만들어낸다'는 뜻으로 풀이할 것을 주장하고 있다. 이 또한 무리한 해석이라는 지적을 면키 어렵다. 대략 「하주」를 좇아 '폐'와 '불신성'의 숨겨진 목적어를 '공명功名'으로 간주하면 굳이 원문의 글자를 개작해 읽거나 견강부회식으로 억지 해석할 필요가 없다.

제16장 귀근(歸根 : 뿌리로 돌아감)

致虛極, 守靜篤. 萬物並作, 吾以觀復.

夫物芸芸, 各復歸其根. 歸根曰靜, 靜曰復命. 復命曰常, 知常曰明. 不知常妄作, 凶.

知常容, 容乃公, 公乃王, 王乃天, 天乃道, 道乃久, 沒身不殆.

「백서갑본」:

至虛極也, 守靜督也. 萬物旁作, 吾以觀其復也. 天物雲雲, 各復歸於其「根. 歸根曰靜」. 靜, 是胃復命. 復命常也, 知常明也. 不知常, 芒, 芒作, 兇. 知常容, 容乃公, 公乃王. 王乃天, 天乃道, 「道乃久」, 沕(=沒)身不殆.

「곽점갑본」:

致虛, 恒也. 守中, 篤也. 萬物旁作, 居以須復也. 天道員員, 各復其根.

허극(虛極 : '虛'가 극에 달한 완전히 비운 상태)에 이르고, 정독(靜篤 : 고요함과 독실함)을 지킨다. 만물이 병작(並作 : 무성하게 일어남)하지만 나는 그 복귀(復歸 : 근본으로 돌아감)를 본다.

만물은 운운(芸芸 : 무성함)하나 결국 그 뿌리로 복귀한다. 귀근(歸根)을 정(靜 : 뿌리를 지칭), '정'을 복명(復命 : 생명을 회복함), '복명'

을 상(常 : 생명이 恒常을 얻음), '지상(知常 : 常을 앎)을 명(明 : 지혜가 밝음)이라고 한다. '상' 을 모르고 망작(妄作 : 함부로 움직임)하면 흉하다.

상(常)을 알면 용(容 : 만물을 포용함), '용' 이면 공(公 : 공정하게 됨), '공' 이면 왕(王 : 왕이 됨), '왕' 이면 천(天 : 하늘과 통함), '천' 이면 도(道 : 도를 얻음), '도' 이면 구(久 : 오래도록 이어지는 불멸의 경지에 다다름)가 이뤄진다. 그리 되면 몰신(沒身 : 終身)토록 위태롭지 않게 된다.

『왕본』 및 『하본』, 『백본』의 '오이관복吾以觀復 : 나는 그 복귀를 봄' 구절이 『곽본』에는 '거이수복居以須復 : 버물며 복귀를 기다림' 으로 되어 있다. 『곽본』이 수동적인 데 반해 『왕본』 등은 능동적이다. 『백본』이 만들어질 당시 '도' 의 의미를 보다 적극적으로 새기기 위해 능동적인 의미로 개작했을 공산이 크다.

『왕본』 및 『하본』의 '부물운운夫物芸芸 : 만물이 무성함' 이 『백본』에는 '천물운운天物雲雲 : 천하의 만물이 무성히 일어남', 『곽본』에는 '천도원원天道員員 : 천도가 돌고 돎' 으로 되어 있다. 대략 그 뜻은 유사하다.

「하주」는 특이하게도 '복명復命' 의 '명命' 을 '성명性命' 으로 풀이했다. 「하주」는 『노자』를 주석하면서 모두 5회에 걸쳐 '명' 을 '성명' 으로 풀이해 놓았다. 「하주」에서 말하는 '성명' 은 구체적으로 무엇을 말하는 것일까. 용례를 보면 대략 '본성' 과 '생명', '수명' 등의 의미로 사용되어 있다. 이는 선진시대의 문헌인 『장자』 및 『순자』 등의 용례와 유사한 것이기도 하다. 훗날 양생을 중시하는 도교가 발전하면서 「하주」의 '성명' 개념은 매우 중요한 개념으로 취급되었다. 도교에서 말하는 소위 '성명쌍수性命雙修' 개념이 그 실례이다. 이는 '수성修性 : 심성을 닦음'과 '수명修命 : 몸, 즉 수명을 닦음'을 동시에 수행하는 것을 의미한다. 제16장의 '명命'은 '생명'에 가까운 의미로 사용된 것이다.

제17장 순풍(淳風 : 순박한 풍속)

太上, 不知有之. 其次, 親之譽之. 其次, 畏之. 其次, 侮之.
信不足焉, 有不信焉. 悠兮其貴言. 功成事遂, 百姓皆謂我自然.

『백서갑본』 :

太上, 下知有之. 其次, 親譽之. 其次, 畏之. 其下, 母(=侮)之. 信不足, 案有不信. 「猶呵」, 其貴言. 成功遂事, 而百姓胃我自然.

『관점병본』 :

太上下智又之, 其次親譽之, 其次畏之, 其次侮之. 信不足, 安又不信. 猶乎, 其貴言也. 成事遂功而百姓曰我自然也.

태상(太上 : 최상의 군주)은 백성들이 부지유군(不知有君 : 군주가 존재한다는 사실조차 모름)하고, 그 다음의 군주는 백성들이 친예(親譽 : 가까이 하며 칭송함)하고, 그 다음의 군주는 백성들이 외군(畏君 : 군주를 두려워함)하고, 그 다음의 군주는 백성들이 아예 모군(侮君 : 군주를 업신여김)한다.

백성에 대한 믿음이 부족하면 백성 또한 군주를 믿지 못하게 된다. 유혜(悠兮 : 신중하구나), 그 말을 아끼는 것이. 공이 이뤄지고 일이 성사되면 백성들은 모두 '나' 스스로의 힘으로 그리 되었다고 말한다.

주석가들마다 '태상太上'에 대한 해석이 다르다. 「왕주」는 무위지치를 행하는 '대인大人', 「하주」는 '태고 때 명호名號가 없었던 군주'로 보았다. 이에 대해 일부 학자는 '대도가 행해지던 시대' 내지 '최상'으로 풀이해야 문맥이 순통한다고 보았다. 문의文意에 비춰 대략 '최상의 군주'로 풀이하는 게 타당할 것이다.

과거 일부 학자들이 『왕본』와 『하본』에 나오는 '하지유지下知有之 : 백성들이 군주가 존재한다는 사실만 앎'가 적잖은 판본에 '부지유지不知有之 : 백성들이 군주가 존재한다는 사실조차 모름'로 되어 있는 점에 주목해 '하지下知'를 '부지不知'의 오사로 보았다. 이들은 『하본』의 '도장본'을 뺀 나머지 판본 중 '오징본吳澄本'과 '명태조본明太祖本', '초횡본焦竑本', '등기본鄧錡本' 등 역대 주요 판본들이 모두 '부지'로 되어 있는 점 등을 그 논거로 들었다. 사실 뜻으로 볼 때도 '하지'보다는 '부지'로 해석하는 게 문맥상 훨씬 자연스럽다. 이로 인해 많은 학자들이 이를 '하지'가 아닌 '부지'로 새겼다.

그러나 정작 문제는 『백본』과 『곽본』 모두 '부지'가 아닌 '하지'로 되어 있는 점이다. 『백본』과 『곽본』의 출현으로 『왕본』과 『하본』의 '하지유지'가 오사가 아니라는 사실이 밝혀진 것이다. '부지'로 새기는 것이 옳다는 주장에 결정적인 걸림돌이 나타난 셈이다.

그럼에도 불구하고 많은 주요 판본들이 '부지유지'로 새기고 있는 만큼 이를 좇아 '부지유지'로 새기는 것이 제17장의 취지에 부합한다. 노자의 통치사상에 비추어 볼 때 통치는 '백성들이 군주가 있는지조차 의식하지 않는다'는 수준에까지 이르러야만 한다고 새기는 것이 문맥상 타당하다.

다만 그간에 나온 판본이 크게 '부지유지'와 '하지유지'의 두 가지로 갈리고 있는 만큼 어느 쪽의 판본을 취하든 최상의 치도는 '부지유지'의 단계가 있고 그 바로 아래 단계에 '하지유지'가 있다고 해석하는 게 합리적이다. 이 구절은 '부지유지'와 '하지유지' 중 어느 것이 맞는가 하는 문제를 놓고 다툴 문제가 아니다. 글자 자체의 뜻도 중요하지만 문맥 전체의 맥락에서 기본 취지를 포착하는 게 훨씬 바람직하다. '부지유지'와 '하지유지'의 두 단계가 모두 존재하는 만큼 두 해석 모두를 취하여 최상의 통치에는 먼저 '부지유지'의 단계가 있고 그 바로 아래 단계에 '하지유지' 단계가 있다고 새기면 될 것이다.

제18장 속박(俗薄 : 풍속이 각박해짐)

大道廢, 有仁義. 慧智出, 有大僞. 六親不和, 有孝慈. 國家昏亂, 有忠臣.

『백서갑본』 :

故大道廢, 案有仁義. 知慧出, 案有大僞. 六親不和, 案有孝玆(=慈). 邦家昏亂, 案有貞臣.

『곽점병본』 :

故大道廢, 安又仁義, 六親不和, 案又孝慈, 邦家昏亂, 安又正臣.

대도(大道)가 폐해지자 인의(仁義)가 있게 되고, 지혜(慧智)가 나타나자 대위(大僞 : 큰 거짓)가 있게 되었다. 육친(六親 : 父 · 母 · 兄 · 弟 · 妻 · 子)이 불화하자 효자(孝慈 : 효도와 자애)가 있게 되고, 국가가 혼란하자 충신(忠臣)이 있게 되었다.

원문의 혜지慧智 : 『하본』은 智慧를 두고 「왕주」는 '행술찰간行術察姦 : 술수를 써서 간교함을 살핌'으로 풀었다. 이에 대해 「하주」는 '천질귀문賤質貴文 : 내실을 천시하고 외양을 중히 함' 하는 '지혜지군智慧之君'으로 보았다. 「왕주」와 「하주」 모두 '지혜'를 부정적인 의미로 사용한 셈이다.

원문의 '지혜출知慧出, 유대위有大僞' 구절은 『곽본』에는 나오지 않는다. 『곽본』에 나오는 '인의仁義'와 '효자孝慈', '정신正臣' 등의 개념은 굳이 부정적으로 새길 필요가 없다. 실제로 『곽본』은 유가의 덕목인 '인의' 등의 개념에 부정적인 입장을 취하지 않고 있다. 대략 '인의' 등의 유가 덕목이 부정적인 의미를 띠게 된 것은 『백본』이 출현하는 전국시대 말기 이후의 일로 짐작된다.

제19장 환순(還淳 : 순박으로 돌아감)

絶聖棄智, 民利百倍. 絶仁棄義, 民復孝慈. 絶巧棄利, 盜賊無有. 此三者, 以爲文不足. 故令有所屬, '見素抱樸 · 少私寡欲.'

『백서갑본』 :

絶聖棄知, 民利百倍. 絶仁棄義, 民復孝玆. 絶巧棄利, 盜賊无有. 此三言也, 以爲文未足. 故令之有所屬, '見素抱「樸 · 少私寡欲」.'

『곽점갑본』 :

絶智弃辯, 民利百倍. 絶巧棄利, 盜賊亡又. 絶僞棄慮, 民復季子. 三言以爲辨不足. 或命之或乎屬, '視素保樸 · 少私寡欲.'

절성기지(絶聖棄智 : 뛰어난 지혜를 끊어서 버림)하면 백성들의 이익이 1백 배가 되고, 절인기의(絶仁棄義 : 인의를 끊어서 버림)하면 백성들이 효자(孝慈)로 돌아오고, 절교기리(絶巧棄利 : 교묘한 재주를 끊어서 버림)하면 도적이 사라진다.

이들 3자는 문식(文飾 : 예법)으로 삼기에는 부족하다. 그래서 사람을 '현소포박(見素抱樸 : 소박함을 드러내고 품음) · 소사과욕(少私寡欲 : 사욕을 작게 함)' 에 소속(所屬 : 붙잡아 매어둠)시켜야 한다.

과거 『왕본』과 『하본』에 나오는 '절성기지絶聖棄知' 구절 중 '절성絶聖'의 해석을 놓고 논란이 많았다. 이를 직역하면 '성인을 끊다'는 뜻이 된다. 이는 『노자』에서 매우 긍정적으로 서술된 '성인'에 대한 기본 입장과 배치된다. 이에 일부 주석가는 '성聖'을 '재지才智가 있는 사람' 또는 '뛰어난 지혜' 등으로 번역했다. 그러나 '절성기지'가 『곽본』에는 '절지기변絶智弃辯'으로 되어 있다. '기弃'는 '기棄'의 고자古字로 이 구절은 『곽본』에 따르면 '지변智辯 : 지혜와 변설을 절기絶棄 : 끊어서 버림한다'는 뜻이 된다. 『백본』이 나올 당시 '절지기변'이 '절성기지'로 개작되었을 공산이 크다. 『백본』의 취지를 감안할 때 『왕본』 등의 '절성'을 '성인을 끊다'의 뜻으로 새기는 것은 잘못이다. 대략 '성聖'을 '인위적인 뛰어난 지혜'로 새기는 것이 타당할 것이다.

『왕본』 등의 '절인기의絶仁棄義' 구절 역시 같은 맥락에서 이해할 수 있다. 이 구절 역시 오랫동안 『노자』가 성인을 숭상하는 유가사상을 부인한 근거로 원용되기도 했으나 『곽본』에 따르면 '절위기려絶僞棄慮'가 원문에 해당한다. 이는 '위려僞慮 : 작위와 사려를 끊어버리다'의 뜻으로 결코 유가의 덕목인 '인의'를 반대한 게 아니다. 본래 '위려僞慮'는 성인이 오랫동안 사려를 통해 만들어낸 작위의 결과인 소위 '예禮'를 의미한다. 이는 『순자』의 핵심 개념이기도 하다. 이 또한 『백본』이 출현하는 전국시대 말기에 이르러 『순자』의 '예치禮治' 개념을 반대하기 위해 이같이 개작했을 공산이 크다.

제20장 이속(異俗 : 세속과 다름)

絶學無憂. 唯之與阿, 相去幾何. 善之與惡, 相去若何. 人之所畏, 不可不畏.

荒兮, 其未央哉. 衆人熙熙, 如享大牢, 如春登臺.

我獨泊兮, 其未兆, 如嬰兒之未孩.

儽儽兮, 若無所歸. 衆人皆有餘, 而我獨若遺. 我愚人之心也哉.

沌沌兮, 俗人昭昭, 我獨昏昏. 俗人察察, 我獨悶悶.

澹兮, 其若海. 飂兮, 若無止. 衆人皆有以, 而我獨頑以鄙.

我獨異於人, 而貴食母.

『백서갑본』:

「絶學无憂」. 唯與訶, 其相去幾何. 美與惡, 其相去何若. 人之「所畏」, 亦不「可以不畏人」. 「望呵, 其未央哉」. 衆人熙熙, 若鄉(=享)於大牢, 而春登臺. 我泊焉未兆, 若「嬰兒未咳」. 「累呵, 如无所歸. 衆人」皆有餘, 我獨遺. 我愚人之心也, 湷湷呵. 俗人「昭昭, 我獨若」昏呵. 俗人察察, 我獨悶悶呵. 忽呵, 其若「海」. 望呵, 其若无所止. 「衆人皆有以, 而我獨頑」以鄙. 我欲獨異於人, 而貴食母.

『곽점을본』:

絶學亡憂. 唯與阿, 相去幾何. 美與惡, 相去何若. 人之所畏, 亦不可以不畏.

절학(絶學 : 학문을 끊음)하면 근심이 없다. 유(唯 : '예' 하고 공손히 답함)가 아(阿 : '응' 하고 더디게 답함)와 상거(相去 : 서로 떨어짐)한 게 얼마나 되고, 선(善)이 악(惡)과 상거한 게 얼마나 되는가. 사람이 두려워하는 바를 두려워하지 않을 수 없다.

황혜(荒兮 : 망망하구나), 그 미앙(未央 : 다하지 못함)이여. 중인(衆人)들이 희희(熙熙 : 희희낙낙)히여 마치 대뢰(大牢 : 소 · 양 · 돼지의 犧牲을 갖춘 제사로 美食을 의미)를 즐기고, 봄날에 누각에 오르듯 하는구나.

아독박혜(我獨泊兮 : 나 홀로 담박하구나), 그 미조(未兆 : 아무런 조짐이 없음)가. 마치 영아가 미해(未孩 : 웃지 못함, 『설문해자』는 '孩'를 '아이의 웃는 모양'으로 풀이)하듯이.

내래혜(儽儽兮 : 고달프구나, 『하본』은 '乘乘兮'), 마치 돌아갈 곳이 없는 듯이. 중인들이 모두 유여(有餘 : 여유가 있음)한데 나 홀로 마치 버려진 듯하니 내가 우인(愚人)의 심사를 지니고 있구나.

돈돈혜(沌沌兮 : 순진할 정도로 어리석구나, 『하본』은 '純純兮'), 속인들은 소소(昭昭 : 세사에 밝음)한데 나 홀로 혼혼(昏昏 : 세사에 어두움)하고. 속인들은 찰찰(察察 : 세세히 살핌)한데 나 홀로 민민(悶悶 : 흐리멍덩함)하구나.

담혜(澹兮 : 고요하구나), 마치 바다와 같이. 표혜(飂兮 : 몰아치는구나), 마치 멈출 곳이 없는 듯이. 중인들이 모두 유이(有以 : 쓰임이 있음, '以'는 '有爲'의 의미)한데 나 홀로 완이비(頑以鄙 : 완고하고 비루함, 『왕본』 및 『하본』의 '似'는 '以'의 誤寫)하구나.

나 홀로 사람들과 다르고자 하는 것은 사모(食母 : '먹여주는 어미'로 '萬物之母'를 의미)를 귀하게 여기기 때문이다.

한동안 주석가들 사이에 '유唯'와 '아阿'의 해석을 둘러싸고 논란이 일었다. 장자사상과 불가사상에 밝았던 당제국 때의 성현영成玄英이 '유'와 '아'를 각각 '공손한 대답'과 '더딘 대답'으로 해석한 이후 많은 주석가들이 이를 좇았다. 이에 대해 유사배劉師培는 주장키를, "아阿는 가訶로 읽어야 한다. 『설문해자』에 따르면 '가'는 크게 노하는 말이다. '유'와 '아'는 각각 '순순히 응하는 소리'와 '거절하는 소리'로 새겨야 한다"고 했다. 『백서갑본』은 유사배의 주장과 같이 '가'로 되어 있다. 그러나 『곽점을본』과 『백서을본』 모두 '아阿'로 되어 있다. 『백서갑본』만을 근거로 '아'를 '가'로 읽어야 한다고 주장하는 것은 무리이다. 대략 성현영 등이 주장한 바와 같이 '아'를 '적당히 넘어갈 생각으로 더디게 답함' 정도로 해석하는 게 타당할 것이다.

『왕본』과 『하본』의 '완사비頑似鄙'는 『백본』에 '완이비頑以鄙'로 되어 있다. 문맥상 '완頑'과 '비鄙'는 병렬관계에 있다. 고대에 '이以'는 '이而' 내지 '차且'의 뜻으로 쓰였다. 『왕본』과 『하본』의 '사似'는 필사과정의 오사로 보는 게 타당하다.

'사모食母' 구절에 대해서도 예로부터 논란이 많았다. 「왕주」와 「하주」 모두 '식모'로 읽으면서 각각 '생지본生之本'과 '용도用道 : 도의 사용'로 풀이했다. 이에 대해 적잖은 사람들이 이의를 제기하며 '식도食道 : 음식과 도'와 '양본養本 : 근본을 기름', '유모乳母 : 만물을 기르는 玄德에 젖을 줌' 등 다양한 해석을 시도했다. 대략 제1장에서 분석했듯이 '유명有名 : 만물지모 · 만물'의 근원인 '만물지모萬物之母'로 보는 게 타당할 것이다. '사모'가 '만물지모'를 뜻한다면 여기의 '식食'은 만물을 먹여주면서 양육한다는 뜻을 지닌 '사飼'의 뜻으로 새기는 게 타당하다.

제21장 허심(虛心 : 마음을 비움)

孔德之容, 惟道是從.
道之爲物, 惟恍惟惚.
惚兮恍兮, 其中有象.
恍兮惚兮, 其中有物.
窈兮冥兮, 其中有精. 其精甚眞, 其中有信.
自古及今, 其名不去, 以閱衆甫.
吾何以知衆甫之狀哉, 以此.

『백서갑본』:

孔德之容, 唯道是從. 道之物, 唯朢(=望)唯忽. 「忽呵朢」呵, 中有象呵. 朢呵忽呵, 中有物呵. 幽呵冥呵, 中有請呵. 其請甚眞, 其中「有信」. 自今及古, 其名不去, 以順衆父. 吾何以知衆父之然也, 以此.

공덕(孔德 : 큰 덕)의 모습을 보면 오직 도만을 따른다.

도는 위물(爲物 : 물건 됨)이 오직 황홀(恍惚 : 있는 듯 없는 듯함)할 뿐이다.

홀혜황혜(惚兮恍兮 : 있는 듯 없는 듯하구나), 그 안에 형상이 있으니.

황혜홀혜(恍兮惚兮), 그 안에 사물이 있으니.

요혜명혜(窈兮冥兮 : 깊고 그윽하구나), 그 안에 정수(精髓 : 『하본』

은 '精氣')가 있으니. 그 정수가 심히 참된 까닭에 그 안에 진실이 있다.

자고급금(自古及今 : 예로부터 지금까지, 『백본』은 '自今及古'), 기명(其名 : 「왕주」는 '無名', 「하주」는 '道名'으로 풀이)이 떠나지 않았다. 이로써 중보(衆甫 : 만물의 시작)를 살핀다.

내가 무엇으로 '중보'의 모습을 알 수 있는가. 이차(以此 : '이상 언급한 바를 통해서'의 의미)이다.

「하주」는 '열중보閱衆甫'의 '열閱'을 '품稟 : 내려줌'으로 보았다. '만물지시萬物之始'를 뜻하는 '중보衆甫'는 앞장에 나온 사모食母와 같은 의미를 지니고 있다. 제1장에서 살펴보았듯이 '만물지시'를 내려주는 것은 곧 '천지지시天地之始' 내지 '도道'이다. 「하주」가 '중보'의 주어에 해당하는 '기명其名'을 '도명道名 : 도의 이름'으로 해석한 이유가 여기에 있다. 그러나 다른 용례를 찾을 길이 없는 상황에서 '열閱'을 '품稟'으로 해석하는 것은 무리이다. 대략 「왕주」를 좇아 '기명'을 '무명無名'으로 보고 '열'을 '열람閱覽'의 뜻으로 새기는 게 자연스럽다.

『백본』에는 '중보衆甫'가 '중보衆父'로 되어 있다. 본래 '보甫'와 '보父' 모두 남자에 대한 미칭美稱으로 서로 혼용돼 사용되었다. '중보'의 '보'를 '시작'의 뜻으로 새기는 것은 「왕주」와 「하주」의 독특한 해석이 아닐 수 없다. 『왕본』의 '중보지상衆父之狀'이 『하본』과 『백본』에는 '중보지연衆父之然'으로 되어 있다. 『왕본』의 필사과정에 오사誤寫가 있었을 것으로 보인다. 그러나 그 뜻만큼은 대동소이하다.

제22장 익겸(益謙 : 겸손을 더함)

曲則全, 枉則直. 窪則盈, 敝則新. 少則得, 多則惑.

是以聖人抱一, 爲天下式. 不自見故明. 不自是故彰. 不自伐故有功. 不自矜故長.

夫唯不爭, 故天下莫能與之爭. 古之所謂 '曲則全' 者, 豈虛言哉. 誠全而歸之.

『백서갑본』:

曲則全, 枉則正. 窪則盈, 敝則新. 少則得, 多則惑. 是以聖人執一, 以爲天下牧. 不「自」視故明. 不自見故章(=彰). 不自伐故有功. 弗矜故能長. 夫唯不爭, 故莫能與之爭. 古「之所謂曲全者, 幾」語哉. 誠全歸之.

굽히면 온전해지고, 구부리면 곧아지고, 패이면 채워지고, 낡으면 새로워지고, 적으면 얻게 되고, 많으면 미혹된다.

그래서 성인은 포일(抱一 : '일'을 지킴)하여 천하식(天下式 : 천하의 준칙)이 된다. 자현(自見 : 스스로 드러냄)하지 않기에 밝고, 자시(自是 : 스스로 옳다고 함)하지 않기에 드러나고, 자벌(自伐 : 스스로 내세움)하지 않기에 공이 있고, 자긍(自矜 : 스스로 위대하다고 여김)하지 않기에 오래간다.

무릇 성인은 다투지 않기에 천하인 중 아무도 그와 다툴 수 없는 것이다. 옛날의 소위 '곡즉전(曲則全 : 굽히면 온전해짐)'이 어찌 허언(虛言)일 리 있겠는가. 실로 온전히 하여 복귀하는 것이 바로 이것이다.

『왕본』과 『하본』의 '기허언재豈虛言哉'가 『백본』에는 '기어재幾語哉'로 되어 있다. 『백본』을 정리한 중국의 연구팀은 '기어幾語'를 '요언要言'으로 간주해 『왕본』 및 『하본』과 다르게 풀이해 놓았다. 그러나 이는 잘못이다. 고대에 '기幾'는 '기豈'의 뜻으로도 쓰였다. 『백본』의 '기어재' 역시 '어찌 말뿐이겠는가'로 풀이하는 게 타당하다. 이는 '기허언재'와 별 차이가 없는 것이기도 하다.

『왕본』과 『하본』의 '포일抱一'이 『백본』에는 '집일執一'로 되어 있다. 의미상 차이가 없다. 「하주」는 '포일'을 '수일守一'과 같은 뜻으로 보고 있다. 「하주」가 치신治身 차원에서 '포일'과 '수일'을 '오장신五臟神'을 포수抱守하는 의미로 사용한 결과 후대 도교의 양신술에 지대한 영향을 미쳤다.

도교에서 말하는 '오장신'은 곧 건강한 생명과 장수를 의미한다. 이는 「하주」가 '치신'과 관련해 소위 '정기신설精氣神說'을 주장한 사실과 밀접한 관련이 있다. '정기신설'은 크게 애기설愛氣說과 보정설保精說, 양신설養神說로 이뤄져 있다. '애기'는 '기氣'를 아낀다는 의미이다. '치신'을 위해서는 먼저 하늘로부터 부여받은 '기'를 아껴야 한다는 게 골자이다. 그러기 위해서는 '기'를 피로하게 하거나 어지럽혀서는 안 된다. 여유를 가지고 유연하게 대처하는 것이 그 요체이다. 그래야만 외물에 지나치게 빠져들지 않게 된다는 것이다. 여기서 바로 도교에서 말하는 '행기법行氣法'이 나왔다.

'보정'은 '정精'을 보존하는 것을 말한다. 『황제내경黃帝內經』은 규정키를, '두 가지 신神이 서로 합쳐 형形을 이루니 항상 신身에 앞서 생겨나는 것을 말한다'고 했다. 「하주」는 바로 『황제내경』의 이 개념을 도입해 '정'을 설명해 놓고 있다.

'양신'은 생명력을 상징하는 '신神'의 육성을 말한다. 『황제내경』은 인체상에 나타나는 다양한 생명활동에 대한 총칭으로 규정하고 있다. 이는 곧 생명력을 말한다. 「하주」는 바로 이런 개념들을 원용해 '치신'이 장생과 불가분의 관계를 맺고 있고 군주의 '치신'은 곧 '치국'과 직결되어 있다는 논리를 전개하고 있는 것이다. '치신'에 지나치게 주목할 경우 자칫 '치국'을 강조하고 있는 「하주」의 기본 취지를 망각할 소지가 크다.

제23장 허무(虛無 : 무로 비움)

希言自然. 故飄風不終朝, 驟雨不終日.

孰爲此者, 天地. 天地尙不能久, 而況於人乎.

故從事於道者. 道者, 同於道. 德者, 同於德. 失者, 同於失.

同於道者, 道亦樂得之. 同於德者, 德亦樂得之. 同於失者, 道德亦失之(=失亦樂得之).

〈信不足焉, 有不信焉.〉

『백서갑본』:

希言自然. 飄風不冬(=終)朝, 暴雨不冬日. 孰爲此, 天地「而弗能久, 又況於人乎」, 故從事而道者同於道, 得(=德)者同於得, 失者同於失. 同「於得者」, 道亦得之. 同於「失」者, 道亦失之.

희언(希言 : 말을 아낌)이 자연스럽다. 그래서 표풍(飄風 : 사나운 바람)은 부종조(不終朝 : 아침나절을 넘기지 않음)하고, 취우(驟雨 : 폭우)는 부종일(不終日 : 하루를 넘기지 않음)하는 것이다.

누가 이리 하는가. 천지이다. 천지도 오래 지속하지 못하거늘 하물며 사람이야 더 말할 게 있겠는가. 그래서 도에 따라 종사(從事 : 일을 행함)해야 한다. 도자(道者 : 도를 좇는 사람)는 도와 함께 하고, 덕자(德者 : 덕을 좇는 사람)는 덕과 함께 하고, 실자(失者 : '도'와 '덕'을 잃을 일을 좇는 사람)는 도덕을 잃을 일과 함께 한다.

도와 함께 하는 자는 도 또한 즐겨 그를 받아들이고, 덕과 함께 하는 자는 덕 또한 즐겨 그를 받아들이고, 도덕을 잃을 일과 함께 하는 자는 도덕을 잃을 일 또한 즐겨 그를 받아들인다.

아랫사람에 대한 믿음이 부족하면 윗사람 역시 아랫사람으로부터 불신을 받게 된다.

『왕본』과 『하본』에는 '숙위차자孰爲此者' 다음에 나오는 천지天地가 두 번에 걸쳐 나오나 『백본』에는 단 한번만 나온다. 여기에는 약간의 의미상 차이가 난다. 전후문맥에 비춰볼 때 『왕본』와 『하본』은 '표풍부종조飄風不終朝'와 '취우부종일驟雨不終日'의 주체를 물은 자문自問에서 그 해답을 '천지'에서 찾고 있다. 이에 대해 『백본』은 구체적인 해답을 생략한 채 그러한 자연현상의 배후에 있는 '도'를 숨겨진 해답으로 암시하고 있다. 문맥상 『왕본』과 『하본』이 훨씬 명쾌하고 자연스럽다.

『왕본』과 『하본』에 나오는 '종사어도자從事於道者, 도자동어도道者同於道' 구절과 관련해 뒤에 나오는 '도자道者'를 연문衍文으로 보는 견해가 주류를 이루고 있다. 일찍이 유월은 『회남자』「도응」편에 인용된 문장과 『백본』 모두 '도자'가 단 한번만 나오고 있는 점에 주목해 이런 사실을 지적한 바 있다. 그의 주장은 『백본』의 출현으로 그 타당성이 입증되었다.

그러나 『백본』에 '도자'가 한 번만 나온 것을 이유로 뒤에 나오는 '도자'를 연문으로 보는 것은 약간 무리가 있다. 이 또한 앞 문장에서 천지가 두 번에 걸쳐 나온 맥락에서 접근하는 게 타당하다. 뒤에 나오는 '도자道者'와 '덕자德者', '실자失者'를 그 뒤에 나오는 '동어모同於某'와 떼어서 읽을 경우 문맥상 '도자'를 두

번 쓰지 않을 수 없게 된다. 유월 등은 '덕자'와 '실자' 앞에 '종사어從事於' 구절이 생략돼 있는 점에 지나치게 주목한 나머지 성급하게 뒤에 나오는 '도자'를 연문으로 간주했다는 지적을 면키 어렵다.

『왕본』과 『하본』에 나오는 '덕자德者'는 『백본』에는 '득자得者'로 되어 있다. 고대에 '덕德'과 '득得'은 상호 통용되었다. 시간이 흘러 '득'과 '덕'이 상호 통용되지 않게 되면서 후대인들이 '득'을 '덕'으로 개작한 것이 거의 확실하다. 그렇다면 이를 어떻게 평가하는 게 좋을까.

『백본』의 기본 취지에 따르면 '득자'는 앞에 나오는 '도자道者'와도 조응하고 있지만 '득실得失'의 대립 개념에 입각해 뒤에 나오는 '실자失者'와도 조응하고 있다. 내용상 이중적인 의미를 지닌 채 앞뒤를 연결시키며 조응하고 있었던 것이다. 그러나 『백본』에 나오는 '득자'는 '도자'보다는 '실자'와의 조응에 무게를 두고 있음에 틀림없다. 뒤따르는 문장이 '도자'가 생략된 채 '득자'와 '실자'의 대비로 구성되어 있는 점이 그 증거이다.

이 와중에 후대인들은 '득'과 '덕'이 상호 통용되지 않게 되면서 '득실'의 조응 대신 '도덕'의 조응을 선택하며 원문을 크게 개작했음에 틀림없다. 문맥이 전혀 통하지 않는 이상한 구절이 등장한 사실이 이를 뒷받침한다. 바로 '동어실자同於失者, 실역낙득지失亦樂得之' 구절이 그것이다.

이 구절 앞에 나오는 '동어도자同於道者, 도역낙득지道亦樂得之'와 '동어덕자同於德者, 덕역낙득지德亦樂得之' 구절은 문맥상 하등 이상할 게 없다. 내용상으로도 『백본』에 나오는 '동어득자同

於得者 : 도덕을 얻는 일과 함께 하는 자, 도역득지道亦得之 : 도 또한 그를 받아들임' 구절의 취지를 그대로 살려놓았다.

그러나 '동어실자同於失者 : 도덕을 잃을 일과 함께 하는 자, 실역낙득지失亦樂得之 : 도덕을 잃을 일 또한 즐겨 그를 받아들임'의 '실역낙득지' 구절만큼은 『백본』의 '도역실지道亦失之 : 도 또한 그를 받아들이지 않음' 구절의 취지와 완전히 동떨어져 있다. 이 구절은 앞서 나온 '도역낙득지'와 '덕역낙득지' 구절에 조응키 위해 새로 만들어낸 구절이기는 하나 그 뜻이 엉뚱한 데다가 문맥이 전혀 통하지 않는 것이다.

'득'을 '덕'으로 개작할 때 이 구절은 전후문맥에 맞춰 응당 '도덕역실지道德亦失之'로 바꿨어야만 했다. 이는 문맥의 전체 구조를 제대로 파악치 못한 채 단순히 앞에 나온 '도역낙득지'와 '덕역낙득지' 구절과 조응시키기 위해 기계적으로 개작한 데 따른 중대한 오류로 해석할 수밖에 없다. 이 구절은 지금이라도 『백본』의 구절과 같이 '도덕역실지'로 바꿔놓는 게 타당하다. 부득이하여 원문을 살린 채 이를 억지 해석케 될지라도 '도덕역실지'의 취지로 바꾸어 해석하는 게 타당하다. 여기서는 일단 원문 그대로 풀이해 놓았다.

마지막에 나오는 '신부족언信不足焉, 유불신언有不信焉' 구절 또한 『백본』에는 없는 것으로 내용상 앞 문장과 전혀 연결되지 않는다. 필사과정에서 엉뚱하게 끼어든 것이 확실하다. 제17장의 문장 중에 똑같은 구절이 나온다. 제17장의 구절이 잘못하여 끼어든 것으로 보는 게 통설이다. 제23장에서 이 구절은 아예 생략하는 게 낫다.

제24장 고은(苦恩 : 은덕을 어렵게 함)

企者不立, 跨者不行. 自見者不明, 自是者不彰. 自伐者無功, 自矜者不長.

其在道也, 曰 '餘食贅行.' 物或惡之, 故有道者不處.

『백서갑본』:

炊(=吹)者不立, 自視不章. 「自」見者不明, 自伐者无功, 自矜者不長. 其在道, 曰餘食贅行. 物或惡之, 故有欲者「弗」居.

기자(跂者 : 돋음 발로 내딛는 자)는 제대로 설 수 없고, 과자(跨者 : 교만한 자)는 제대로 갈 수 없다. 자현자(自見者 : 스스로 드러내는 자)는 밝지 못하고, 자시자(自是者 : 스스로 옳다고 여기는 자)는 드러나지 않고, 자벌자(自伐者 : 스스로 내세우는 자)는 공이 없고, 자긍자(自矜者 : 스스로 위대하다고 여기는 자)는 오래가지 못한다.

이는 도(道)로 말하면 '여식췌행(餘食贅行 : 먹다 남은 음식과 군더더기 행동)' 이라고 한다. 사람들이 늘 이를 미워하는 까닭에 유도자(有道者 : 도를 지닌 자)는 그리 행동하지 않는다.

『왕본』의 '기자企者' 와 『하본』의 '기자跂者' 는 같은 뜻이다. 「왕주」는 '기자企者' 를 '상진尙進 : 앞으로 나아가는 것을 숭상함'

으로 풀이했다. 「하주」 역시 '기자跂者'를 '진취공영進取功榮 : 앞으로 나아가 공과 영예를 취함'으로 풀이했다. 그러나 원래 '기企'와 '기跂'는 앞발로 발돋움을 하여 멀리 내다보는 것을 말한다. '기자'는 욕심이 앞선 나머지 앞만 보고 돋음 발로 내딛는 일종의 '출세주의자'로 보는 게 타당하다.

'기자'가 『백본』에는 '취자炊者'로 되어 있다. 『백본』을 정리한 중국의 연구팀은 '취炊'를 '취吹'의 가차로 간주해 고대의 도인술導引術에 나오는 동작의 하나로 보았으나 일부 학자는 '취吹'를 '취허吹噓 : 과장함'로 풀이키도 했다. 문맥상 '기자'의 취지에 부합한 '취허'가 보다 타당하다.

『왕본』과 『하본』에 나오는 '과자跨者'는 『백본』에 없는 것으로 후대에 삽입된 것으로 보인다. 원래 '과跨'는 '타고 넘다'의 뜻이다. 「하주」는 '과자'를 '자귀과인自貴跨人 : 스스로 귀하게 여겨 남을 업신여김'으로 풀이했다. 대략 자고자대自高自大하는 교만한 자로 보면 될 것이다.

'여식췌행餘食贅行'을 두고 「하주」는 '부렴탐행賦斂貪行 : 날마다 넘치도록 거둬들여 탐욕스런 행위를 일삼음'으로 풀이했다. 이는 '기자'와 '과자' 등을 군주의 행위로 간주한데 따른 의역이기는 하나 '여식췌행'의 본래 뜻에도 부합치 않을 뿐만 아니라 전체적인 문맥에서 볼 때도 자연스럽지 못하다. 그보다는 「왕주」를 좇아 '도에서 타기하는 잘못된 행동'으로 이해하는 게 타당하다. 「왕주」는 '여식췌행'의 구체적인 실례로 『춘추좌전』 「노성공魯成公 16년」조에 나오는 진晉나라 대부 극지郤至의 행보를 들었다.

『춘추좌전』에 따르면 진여공晉厲公이 주간왕周簡王 11년기원전

575에 극지를 왕실로 보내 언릉鄢陵 싸움에서 포획한 초나라 포로를 바치게 했다. 이때 극지는 왕실의 경사卿士인 선양공單襄公과 함께 애기를 나누면서 자주 자신의 공을 자랑했다. 그러자 선양공이 왕실의 여러 대부들에게 이같이 말했다.

"온계溫季 : 극지는 망하고야 말 것이다. 그는 난서欒書와 사섭士燮, 극기郤錡, 순언荀偃, 한궐韓厥, 순앵荀罃, 극주郤犨 등 7명의 권신 밑에 있으면서 윗사람들을 가리려 하고 있다. 남의 원망을 모으는 것은 화란의 근본이다. 남의 원망을 많이 받는 것은 화란의 단초인데 그가 어떻게 그 자리를 유지할 수 있겠는가. 『서경』「하서夏書」에 이르기를, '남의 원망이 어찌 분명히 드러난 것만 있겠는가. 눈에 띄지 않는 원한도 깊이 생각해야 한다'고 했다. 이는 사소한 원한도 사지 않도록 조심하라는 뜻이다. 그런데 지금 극지는 자신에 대한 원망이 분명히 드러나도록 만들고 있으니 그것이 과연 가한 일인가."

왕필은 극지의 사례를 예로 들어 자고자대自高自大로 인한 '여식췌행餘食贅行'을 설명한 셈이다. 사람들이 '여식췌행'을 일삼는 자들을 늘 미워한다는 후속 구절의 내용에 비춰 적의한 해석이 아닐 수 없다.

제25장 상원(象元 : 본원을 본받음)

有物混成, 先天地生.

寂兮寥兮, 獨立不改, 周行而不殆, 可以爲天下母.

吾不知其名, 字之曰道, 强爲之名曰大. 大曰逝, 逝曰遠, 遠曰反.

故道大, 天大, 地大, 王亦大. 域中有四大, 而王居其一焉.

人法地, 地法天, 天法道, 道法自然.

『백서갑본』:

有物昆(=混)成, 先天地生. 繡呵繆呵, 獨立「而不改」, 可以爲天地母. 吾未知其名, 字之曰道, 吾强爲之名曰大. 大曰筮, 筮曰「遠, 遠曰反. 道大」, 天大, 地大, 王亦大. 國中有四大, 而王居一焉. 人法地, 地法「天, 天法道, 道法自然」.

『곽점갑본』:

又狀混成, 先天地生. 寂穆, 獨立不改, 可以爲天下母. 未智其名, 字之曰道, 吾强爲之名曰大. 大曰逝, 逝曰遠, 遠曰返. 天大, 地大, 道大, 王亦大. 國中有四大安, 王居一安. 人法地, 地法天, 天法道, 道法自然.

혼성(混成 : 형체가 없는 혼돈 속에서 뒤섞여 생겨남)된 것이 있으니 천지보다 먼저 생겨났다.

적혜요혜(寂兮寥兮 : 소리도 없고 형체도 없구나), 독립불개(獨立不

改 : 홀로 우뚝 서 고치지 않음)와 주행불태(周行不殆 : 두루 돌아다녀도 위태롭지 않음)를 행하니 가히 천하의 어미가 될 수 있다.

나는 그 이름을 알지 못한다. 대략 자(字)를 붙여 '도(道)' 라고 하고, 억지로 이름을 지어 '대(大)' 라고 한다. '대' 는 서(逝 : 떠나감), '서' 는 원(遠 : 멀어짐), '원' 은 반(反 : 되돌아옴)을 말한다.

그래서 도가 크고, 하늘이 크고, 땅이 크고, 왕 또한 큰 것이다. 역중(域中 : 八極 안으로 곧 '우주 가운데' 를 지칭)에 4가지 큰 것이 있으니 왕이 그 중 하나에 해당한다.

인법지(人法地 : 사람은 땅을 본받음), 지법천(地法天 : 땅은 하늘을 본받음), 천법도(天法道 : 하늘은 도를 본받음), 도법자연(道法自然 : 도는 자연을 본받음)하는 법이다.

『왕본』과 『하본』에 나오는 '주행불태周行不殆' 구절은 『백본』과 『곽본』에 나오지 않는다. 이는 후대에 삽입된 것으로 보아야 한다. 『장자』「대종사大宗師」편에 "옛날의 진인眞人은 높은 곳에 올라가도 두려워하지 않고, 불에 들어가도 뜨거움을 느끼지 않는다"는 구절이 나온다. '주행불태' 구절은 『장자』「대종사」편에 나오는 '진인' 의 모습을 원용한 것으로 짐작된다.

『왕본』과 『하본』의 '원왈반遠曰反' 구절에 대해 「하주」는 '복반재인신復反在人身 : 사람 몸으로 돌아옴' 으로 풀이했다. 이 또한 『장자』「소요유逍遙遊」편에 나오는 대붕大鵬의 고사를 원용한 것으로 짐작된다. 이 고사는 '대붕' 이 9만 리 상공까지 올라갔다가 다시 남쪽 바라로 내려왔듯이 최고의 경지에 올라간 진인眞人 또한 초속超俗의 세계에 속해 있지만 궁극적으로는 다시 속세로 돌아온다는 취지를 담고 있다.

이 장에서 가장 크게 문제가 되고 있는 것은 '왕역대王亦大' 구절이다. 예로부터 세속의 최고통치권자인 군왕을 도道·천天·지地와 더불어 소위 '4대四大'의 하나로 간주한 이 구절의 해석을 놓고 많은 논란이 있었다. 일부 학자는 '왕역대'의 '왕'은 '인人'의 오사誤寫일 가능성이 크다고 주장했다. 이들은 그 근거로 마지막 문장의 첫 구절이 '왕법지王法地'가 아닌 '인법지人法地'인 점 등을 들었다. 그러나 『백본』과 『곽본』 모두 '인역대人亦大'가 아닌 '왕역대'로 되어 있는 사실이 밝혀지면서 이들의 주장은 설득력을 잃었다.

그렇다면 『노자』는 왜 군왕을 '4대'의 하나로 규정하면서 존왕尊王의 기치를 높이 들고 나온 것일까. 전국시대 중엽에 맹자는 소위 '귀민경군貴民輕君 : 백성을 귀하게 여기고 군주를 가볍게 여김'을 강조했다. '왕역대' 구절은 바로 맹자의 '귀민경군' 주장과 정면으로 배치되는 것이다. 이는 전국시대 말기에 풍미한 소위 '존왕尊王'사상을 반영한 것으로 짐작된다. 당시 맹자의 주장은 이런 일반적인 풍조에 대한 일각의 반발에 지나지 않았다.

「왕주」와 「하주」가 '왕역대'의 근거를 각각 '인주지대人主之大 : 군주의 大位', '무소부제無所不制 : 통어하지 못할 게 없는 군왕의 권력'에서 찾은 것도 이와 무관치 않다고 보아야 한다. 「왕주」와 「하주」 모두 군권君權과 군위君位가 존대尊大한 까닭에 도·천·지와 더불어 '4대'의 하나가 된 것으로 파악한 것이다. 전국시대 말기에 풍미한 '존왕' 사상은 춘추시대와 달리 통일천하에 대한 백성들의 열망에서 비롯된 것이었다. 여기에는 통일천하가 이뤄져야만 수백 년간 지속돼 온 열국 간의 전쟁이 종식되고, 동시에 무시로 전쟁에 동원될 수밖에 없는 백성들의 고난도 끝날 수 있다는 기대와 염원이 담겨져 있었던 것이다. 『노자』의 '왕역대' 구절은 바로 바로 이런 시대상황에서 배태된 '존왕'사상이 투영된 결과로 보아야 한다.

당시 이런 '존왕'사상을 이론적으로 집대성한 인물이 바로 순자였다. 그는 맹자와 달리 패도覇道를 통한 천하통일을 차선책으로 수용하면서 '존군'사상을 이론적으로 정치하게 정립해냈다. 왕필이 '도법자연道法自然'을 풀이하면서 『순자』「군도君道」편의 관련 내용을 인용한 것도 결코 우연으로 볼 수는 없다. 순자는 '군도'를 이같이 비유한 바 있다.

"군주는 반槃 : 물을 담는 둥근 쟁반이다. '반'이 둥글면 물도 둥글다. 군자는 우盂 : 네모난 그릇이다. '우'가 네모나면 물도 네모나다."

왕필은 「군도」편의 이 구절을 인용해 '도법자연'을 '재방법방在方法方 : 네모난 데 있으면 네모난 모양을 닮음'과 '재원법원在圓法圓 : 둥근 데 있으면 둥근 모양을 닮음'으로 풀이했다. 왕필은 순자가 말한 '군도'의 이치를 '도법자연'의 근거로 원용한 셈이다.

순자의 제자인 한비자가 스승의 '존군'사상을 더욱 현실에 부합토록 수정해 소위 '귀군貴君'사상을 만들어낸 것도 이와 무관치 않다고 보아야 한다. 한비자의 '귀군'사상은 맹자의 '귀민경군'사상과 극단적으로 대립되는 사상으로 진시황의 천하통일에 이론적 기반이 되었다. 한비자가 『노자』에 대한 최초의 주석을 시도한 점에 비춰 이는 일면 『노자』의 '왕역대'사상을 극단화한 이론으로 볼 수도 있다.

제26장 중덕(重德 : 덕을 무겁게 함)

重爲輕根, 靜爲躁君.
是以聖人終日行, 不離輜重. 雖有榮觀, 燕處超然.
奈何萬乘之主, 而以身輕天下. 輕則失本, 躁則失君.

『백서갑본』 :

「重」爲巠(=輕)根, 靜爲趮(=躁)君. 是以君子衆日行, 不離其甾重. 雖有環官, 燕處「則昭」若. 若何萬乘之王, 而以身甾於天下. 甾則失本, 趮則失君.

중(重 : 무거움)은 경(輕 : 가벼움)의 뿌리이고, 정(靜 : 고요함)은 조(躁 : 경솔함)의 주군이다.

이에 성인은 종일토록 다녀도 치중(輜重 : 진중함)에서 떠나지 않고, 비록 영관(榮觀 : 政務를 두루 살핌)할지라도 연처(燕處 : 편히 대처함)하여 초연(超然 : 細務에 얽매이지 않음)하다.

어찌 만승지주(萬乘之主 : 만승의 수레를 거느린 군주로 천자를 상징)로서 천하에 몸을 가벼이 놀릴 수 있단 말인가. 경(輕)하면 실본(失本 : 군주의 근본을 잃음)하고, 조(躁)하면 실군(失君 : 君位와 君威를 잃음)한다.

예로부터 『왕본』과 『하본』에 나오는 '불리치중不離輜重'의 해석문제를 놓고 논란이 많았다. '치중輜重'은 원래 전쟁에 나가거나 군주를 호위하는 군사들의 의식衣食과 병기 등을 실은 수레를 말한다. 그러나 성인이 '치중'에서 떠나지 않는다는 구절은 뜻이 잘 통하지 않는다. 이로 인해 많은 주석가들이 다양한 해석을 시도했으나 대략 두 가지로 대별된다.

하나는 '치輜'를 '정靜'의 오사誤寫로 보는 견해이다. 이는 '정靜'을 발음이 비슷한 '경輕'으로 잘못 알았다가 다시 형태가 비슷한 '치輜'로 오사케 되었다는 추론에 근거하고 있다. 실제로 「하주」는 '치중'을 '정중靜重'으로 풀이했다.

다른 하나는 '치'를 글자 그대로 수용해 '치중'을 '무거운 짐수레'로 보는 견해이다. 주겸지는 『노자교석老子校釋』에서 주장키를, "옛날 나들이 행차에는 승거乘車, 출전에는 병거兵車를 타면서 모두 '치중'을 뒤에 두었다. 이는 군자가 종일 움직이면서 마땅히 무거움을 근본으로 삼아야 한다는 것을 비유한 것이다"라고 했다. 「왕주」 역시 이런 입장에 입각해 '치중'을 '이중위본以重爲本 : 무거움을 근본으로 삼음'으로 풀이했다.

어느 주장이 옳은 것일까. 『백본』은 '치중甾重'으로 되어 있다. 여기의 '치甾'는 말할 것도 없이 '치輜'의 가차로 보아야 한다. 이는 '정靜'이 '경輕'으로 오사되었다가 재차 '치輜'로 오사되었다는 주장을 근원적으로 부인하는 유력한 증거가 아닐 수 없다. 만일 '정靜'이 첫 단계로 '경輕'으로 오사되었다면 『백본』은 '치甾' 대신 '경巠'으로 되어 있는 게 논리에 맞다. 그러나 『백본』은 '경輕'의 가차로 '경巠'을 사용하면서 '치甾'와 분명히 구별하고 있다. 이중에 걸친 오사로 '정'이 '경'을 거쳐 '치'로 바뀌었다는 주장은 논거도 박약할 뿐만 아니라 논리전개 또한 극히 궁색하다. 대략 「왕주」를 좇아 '진중함'으로 풀이하는 게 옳을 것이다.

'수유영관雖有榮觀, 연처초연燕處超然' 구절에 대해서도 이론이 분분하다. 「왕주」는 정밀한 주석을 배제한 체 '불이경심不以經心 : 마음에 매어두지 않음'으로 뭉뚱그려 풀이해 놓았다. 이에 대해 「하주」는 '영관榮觀'과 '연처燕處'를 각각 '궁궐'과 '후궁後宮'으로 보고 초연超然을 '원피불처遠避不處 : 멀리 떨어져 머물지 않음'로 풀이해 놓았다.

그러나 「하주」의 이런 해석은 『곽본』의 해당 구절과 동떨어진 해석이 아닐 수 없다. 『곽본』에는 '수유환관雖有環官, 연처즉소약燕處則昭若'으로 되어 있다. 문맥에 비춰 환관環官을 직역하면 대략 '관무官務를 환시環視 : 두루 살핌함'으로 풀이할 수 있다. 뒤따르는 '연처즉소약' 구절은 '편히 대처하여 정사를 밝게 함'의 뜻이다. 이는 앞서 나온 '종일행終日行, 불리치중不離輜重'과 조응하고 있다.

『백본』의 '수유환관' 구절에 비춰 '영관'의 '관觀'은 '정무를 두루 살피다'는 뜻으로 보는 게 타당하다. 여기의 영榮'은 '어御'와 마찬가지로 군후君侯의 행보 및 소유물에 대한 존칭 접두어에 해당한다. '연처초연' 구절 역시 『백본』의 '연처즉소약' 구절에 비춰 '편히 대처하여 세무細務에 얽매이지 않다'는 뜻으로 새기는 게 합리적이다. 그래야만 앞서 나온 '종일행, 불리치중' 구절과 정확히 조응케 된다.

『왕본』의 '실본失本'은 『하본』에서 '실신失臣'으로 되어 있다. 『백본』은 『왕본』과 마찬가지로 '실본'으로 되어 있다. 대략 『하본』의 편집자가 뒤에 나오는 실군失君에 조응토록 만들기 위해 '실본'을 '실신'으로 바꾼 것으로 짐작된다. 그러나 이는 오류이다. '실군'의 군君은 문맥에 비춰 '군주'를 지칭한 게 아니라 '군위君位' 내지 '군위君威'를 지칭한 것이다. '실본'의 '본本' 역시 '군본君本 : 군주의 근본'을 의미하는 것이다.

제27장 교용(巧用 : 교묘한 활용)

善行無轍迹. 善言無瑕讁. 善數不用籌策. 善閉無關楗而不可開. 善結無繩約而不可解.

是以聖人常善救人, 故無棄人. 常善救物, 故無棄物. 是謂襲明.

故善人者, 不善人之師. 不善人者, 善人之資. 不貴其師, 不愛其資. 雖智大迷, 是謂要妙.

『백서갑본』 :

善行者无徹迹. 「善」言者无瑕適. 善數者不以檮. 善閉者无闗籥而不可啓也. 善結者「无繩」約而不可解也. 是以聖人恒善救人, 而无棄人. 物无棄財. 是胃悏(=習)明. 故善「人, 善人」之師. 不善人, 善人之資也. 不貴其師, 不愛其資. 雖知乎大迷, 是胃眇(=妙)要.

선행(善行 : 잘 다니는 사람)은 철적(轍迹 : 다닌 흔적)이 없고, 선언(善言 : 말 잘하는 사람)은 하적(瑕讁 : 흠과 허물)이 없고, 선수(善數 : 계산을 잘하는 사람)는 주책(籌策 : 산가지로 일종의 珠算)을 쓰지 않고, 선폐(善閉 : 잘 닫는 사람)는 무관건(無關楗 : 빗장 없이 닫음, 『하본』은 '無關鍵')해도 다른 사람이 이를 열 수 없고, 선결(善結 : 잘 묶는 사람)은 무승약(無繩約 : 끈 없이 묶음)해도 다른 사람이 이를 풀 수가 없다.

이에 성인은 항상 사람을 잘 구제하는 까닭에 버려지는 사람이 없고, 항상 사물을 잘 구하는 까닭에 버려지는 사물이 없다. 이를 일컬어 '습명(襲明 : 본래의 밝음을 이어받음)'이라고 한다.

그래서 선인(善人)은 불선인(不善人)의 스승이 되고, '불선인'은 '선인'의 자재(資材 : 선하게 교화하는 대상)가 된다. 그 스승을 귀하게 여기지 않고 그 자재를 아끼지 않으면 비록 지모가 있을지라도 반드시 크게 미혹된다. 이를 일컬어 '요묘(要妙 : 현묘함을 아는 요체)'라고 한다.

이 장의 핵심어는 '습명襲明'이다. '습襲'은 '승承'의 뜻인 까닭에 '습명'은 '본래의 밝음을 이어받아 덮여 가려진 것을 통하게 한다'는 뜻을 지니고 있다. 이에 대해 「하주」는 '대도를 이어받아 밝게 하다'의 뜻으로 보았다. 대략 유사한 뜻으로 볼 수 있다.

'불선인자不善人者, 선인지자善人之資' 구절을 두고 「왕주」는 '자資'를 '취取'로 간주해 '선인지소위善人之所取 : 불선한 자는 선한 사람이 취하는 바가 됨'로 해석했다. 이에 대해 「하주」는 '자'를 '용用'으로 보아 '교도급용敎導給用 : 불선한 자를 교도해 세상에 쓰일 수 있도록 함'으로 풀이했다. 「왕주」는 불선한 자를 선인의 '반면교사反面敎師'로 해석한 데 반해 「하주」는 선인의 '교화대상'으로 본 것이다. 전체 문맥에 비춰 「하주」가 타당하다. 그래야만 앞서 나온 '선인자善人者, 불선인지사不善人之師' 구절과 수미首尾를 이루게 된다.

제28장 반박(反樸 : 질박으로 돌아감)

知其雄, 守其雌, 爲天下谿. 爲天下谿, 常德不離, 復歸於嬰兒.
知其白, 守其黑, 爲天下式. 爲天下式, 常德不忒, 復歸於無極.
知其榮, 守其辱, 爲天下谷. 爲天下谷, 常德乃足, 復歸於樸.
樸散則爲器, 聖人用之則爲官長. 故大制無割.

『백서갑본』 :

知其雄, 守其雌, 爲天下溪. 爲天下溪, 恒德不離, 復歸嬰兒. 知其日, 守其辱, 爲天下浴. 爲天下浴, 恒德乃「足」, 恒德乃「足, 復歸於樸」. 知其白, 守其黑, 爲天下式. 爲天下式, 恒德不貳(=貣). 恒德不貳, 復歸於无極. 楃散「則爲器, 聖」人用則爲官長. 夫大制无割.

그 웅성(雄性 : 수컷)을 알고 그 자성(雌性 : 암컷)을 지키면 천하의 계(谿 : 계곡)가 된다. 천하의 '계'가 되면 상덕(常德)이 떠나지 않아 영아(嬰兒)로 복귀한다.

그 명백(明白 : 밝음, 有知)을 알고 그 흑암(黑暗 : 어둠, 無知)을 지키면 천하식(天下式 : 천하의 준칙)이 된다. '천하식'이 되면 '상덕'이 불특(不忒 : 어긋나지 않음)하게 되어 무극(無極 : 끝이 없는 무궁의 세계)으로 복귀한다.

그 영화(榮華 : 尊榮)를 알고 그 수욕(羞辱 : 汚濁)을 지키면 천하의

'곡(谷 : 계곡)' 이 된다. 천하의 '곡' 이 되면 '상덕' 이 이내 넉넉해져 질박(質樸)으로 복귀한다.

박산위기(樸散爲器 : 통나무가 잘려 그릇이 됨, 본래의 재료가 흩어져 다양하게 쓰이는 것을 의미)인 까닭에 성인은 이 이치를 활용해 관장(官長 : 백관의 元長으로 王侯를 지칭)을 세웠다. 그래서 대제(大制 : 대도에 따른 천하제어)는 상할(傷割 : 해침)이 없는 것이다.

이 장에서는 '계谿' 와 '곡谷' 이 구분되어 사용되었다. 큰 틀에서 보면 대동소이하나 원래의 뜻은 약간의 차이가 있다. 『이아爾雅』「석수釋水」편에 따르면 '계' 는 '수주천水注川 : 川江으로 흘러들어 가는 시내', '곡' 은 '주계注谿 : 물이 시내로 흘러들어 가는 골짜기' 를 의미한다.

이 장의 핵심어는 '지웅수자知雄守雌 : 수컷을 알고 암컷을 지킴' 에 있다. 뒤이어 나오는 '지백수흑知白守黑' 과 '지영수욕知榮守辱' 은 이에 대한 구체적인 해석으로 볼 수 있다. 지웅知雄을 두고 「왕주」는 '지위선필후知爲先必後 : 앞서려고 하면 반드시 뒤쳐지게 된다는 사실을 앎', 「하주」는 '지수존당비知雖尊當卑 : 존귀할지라도 응당 낮춰야 함을 앎' 로 풀이했다. 수자守雌에 대해서는 「왕주」는 '후기신後其身 : 자신의 몸을 뒤에 둠', 「하주」는 '거강취유去强就柔 : 수컷의 强梁을 버리고 암컷의 柔和로 나아감' 로 해석했다. 탁월한 해석이 아닐 수 없다.

마지막 구절은 원래 '대제불할大制不割' 로 되어 있다. 이를 두고 '불不' 을 '무無' 로 바꿔야 한다는 주장이 나왔다. 이를 주장하는 사람들은 『회남자』「도응」편의 인용문과 「왕주」 및 「하주」의 '무할' 을 그 근거로 들었다. 후대인들이 제57장에 나오는 '방이

불할方而不割'에 근거해 멋대로 개작했다는 게 이들의 주장이었다. 『백본』과 『곽본』의 출토로 이들의 주장이 입증되었다. 문맥으로 볼지라도 '불'보다 '무'가 타당하다.

제29장 무위(無爲 : 작위를 하지 않음)

將欲取天下而爲之, 吾見其不得已.
天下神器, 不可爲也. 爲者敗之, 執者失之.
故物或行或隨, 或歔或吹, 或强或羸, 或挫或隳.
是以聖人去甚, 去奢, 去泰.

『백서갑본』:

將欲取天下而爲之, 吾見其弗「得已. 夫天下神」器也, 非可爲者也. 爲者敗之, 執者失之. 物或行或隨, 或炅或「吹, 或强或剉」, 或杯或橢. 是以聖人去甚, 去奢, 去楮.

장차 취천하(取天下)하여 유위(有爲)로써 다스리고자 하는 것은 내가 보기에 부득이(不得已 : 성공하지 못할 뿐임)이다.

천하인은 신기(神器 : 신묘한 기물)인 까닭에 유위로 다스릴 수 없다. 유위하면 실패하고, 억지로 잡고자 하는 자는 백성을 잃게 된다.

그래서 사물은 혹행혹수(或行或隨 : 앞서거나 뒤따름), 혹허혹취(或歔或吹 : 훈훈하게 데우거나 차갑게 식힘), 혹강혹리(或强或羸 : 강하거나 약함), 혹좌혹휴(或挫或隳 : 꺾이거나 무너짐)하는 것이다.

이에 성인은 거심(去甚 : 음란한 聲色을 버림) · 거사(去奢 : 사치스런 服食을 버림) · 거태(去泰 : 호화로운 宮臺를 버림)하는 것이다.

'혹허혹취或歔或吹'의 '허歔'는 '허噓'의 가차로 '뜨거운 입김'을 의미한다. 『왕본』의 '혹허혹취'가 『하본』에서는 '혹구혹취或呴或吹', 『백본』에서는 '혹경혹취或炅或吹'로 되어 있다. 뜻은 대략 같다.

'천하신기天下神器'를 두고 「왕주」는 풀이키를, "신神을 일컬어 '신기'라고 한다"고 했다. 이에 대해 「하주」는 풀이키를, "사람이 곧 천하의 신물神物이다"라고 했다. 문맥에 비춰 「하주」가 타당하다.

한때 '천하신기'에 뒤이어 나오는 '불가위야不可爲也'를 두고 '불가집야不可執也'를 보충해야 한다는 주장이 있었다. 이는 '위지패지爲者敗之, 집자실지執者失之' 구절이 '위자'와 '집자'의 병렬구조로 이뤄진 점에 착안한 것이었다. 실제로 「왕주」는 이런 입장에서 '불가집야'라는 구절을 인용해 놓았다. 제64장에도 무위無爲와 무집無執이 병렬구조로 언급돼 있다.

그러나 『백본』에는 '비가위非可爲'만 언급되어 있을 뿐 '비가집非可執' 구절이 없다. 이는 '집執'이 '위爲'의 병렬 개념이 아닌 하위 개념으로 사용되었음을 의미한다. 사실 내용 면에서 볼지라도 '강집强執'은 '유위有爲'와 대등한 개념이 될 수 없다. '불가집야'를 '불가위야' 뒤에 보충해야 한다는 주장은 '강집'과 '유위'의 개념상의 차이를 무시하고 문장의 병렬구조에 집착한 데 따른 억견에 불과하다.

제30장 검무(儉武 : 무력을 간소화함)

以道佐人主者, 不以兵强天下. 其事好還.
師之所處, 荊棘生焉. 大軍之後, 必有凶年.
善者, 果而已, 不敢以取强.
果而勿矜, 果而勿伐, 果而勿驕, 果而不得已, 果而勿强.
物壯則老, 是謂不道, 不道早已.

『백서갑본』:

以道佐人主, 不以兵「强於」天下. 「其事好還」. 「師之」所居, 楚朸生焉. 善者果而已矣, 毋以取强焉. 果而毋驕, 果而勿矜, 果而「勿伐」果而毋得已居, 是胃「果」而不强. 物壯而老, 胃之不道, 不道蚤已.

『곽점갑본』:

以道佐人主者, 不欲以兵强于天下. 善者果而已, 不以取强. 果而弗發, 果而弗驕, 果而弗矜. 是謂果而不强. 其事好.

이도좌인주자(以道佐人主者 : '도'로써 군주의 역할을 수행하는 자)는 무력으로 천하를 강압하지 않는다. 그는 기사호환(其事好還 : 일을 하면서 남을 원망치 않고 돌이켜 스스로에게 책임 묻기를 좋아함)한다.

군사가 머문 곳에는 형극(荊棘 : 가시덤불)만 자라고, 대군이 지나간 뒤에는 반드시 흉년이 온다.

선자(善者 : 여기서는 '용병에 능한 자'를 의미)는 오직 과감(果敢)할 뿐 감히 강함을 취하지 않는다.

또한 과감하되 자긍(自矜)하지 않고, 과감하되 자벌(自伐)하지 않고, 과감하되 자교(自驕)하지 않고, 과감하되 부득이(不得已)할 때 용병하고, 과감하되 강포(强暴)하지 않다.

사물은 장성하면 늙는다. 이를 일컬어 '부도(不道 : 노에 부합치 않음)'라고 한다. '부도'는 일찍 끝난다.

첫 구절인 '이도좌인주자以道佐人主者'는 직역하면 '도道로 군주를 보좌하는 자'가 된다. 이는 군주를 보좌하는 장상將相으로 인식될 소지가 크다. 그러나 문맥에 비춰볼 때 군주를 보좌하는 장상이 '이병강천하以兵强天下 : 무력으로 천하를 강압함'의 주체가 될 수는 없다. 이는 명백히 군주를 지칭하는 것이다. 실제로 「하주」는 '이도자보좌以道自輔佐 : 군주가 도를 통해 스스로를 보좌함'로 해석해 놓았다. 문맥상 「하주」가 타당하다.

'기사호환其事好還'에 대한 해석이 분분하다. 「왕주」는 '욕반무위欲反無爲 : 공을 세우고 일을 만들려고 애쓰는 데에서 무위로 돌아가도록 애씀'로 풀이했다. 이에 대해 「하주」는 '호환자책好還自責 : 일을 하면서 남을 원망치 않고 돌이켜 스스로에게 책임 묻기를 좋아함'으로 풀이했다. 이밖에도 '응보應報'로 해석하는 견해 등 다양한 해석이 있다. 문맥에 비춰 「하주」가 타당하다.

『왕본』과 『하본』에 나오는 '대군지후大軍之後, 필유흉년必有凶年' 구절은 『백본』과 『곽본』에 전혀 나오지 않고 있다. 「왕주」에도 '사지소처師之所處, 형극생언荊棘生焉'에 대한 주석만 있을 뿐 이 구절에 대한 주석이 나오지 않는다. 앞에 나오는 '사지소처,

형극생언' 구절과 대구對句를 이루기 위해 후대인들이 삽입시킨 것이 확실하다. 『곽본』에는 아예 『백본』에 나오는 '사지소처, 형극생언' 구절조차 없다. '이병강천하以兵强天下' 구절에 대한 주문注文이 잘못하여 본문에 포함되었을 가능성도 생각해 볼 수 있으나 시간차를 두고 주문이 본문에 들어온 이유를 설명할 길이 없다. 그보다는 후대인들이 '이병강천하' 구절의 의미를 보다 상세히 전달키 위해 순차적으로 관련 대목을 삽입시킨 것으로 보는 게 타당할 것이다.

『왕본』의 '선유과이이善有果而已'는 '선자과이이善者果而已'의 오사가 명백하다. 『하본』을 포함해 『백본』과 『곽본』 모두 '선자과이이'로 되어 있는 게 그 증거이다. 「왕주」는 '과果'를 '제濟 : 구제'로 보아 풀이키를, "용병을 잘하는 자는 위난을 구제하는 방식으로 용병할 뿐이다"라고 풀이했으나 이는 전후문맥과 순통하지 않는다. 설령 '과果'를 '성과成果' 내지 '승과勝果'로 풀이할지라도 문맥이 순통치 않기는 마찬가지이다.

필사과정에서 '선자善者'가 '선유善有'로 오사된 것이 분명한데도 잘못된 문장을 놓고 무리한 해석을 시도하는 것은 잘못이다. 객관적으로 볼 때 잘못된 것이 분명할 때는 과감히 폐기할 필요가 있다. 아무리 『왕본』과 「왕주」가 1천여 년 넘게 『노자』에 대한 최고의 권위를 유지했을지라도 『백본』과 『곽본』 등이 출토되어 그 잘못이 분명히 드러난 상황에서 이를 묵수하는 것은 고루한 짓이다. 『왕본』과 비슷한 시기에 나온 것으로 간주되는 『하본』이 『백본』 및 『곽본』과 동일한 문장으로 되어 있는 이상 『왕본』의 '선유'는 응당 '선자'로 바꿔야만 한다.

제31장 언무(偃武 : 무력을 그침)

夫佳兵者, 不祥之器, 物或惡之. 故有道者不處.

君子居則貴左, 用兵則貴右. 兵者不祥之器, 非君子之器, 不得已而用之, 恬淡爲上. 勝而不美, 而美之者, 是樂殺人. 夫樂殺人者, 則不可以得志於天下矣.

吉事尙左, 凶事尙右. 偏將軍居左, 上將軍居右. 言以喪禮處之.

殺人之衆, 以哀悲泣之. 戰勝, 以喪禮處之.

『백서갑본』:

夫兵者, 不祥之器「也」. 物或惡之. 故有欲者弗居. 君子居則貴左, 用兵則貴右. 故兵者非君子之器也, 「兵者」不祥之器也, 不得已而用之, 銛襲爲上. 勿美也, 若美之, 是樂殺人也. 夫樂殺人, 不可以得志於天下矣. 是以吉事上左, 凶事上右. 是以便(=偏)將軍居左, 上將軍居右. 言以喪禮居之也. 殺人衆, 以悲哀立之. 戰勝, 以喪禮處之.

『곽점병본』:

君子居則貴左, 用兵則貴右. 故曰, '兵者非君子之器, 不得已用之, 爲上. 弗美也, 美之, 是樂殺人.' 夫樂殺人, 不可以得志於天下. 故吉事上左, 喪事上右. 是以偏將軍居左, 上將軍居右. 言以喪禮居之也. 故殺人衆, 則以哀悲位之. 戰勝則以喪禮居之.

무릇 가병(佳兵 : 뛰어난 병기)은 불상지기(不祥之器 : 상서롭지 못한 기물)인 까닭에 사물이 모두 이를 싫어한다. 그래서 유도자(有道者)는 여기에 머무르지 않는다.

군자는 평소 왼쪽을 높이나 용병할 때는 오른쪽을 높인다. 병기는 '불상지기'로 '군자지기(君子之器 : 군자가 사용하는 기물)'가 아니다. 부득이할 때 쓰는 것이니 염담(恬淡 : 담백한 마음)을 높이 친다. 이겨도 이를 좋게 여기지 않는다는 것이다. 이를 좋게 여기는 자는 살인을 즐기는 자이다. 무릇 살인을 즐기는 자는 천하에 득지(得志)할 길이 없다.

길사(吉事)는 왼쪽을 높이나 흉사(凶事)는 오른쪽을 높인다. 편장군(偏將軍 : 副將)이 왼쪽, 상장군(上將軍)은 오른쪽에 자리하는 것은 상례(喪禮)로써 대우하는 것을 말한다.

전쟁으로 죽인 사람의 숫자가 많으면 애비(哀悲)로써 곡읍(哭泣)하고, 전쟁에 이길지라도 '상례'로써 대우한다.

『왕본』 및 『하본』에 나오는 '부가병자夫佳兵者'의 '가佳'는 『백본』에 나오지 않는 글자이다. 이와 관련해 오자誤字로 보는 견해와 정자正字로 보는 견해가 대립해 있다. 오자로 보는 견해는 '가'를 '유唯'와 상통되는 '추隹'의 오자로 보고 있다. 정자로 보는 견해는 '가병자佳兵者'를 '용병을 좋아하는 자'로 해석해 뒤따라 나오는 불상지기不祥之器의 '지기之器'를 연자衍字로 간주한다. 그러나 두 견해 모두 '가병자'를 사람으로만 해석하는 잘못을 범하고 있다. '자者'는 사람뿐만 아니라 일반 사물을 폭넓게 지칭하는 접미사인만큼 '가병佳兵'을 '이병利兵 : 예리한 병기'의 뜻으로 새기면 아무런 문제가 없다.

「왕주」는 『노자』 81장 중 유일하게 이 장에 한해 아무런 주석도 가하지 않았다. 이를 근거로 한때 주문注文이 본문으로 편제된 것이 아닌가 하는 의문이 제기되기도 했으나 『백본』과 『곽본』의 출현으로 이런 의문은 일거에 사라졌다. 그렇다면 왕필은 왜 제31장에 대해 아무런 주석도 가하지 않은 것일까. 현재로서는 대략 왕필 본인 스스로 제31장을 『노자』의 본문이 아닌 것으로 간주한 게 아닐까 추정해 볼 뿐이다.

제32장 성덕(聖德 : 성인의 덕)

道常無名, 樸雖小, 天下莫能臣也.
侯王若能守之, 萬物將自賓, 天地相合以降甘露, 民莫之令而自均.
始制有名, 名亦旣有, 夫亦將知止. 知止可以不殆.
譬道之在天下, 猶川谷之於江海.

『백서갑본』:

道恒无名. 樨唯(=雖)「小, 而天下不敢臣. 侯」王若能守之, 萬物將自賓. 天地相合, 以降甘洛(=露), 民莫之「令, 而自均」焉. 始制有「名, 名亦旣」有. 夫「亦將知止, 知止」所以不「殆」. 俾道之在「天下也, 猶小」浴之與江海也.

『곽점갑본』:

道恒亡名. 樸雖微, 天下弗敢臣. 侯王如能守之, 萬物將自賓. 天地相合也, 以踰甘露. 民莫之命而自均安. 始折又名, 名亦旣又. 夫亦將智止, 智止所以不殆. 譬道之在天下也, 猶小谷之與江海.

도는 늘 무명(無名)인 까닭에 질박하고 비록 작지만, 천하에 누구도 그를 신하로 삼아 함부로 부리지 못한다.

후왕(侯王)이 도를 지킬 수만 있다면 만물이 스스로 빈복(賓服 : 복종함)할 것이다. 천지가 서로 합하면 감로(甘露)를 내리듯 백성 또한 시키지 않아도 저절로 고르게 된다.

시제유명(始制有名 : 官制가 만들어지면서 명칭이 나타남)으로 인해 명칭이 이미 나타났으면 또한 멈출 줄도 알아야 한다. 멈출 줄 알면 가히 위태롭지 않다.

도가 천하에 있는 것은, 비유하면 마치 천곡(川谷)이 강해(江海)로 흘러들며 상통하는 것과 같다.

첫 문장에 나오는 '박수소樸雖小' 구절을 두고 「왕주」는 앞구절과 연결된 것으로 간주해 '질박하고 비록 작지만'으로 해석했다. 이에 반해 「하주」는 두 구절을 분리시킨 뒤 '박樸'을 주어, '소小'를 '미묘微妙'의 뜻을 내포한 것으로 보아 '통나무는 비록 작지만 미묘하고'로 풀이했다. 뒤이어 나오는 '천하막능신天下莫能臣' 구절에 비춰 「왕주」가 타당하다.

'시제유명始制有名'을 두고 「왕주」는 풀이키를, "시제始制는 소박한 시대가 깨어지고 처음으로 관장官長이 만들어진 시대를 말한다. '관장'이 만들어지자 명분을 세워 존비를 정하지 않을 수 없게 되었다. 이에 '시제' 때 명칭이 나타나게 되었다"라고 했다. 곧 '관장의 등장으로 법도예절이 만들어지면서 명칭이 나타나게 되었다'고 풀이한 것이다.

이에 대해 「하주」는 풀이키를, "시始는 '도', 유명有名은 만물이다. '도'는 명칭이 없지만 명칭 있는 것을 제어할 수 있고, 형체가 없지만 형체 있는 것을 제어할 수 있다"고 했다. 「하주」의 해석도 타당하기는 하나 후속 구절과 관련해 전체적인 맥락에서 볼 때 적잖은 문제가 있다.

「하주」는 이 구절 뒤에 나오는 명역기유名亦旣有 구절을 두고

'치신治身'의 관점에 입각해 풀이키를, "이름이 있는 사물은 모두 정욕을 지니고 있다"고 했다. 이는 그 다음에 나오는 구절이 『왕본』의 '부역장지지夫亦將知止'와는 달리 '천역장지지天亦將知之'로 되어 있는 데 따른 불가피한 해석으로 볼 수 있다. 『하본』의 이 구절은 『왕본』은 물론 『백본』과 『곽본』의 해당구절과 완전히 동떨어진 것으로 『노자』의 원문을 '치신'의 관점에서 멋대로 개작했다는 비난을 면키 어렵다. 『백본』 및 『곽본』의 구절에 충실한 「왕주」를 좇는 게 타당하다.

제33장 변덕(辯德 : 덕을 분별함)

知人者智, 自知者明. 勝人者有力, 自勝者强.
知足者富, 强行者有志. 不失其所者久, 死而不亡者壽.

『백서갑본』 :

知人者知也, 自知「者明也. 勝人」者有力也, 自勝者「强也」. 「知足者富」也, 强行者有志也. 不失其所者久也, 死不忘者壽也.

지인자(知人者 : 남을 아는 자)는 지모가 있으나 자지자(自知者 : 스스로를 아는 자)는 명철하다. 승인자(勝人者 : 남을 이기는 자)는 힘이 있으나 자승자(自勝者 : 스스로를 이기는 자)는 강건하다.

지족자(知足者 : 만족할 줄 아는 자)는 부유하고, 강행자(强行者 : 부지런히 노력하는 자)는 뜻을 얻고, 부실기소자(不失其所者 : 마땅한 자리를 잃지 않는 자)는 오래가고, 사이불망자(死而不亡者 : 죽어도 도를 잃지 않는 자)는 오래 산다.

지인知人을 「왕주」는 '승인勝人 : 남을 이김', 「하주」는 '능지인호오能知人好惡 : 남이 무엇을 좋아하고 싫어하는지를 앎'로 보았다. 자지自知를 「왕주」는 '자승自勝 : 스스로를 이김', 「하주」는 '능자지현여불초能自知賢與不肖 : 스스로 자신의 현명함과 불초를 앎'로 풀이했다. 특히 「하주」는 '자지'의 방안으로 '반청내시反聽內視 : 밖으로 향한 청각을 닫아건 채 내면의 소리를 듣고, 두 눈을 감고 신체의 내부를 꿰뚫어 봄'를 권하고 있다. 이는 훗날 도교의 수련법으로 채택된 것이기도 하다.

부실기소자不失其所者에 대해 「왕주」는 '마땅한 자리를 잃지 않는 자', 「하주」는 '하늘의 정기를 잃지 않는 자'로 보았다. 문맥상 「왕주」가 타당하다. 사이불망자死而不亡者에 대해서는 해석이 분분하다. 「왕주」는 '신몰도유존身沒道猶存 : 몸은 죽을지라도 도는 오히려 남아 있는 자'으로 풀이했다. 「하주」는 '망亡'을 '망妄'으로 보아 '죽을 때까지 함부로 행동하지 않는 자'로 풀이했다. 이는 『춘추곡량전』의 '선사자불망善死者不亡' 구절에 대한 해석이기도 하다. 이에 대해 소철蘇轍은 '담담한 본성이 생사의 큰 변화에도 불구하고 사라지지 않는 자'로 풀이했다. 이밖에도 '망'을 '요망夭亡'으로 보아 '천수를 누리고 중도에 요절하지 않는 자'로 보는 견해 등 다양한 해석이 있다. 문맥상 「왕주」를 좇는 게 타당하다.

제34장 임성(任成 : 성취에 맡김)

大道氾兮, 其可左右.
萬物恃之而生, 而不辭. 功成不名有.
衣養萬物而不爲主. 常無欲, 可名於小.
萬物歸焉而不爲主, 可名於大.
以其終不自爲大, 故能成其大.

『백서갑본』:

道「渢呵, 其可左右也. 成功」遂事而弗名有也. 萬物歸焉而不爲主, 則恒無欲也, 可名於小. 萬物歸焉「而弗」爲主, 可名於大. 是「以」聖人之能成大也, 以其不爲大也, 故能成大.

대도(大道)가 두루 퍼져 있구나, 좌로 우로 가지 않는 곳이 없으니.

만물이 도에 의지해 생겨나지만 도는 이를 말하지 않는다. 또한 공명(功名)이 이뤄져도 그 공명을 드러내지 않는다.

만물을 의양(衣養 : 감싸 기름)하지만 주인노릇을 하지 않고 늘 무욕(無欲)하니, 가히 '소(小)' 라고 이름 할 수 있다.

만물이 모두 귀의하지만 주인노릇을 하지 않으니, 가히 '대(大)' 라고 이름 할 수 있다.

이에 끝내 자대(自大 : 스스로 크다고 여김)하지 않은 까닭에 능히 성대(成大 : 위대하게 됨)할 수 있는 것이다.

『왕본』의 '범氾'이 『하본』에는 '범汎', 『백본』에는 '풍渢'으로 되어 있다. 모두 물에 떠 널리 퍼지는 모양을 묘사한 것이다. '가좌우可左右'를 두고 「왕주」는 '무소부지無所不至 : 상하좌우로 두루 돌아다녀 이르지 않는 곳이 없음', 「하주」는 '무소불의無所不宜 : 임의로 왼쪽 또는 오른쪽으로 될 수 있어 마땅하지 않은 게 없음'로 풀이했다. '범氾'의 취지에 비춰 「왕주」가 보다 타당하다.

한때 '공성불명유功成不名有' 구절을 놓고 일부 학자가 '명名'은 연자衍字인 까닭에 삭제해야 한다는 주장을 편 적이 있었다. 대표적으로 역순정易順鼎은 『독로찰기讀老札記』에서 주장키를, "『문선文選』「변명론辨命論」편의 주에 제34장의 구절이 '공성이불유功成而不有'로 인용되어 있다. '명'은 연자이니 마땅히 삭제해야 한다"고 했다. 그러나 훗날 출토된 『백본』에 '명'이 있는 사실이 드러나면서 이들의 주장은 설득력을 잃었다.

여기의 '명名'은 '명유名有'가 앞에 나오는 '공성功成'과 짝을 이루는 까닭에 도저히 생략할 수 없는 것이다. 이를 원래의 문장으로 바꾸면 '공명성이불유功名成而不有'가 된다. '불유不有'를 강조하기 위해 '공'과 '명'을 나누는 수사법을 구사해 '공성이명불유功成而名不有'로 한 것에 불과하다. 『왕본』은 『하본』과 달리 다시 '이而'를 생략한 뒤 '명'을 부정문의 목적어로 만들어 '공성명불유功成不名有'로 축약해 놓은 것이다. 이를 두고 역순정 등은 『문선』에 나오는 잘못된 인용문을 근거로 성급하게도 '명'을 연자로 간주하는 오류를 범한 것이다.

세 번째 문장과 네 번째 문장은 서로 대구對句를 이루고 있다. 문형文型을 중시할 경우 세 번째 문장의 '상무욕常無欲'은 일견 연문衍文으로 보일 소지가 크다. 실제로 적잖은 학자들이 이를 연문으로 간주해 삭제를 주장키도 했다. 이들은 「왕주」에 나오는 주문注文이 잘못하여 본문에 삽입되었거나 제1장에 나오는 구절이 중복되어 삽입되었을 가능성을 제기했다. 그러나 『백본』이 발견되면서 이들의 주장은 설득력을 잃고 말았다.

『왕본』의 '가명위대可名爲大'는 '가명어대可名於大'로 바꾸는 게 타당하다. 『하본』과 『백본』 모두 '가명어대'로 되어 있다. 뜻으로 볼지라도 '가명어대'가 타당하다. 이는 앞서 나온 '가명어소可名於小' 구절과 대구를 이루는 것이기도 하다. '가명위대'는 「왕주」가 나온 이후 필사과정에서 '이於'를 '위爲'로 오사한 데 따른 것으로 보인다. 「왕주」 역시 '가명위대'가 아닌 '가명어대'로 되어 있는 사실이 이를 뒷받침한다.

제35장 인덕(仁德 : 어진 덕)

執大象, 天下往. 往而不害, 安平太.
樂與餌, 過客止.
道之出口, 淡乎其無味. 視之不足見. 聽之不足聞, 用之不足旣.

『백서갑본』:

執大象, 「天下」往. 往而不害, 安平大. 樂與餌, 過格止. 故道之出焉也, 曰, '淡呵其无味也.' 「視之」不足見也, 聽之不足聞也, 用之不可旣也.

『곽점병본』:

執大象, 天下往. 往而不害, 安平大. 樂與餌, 過格止. 故道之出口, 淡乎其亡味也, 視之不足見, 聽之不足聞, 而不可旣也.

대상(大象 : 大道)을 갖고 있으면 천하인이 귀왕(歸往)한다. 귀왕해도 해롭게 하지 않으니 안평태(安平太 : 나라가 안정되어 태평을 이룸)하다.

악여이(樂與餌 : 훌륭한 음악과 음식)는 과객(過客)을 멈추게 만든다.

도는 출구(出口 : '입으로 표현함' 의 의미)하면 담담무미(淡淡無味)할 뿐이다. 그러나 도는 보려고 해도 보이지 않고, 들으려고 해도 들리지 않고, 다 쓰고자 해도 기진(旣盡 : 소진)하는 일이 없다.

대상大象을 두고 「왕주」는 '천상지모天象之母 : 천상의 근원', 「하주」는 '대도大道'로 풀이했다. 「왕주」도 '천상지모'를 '대도'의 의미로 해석해 놓았다. 대략 「하주」를 좇는 게 좋을 것이다.

'안평태安平太'를 두고 「왕주」는 '만물득왕이불해방萬物得往而不害妨 : 만물이 돌아와 방해하지 않음', 「하주」는 '국가안녕이치태평國家安寧而致太平 : 국가가 안녕하고 태평을 이룸'으로 보았다. 「하주」는 '치국'의 관점에서 이를 풀이한 것이다. '치국'에서 출발한 『노자』의 기본 취지에 비춰 「하주」가 타당하다.

『하본』은 '평태平太'가 '평태平泰'로 되어 있다. 고대에는 '태太'와 '태泰', '태大'가 같은 의미로 통용되었다. 『장자』는 '평태'를 '태평大平'으로 표현해 놓았다. 「하주」는 「왕주」와 달리 제35장을 근거로 소위 '태평론太平論'을 전개하고 있다. 사람들이 모두 영아와 같은 순수함을 회복한 '태평시대'에는 신분상의 차별이 모두 사라지고 심지어 맹수조차 사람과 친하게 되는 만물화해萬物和諧의 시대가 열린다는 게 그 요지이다. 이는 장학莊學의 영향을 크게 받은 데 따른 것으로 보인다.

제35장의 '평태'를 '태평'으로 바꿔 그 의미를 크게 부각시킨 것은 전적으로 『장자』의 공이다. 『장자』는 「천도」편에서 '태평'을 두고 풀이키를, "윗사람을 섬기면서 아랫사람을 기르고, 사물을 다스리면서 몸을 닦으면 지모는 쓸모없게 되고 자연의 모습으로 돌아가게 된다. 이를 '태평'이라고 한다. 이는 다스림의 극치

이다"라고 했다. 이후에 나온 『여씨춘추』와 『사기』 등은 '태평'의 의미를 모두 이같이 새겼다.

후한제국 말기에 장각張角이 이끄는 도교 무리는 사상 처음으로 '태평도太平道'를 자칭하며 반란의 선봉에 섰다. 도교의 무리가 늘 왕조교체기 때마다 '태평'을 내세우고 반민叛民의 선봉이 된 것도 「하주」와 『장자』의 영향이 컸다고 보아야 할 것이다. 실제로 「하주」는 『태평경』의 성립에 결정적인 영향을 미쳤다.

「하주」는 '악여이樂與餌'의 '악樂'을 '락樂', '이餌'를 '미美 : 찬미함'로 간주해 '도를 즐기고 찬미함'으로 해석해 놓았다. 또한 '과객지過客止'에 대해서도 '과객'을 도를 상징하는 '일一'로 간주해 풀이키를, "일一은 거영처허去盈處虛 : 가득 찬 곳을 떠나 텅 빈 곳에 머묾하는 까닭에 홀연히 머무는 모습이 마치 과객과 같다"고 했다. '도'에 대한 의역으로는 나름대로 타당키는 하나 「왕주」를 좇아 '악여이樂與餌'는 '훌륭한 음악과 음식', '과객지過客止'는 '지나는 길손이 걸음을 멈춤'으로 풀이하는 게 간명하면서도 문의文意에 부합한다.

제36장 미명(微明 : 은미한 밝음)

將欲歙之, 必固張之.
將欲弱之, 必固强之. 將欲廢之, 必固興之. 將欲奪之, 必固與之.
是謂微明. 柔弱勝剛强.
魚不可脫於淵, 國之利器, 不可以示人.

『백서갑본』:

將欲翕之, 必古(=固)張之. 將欲弱之, 「必古」强之. 將欲去之, 必古與之. 將欲奪之, 必古予之. 是胃微明. 柔弱勝剛强, 魚不「可」脫於潚, 邦利器不可以視人.

상대방을 흡우(歙羽 : 날개를 접게 한다는 의미로 곧 '자신에게 가까이 끌어들인다' 는 뜻임)하고자 하면 반드시 먼저 장우(張羽 : 날개를 펴게 한다는 의미로 곧 '자신으로부터 떨어져 지내도록 한다' 는 뜻임)토록 해주어야 한다.

이는 곧 상대방을 약하게 만들고자 하면 반드시 먼저 강하게 해주고, 상대방을 폐하고자 하면 반드시 먼저 홍하게 해주고, 상대방을 빼앗고자 하면 반드시 먼저 주어야 하는 것을 의미한다.

이를 일컬어 '미명(微明 : 보이지 않는 은미한 방법으로 오히려 밝은 공을 세움)' 이라고 한다. 유약(柔弱 : 부드럽고 약함)만이 오히려 강강

(剛强 : 단단하고 강함)을 이길 수 있는 법이다.

물고기가 연못에서 나와 강해(江海)로 들어가면 거강득유(去剛得柔 : 강함을 버리고 부드러움을 얻음)하는 까닭에 이내 제어할 수 없듯이 나라의 이기(利器 : 날카로운 기물로 곧 임기응변의 '權道'를 의미)도 사람들에게 보여주어서는 안 된다.

『왕본』의 '흡歙'은 『하본』과 『백본』에 '흡翕'으로 되어 있다. '흡翕'은 글자 그대로 새가 날개를 합친 것을 형상한 것으로 '수렴收斂'의 의미를 지니고 있다. 『왕본』의 '흡歙'은 입으로 수렴하는 '흡수吸收'의 의미로 '흡噏'과 같은 뜻이다. 직역하면 『하본』과 『백본』의 '장욕흡지將欲翕之'는 '장차 상대방을 수렴코자 하면'의 뜻이고, 『왕본』의 '장욕흡지將欲歙之'는 '장차 상대방을 빨아들이고자 하면'의 뜻이다. 그 의미가 대동소이하다.

원래 흡장翕張은 새의 날갯짓을 형상한 것으로 흡곽翕霍 : 날개를 모았다가 '푸드덕'하고 날아감과 같은 뜻이다. 조건절로 사용된 '장욕흡지' 구절을 직역하면 '장차 상대방으로 하여금 흡우歙羽 : 날개를 접음하도록 하려면'의 뜻이 된다. 이를 의역하면 '상대방이 날개를 접고 나에게 다가오도록 만들고자 하면'의 의미가 된다. 뒤따르는 결과절인 '필고장지必固張之' 역시 '반드시 일시 장우張羽 : 날개를 펴도록 해주어야 한다'로 풀어야 한다. 장우張羽는 곧 새가 '푸드덕'하며 날아가는 형상을 묘사한 '곽우霍羽'와 같은 뜻이다. '필고장지'를 의역하면 '상대방이 자신으로부터 잠시 멀리 떨어져 마음껏 지낼 수 있도록 해주어야 한다'는 뜻이다.

그런데도 모든 역서譯書들이 하나같이 이 구절을 '상대방을 위축시키고자 하면'으로 풀이하고 있다. 이는 뒤이어 나오는 문장이 약강弱强과 폐흥廢興, 탈여奪與의 대립 개념으로 구성된 점을 지나치게 의식한 나머지 대구로 사용되고 있는 구절의 '장張'을 '확장擴張'의 의미로 해석한 데 따른 오류가 아닐 수 없다.

문장구조로 볼 때 '흡장' 문장은 비록 '약강'과 '폐흥', '탈여' 문장과 병렬구조를 이루고 있으나 의미상으로 볼 때는 사실상 총론의 성격을 지니고 있다. '약강'과 '폐흥', '탈여' 문장 모두 '흡장' 문장의 의미를 자세히 풀이한 각론에 해당한다. 그만큼 '흡장' 문장은 고차원의 의미를 지니고 있는 것이다. '흡장'과 같이 탁이卓異한 문장을 기껏 '상대방을 위축시키고자 하면 반드시 먼저 펴주어야 한다'는 식으로 풀이하는 것은 『노자』의 기본 취의를 반감시키는 것이나 다름없다.

'어불가탈어연魚不可脫於淵' 구절을 두고 「하주」는 풀이키를, "물고기가 연못에서 나와 강해江海로 들어가면 거강득유去剛得柔 : 강함을 버리고 부드러움을 얻음하는 까닭에 이내 제어할 수 없게 된다"고 했다. 이에 대해 「왕주」는 풀이키를, "물고기는 연못에서 나오면 반드시 몸을 잃게 된다"고 했다. 과연 어떤 해석이 타당한 것일까.

이는 대구를 이루고 있는 후속 구절 '국지이기불가이시인國之利器不可以示人'의 풀이에서 그 해답을 찾을 수밖에 없다. '국지이기불가이시인' 구절을 두고 「하주」는 풀이키를, "이기利器 : 날카로운 무기는 권도權道 : 임기응변의 통치술를 말한다. 치국의 권력을 쥐고 있는 자는 이를 집사지신執事之臣 : 실무 담당 신하에게 보여주어서는 안 된다"고 했다. 이에 대해 「왕주」는 풀이키를, "이기利器는 나라를 이롭게 하는 도구로 오직 사물의 본성에 따를 뿐 형벌

등을 앞세우지 않는다. 사람들에게 보인다는 것은 형벌에 맡기는 것을 말한다. 나라를 이롭게 하는 도구일지라도 형벌을 앞세워 사람들에게 보이면 연못을 빠져나온 물고기처럼 반드시 실패케 된다"고 했다.

이를 통해 '어불가탈어연魚不可脫於淵' 구절과 '국지이기불가이시인國之利器不可以示人' 구절을 두고 「하주」는 '치국'의 관점에서 조건절과 결과절로 풀이한 데 반해 「왕주」는 '이민利民 : 백성을 이롭게 함'의 관점에서 대등절로 석문釋文했음을 알 수 있다. 두 구절은 외견상 병렬구조를 이루고 있다. '어魚'는 '국지이기國之利器', '탈脫'은 '시示', '연淵'은 '인人'과 대비되고 있는 것이다.

그러나 「하주」는 「왕주」와 달리 두 절의 관계를 조건절과 결과절로 풀이하고 있다. 「하주」는 '어魚'를 '백성'으로 새기고 있는 까닭에 '국지이기'를 '날카로운 무기', 즉 '권도'로 새기고 있다. 「하주」가 신민臣民을 제어하기 위해서는 권도를 함부로 노출시켜서는 안 된다고 주장한 이유가 바로 여기에 있다. 이는 『한비자』에서 말하는 소위 '술치술術治術'과 맥을 같이 하는 것이다.

이에 대해 「왕주」는 '어魚'를 '백성을 이롭게 하는 통치술'에 비유한 까닭에 '탈脫'을 '임형任刑 : 형벌을 앞세움'과 같은 뜻으로 새기고 있다. 「왕주」가 '탈어연脫於淵'을 '임형이시인任刑以示人 : 형벌을 앞세워 사람들에게 보임'과 동일한 뜻으로 파악해 백성을 이롭게 하는 도구일지라도 '임형이시인'을 하게 되면 반드시 실패하게 된다고 역설한 이유가 바로 여기에 있다. 이는 『맹자』에서 말하는 소위 '귀민경군貴民輕君'사상과 맥을 같이 하는 것이다.

원래 제36장의 기본 취지는 바로 첫 문장에서 언급한 소위 '흡장翕張'의 논리에 있다. '흡장'의 논리는 약강弱强과 폐흥廢興, 탈여奪與의 논리와 마찬가지로 외견상 유약柔弱한 것이 오히려 강강剛强을 제압하는 역설逆說의 논리 위에 서 있는 것이다.

두 구절에 대한 「하주」와 「왕주」의 풀이 중 이러한 역설의 논리 위에 서 있는 것은 말할 것도 없이 「하주」이다. 「왕주」는 논리상 수미일관하기는 하나 '역설'이 아닌 '순설順說'의 논리 위에서 있다. 두 구절 역시 바로 앞에 제시된 '유능제강柔能制剛'과 마찬가지로 역설의 논리로 구성돼 있다. 물고기의 연못이탈을 '거강득유去剛得柔'에 비유하면서 권도의 노출을 '거권용정去權用正: 權道를 버리고 오직 正道만을 행사함'으로 간주해 이를 강력히 만류한 「하주」의 해석이 제36장의 문의에 부합한다.

제37장 위정(爲政 : 정사를 행함)

道常無爲而無不爲.

侯王若能守之, 萬物將自化. 化而欲作, 吾將鎭之以無名之樸.

無名之樸, 夫亦將無欲. 不欲以靜, 天下將自定.

『백서갑본』 :

道恒无名, 侯王若守之, 萬物將自化. 化而欲「作, 吾將闐之以无」名之楃. 「闐之以」无名之楃, 夫將不辱. 不辱以靜, 天地將自正.

『곽점갑본』 :

道恒亡(=無)爲也, 侯王若守之, 而萬物將自化. 化而欲作, 將貞之以亡名之樸. 夫亦將智足. 智以靜, 萬物將自定.

도는 늘 무위(無爲 : '有爲'가 없음)하나 불위(不爲 : '有爲'하지 못함)가 없다.

후왕(侯王) 능히 이를 지키면 만물이 자화(自化 : 스스로 교화됨)한다. '자화' 하는데도 작위(作爲)를 행하려는 자가 있으면 나는 무명지박(無名之樸 : 이름 없는 통나무로 곧 '도'를 지칭)으로 그를 진압할 것이다.

'무명지박'을 쓰면 장차 무욕(無欲 : 욕심이 없어짐)의 경지에 이르게 된다. 고요함으로 불욕(不欲 : 욕심내지 않음)하면 천하가 자정(自

定 : 스스로 안정됨)할 것이다.

첫 구절에 『왕본』과 『하본』, 『곽본』 모두 '무위無爲, 亡爲' 로 되어 있는 데 반해 『백본』만 유독 '무명無名, 无名' 으로 되어 있다. 제32장의 첫 문장에도 제37장과 유사한 '도상무명道常無名, 후왕약수지侯王若守之' 구절이 나온다. 가장 오래된 『곽본』이 '무위' 로 되어 있는 점에 비춰 『백본』 역시 필사과정에서 유사한 구절이 나오는 제32장을 좇아 '무위' 를 '무명' 으로 개작했거나 오사誤寫했을 공산이 크다.

뒤에 나오는 문장 중 『왕본』과 『하본』의 '무욕無欲' 과 '불욕不欲' 이 『백본』에는 '불욕不辱' 으로 되어 있다. 『왕본』과 『하본』은 '무명지박無名之樸을 쓰면 장차 무욕無欲의 경지에 이르게 된다' 고 한 데 반해 『백본』은 '무명지박을 쓰면 장차 무욕無辱 : 치욕을 당하는 일이 없음하게 된다' 고 본 것이다. 어느 경우이든 순통하나 이 장의 핵심어가 '무위' 인 점을 감안하면 『왕본』과 『하본』이 보다 타당하다.

『곽본』에는 이 부분이 '지족智足' 으로 되어 있는 점을 감안할 때 시기별로 원문에 대한 개작이 순차적으로 이뤄졌을 공산이 크다. 대략 『곽본』의 '지족' 이 『백본』에서 '무욕無辱' 으로 개작되었다가 『왕본』과 『하본』이 만들어질 당시 제37장의 기본 취지에 맞춰 재차 '무욕無欲' 과 '불욕不欲' 으로의 개작이 이뤄졌을 것으로 짐작된다.

여러 차례에 걸친 개작과정은 비록 그 뜻은 대동소이하기는 하나 글자만큼은 적잖은 차이를 초래했다. 이는 맨 마지막에 나오는 『곽본』의 '만물장자정萬物將自定' 구절이 『백본』에서 '천지장자정天地將自正' 으로 바뀌었다가 다시 『왕본』에서는 '천하장자정天下將自定', 『하본』에서는 '천하장자정天下將自正' 으로 바뀐 사실을 보면 대략 짐작할 수 있다. 『곽본』의 '만물萬物' 은 『백본』의 '천지天地' 를 거쳐 『왕본』과 『하본』의 '천하天下' 로 바뀌었고, '정定' 은 『백본』의 '정正' 을 거쳐 『왕본』에서는 다시 원래의 '정定' 으로 환원되었다. 이는 후대로 오면서 '만물' 과 '천지' 개념이 '천하' 개념으로 통합되고 '안정安定' 의 개념이 '정정正定' 의 개념과 혼용케 되었음을 시사하고 있다.

2. 하편 덕경(德經)

제38장 논덕(論德 : 덕을 논함)

上德不德, 是以有德. 下德不失德, 是以無德.

上德無爲而無以爲, 下德爲之而有以爲.

上仁爲之而無以爲, 上義爲之而有以爲. 上禮爲之而莫之應, 則攘臂而扔之.

故失道而後德, 失德而後仁, 失仁而後義, 失義而後禮.

夫禮者, 忠信之薄而亂之首. 前識者, 道之華, 而愚之始.

是以大丈夫處其厚, 不居其薄. 處其實, 不居其華. 故去彼取此.

『백서갑본』:

「上德不德, 是以有德. 下德不失德, 是以无」德. 上德无「爲而」无以爲也. 上仁爲之而无以爲也. 上義爲之而有以爲也. 上禮「爲之而莫之應也, 則」攘臂而乃(=扔)之. 故失道而后(=後)德, 失德而后仁, 失仁而后義, 「失義而后禮. 夫禮者, 忠信之泊也」, 而亂之首也. 「前識者」, 道之華也, 而愚之首也. 是以大丈夫居其厚而不居其泊. 居其實不居其華. 故去皮(=彼)取此.

상덕(上德 : 최상의 덕)은 부덕(不德 : 자신의 덕을 덕으로 여기지 않음)한 까닭에 오히려 유덕(有德 : 덕이 있음)하나, 하덕(下德)은 부실덕(不失德 : 덕을 잃지 않으려고 애씀)한 까닭에 오히려 무덕(無德 : 덕이 없음)하다.

상덕은 무위(無爲 : 작위가 없음)한 까닭에 이위(以爲 : 의도적으로 작위함)가 없으나, 하덕은 유위(有爲 : 작위가 있음)한 까닭에 '이위'가 있다.

상인(上仁)은 비록 '유위' 하기는 하나 '이위' 가 없다. 상의(上義)는 '유위' 한 까닭에 '이위' 가 있다. 상례(上禮)는 '유위' 한데다가 호응이 없으면 곧 양비잉지(攘臂扔之 : 팔을 걷어붙이고 예법을 강요함)까지 행한다.

그래서 도(道)를 잃은 뒤 덕(德)이 나오고, '덕' 을 잃은 뒤 인(仁)이 나오고, '인' 을 잃은 뒤 의(義)가 나오고, '의' 를 잃은 뒤 예(禮)가 나오게 된 것이다.

무릇 예(禮)는 충신지박(忠信之薄 : 충직과 믿음이 각박해짐)이고, 난지수(亂之首 : 혼란의 발단)이다. 전식자(前識者 : 앞질러 아는 사람)는 도지화(道之華 : 겉만 화려한 '도' 의 虛華)이고, 우지시(愚之始 : 어리석음의 시원)이다.

이에 대장부(大丈夫)는 관후(寬厚)에 머물며 각박(刻薄)에 머물지 않고, 내실(內實)에 머물며 외화(外華)에 머물지 않는다. 그래서 피자(彼者 : 후자인 각박과 허화)를 버리고 차자(此者 : 전자인 관후와 내실)를 취하는 것이다.

상덕上德을 두고 「하주」는 태고시절의 명호名號가 없는 군주를 지칭하는 것으로 간주하면서 그의 덕이 무상덕無上德인 까닭에 '상덕' 으로 호칭케 되었다고 풀이해 놓았다. 「하주」의 이런 해석은 전국시대 말기에 제자백가들이 다투어 자신들의 주장을 합리화하기 위해 다투어 태고의 전설적인 군왕을 성인으로 숭상한 풍조와 밀접한 관련이 있다. 묵가가 우禹를 성인으로 받들고, 맹자가 그보다 앞선 요堯 · 순舜을 성인으로 받들고, 도교에서 그보다 앞선 황제黃帝를 받든 것이 그 실례이다.

시간적으로 거듭 거슬러 올라가 신화 내지 설화의 주인공을 역사 속의 실존인물로 끌어들여 자파의 권위를 높이는 행태를 소위 '가상설加上說'이라고 한다. 그러나 역사고고학적으로 볼 때 우 · 순 · 요 · 황제 모두 '가상설'이 만들어낸 허구의 인물에 불과할 뿐이다. 유가와 묵가, 도가가 고대의 성현으로 받든 인물 중 실존인물은 은나라의 시조인 탕과 주나라의 시조인 무왕 · 문왕과 예제의 창시자로 간주된 주공 정도에 불과하다. 그럼에도 사마천은 『사기』「오제본기五帝本紀」에서 이들을 모두 역사적인 실존인물로 기술함으로써 허구로 출발한 '가상설'을 역사적 사실로 미화하는 결정적인 계기를 제공했다. 이를 세기로 전래의 화이론華夷論이 더욱 강화된 것은 말할 것도 없다.

전국시대 중기 이후 전설적인 인물을 성인으로 받드는 경쟁적인 움직임은 도가의 '황제'의 출현으로 겨우 종식되었다. 이는 '황제' 이전의 인물인 신농씨神農氏 등의 소위 3황三皇과 태초의 인물로 간주된 반고盤古 등은 성인으로 받들기에는 전설의 내용이 '황제'와 비교해 너무 부실한 데 따른 것이었다. 전한제국 초기에 풍미한 소위 황로학黃老學은 노자를 최고最古의 성인인 '황제'와 동일시하여 최고最高의 성인으로 받든 도교의 초기 형태에 해당한다. 「하주」가 '상덕'의 실체를 '태고시절의 명호가 없는 군주'로 간주한 것도 바로 이런 풍조와 무관치 않다고 보아야 한다.

두 번째 문장의 '하덕위지이유이위下德爲之而有以爲' 구절은 『백본』에 나오지 않는다. 원래 『백본』에 따르면 각 덕목이 도道의 상실 이후 〈상덕上德→상인上仁→상의上義→상례上禮〉의 순서로 출현한 것으로 되어 있다. 비록 첫 대목에 '상덕'과 '하덕下德'의 차이점을 거론키는 했으나 '상덕'과 '하덕'을 모두 '덕'의 개념 속에 포함된 것으로 간주한 까닭에 굳이 '하덕'을 거론치 않은 것이다.

『왕본』과 『하본』에 원래의 『백본』에 존재하지 않았던 '하덕'이 〈상덕→상인〉의 사이에 끼어들어 〈상덕→하덕→상인〉으로 나타난 것은 대략 『노자』에서 말하는 '덕'을 보다 세분화해 인仁·의義·예禮 등의 유가덕목과 엄밀히 차별코자 하는 의도가 반영된 것으로 짐작된다. 사실 이런 식으로 분류하는 것이 '상덕'의 의미를 보다 선명히 드러내기 위해 '하덕'을 인용한 첫 번째 문장의 취지에도 부합한다. 원문의 취지에 부합하는 개작이 아닐 수 없다.

전식자前識者를 두고 「왕주」는 '전인이식前人而識 : 남보다 앞질러 아는 사람', 「하주」는 '부지이언지不知而言知 : 알지도 못하면서 안다고 말하는 사람'로 보았다. 문맥의 흐름에 비춰 「왕주」가 보다 자연스럽다.

이 장의 뒤에 나오는 '대장부大丈夫'는 전국시대의 제자백가들이 전설적인 인물을 성인으로 받드는 작업을 둘러싸고 치열한 경쟁을 벌이면서 상호 깊숙한 영향을 받은 데 따른 것으로 볼 수 있다. 원래 '대장부'는 『장자』 등 도가 문헌에 나오지 않는 용어이다. 이 용어는 오직 『노자』 제38장에만 나온다. 『맹자』는 「등문공 하」편에서 '대장부'를 이같이 규정해 놓았다.

"천하의 광거廣居 : 넓은 집으로 仁을 의미에 거처하고, 천하의 정위正位 : 바른 자리로 禮를 의미를 세우고, 천하의 대도大道 : 큰 도로 義를 의미를 행해야 한다. 득지得志 : 出仕를 의미해서는 백성들과 함께 그 도를 행하고, '득지'하지 못했을 뜻에는 홀로 그 도를 행한다. 부귀해져도 마음을 방탕하게 하지 않고, 빈천한 상황에도 의지가 변치 않고, 위무威武에도 굴하지 않아야 한다. 이런 사람을 일컬어 '대장부'라고 한다."

맹자가 활약하는 전국시대 중엽에 이미 '대장부'라는 말이 널리 사용되고 있었다. 통상적인 의미의 '대장부'는 일노一怒로 천하의 제후들을 두렵게 만드는 사람을 지칭하는 것으로 인식되었다. 맹자는 바로 이런 통상적인 '대장부' 개념을 강력 반박하고 나선 것이다. 맹자의 정의가 '대장부'의 본의에 부합하는 것임은 말할 것도 없다.

「하주」는 이 장의 '대장부'를 '득도지군得道之君 : 도를 얻은 군주'으로 해석해 놓았다. 대략 '치국'의 관점에서 제38장의 '대장부'를 『맹자』의 '대장부'와 차별코자 하는 시도에서 나온 것으로 보이나 문맥상 자연스럽지 못하다. 오히려 액면 그대로 『맹자』의 '대장부'로 간주하는 게 자연스럽다.

「왕주」는 직접적인 언급을 피한 채 대략 '재도이진이무명載道而鎭以無名 : 대도를 싣고 무명으로 有爲를 막음'을 행하는 자로 보았다. 형이상적인 해석이기는 하나 호연지기浩然之氣를 품은 맹자의 '대장부' 취지에 부합한다.

왕필은 『도덕경』 81장 전편을 통틀어 이 장에서 가장 긴 주석을 전개하고 있다. '덕'을 '득得'으로 규정한 데서 출발한 장문의 주석은 원문에 대한 축자逐字 해석보다는 대부분 『주역』의 논리를 도입해 『노자』 전체를 관통하는 '도'와 '덕'을 논변論辨하는 내용으로 구성돼 있다. 여러 주제를 두루 언급하고 있기는 하나 대략 무위대도無爲大道의 공능功能에 대한 설명으로 요약할 수 있다.

제39장 법본(法本 : 근본을 본받음)

昔之得一者.

天得一以淸, 地得一以寧, 神得一以靈, 谷得一以盈, 萬物得一以生, 侯王得一以爲天下貞.

其致之.

天無以淸將恐裂, 地無以寧將恐發, 神無以靈將恐歇, 谷無以盈將恐竭. 萬物無以生將恐滅, 侯王無以貴高將恐蹶.

故貴以賤爲本, 高以下爲基. 是以侯王自謂孤 · 寡 · 不穀, 此非以賤爲本邪, 非乎.

故致數譽無輿, 不欲琭琭如玉 · 珞珞如石.

『백서갑본』 :

昔之得一者, 天得一以淸, 地得「一」以寧, 神得一以霝(=靈), 浴得一以盈, 侯「王得一」以爲「天下」正. 其致之也, 胃天毋已淸將恐「裂」, 胃地毋「已寧將」恐「發」, 胃神毋已霝「將」恐歇, 胃浴毋已盈將恐渴. 胃侯王毋已貴「以高將恐蹶」. 故必貴而以賤爲本, 必高矣而以下爲基. 夫是以侯王自胃孤 · 寡 · 不穀, 此其「以賤爲本與, 非也」. 故致數與無與. 是故不欲「祿祿」若玉, 硌「硌若石」.

옛날에 득일(得一 : '하나를 얻음' 으로 곧 '得道' 를 의미)이 있었다.

하늘은 득일하여 청명(淸明)해졌고, 땅은 득일하여 안녕(安寧)해졌고, 신(神)은 득일하여 염험(靈驗)해졌고, 곡(谷)은 득일하여 영만(盈滿)해졌고, 만물은 득일하여 생성(生成)했고, 후왕(侯王)은 득일하여 정천하(貞天下 : 천하를 바르게 함)했다.

기치지(其致之 : '淸·寧·靈·盈·生·貞이 이뤄진 이유는 다음과 같다'는 뜻임).

하늘이 청명만을 고집하지 않은 것은 장차 분열(分裂 : 갈라지고 찢어짐)할까 두려워했기 때문이고, 땅이 안녕만을 고집하지 않은 것은 장차 발설(發泄 : 터지고 샘)할까 두려워했기 때문이고, 신이 영험만을 고집하지 않은 것은 장차 헐활(歇活 : 영험한 활동을 멈춤)할까 두려워했기 때문이고, 곡이 영만만을 고집하지 않은 것은 장차 고갈(枯竭)될까 두려워했기 때문이고, 만물이 생성만을 고집하지 않은 것은 장차 멸망(滅亡)할까 두려워했기 때문이고, 후왕이 귀고(貴高 : 고귀)만을 고집하지 않은 것은 장차 궐실(蹶失 : 자리를 잃음)할까 두려워했기 때문이다.

그래서 존귀(尊貴)는 비천(鄙賤)을 근본으로 삼고, 고상(高上)은 비하(卑下)를 기초로 삼는다. 이에 후왕 스스로를 일컬어 고(孤 : 박덕하여 외롭다는 뜻임)·과(寡 : 寡德)·불곡(不穀 : 不善, '穀'은 '善'과 통함)이라고 하는 것이다. 이것이 천한 것을 근본으로 삼은 게 아니겠는가. 그렇지 않은가.

그래서 치삭예(致數譽 : 聲譽를 여러 차례 얻음, 본문의 '輿'는 '譽'의 가차)는 오히려 성예(聲譽)가 없는 것과 같다. 이에 옥과 같은 녹록(琭琭 : '빛남'으로 외형적인 존귀를 의미)과 돌과 같은 낙락(珞珞 : '거칢'으로 외형적인 비천을 의미)을 바라지 않는 것이다.

이 장에서는 '도'를 상징하는 '일一'의 공능을 상세히 설명하고 있다. 태초부터 하늘과 땅, 신, 계곡, 만물이 모두 '일'을 얻어 각자의 역할을 온전히 수행할 수 있게 되었다는 게 그 요지이다. 뒷부분에서는 '천위귀본賤爲貴本'과 같은 역설의 논리를 동원해 군주의 자비自卑를 역설하고 있다. 이 장은 일종의 군도론君道論에 해당한다.

『왕본』과 『하본』에 나오는 '만물득일이생萬物得一以生' 구절이 『백본』과 전한 말기에 나온 엄준의 『노자지귀』 등에는 보이지 않는다. 앞 문장에 대한 해설로 꾸며진 뒷 문장에서 이와 관련된 '만물무이생장공멸萬物無以生將恐滅' 구절이 빠진 것도 불가피한 현상으로 보아야 할 것이다. 두 구절이 후대인에 의해 삽입되었음을 시사하는 대목이 아닐 수 없다.

이는 전후의 문장을 연결시켜 주는 '기치지其致之' 구절에 대한 「하주」를 통해 쉽게 확인할 수 있다. 「하주」는 뒷문장의 내용을 모두 5가지로 요약해 놓았다. 그러나 현존하는 『왕본』과 『하본』에는 하늘과 땅, 신, 계곡, 만물, 후왕 등 모두 6가지가 나온다. 「하주」가 만들어진 이후 후대인이 한 가지를 덧붙여 놓은 것이다. 이를 통해 후대에 첨가된 것이 바로 '만물' 구절이라는 사실을 쉽게 알 수 있다.

'기치지其致之' 구절에 대해 「왕주」는 '각이일치차各以一致此 : 각자 하나를 얻어 이런 상황에 이르게 됨'로 해석해 앞 문장과 연결시켜 놓았다. 이에 대해 「하주」는 '치致'를 '계誡'로 보아 '다음의 5가지 일을 경계한다'고 풀이해 놓았다. '치'를 '경계'의 의미로 보는 것은 의문이 있으나 '기치지' 구절이 문맥상 전후의 문장을 연결시켜 주는 역할을 수행하는 것만은 확실하다. 『백서갑본』이 '기치지' 뒤에 나오는 문장의 각 구절마다 첫머리에 '위胃' 자를 덧붙여 놓은 사실이 이를 뒷받침한다. '이를 테면'의 의미를 지닌

이 글자는 뒷 문장이 앞 문장과 긴밀히 연결되어 있음을 의미한다. 문장구조상 '기치지'는 결과에 해당하는 앞 문장에 대한 배경 설명을 유도하는 연결구 역할을 수행하고 있다. 대략 '그 이유는 다음과 같다'는 뜻으로 풀이하는 게 좋을 것이다.

'천무이청장공렬天無以淸將恐裂' 구절과 관련해 「왕주」는 풀이키를, "일一을 써서 자연히 맑아지는 것이지 맑아지려고 해서 맑아지는 게 아니다. '일'을 지키면 맑음을 잃지 않으나 맑음을 쓰면 장차 하늘이 깨질까 두렵다"고 했다. 뒤이어 나오는 '지무이녕장공발地無以寧將恐發' 등의 구절에 대해서도 동일한 방식으로 풀이해 놓았다. 이는 '이以'의 목적어를 '일一'로 삼은 것이다.

이에 대해 「하주」는 '이以'의 목적어를 '청淸'으로 삼아 풀이키를, "하늘은 음양이 번갈아 펼쳐지고 밤낮이 번갈아 나타나야 하니 청명이 무한히 지속되기를 바라서는 안 된다. 만일 청명만 지속되기를 고집하면 장차 하늘이 터지고 갈라져 하늘이 되지 못할까 두렵다"고 했다. 문맥상 「하주」가 타당한 것은 말할 것도 없다. 이는 『백본』에서 금지 명령어인 '무毋'를 사용해 '천무이청장공렬天毋已淸將恐裂 : 하늘이 청명이 계속되는 것을 그치도록 하지 않으면 장차 갈라질까 두려움'이라고 표현해 놓은 사실이 뒷받침한다. 「하주」의 해석만이 뒤따라 나오는 '천위귀본賤爲貴本'과 '하위고기下爲高基' 구절 등과 순통할 수 있다.

맨 뒤에 나오는 『왕본』의 '치삭여致數輿' 구절은 『백서을본』과 같다. 『백서갑본』은 '여與'로 되어 있다. '여與'와 '여輿' 모두 '예譽'의 가차이다. 『하본』의 일부 판본은 '거車'로 되어 있으나 이는 '여輿'의 오사誤寫이다.

이 구절과 관련해 '치致'를 '지至', '삭數'을 연자衍字로 간주해 '지예至譽'로 읽어야 한다는 주장이 있다. 이를 주장하는 자들은 『장자』「지락」편의 '지예무예至譽無譽' 구절을 그 논거로 들고 있다. 그러나 정반대로 『장자』의 구절을 '치예무예'로 읽는 게 타당하다는 반론도 있다. 『백서갑본』과 『백서을본』 모두 '치삭致數'으로 되어 있는 점 등을 감안할 때 '삭'을 연자로 보는 견해는 설득력이 없다.

제40장 거용(去用 : 쓰임을 버림)

反者道之動, 弱者道之用.
天下萬物生於有, 有生於無.

『백서갑본』 :

「反也者」, 道動也. 弱也者, 道之用也. 天「下之物生於有, 有生於无」.

『곽점갑본』 :

返也者, 道動也. 弱也者, 道之用也. 天下之物生于又, 生于亡.

반자(反者 : 근원으로 돌아감, '反'은 '返'과 통함)는 도지동(道之動 : 도의 움직임)이고, 약자(弱者 : 유약한 모습을 지님)는 도지용(道之用 : 도의 운용)이다.

천하만물은 유(有)에서 생겨나고, '유'는 무(無)에서 생겨난다.

마지막에 나오는 『왕본』과 『하본』, 『백본』의 '유생어무有生於無' 구절이 가장 오래된 『곽본』에는 '유有'가 탈락된 형태로 나온다. 현재 『곽본』이 필사과정에서 '유'를 빠뜨렸을 가능성과 후대에 '유'를 덧붙였을 가능성이 모두 점쳐지고 있다. 대부분의 연구자들은 전자에 무게를 두고 있다. 『노자』를 관통하는 유무有無의 논리에 비춰 전자의 가능성이 훨씬 높다.

제41장 동이(同異 : 같고 다름)

上士聞道, 勤而行之. 中士聞道, 若存若亡. 下士聞道, 大笑之. 不笑, 不足以爲道. 故建言有之,

"明道若昧, 進道若退, 夷道若纇. 上德若谷, 大白若辱. 廣德若不足, 建德若偸. 質眞若渝, 大方無隅. 大器晩成, 大音希聲, 大象無形, 道隱無名."

夫唯道, 善始且成.

『백서갑본』:

「上士聞道, 堇能行之. 中士聞道, 若存若亡. 下士聞道, 大笑之. 弗笑, 不足以爲道. 是以建言有之曰, "明道如費, 進道如退, 夷道如類. 上德如浴, 大白如辱. 廣德如不足, 建德如輸. 質眞如渝. 大方无禺. 大器免成, 大音希聲, 天象无刑, 道隱无名." 夫唯」道, 善「始且善成」.

『곽점을본』:

上士聞道, 堇能行于其中. 中士聞道, 若聞若亡. 下士聞道, 大笑之. 弗大笑, 不足以爲道矣. 是以建言又之, "明道如昧, 夷道如類, 進道如退, 上德如谷, 大白如辱. 廣德如不足, 建德如偸, 質貞如愉, 大方亡禺. 大器曼成, 大音希聲, 天象亡形."

상사(上士 : 뛰어난 사람)는 문도(聞道 : 도를 들음)하면 근행(勤行 :

부지런히 실행함)하고, 중사(中士 : 보통 사람)는 문도하면 약존약망(若存若亡 : 들었다가 이내 잊어버림)하고, 하사(下士 : 못난 사람)는 문도하면 대소(大笑 : 크게 비웃음)한다.

사실 비웃음을 당하지 않으면 도가 되기에 부족하다. 그래서 이런 건언(建言 : 立言, 「하주」는 '말해보다'는 뜻의 '設言')이 나왔다.

"명도(明道 : 밝은 도를 지닌 자)는 마치 흐리멍덩한 것 같고, 진도(進道 : 나아가는 도를 지닌 자)는 마치 물러나는 것 같고, 이도(夷道 : 큰 도를 지닌 자)는 마치 뇌(纇 : 일반 대중의 무리)와 같다. 상덕(上德 : 상덕을 지닌 자)은 마치 골짜기와 같고, 태백(大白 : 크게 깨끗한 자)은 마치 오욕(汚辱 : 때가 묻음)과 같다. 광덕(廣德 : 넓은 덕을 지닌 자)은 마치 부족한 것 같고, 건덕(建德 : 굳건한 덕을 지닌 자)은 마치 건성건성 일하며 살아가는 것 같다. 질진(質眞 : 질박하고 참된 사람)은 마치 유천(渝淺 : 천박함)한 것 같고, 대방무우(大方 : 크게 모난 것)는 마치 무우(無隅 : 원과 같아 모서리가 없음)인 것 같다. 대기만성(大器晩成 : 큰 그릇은 늦게 완성됨), 대음희성(大音希聲 : 큰 소리는 드물게 소리남), 대상무형(大象無形 : 크게 본받을 대상은 아예 구체적인 형상이 없음), 도은무명(道隱無名 : 도는 은미해 이름을 지어 붙일 수 없음)인 법이다."

오직 도만이 선시선성(善始善成 : 잘 시작하여 잘 완성시킴)할 수 있다.

『왕본』과 『하본』, 『백본』의 '약존약망若存若亡' 구절은 『곽본』에는 '약문약무若聞若亡'로 되어 있다. '듣는 둥 마는 둥'의 뜻을 지닌 '약문약무' 구절이 앞에 나온 '문도聞道' 어구에 비춰 훨씬 타당하나 '약존약망'으로 해석해도 별 차이는 없다. 이 경우 '약존약망'은 '망亡'을 '망忘'으로 보아 '한번 들었다가 이내 망실忘失함'으로 풀이하는 게 타당하다. 「하주」도 이와 유사하게 풀이해 놓았다.

'이도약뢰夷道若纇' 구절과 관련해 「왕주」는 '이도夷道'를 '대이지도大夷之道 : 크고 평평한 도', '뢰纇'를 '예埘 : 깊은 웅덩이'로 보아 풀이키를, "큰 도는 사물의 본성에 따르기 때문에 사물을 잘라서까지 평평하게 하려고 하지 않는다. 이에 그 평평함이 보이지 않는 까닭에 도리어 깊은 웅덩이와 같다"고 했다. 이에 대해 「하주」는 '뢰纇'를 '류類'로 보아 풀이키를, "큰 도를 지닌 사람은 자신을 특별한 존재로 여기지 않고 많은 무리와 함께 한다"고 했다. 문맥상 「하주」가 타당하다.

'건덕약투建德若偸' 구절을 두고 「왕주」는 '투偸'를 '필匹'로 보아 해석키를, "굳건한 덕은 사물의 자연스런 모습에 따른다. 자신의 기준을 내세우지도 않고 인위적으로 베풀지도 않는다. 이에 마치 필적하는 짝처럼 보인다"고 했다. 이에 대해 「하주」는 '투'를 '유揄 : 끌어냄'의 가차로 보아 풀이키를, "도덕을 강건하게 세운 사람은 마치 쉽게 끌어낼 수 있는 것처럼 보인다"고 했다.

예로부터 「왕주」와 「하주」를 두고 논란이 많았다. 우선 유월兪樾은 '투偸'를 '필匹'로 본 사례를 찾을 수 없다는 등의 이유로 「왕주」의 문제점을 지적했다. 「하주」는 '투'를 '유'의 가차로 본 것은 그럴 듯하나 문맥이 순통하지 않는 약점이 있다.

이와 관련해 고형高亨은 『노자주역』에서 『백서을본』에 '수輸'로 되어 있는 점에 주목해 '수'와 '투' 모두 '수嬬 : 유약함'의 가차로 보았다. 문맥이 순통하기는 하나 '투偸'와 '수嬬'의 자형이 현격히 다른데도 불구하고 가차로 사용된 이유를 납득키가 어렵다.

그보다는 '투偸'와 의미도 상통하고 자형도 유사한 '유婾'의 가차로 보는 게 타당할 것이다. 이는 「왕주」를 집중 연구한 루우열樓宇烈이 이미 『왕필집교석王弼集校釋』에서 거론한 바 있다. 원래 '유婾'는 '투'와 마찬가지로 '훔치다'의 뜻도 있지만 '안일을 탐하며 건성건성 일하다'는 뜻을 지니고 있다. 이는 '유인婾安'이 '투안偸安'의 뜻으로 사용되고 있는 용례를 보면 쉽게 알 수 있다. 따라서 '건덕약투' 구절은 '투'를 '유생婾生' 또는 '투생偸生'으로 보아 '굳건한 덕을 지닌 자는 마치 건성건성 일하며 살아가는 것처럼 보인다'로 해석하는 게 문맥과 문의文意 면에서 모두 자연스럽다.

'대기만성大器晩成'을 두고 일부 학자는 뒤따라 나오는 '대음희성大音希聲'과 '대상무형大象無形', '도은무명道隱無名' 등의 구절과 주응이 안 된다는 이유를 들어 '만晩'을 '면免' 또는 '무無'로 고쳐 읽어야 한다고 주장하고 있다. 이들은 『백본』이 '면免'으로 되어 있는 점을 그 논거로 들기도 한다. 그러나 이는 잘못이다.

'면免'은 '만晩'의 가차로 사용된 것이다. 이는 시기가 가장 앞선 『곽본』이 '만晩'의 가차인 '만曼'으로 되어 있는 사실이 뒷받침한다. 나아가 문맥으로 볼지라도 '만'을 '면' 내지 '무'로 개작해 읽을 필요가 전혀 없다. 뒤따라 나오는 '대음희성'의 '희希'는 '없다'는 뜻이 아니라 '드물다'는 뜻이다. 이어지는 '대상무형大象無形'과 '도은무명道隱無名'의 문장구조와 차이가 있는 것이다.

'대기만성'은 응당 '대음희성'과 짝을 이룬 대구로 보아야 한다. 그렇다면 '대음희성'이 '대음무성大音無聲'이 아닌 것과 같이 '대기만성' 역시 '대기무성大器無成'이 될 수 없다. '대기만성'의

'만晩'은 단순히 '늦다'의 뜻이 아니라 '지만至晩'의 뜻이다. 언젠가는 만들어지겠지만 그 시기가 매우 늦다는 의미를 지니고 있는 것이다. 이같이 해석해야 '대음희성'과 짝을 이뤄 문맥이 순통하게 된다.

『노자』는 비록 '무위'를 강조하고 있기는 했으나 결코 사람들에게 아무 일도 하지 말고 자연에 수동적으로 몸을 맡긴 채 오직 관조만 할 것을 주문한 적이 없다. 오히려 저절로 영허소장盈虛消長을 반복하는 자연의 이치를 깨달아 적극적으로 '도'에 부합하는 치신치국治身治國에 나설 것을 주문한 데 그 기본 취지가 있다. 대기大器는 기본적으로 인위를 전제로 한 것이다. 『노자』는 바로 '자연의 도에 가까운 대기는 그 완성에 지극히 오랜 시간이 걸리는 만큼 서두르지 말고 도에 부합하는 삶을 꾸준히 영위하면서 그 완성을 기하라'고 주문하고 있는 것이다. '대기만성'의 개작은 자칫 과거 성리학자들이 소모적인 형이상의 사변론을 일삼으면서 『주역』을 참위설讖緯說의 비서秘書로 인용한 것과 별반 차이가 없는 행보로 오해받을 소지가 크다.

마지막 구절은 원래 '선대차성善貸且成'으로 되어 있다. 이에 대해 「왕주」는 풀이키를, "도는 만물에게 그 모자란 것만 빌려주는 것이 아니라 한 번 빌려주면 그 덕이 영원히 지속되므로 '선대善貸'라고 한 것이다. 또한 도가 만물을 조성하는 것이 솜씨 좋은 장인의 마름질만은 못하지만 사물 중 자신의 형체를 갖추지 못한 게 없게 되므로 '선성善成'이라고 한 것이다"라고 했다. 이에 대해 「하주」는 '치신'의 관점에서 풀이키를, "도는 사람에게 정기를 잘 부여해 주고 성취하게 해주는 것을 말한다"고 했다.

원래『백본』에는 이 대목이 '선시차선성善始且善成' 으로 되어 있다. 여기서는 '시始' 와 '성成' 이 상호 대비되면서 조응하고 있다. 이것이 문의에 훨씬 부합한다.「왕주」와「하주」가 '선대善貸' 를 비록 절묘하게 풀이해 놓기는 했으나 무위자연無爲自然의 본체인 '도' 가 굳이 덕과 정기를 빌려주어 천지만물을 완성시키는 이유가 무엇인지 납득키가 어렵다. 그보다는 천지만물이 스스로 시성始成하는 소이연所以然이 바로 '도' 에 있다는 취지를 말한 것으로 보는 게 훨씬 자연스럽다.『하본』과『왕본』의 '대貸' 는 '시始' 의 오사誤寫로 보는 게 타당하다.

제42장 도화(道化 : 도로 교화시킴)

道生一, 一生二, 二生三, 三生萬物.

萬物負陰而抱陽, 沖氣以爲和.

人之所惡, 唯孤 · 寡 · 不穀, 而王公以爲稱. 故物或損之而益, 或益之而損.

人之所敎, 我亦敎之.

强梁者不得其死, 吾將以爲敎父.

『백서갑본』 :

「道生一, 一生二, 二生三, 三生萬物. 萬物負陰而抱陽」, 中氣以爲和. 天下之所惡, 唯孤 · 寡 · 不穀, 而王公以自名也. 勿或損「之而益, 益」之而損. 古人「之所」敎, 夕議而敎人. 故强良者不得死, 我「將」以爲學父.

도(道)는 일(一 : 음 · 양 분화 이전의 一氣)을 낳고, '일' 은 이(二 : 음 · 양)를 낳고, '이' 는 삼(三 : 천 · 지 · 인)을 낳고, '삼' 은 만물(萬物)을 낳는다.

만물이 부음포양(負陰抱陽 : '음' 을 지고 '양' 을 껴안음)하면 이내 충기(沖氣 : 음 · 양의 두 기운이 뒤섞여 조화를 이룸)하여 화기(和氣)가 나타난다.

사람들이 꺼리는 것으로 고(孤) · 과(寡) · 불곡(不穀)이 있다. 그러나 왕공(王公)은 이를 자신의 칭호로 삼는다. 그래서 사물은 덜어내고자 하면 오히려 더해지고, 더하고자 하면 오히려 덜어지는 것이다.

사람들은 가르치면서 거약위강(去弱爲强 : 약함을 버리고 강하게 됨)과 거유위강(去柔爲剛 : 부드러움을 버리고 굳세게 됨)을 말한다. 그러나 나는 가르치면서 거강위약(去强爲弱)과 거강위유(去剛爲柔)를 말한다.

강량자(强梁者 : 强暴한 자)는 제대로 죽지 못하는 법이다. 나는 장차 이를 교부(敎父 : 가르침과 警戒의 시초)로 삼을 것이다.

이 장은 앞 대목에서 '도'가 천지만물을 생성하는 배경을 매우 형이상적으로 묘사해 놓았다. 이는 기氣로 우주의 생성을 설명한 소위 '기화우주론氣化宇宙論'이 반영된 결과로 보인다. 한제국 때는 유가와 도가 할 것 없이 소위 음양론의 흡입에 따른 커다란 왜곡이 진행되었다. 동중서董仲舒가 공학孔學에 '음양오행설'과 '천인감응설天人感應說'을 결합시키면서 공자를 신격화하고 도가가 『참동계參同契』와 『노자상이주老子想爾注』, 『태평청령서太平清領書』 계통의 음양오행설을 양생술로 수용하면서 노자를 신격화한 것 등이 그 실례이다.

한제국 때 풍미한 음양오행설의 영향은 심대했다. 풍우란馮友蘭은 『중국철학사』에서 천하를 재차 통일한 뒤 사상의 통일을 꾀한 한제국의 요구에 음양가의 굉대불경宏大不經한 이론이 절묘하게 맞아떨어진 결과로 보았다. 『회남자』 「천문」편에 나오는 천지형성과정에 대한 다음과 같은 해설이 그 구체적인 실례가 아닐 수 없다.

"도는 허확虛霩 : 텅 비어 확 트인 공간으로 후대의 '무극' 내지 '태극'과 가까운 개념임에서 시작되었다. 허확은 우주를 낳고, 우주는 기를 낳는다. 기에 애은涯垠 : 한계이 있어 맑고 가벼운 기는 희미하게 뻗쳐 하늘이 되고, 무겁고 탁한 기운은 응체되어 땅이 되었다."

이 장에서 말하는 '일一'은 음양의 기가 갈려져 나오기 이전의 단계로 『회남자』「천문」편에서 말하는 '우주'에 해당하고, '이二'는 음양의 기가 갈려져 나온 뒤 응체되어 형성된 '천지'에 해당한다. 천天·지地·인人으로 구성된 '삼三'은 인간 중심의 소위 '인귀人貴'사상을 표현한 것으로 만물의 시원이 된다.

이와 관련해 예로부터 수많은 해석이 등장했다. 그 중 대표적인 것이 바로 「왕주」와 「하주」이다. 「왕주」는 「하주」와 달리 만물의 분화과정을 '기화우주론'의 입장에서 파악치 않고 객관적 사물에 대한 인간의 언어와 개념의 형성과정으로 파악했다. 이는 『장자』「제물론齊物論」의 논리를 원용한 다음과 같은 풀이를 보면 쉽게 확인할 수 있다.

"무無로 인해 일一에 이르니 '일'은 '무'라고 할 수 있다. 그러나 이미 '일'이라고 일컬었으니 어찌 무언無言이라고 할 수 있겠는가. 유언有言에 '일'이 있으니 '이'가 아니고 무엇이겠는가. '일'이 있고 '이'가 있으니 드디어 '삼'을 낳게 되었다. '무'에서 '유'로 나아가는 와중에 나온 수數는 여기서 끝난다. 여기서 더 나아가는 '수'는 도의 무리가 아니다."

이에 대해 「하주」는 다음과 같이 '일'에서 '이'를 거쳐 '삼'에 이르는 과정을 모두 기氣의 논리로 풀이해 놓았다.

"도가 처음 낳는 것이 '일'이다. '일'은 음양陰陽을 낳는다. '음양'은 청기淸氣·탁기濁氣·화기和氣를 낳는다. 이것이 분화해 천·지·인이 된다. 천·지·인이 함께 만물을 만든다. 하늘은 베풀고, 땅은 화육하고, 인간은 보살펴 기른다."

「하주」의 해석이 형이상적인 해설로 일관한 「왕주」에 비해 훨씬 설득력이 있다. 사실 이런 해석이 제42장의 문의에 부합한다. 이는 대략 양자 모두 한제국 때 유행한 소위 '기화우주론'의 논리 위에 입론立論한 결과로 볼 수 있다.

그렇다면 만물의 형성과정은 구체적으로 어떤 것일까. 「왕주」는 풀이키를, "그래서 만물이 생겨날 때 나는 그 주인을 안다. 비록 온갖 형체가 있어도 충기沖氣는 하나이다"라고 했다. 「왕주」는 가장 문제가 되고 있는 '충기이위화沖氣以爲和' 구절을 지극히 간략히 해석해 놓으면서도 정작 '충기'가 무엇인지에 대해서는 아무런 언급도 해놓지 않았다. 대략 '무無의 기운'으로 풀이하는 게 일반이다. 「하주」는 보다 상세히 설명해 놓았다.

"만물은 모두 음을 등지고 양을 향한다. 마음을 돌이켜 햇빛을 향해 나아간다. 만물 속에는 모두 원기元氣가 있어 이를 얻으면 조화롭고 부드럽게 된다. 이는 마치 흉중에 오장이 있고, 뼈 속에 골수가 있고, 초목 속에 공허空虛가 있어 '화기'가 은밀히 통하는 것과 같다."

「하주」는 「왕주」와 달리 '충기沖氣'를 하나의 독립된 '기'로 간주하지 않은 채 '이위화以爲和'의 '화和'를 청기淸氣 및 탁기濁氣와 병칭되는 또 하나의 기운인 '화기'로 간주한 데 그 특징이 있다. 그러나 「하주」 역시 '화기' 개념을 통해 「왕주」보다 상세한 주석을 달아놓기는 했으나 전체적으로 애매하기는 마찬가지이다.

이로 인해 예로부터 '충기이위화' 구절을 둘러싸고 다양한 해석이 시도되었다. 여러 해석이 있으나 대략 '두 기가 서로 합쳐 조화를 이룬다'는 내용으로 요약할 수 있다. 비록 '충기'를 「왕주」와 같이 하나의 독립된 '기'로 간주하지는 않았으나 '화和'를 거의 예외 없이 '조화'로 풀이하고 있는 게 특징이다. 이는 크게 보아 대략 「왕주」에 가까운 해석이라고 할 수 있다.

'충기이위화沖氣以爲和' 구절의 해석에서 접점을 찾지 못하는 가장 큰 이유는 기본적으로 구문에 너무 얽매인 데 있다. '충沖'은 기본적으로 '비우다'의 뜻도 있지만 '조화시키다'는 뜻을 지니고 있다. 따라서 '충기'는 '음·양의 두 기운이 섞여 조화를 이루다'의 뜻으로 풀이해야 한다. '충기'의 결과가 바로 '화和'인 까닭에 '화'는 곧 '화기'를 의미한다. '충기'는 음·양의 두 기운이 섞여 '화기'가 이뤄지는 진행과정을 의미하는 동시에 뒤섞여 있는 음·양의 두 기운을 총칭하는 말이기도 한 것이다. 마찬가지로 '화' 역시 음·양의 두 기운이 뒤섞여 만들어낸 최종적인 상태인 '조화'를 의미하는 동시에 그 결과물인 '화기'를 뜻하는 것이기도 하다.

따라서 이 구절은 '충기'에서 '화기'가 나오는 전체 과정을 요약해 표현한 것이다. 결과적으로 보면 '충기'의 결과가 '화기'이고, '화기'의 원인이 '충기'인 까닭에 '충기'와 '화기'는 결국 동일한 '기'를 원인과 결과 측면에서 다르게 표현한 것에 불과하다. 「왕주」가 '충기'만을 얘기하고 '화기'를 언급치 않은 것도 잘못이고, 「하주」가 '화기'만 언급하고 '충기'를 언급치 않은 것도 잘못이다. 그런 의미에서 「하주」에 나오는 '충기'를 '기를 비우다'로 해석하는 견해를 포함해 '두 기가 서로 합쳐 조화를 이룬다'

는 견해도 수정될 필요가 있다. 이 구절은 '음 · 양의 두 기운이 뒤섞여 조화를 이룸으로써 화기를 이룬다'로 해석해야 문의에 부합한다.

이 구절에 뒤이어 나오는 '인지소오人之所惡' 이하의 문장은 그 내용이 일전一轉해 일종의 처세훈處世訓으로 전개되고 있다. 그럼에도 「왕주」는 '일一'을 매개로 하여 전후의 문장을 이같이 연결시켜 놓았다.

"백성마다 마음이 다르고 나라마다 풍속을 달리 하지만 왕후王侯는 '일'을 얻어 주인이 된다. '일'이 주인이 되니 '일'을 어찌 버릴 수 있겠는가. 많아질수록 도에서 멀어지고 덜어낼수록 도에 가까워진다. 다 덜어내면 그 궁극을 얻는다. '일'이라고 말했을 뿐인데도 오히려 '삼'으로 나가가는데 하물며 본래 '일'이 아닌 것이라면 어찌 도에 가까울 수 있겠는가. 덜면 더해지고 더하면 덜게 된다는 말이 어찌 허언虛言일 수 있겠는가."

나름대로 의미 있는 주석이기는 하나 원문에 대한 주석이라기보다는 자신이 강조하는 '무' 개념을 강조키 위한 논변의 성격이 짙다. 제42장 후반부 문장에 대한 주석은 「하주」가 훨씬 구체적이다.

"고孤 · 과寡 · 불곡不穀은 본래 상서롭지 못한 이름이다. 그럼에도 왕공王公이 이를 자신의 칭호로 삼는 것은 겸비謙卑에 머물면서 공허空虛와 화유和柔를 본받고자 한 것이다. 그래서 끌어당기면 얻지 못하나 사양하면 반드시 돌아오고, 높이 쌓는 것은 무너지고, 부귀를 탐하는 자는 환난을 만나는 것이다."

원문에 충실한 주석이 아닐 수 없다. 「왕주」와 「하주」의 이런 차이는 뒤이어 나오는 '인지소교人之所敎' 구절 등에 대한 주석에서도 그대로 이어지고 있다. 「왕주」는 이같이 풀이해 놓았다.

"내가 사람들을 가르치는 것은 억지로 따르도록 시키는 것이 아니라 저절로 그리 하도록 하는 것이다. 이리 하면 사람들이 서로 가르치게 되니 마치 내가 사람들에게 지극한 이치를 어기지 말라고 가르치는 것과 같다."

그럴 듯한 풀이이기는 하나 매우 형이상적이다. 이에 대해 「하주」는 이같이 풀이해 놓았다.

"사람들이 가르치는 것은 거약위강去弱爲强 : 약함을 버리고 강하게 됨과 거유위강去柔爲剛 : 부드러움을 버리고 굳세게 됨이다. 나 또한 사람들을 가르치나 그 내용은 거강위약去强爲弱과 거강위유去剛爲柔이다."

문의에 적합한 해석이 아닐 수 없다. 이는 후속문장의 취의와 적확히 맞아 떨어지는 것이기도 하다. 「하주」는 '강량자强梁者'로 시작되는 후속문장을 이같이 풀이해 놓았다.

"'강량자'는 도덕을 배반하고 경전의 가르침을 따르지 않고 세력에 의지하는 자이다. '강량자'가 제대로 죽지 못한다는 것은 하늘에 의해 끊어지고, 병기에 의해 베어지고, 왕법王法에 의해 죽임을 당해 수명대로 살지 못하는 것을 말한다. 그래서 노자는 '강량자'를 교계敎誡 : 가르침과 경계의 시초로 삼은 것이다."

명쾌한 주석이 아닐 수 없다. 이는 「왕주」의 다음과 같은 풀이와 극명하게 대조된다.

"강량强梁은 반드시 제대로 죽지 못한다. 사람들이 서로 '강량'을 가르치면 나는 사람들에게 그래서는 안 된다고 가르칠 수밖에 없다. '강량'이 제대로 죽지 못하는 것임을 가르치는 것은 내 가르침에 따르면 반드시 길할 것이라고 말하는 것과 같다. 그래서 가르침을 어기는 무리야말로 오히려 교부敎父로 삼을 수 있는 것이다."

문맥이 순통하지 않을 뿐만 아니라 문의에도 부합치 않는다. 제42장의 후반부는 기본적으로 전반부와 달리 '거약위강去弱爲強'을 골자로 하는 일종의 '처세훈'에 가깝다. 그럼에도 「왕주」는 자신의 논리에 입각해 시종 추상적인 형이상의 주석으로 일관하고 있는 것이다. 「왕주」에 대한 무조건적인 추종은 적잖은 문제가 있다.

제43장 편용(偏用 : 두루 사용함)

天下之至柔, 馳騁天下之至堅. 無有入無閒, 吾是以知無爲之有益. 不言之敎, 無爲之益, 天下希及之.

『백서갑본』 :

天下之至柔, 「馳」騁於天下之至堅. 无有入无閒, 吾是以知無爲「之有」益也. 不「言之」敎, 无爲之益, 「天」下希能及之矣.

천하의 지유(至柔 : 가장 유약한 것)가 천하의 지견(至堅 : 가장 견고한 것)으로 치빙(馳騁 : 깊이 스며듦)한다. 무(無)는 무간(無閒 : 틈이 없는 곳)도 스며든다. 나는 이로써 무위가 유익하다는 것을 안다.

그러나 불언지교(不言之敎 : 말없는 가르침)와 무위지익(無爲之益 : 무위의 이로움)은 천하(天下 : 「하주」는 '군주'로 해석)에 여기에 이를 수 있는 자가 매우 드문 법이다.

'치빙천하지지견馳騁天下之至堅' 구절과 관련해 『백본』에는 『왕본』 및 『하본』과 달리 '치빙馳騁' 다음에 어조사 '어於'가 붙어 있다. '어'가 없을 경우 '치빙'은 타동사로 간주되어 '부리다' 내지 '제어하다'의 뜻으로 해석될 소지가 크다. 실제로 대부분의 역서가 이처럼 번역해 놓았다.

그러나 '어'가 있을 경우는 '치빙'이 어의 그대로 '내달리다'는 뜻이 명확히 드러나게 된다. 실제로 '치빙'이 '부리다'의 뜻으로 해석되는 것은 부자연스럽다. 문맥상 이 구절은 '내달려 깊이 스며들다'는 뜻으로 새기는 것이 자연스럽다. 대구를 이루고 있는 후속 구절의 동사가 '입ㅅ'으로 되어 있는 것이 이를 뒷받침한다.

제44장 입계(立戒 : 경계를 세움)

名與身孰親, 身與貨孰多. 得與亡孰病.
是故甚愛必大費, 多藏必厚亡.
知足不辱, 知止不殆, 可以長久.

『백서갑본』:

名與身孰親. 身與貨孰多. 得與亡孰病. 甚「愛必大費, 多藏必厚亡」. 知足不辱, 知止不殆, 可以長久.

『곽점갑본』:

名與身孰親. 身與貨孰多. 得與亡孰病. 甚愛必大費, 厚藏必多亡. 故智足不辱, 智止不殆, 可以長久

명신(名身 : 명성과 몸) 중 어느 쪽이 더 친애(親愛)할 만하고, 신화(身貨 : 몸과 재물) 중 어느 쪽이 더 다장(多藏 : 많이 쌓음)할 만한가. 신(身)과 명화(名貨)의 득망(得亡 : 득실)에서 무엇인 병인가.

그래서 심애(甚愛 : 친애가 지나침)는 반드시 대비(大費 : 크게 손실을 봄)하고, 다장(多藏)은 반드시 후망(厚亡 : 크게 상실함)하는 것이다. 지족불욕(知足不辱 : 만족할 줄 알아야 욕을 당하지 않음), 지지불태(知止不殆 : 멈출 줄 알아야 위태롭지 않음)인 법이다. 그래야만 가히 장구(長久)할 수 있다.

이 장의 핵심어는 '지족지지知足知止'이다. '지족지지' 해야 하는 이유는 '심애대비甚愛大費'와 '다장후망多藏厚亡'에 있다. 이에 대해 「왕주」와 「하주」는 약간 다르게 해석해 놓았다. 「왕주」는 그 원인을 이같이 분석해 놓았다.

"너무 아끼면 다른 물건과 융통해 쓸 수 없고, 지나치게 쌓아두면 다른 물건과 더불어 나눌 수 없다. 재물을 구하는 자와 이를 빼앗고자 하는 자는 중다衆多하다. 그래서 결국 대비후망大費厚亡할 수밖에 없는 것이다."

심애다장甚愛多藏의 후과에 대한 통찰이 아닐 수 없다. 이에 대해 「하주」는 '치신치국治身治國'의 입장에서 이같이 분석해 놓았다.

"지나치게 여색을 좋아하는 자는 정신을 소모하고, 지나치게 재물을 좋아하는 자는 재앙을 만난다. 살아서 창고에 쌓아두고 죽어서는 묘지에 쌓아두면 생전에 도난당할까 걱정하고 사후에 도굴당할까 근심한다. 사람이 '지족지지知足知止'의 자세로 치신治身하면 오장신五臟神이 불로不勞 : 수고롭지 않음하고, '지족지지'의 자세로 치국治國하면 백성이 불요不擾 : 어지럽지 않음한다."

생전의 도난은 물론 사후의 도굴까지 언급하면서 '치신치국'의 차원에서 '지족지지'의 필요성을 설파하는 논리가 탁이卓異하다. 「하주」는 비록 '치신' 문제를 음양오행설에 입각해 다소 신비적으로 해석함으로써 도교의 교리로 원용되기는 했으나 '치신'과 '치국'의 문제를 시종 하나로 꿰어 통일적으로 해석해 놓은 점에서 타의 추종을 불허한다.

제45장 홍덕(洪德 : 커다란 덕)

大成若缺, 其用不弊. 大盈若沖, 其用不窮.
大直若屈, 大巧若拙, 大辯若訥.
躁勝寒, 靜勝熱, 淸靜爲天下正.

『백서갑본』 :

大成若缺, 其用不幣(=弊). 大盈若盅, 其用不窘. 大直如詘, 大巧如拙, 大贏如肭. 趮勝寒, 靚勝炅, 請靚可以爲天下正.

『곽점을본』 :

大成若缺, 其用不弊. 大盈若盅, 其用不窮. 大巧若拙, 大成若詘, 大直若屈. 燥勝滄, 靜勝熱, 淸靜爲天下定.

대성(大成 : 크게 이룸, 「하주」는 '대성한 군주')은 마치 모자란 듯하나 아무리 써도 닳지 않고, 대영(大盈 : 가득 참, 「하주」는 '도덕이 가득 찬 군주')은 마치 텅 빈 듯하나 아무리 써도 끝이 없다.

대직(大直 : 커다란 정직, 「하주」는 '크게 곧은 사람')은 마치 굴왕(屈枉 : 굽음)한 듯하고, 대교(大巧 : 뛰어난 솜씨, 「하주」는 '솜씨 좋은 사람')는 마치 졸렬(拙劣 : 서툴음)한 듯하고, 대변(大辯 : 큰 변설, 「하주」는 '말 잘하는 사람')은 어눌(語訥 : 말을 더듬음)한 듯하다.

조승한(躁勝寒 : 조급함이 극에 달하면 오히려 통상적인 추위보다 더욱 춥게 됨)·정승열(靜勝熱 : 고요함이 극에 달하면 오히려 통상적인 더위보다 더욱 덥게 됨)인 까닭에 청정(淸靜)이 천하정(天下正 : 천하의 준칙)이 되는 것이다.

예로부터 '조승한躁勝寒·정승열靜勝熱' 구절을 두고 해석이 분분했다. 이는 한열寒熱과 정조靜躁가 쌍을 이뤄야 하는데 원문에는 엉뚱하게도 조한躁寒과 정열靜熱이 쌍을 이룬 데 따른 것이다. 이로 인해 일부 학자는 아예 이 구절을 '정승조靜勝躁, 한승열寒勝熱'로 개작해 해석키도 했다. 그러나 이는 비록 문맥상 순통하기는 하나 『왕본』과 『하본』은 물론 『백본』과 『곽본』까지 하나같이 '조승한·정승열'로 되어 있는 점에 비춰 자의적인 해석이라는 지적을 면키 어렵다.

'조승한躁勝寒'에 대해 「하주」는 '승勝'을 '극極'으로 보아 '조급함이 극에 달하면 추워진다'는 식으로 해석해 놓았다. 매우 주목할 만한 해석이 아닐 수 없다. 그러나 이는 '승'의 의미를 제대로 살리지 못한 한계가 있다. 그보다는 '승'의 의미를 살려 "조급함이 극에 달하면 열이 나다 못해 아예 추워진다. 이때의 추위는 통상적인 추위보다 더욱 춥다"로 풀이하는 게 나을 것이다. 마찬가지 맥락에서 '정승열靜勝熱'도 "고요함이 극에 달하면 추워지다 못해 아예 더워진다. 이때의 더위는 통상적인 더위보다 더욱 덥다"로 해석할 수 있다. 비록 틀어서 해석한 난점이 있기는 하나 원문의 취지를 살리면서 문의를 순통케 하는 데에는 달리 묘안이 없다.

제46장 검욕(儉欲 : 검소한 욕망)

天下有道, 却走馬以糞. 天下無道, 戎馬生於郊.

罪莫大於可欲, 禍莫大於不知足, 咎莫大於欲得. 故知足之足, 常足矣.

『백서갑본』:

天下有「道, 卻」走馬以糞. 天下无道, 戎馬生於郊. 罪莫大於可欲, 禍莫大於不知足, 咎莫憯於欲得. 「故知足之足」, 恒足矣.

『곽점갑본』:

罪莫厚乎甚欲. 咎莫僉乎欲得. 禍莫大乎不智足. 智足之爲足, 此恒足矣.

천하가 유도(有道)하면 주마(走馬 : 천리마를 지칭)가 오히려 분전(糞田 : 밭에 거름을 줌)에 사용되고, 천하가 무도(無道)하면 융마(戎馬 : 軍馬를 지칭)가 교경(郊境 : 변경)에서 새끼를 낳는다.

죄(罪)는 가욕(可欲 : 가히 취할 수 있다는 이유로 다 갖고자 하는 욕심)보다 더 큰 게 없고, 화(禍)는 부지족(不知足 : 이미 충분한데도 더 갖고자 하는 욕심)보다 큰 게 없고, 구(咎 : 허물)는 욕득(欲得 : 충분치 못해 더 갖고자 하는 욕심)보다 더 큰 게 없다. 그래서 지족지족(知足之足 : 지족을 통한 만족)만이 상족(常足 : 恒常된 만족)이 될 수 있다.

이 장은 크게 두 문장으로 갈린다. 앞의 문장은 반전反戰의 취지로 구성돼 있는 데 반해 뒤의 문장은 제44장과 마찬가지로 '지족지족知足之足'의 교계敎誡로 되어 있다. 『곽본』에는 앞 문장이 아예 존재하지 않고, 『백본』은 두 문장 사이에 '•' 부호를 삽입시켜 놓았다. 이는 '•' 부호 이하의 문장이 후대에 추가되었거나 다른 장의 내용이 착오로 덧붙여졌을 가능성을 시사하고 있다.

이 때문인지는 몰아도 『왕본』에만 유독 '죄막대어가욕罪莫大於可欲' 구절이 빠져 있다. 이는 전사轉寫 과정에서 누락된 것으로 짐작된다. 『하본』과 『백본』에 나오는 이 구절은 『곽본』에는 '죄막후호심욕罪莫厚乎甚欲'으로 되어 있다. 원래 '심욕甚欲'으로 되어 있던 부분이 전사과정에서 '가욕可欲'으로 바뀐 것으로 보인다.

'심욕'은 말 그대로 '심한 욕심'으로 풀이되나 '가욕'은 구체적으로 무엇을 의미하는지 판단키가 쉽지 않다. 이어지는 구절이 〈욕득欲得→구咎 : 허물〉와 〈부지족不知足→화禍〉의 인과관계로 구성돼 있는 것과 마찬가지로 이 구절 또한 〈가욕可欲→죄罪〉의 인과관계로 구성돼 있다. 그러나 문제는 구咎와 화禍, 죄罪가 뚜렷이 구별되지 않고 상호 통용되는 개념인 데다가 욕득欲得과 부지족不知足, 가욕可欲 역시 그 차이를 확연히 규명키가 쉽지 않은 데 있다.

전체 문맥에 비춰 '구'와 '화', '죄'는 순차적으로 그 비난의 강도가 강화된 것으로 볼 수 있다. 대략 '구'는 비난을 받을 만한 허물, '화'는 스스로 불러들인 재난, '죄'는 법령을 어긴 위법행위로 규정할 수 있을 것이다. 이 경우 허물의 원인이 된 '욕득'은 '충분치 못해 더 갖고자 하는 욕심', 재난의 원인이 된 '부지족'은 '이미 충분한데도 더 갖고자 하는 욕심', 죄의 원인이 된 '가욕'은 '가히 취할 수 있다는 이유로 다 갖고자 하는 욕심'으로 풀이하는 게 타당할 듯하다.

제47장 감원(鑒遠 : 멀리 내다봄)

不出戶, 知天下. 不闚牖, 見天道. 其出彌遠, 其知彌少.
是以聖人不行而知, 不見而名, 不爲而成.

『백서갑본』 :

不出於戶, 以知天下. 不規(=闚)於牖, 以知天道. 其出也彌遠, 其「知彌少」. 「是以聖人不行而知, 不見而名, 弗」爲而「成」.

출호(出戶 : 出門)하지 않고도 천하를 알고 규유(闚牖 : 들창을 엿봄)하지 않고도 천도를 볼 수 있으니, 출원지소(出遠知少 : 멀리 나갈수록 아는 것이 줄어듦)일 뿐이다.

그래서 성인은 불행이지(不行而知 : 밖으로 돌아다니지 않고도 물정을 앎)와 불견이명(不見而名 : 보지 않고도 본질을 명찰함), 불위이성(不爲而成 : 행하지 않고도 성취함)을 이루는 것이다.

이 장에서는 소위 '무위지치無爲之治'의 공능을 설명하고 있다. 요지인즉 통치자가 욕심을 덜어내고 마음을 닦으면 굳이 밖으로 나돌아 다니지 않을지라도 천하사天下事를 훤히 꿸 수 있다는 데 있다. 이를 두고 흔히 '천인상통론天人相通論' 또는 '동기상응론同氣相應論' 등으로 규정하고 있으나 가장 적절한 용어는 '추기급인론推己及人論'이라고 할 수 있다.

기본적으로 '천인상통론' 내지 '동기상응론'은 맹자의 '천인합일론天人合一論'과 동중서의 '천인감응론天人感應論'과 혼동될 소지가 크다. 물론 전한제국 때 크게 유행한 '천인감응론'이 도가에도 지대한 영향을 미친 게 사실이다. 제47장에도 그런 흔적이 남아 있다. '불규유不闚牖, 견천도見天道' 구절이 그것이다. 이를 두고 「하주」가 '천도여인도동天道與人道同'이라고 해석한 것은 당시 '천인감응론'이 『노자』의 주석에 얼마나 큰 영향을 미쳤는지를 여실히 보여주고 있다.

그러나 『왕본』과 『하본』을 기준으로 할 경우 『노자』에서 '천도'를 언급한 곳은 제9장과 제47장, 제79장, 제81장 등 모두 4 곳뿐이다. 그러나 제47장을 포함해 나머지 장에 언급된 '천도'의 기본 취지는 통치자의 무욕無欲을 통해 '무위지치'를 이룰 수 있다고 주장한 데 있다. 이는 유가에서 말하는 통상적인 천인론天人論과는 차이가 있는 것이다. 제47장의 핵심 구절도 '불규유, 견천도' 구절이 아니라 '불출호不出戶, 지천하知天下' 구절이다. 『노자』에서 중시한 것은 『맹자』 및 동중서의 『춘추번로』와 달리 '천도'가 아니라 '천하'였다. '천인상통론天人相通論'과 '동기상응론同氣相應論'보다 '추기급인론推己及人論'이 타당한 이유가 바로 여기에 있다.

'불견이명不見而名' 구절의 '명名'을 두고 「왕주」는 '시비지리가득이명是非之理可得而名 : 시비의 이치를 파악해 이름을 지을 수 있음'으로 풀이했다. 「왕주」는 '명명命名'의 뜻으로 풀이한 셈이다. 이에 대해 「하주」는 '원소지대原小知大 : 작은 것에 근거해 큰 것을 앎, 찰내지외察內知外 : 내면을 살펴 외물을 앎'로 보았다. 「하주」는 '명지明知'의 뜻으로 풀이한 셈이다. 문맥상 「하주」가 옳다. 그러나 「왕주」 역시 '명명'을 통해 '명지'에 이르렀다는 뜻을 함축하고 있는 까닭에 결국 동공이곡同工異曲에 해당하는 셈이다.

제48장 망지(忘知 : 앎을 잃음)

爲學日益, 爲道日損.

損之又損, 以至於無爲, 無爲而無不爲.

取天下常以無事. 及其有事, 不足以取天下.

『백서갑본』:

爲學者日益, 聞道者日云.「云之有云, 以至於无爲, 无爲而无不爲」. 取天下也, 恒「无事. 及其有事也, 不足以取天下」.

『곽점을본』:

學者日益, 爲道者日損. 損之或損, 以至亡爲也, 亡爲而亡不爲. 絶學亡憂.

위학(爲學 : 학문을 함)은 날로 더하는 것이나, 위도(爲道 : 도를 행함)는 날로 덜어내는 것이다.

덜어내고 덜어내어 마침내 무위(無爲)에 이르게 되면 '무위' 한데도 유위(有爲)하지 않는 게 없게 된다.

취천하(取天下 : 治天下)는 늘 무사(無事 : '유위'로 인한 일거리가 없음)로 해야 한다. 유사(有事 : '유위'로 인한 일거리가 있음)가 있게 되면 '취천하'에 부족케 된다.

'취천하取天下'를 두고 「왕주」는 '통본統本 : 근본을 통제함', 「하주」는 '치천하治天下'로 해석했다. 「하주」가 타당하다. 본래 '취取'는 '위爲'와 통하고, '위'는 '치治'의 의미를 지니고 있다. 「하주」는 '무위지치無爲之治'의 이유를 이같이 설명해 놓았다.

"천하를 다스릴 때는 '무사無事'로 임해야 한다. 백성을 노번勞煩케 해서는 안 된다. '유사有事'를 좋아하게 되면 정교政敎가 번잡해지고 백성이 불안해한다. 그래서 '치천하'에 부족한 것이다."

제49장 임덕(任德 : 덕에 맡김)

聖人常無心, 以百姓心爲心.
善者吾善之, 不善者吾亦善之, 德善.
信者吾信之, 不信者吾亦信之, 德信.
聖人在天下, 歙歙爲天下渾其心.
百姓皆注其耳目, 聖人皆孩之.

『백서갑본』:

「聖人恒无心」, 以百「姓」之心爲「心」. 善者善之, 不善者亦善「之, 德善也. 信者信之, 不信者亦信之, 德」信也. 「聖人」之在天下, 歙歙焉, 爲天下渾心. 百姓皆屬其耳目, 聖人「皆孩子」.

성인은 상무심(常無心 : 늘 무심함)한 까닭에 백성심(百姓心)을 자신의 마음으로 삼는다.

나는 선자(善者 : 선한 자)도 선하게 대하고 불선자(不善者)도 선하게 대한다. 이에 득선(德善 : 선함을 얻음, '得善'과 같은 말로 원문의 '德'은 '得'과 통함)할 수 있다.

나는 신자(信者 : 미더운 자)도 믿고 불신자(不信者)도 믿는다. 이에 득신(德信 : 믿음을 얻음)할 수 있다.

성인은 재천하(在天下 : 천하에 군림함)하면서 흡흡(歙歙 : 가까이 거둬들임)히 위천하(爲天下 : 천하를 위함)의 자세로 혼민심(渾民心 : 민심과 뒤섞여 하나가 됨)한다.

백성들은 모두 성인의 이목(耳目)을 통해 시청(視聽)한다. 이에 성인은 백성을 마치 영해적자(嬰孩赤子 : 갓난아기)를 대하듯이 사랑하며 길러준다.

원문에는 '성인무상심聖人無常心'으로 되어 있다. 이를 두고 「하주」는 풀이키를, "성인은 개경改更 : 고침을 중시하고 인순因循 : 따름을 귀하게 여긴다. 그래서 마치 무심無心한 듯하다"고 했다. 이에 대해 「왕주」는 풀이키를, "성인은 언제나 사물의 타고난 본성에 따라 행동한다"고 했다. 「하주」가 문의에 부합한다.

원래 『왕본』과 『하본』의 '무상심無常心'은 직역하면 '상심常心이 없다'가 된다. 『백본』에는 '무상심'이 '항무심恒無心'으로 되어 있다. 이는 '항상 무심無心하다'는 뜻이 된다. 문맥상 『백본』의 '항무심'이 타당하다. 「하주」는 바로 『백본』과 같이 주석해 놓았다. 「하주」가 나올 당시 『하본』의 원문 역시 『백본』과 마찬가지로 '항무심'으로 되어 있다가 후대에 '무상심'으로 개작되었을 가능성을 배제할 수 없다.

'상심常心 : 恒心'은 원래 『맹자』 「양혜왕 상」편에 나오듯이 일반 백성들의 '항산항심恒産恒心'을 상징하는 말이다. 만일 '무상심'을 그대로 두고 읽을 경우 '이백성심위심以百姓心爲心' 구절과 충돌케 된다. 성인이 '상심'이 없는 까닭에 '백성심'을 자신의 마음으로 삼았다면 이는 곧 '백성심'인 '상심'을 자신의 마음으로 삼았다는 얘기가 된다. 이런 해석은 『맹자』에 입각한 것이다.

'상무심常無心'으로 읽어야만 성인은 늘 '무심'한 까닭에 '상심'을 가진 '백성심'을 자신의 마음으로 삼을지라도 이에 아랑곳하지 않고 '무심'을 유지하게 된다는 뜻이 된다. 「하주」가 '성인은 개경改更을 중시하고 인순因循을 귀하게 여긴다'고 말한 근본 취지가 바로 여기에 있다. 「도덕경」에서 말하는 성인은 무위無爲와 무욕無欲, 무심無心을 상징하는 인물이다. '상심'을 운위하는 것 자체가 부합치 않는다. 제49장의 '무상심'은 『백본』을 좇아 '상무심常無心'으로 개작해 읽는 게 타당하다.

'성인재천하聖人在天下' 구절은 「왕주」와 「하주」의 해석이 크게 엇갈리고 있다. 「왕주」는 '성인재천하'와 뒤이어 나오는 '흡흡歙歙' 이하의 구절을 하나로 묶어 해석한 데 반해 「하주」는 '흡흡'을 위 구절에 붙인 뒤 뒤이어 나오는 '위천하爲天下' 이하를 별개의 구절로 간주해 해석해 놓았다. 이로 인해 그 의미가 사뭇 다르게 나타나고 있다. 먼저 「왕주」는 이같이 풀이해 놓았다.

"성인은 천하에 임하여 흡흡歙歙 : 거둬들임히 온 천하와 그 마음을 함께 한다."

이에 대해 '흡흡'이 '출출怵怵 : 두려워함'로 되어 있는 『하본』을 두고 「하주」는 이같이 해석해 놓았다.

"성인은 재천하在天下 : 천하에 임함할 때 항상 두려운 마음을 지녀 부귀할지라도 감히 교사驕奢하지 않는다. 또 성인은 위천하爲天下 : 천하를 다스림할 때 그들의 마음을 흐릿하게 만들어 마치 우암불통愚暗不通 : 어리석고 꽉 막힘한 사람처럼 만든다."

「왕주」와 「하주」는 '혼민심渾民心'에 대한 해석에서 가장 큰 차이를 보이고 있는 셈이다. 「왕주」는 성인이 백성들과 뒤섞여 마음을 함께 하는 것으로 해석한 데 반해 「하주」는 백성들의 현불초賢不肖를 막론하고 성인은 이들을 모두 하나로 뒤섞어 마치 '우암불통'한 것처럼 만든다고 풀이한 것이다. '재천하在天下'는 '임천하臨天下'와 같은 말로 '치천하治天下'의 뜻이다. '위천하爲天下' 역시 '치천하'와 같은 뜻을 지니고 있다. 「하주」가 두 구절로 나눠 해석한 것은 나름대로 일리가 있다.

그러나 「하주」가 '출출怵怵'을 위 구절에 붙여 서술어로 간주한 것은 문제가 있다. 원래 『백본』에는 『왕본』과 마찬가지로 '흡흡'으로 되어 있을 뿐만 아니라 '흡흡언歙歙焉'으로 나타나 있는데서 알 수 있듯이 분명히 부사어로 되어 있다. '출출'을 서술어로 간주한 것은 본래의 문장과 다르게 해독했음을 의미하는 것이다. '출출'과 '흡흡'이 서술어가 될 수 없다면 두 구절은 하나로 묶어 해석할 수밖에 없게 된다. 「왕주」가 이에 부합한다. 「왕주」를 좇는 게 타당하다.

'백성개주기이목百姓皆注其耳目' 구절은 『하본』과 『백본』에 모두 나와 있는데도 불구하고 『왕본』에만 빠져 있다. 「왕주」에 이와 관련된 주석이 있는 점에 비춰 후대의 전사과정에서 누락된 것이 확실하다.

이 구절과 관련해 「왕주」는 풀이키를, "백성들은 제각기 밝게 듣고 밝게 본다. 이에 각각 자신들의 눈으로 보고, 귀로 듣는 것에만 관심을 갖는다. 그래서 성인은 이들을 모두 어린아이로 대할 뿐이다"라고 했다. 그러나 「왕주」는 백성들이 '제각기 밝게 듣고 밝게 본다'는 논거가 명확치 않고, 성인들이 이런 백성들을 어린아이로 대하는 모습이 마치 백성을 깔보는 것처럼 비춰질 소지가 크다는 점에서 적잖은 문제가 있다. 이에 대해 「하주」는 이같이 풀이해 놓았다.

"주注는 용用이다. 백성은 모두 성인의 눈과 귀를 이용해 성인이 시청視聽한 바대로 행한다. 성인은 백성을 마치 영해적자嬰孩赤子 : 갓난아기를 대하듯이 사랑하며 길러준다. 그러나 그들에게 보답을 요구하거나 바라지 않는다."

문의에 부합하는 해석이다.

제50장 귀생(貴生 : 생을 귀하게 여김)

出生入死. 生之徒十有三, 死之徒十有三. 人之生, 動之死地, 亦十有三.

夫何故, 以其生生之厚.

蓋聞, '善攝生者, 陸行不遇兕虎, 入軍不被甲兵.'

兕無所投其角, 虎無所措其爪, 兵無所容其刃.

夫何故, 以其無死地.

『백서갑본』:

「出」生「入死. 生之徒十有三. 死之」徒十有三. 而民生生, 動皆之死地之十有三, 夫何故也. 以其生生也. 蓋「聞善」執生者, 陵行不「辟」兕虎, 入軍不被甲兵. 兕无所椯其角, 虎无所昔其爪, 兵无所容「其刃, 夫」何故也. 以其无死地焉.

출생입사(出生入死 : 세상에 태어나 살다가 죽음으로 되돌아감)하는 와중에 생도(生徒 : 제대로 사는 무리)도 10 중 3이고, 사도(死徒 : 죽는 무리)도 10 중 3이고, 잘 살다가 사지(死地)로 가는 자 또한 10 중 3이다.

이는 무슨 연고인가. 바로 생지후(生之厚 : 지나치게 넉넉한 삶)를 살려고 했기 때문이다.

대략 듣건대, '섭생(攝生 : 생명을 기름)을 잘하는 자는 육행(陸行 :

육지로 다님)할지라도 시호(兕虎 : 외뿔소와 호랑이로 인한 해)를 만나지 않고, 입군(入軍 : 입대)할지라도 갑병(甲兵 : 무기로 인한 해)을 입지 않는다' 고 한다.

외뿔소는 투각(投角 : 뿔을 들이받음)할 곳이 없고, 호랑이는 조조(措爪 : 발톱을 씀)할 곳이 없고, 무기는 용인(容刃 : 칼날을 드림)할 곳이 없다는 것이다.

이는 무슨 연고인가. 바로 '사지(死地 : 兕虎가 나다니고 兵刃이 난무하는 곳을 의미)' 로 들어가지 않기 때문이다.

'십유삼十有三' 을 두고 「왕주」는 '10분의 3' 으로 본 데 반해 「하주」는 '십우삼十又三', 즉 '13' 으로 보았다. 본래의 용법에 따르면 '십유삼' 은 '13' 이 맞다. 『하본』은 이욕을 자극하는 9규九竅 : 눈 · 코 · 귀의 6규와 입 · 항문 · 요도의 3규 및 4관四關 : 目 · 耳 · 口 · 心 등 13가지 감관을 함부로 사용하면 죽음에 이른다는 점을 강조키 위해 '13' 으로 파악한 것이다. 이는 일종의 '양생술' 의 관점에서 '십유삼' 을 파악한 것으로 문의에 어긋난다. 「왕주」가 타당하다.

『왕본』과 『하본』에 나오는 '육행불우시호陸行不遇兕虎' 구절의 '불우不遇' 가 『백본』에는 '불벽不辟' 으로 되어 있다. 이는 적잖은 차이가 있다. '불우' 는 '재난을 만나지 않는다' 는 뜻이나 '불벽' 은 '재난을 꺼리지지 않는다' 는 뜻으로 '불피不避' 와 동일한 의미를 지니고 있다. 어느 것이 타당한 것일까.

이는 맨 마지막에 나오는 '무사지無死地' 에서 해답을 찾을 수밖에 없다. 「하주」는 '불범사지不犯死地 : 사지를 침범치 않음', 「왕주」는 '불이욕루신不以欲累身 : 욕심으로 몸을 더럽히지 않음' 으로 풀이했다. 「하주」와 「왕주」 모두 '사지死地'에 대한 구체적인 언급을 피한 채 '무사지'의 취지만 언급한 셈이다.

'육행불우시호' 구절은 바로 뒤에 나오는 구절과 조응하고 있는 까닭에 '육행陸行'은 '입군入軍', '시호兕虎'는 '갑병甲兵'과 대비되고 있다. 또한 뒤따르는 구절에서 '투각投角'과 '조조措爪'는 '용인容刃'과 대비되고 있다. 당연한 결과로 '불우不遇' 내지 '불벽不辟'은 '불피不被'와 대비되고 있다.

상식적으로 생각할 때 병인兵刃이 난무하는 전장戰場과 시호兕虎가 출몰하는 험지險地는 바로 '사지'에 해당한다. 죽을 확률이 높기 때문이다. 그러나 원문은 '육행陸行'과 '입군入軍'만을 언급했을 뿐 '전장'과 '험지'는 언급하지 않고 있다. 이는 곧 '육행'을 할지라도 '시호'가 출몰하는 험지로 가지 않고, '입군'을 할지라도 '병인'이 난무하는 전장으로 가지 않았음을 의미한다. 전체 문맥에 비춰 '불벽不辟'은 문의에 부합치 않는 것이다. 『왕본』과 『하본』은 바로 이런 모순을 제거키 위해 당초 『백본』과 같이 '불벽'으로 되어 있던 원문을 '불우'로 개작해 놓은 것으로 보인다.

제51장 양덕(養德 : 덕을 기름)

道生之, 德畜之, 物形之, 勢成之.
是以萬物莫不尊道而貴德. 道之尊·德之貴, 夫莫之命而常自然.
故道生之, 德畜之. 長之育之, 亭之毒之, 養之覆之.
生而不有, 爲而不恃, 長而不宰. 是謂玄德.

『백서갑본』:

道生之而德畜之, 物刑之而器成之. 是以萬物尊道而貴「德. 道」之尊, 德之貴也. 夫莫之爵, 而恒自然也. 道, 生之畜之, 長之遂之, 亭「之毒之, 養之覆之. 生而」弗有也, 爲而不寺也, 長而弗宰也. 此之胃玄德.

만물은 도생덕축(道生德畜 : 도덕이 낳고 기름)으로 그 모습이 형상화된 뒤 마침내 형세에 의해 완성된다.

이에 만물 중 존도귀덕(尊道貴德 : 도덕을 존귀하게 여김)하지 않는 게 없다. 도존덕귀(道尊德貴 : 도덕이 존귀함)는 명하지 않아도 늘 자연(自然 : 저절로 그러함)한 것이다.

그래서 도덕이 만물을 생축(生畜 : 낳아 기름), 장육(長育 : 키워 기름), 형독(亭毒 : 만들어 숙성시킴), 양복(養覆 : 보살펴 덮어줌)하는 것이다.

생이불유(生而不有 : 낳고도 소유하지 않음), 위이불시(爲而不恃 :

베풀어도 보답을 기대하지 않음), 장이부재(長而不宰 : 길러주되 주재하지 않음)하는 것을 일컬어 '현덕(玄德)' 이라고 한다.

'도생지道生之' 이하의 첫 번째 문장은 각 구절마다 '지之'로 끝나고 있어 병렬구조로 파악키 쉽다. 그러나 '도생지'와 '덕축지德畜之'의 두 구절은 '도덕생축만물道德生畜萬物' 구절을 '도'와 '덕'을 강조키 위해 대구형식으로 풀어 쓴 것이다. 목적어로 사용된 여기의 '지'는 당연히 만물을 지칭한다.

뒤따라 나오는 '물형지物形之'와 '세형지勢成之' 구절은 별개의 내용으로 구성돼 있어 그 주어와 목적어가 완전히 다르다. '물형지'의 주어는 '물物 : 만물'이고 목적어인 '지'는 '상象 : 모습'을 뜻한다. 이에 대해 '세형지'의 주어는 '세勢'이고 목적어인 '지'는 '물物'을 뜻한다. '도생지'에서 시작해 '세형지' 구절로 끝나는 첫 번째 문장은 사실 다양한 주어 및 목적어의 절節로 구성된 중문重文인 셈이다. 문장 전체의 주어는 '만물'이다.

『왕본』의 '정지독지亭之毒之' 구절은 『백본』과 동일하다. 현재 사용하는 자의字意로 '정독亭毒'을 풀이하면 문맥이 통하지 않는다. 이를 두고 「왕주」는 이같이 풀이해 놓았다.

"정亭은 '품형品形 : 형체를 드러냄', 독毒은 '성질成質 : 형질을 완성함'을 말한다."

「왕주」의 풀이는 대략 '품질品質의 숙성熟成'에 가깝다. 현재 이를 두고 '안정安定'으로 보는 견해와 '성숙成熟'으로 보는 견해가 대립하고 있으나 '성숙'으로 보는 게 타당할 것이다. 실제로 『하본』에는 '정지독지'가 '성지숙지成之熟之'로 되어 있다.

'생이불유生而不有'로 시작되는 마지막 문장의 4구절은 제10장의 마지막 문장에 나오는 구절과 완전히 일치한다. 이를 두고 한때 일부 학자들은 제51장 마지막 문장의 4구절을 제10장 구절의 '착간錯簡 : 竹簡의 순서가 뒤섞였다는 뜻으로 잘못 삽입된 것을 의미'으로 보았다. 그러나 이들의 주장은 『백본』에 이들 4구절이 모두 들어 있는 사실이 밝혀지면서 이내 설득력을 잃고 말았다.

제52장 귀원(歸元 : 본원으로 돌아감)

天下有始, 以爲天下母. 旣得其母, 以知其子. 旣知其子, 復守其母, 沒身不殆.

塞其兌, 閉其門, 終身不勤. 開其兌, 濟其事, 終身不救.

見小曰明, 守柔曰强. 用其光, 復歸其明, 無遺身殃, 是謂(=爲)習常.

『백서갑본』:

天下有始, 以爲天下母. 旣得其母, 以知其「子. 卽知其子」, 復守其母, 沒身不殆. 塞其兌, 閉其門, 終身不勤. 開其兌, 濟其事, 終身「不救. 見」小曰「明」, 守柔曰强. 用其光, 復歸其明, 無遺身殃, 是胃襲常.

『곽점을본』:

閉其門, 塞其兌, 終身不勤. 啓其兌, 塞其事, 終身不救.

천하에 시초가 있어 그것이 천하모(天下母 : 천하의 어미로 '덕'을 지칭)가 되었다. 어미를 얻어 자식을 알고, 자식을 알아 다시 그 어미를 지키면 죽을 때까지 위태롭지 않다.

색태폐문(塞兌閉門 : 욕심의 출구와 통행로를 폐색함)하면 종신토록 불근(不勤 : 수고롭지 않음)하나, 개태제사(開兌濟事 : 욕심의 출구를 열어 둔 채 일을 해결코자 함)하면 종신토록 불구(不救 : 해결하지 못함)한다.

견소(見小 : 작은 것을 봄)를 일컬어 '명(明)', 수유(守柔 : 부드러움을 지킴)를 일컬어 '강(强)'이라고 한다. 용광귀명(用光歸明 : 그 빛을 사용해 원래의 밝음으로 돌아감)해야 몸에 재앙을 남기지 않게 된다. 이를 일컬어 '습상(習常 : 常道를 익힘)'이라고 한다.

'색기태塞其兌' 구절의 해석과 관련해 예로부터 많은 논란이 있었다. '태兌'를 두고 「왕주」는 '사욕지소유생事欲之所由生 : 일과 욕망이 생기는 곳', 「하주」는 '태'를 '목目 : 눈'으로 보아 '색기태'를 '눈으로 함부로 보지 않게 함'으로 풀이했다. 이는 『회남자』「도응」편에 나오는 후한제국 당시의 고유高誘의 주와 유사하다. 고유는 '태'를 이같이 풀이한 바 있다.

"태兌는 귀와 눈, 입, 코를 말한다. 노자가 '색기태'라고 말한 것은 바로 이를 말한 것이다."

대략 고유는 '태'를 눈뿐만 아니라 입과 귀, 코 등을 포함하는 인체의 규혈竅穴로 본 셈이다. 이로 인해 일부 학자는 '태'를 '혈穴'로 파악하고 있다. 그러나 전체 문맥에 비춰 대략 「왕주」를 좇아 '욕심이 생기는 출구出口'로 풀이하는 게 타당할 것이다.

『왕본』의 마지막 구절인 '시위습상是爲習常 : 이것이 상도를 익히는 것이 됨'은 『백본』에는 '시위습상是胃襲常 : 이것을 일컬어 상도를 따른다고 함'으로 되어 있다. 『하본』에는 '시위습상是謂習常'으로 되어 있다. 『백본』의 '습襲'이 후대에 '습習'으로 바뀌었음을 알 수 있다. 인간의 노력에 의한 작위의 뜻이 보다 강화된 셈이다. 『왕본』의 '위爲'는 『백본』의 '위胃'를 개작한 것이 확실하나 문맥상 그대로 두느니만 못했다. 『하본』과 같이 '위謂'로 새기는 것이 보다 자연스럽다.

제53장 익증(益證 : 증거를 더함)

使我介然有知, 行於大道, 唯施是畏.
大道甚夷, 而民好徑. 朝甚除, 田甚蕪, 倉甚虛.
服文綵, 帶利劍, 厭飮食, 財貨有餘, 是謂盜夸. 非道也哉.

『백서갑본』:

使我「介」有知, 「行於」大道, 唯「池是畏. 大」道甚夷, 民心好解, 朝甚除, 田甚蕪. 倉甚虛. 服文采, 帶利「劍, 厭飮」食, 「齎財有餘, 是謂盜夸, 非道也哉」.

가사(假使) 내가 개연(介然 : 大然)히 아는 게 있어 대도(大道)를 간다면 유이시외(唯池是畏 : 오직 邪道에 빠질까 두려워함, 본문의 '施'는 '池'와 통함)할 것이다.

대도가 심이(甚夷 : 매우 넓고 평평함)하면 백성은 호경(好徑 : 바르지 못한 지름길을 좋아함)하게 되고, 궁궐이 심제(甚除 : 크게 수축하여 깨끗이 닦여 있음)하면 전창(田倉 : 밭과 창고)은 무허(蕪虛 : 황폐하고 텅 비어 있음)하게 된다.

문채(文綵 : 무늬 있는 오색 옷)를 입고, 이검(利劍 : 날카로운 칼)을 차고, 음식(飮食)을 물리도록 먹고, 재화(財貨)가 남아돌면 이를 일컬어 '도과(盜夸 : 도적의 호사)'라고 한다. 이는 도가 아니다.

'개연介然'의 '개介'를 「하주」는 '대大'로 보았다. 「왕주」는 '개'를 직접 풀이하지는 않았으나 주석의 전체 문맥에 비춰볼 때 대략 「하주」와 유사한 의미로 사용한 듯하다. 그러나 이에 대한 반론이 만만치 않았다. 송대의 임희일林希逸은 「하주」와 정반대로 '미微'로 풀이했다. 후대의 학자들 중 임희일의 주장을 추종한 사람이 적지 않았다.

『맹자』「진심 하」편과 『순자』「수신」편에도 '개연'이라는 표현이 나온다. 여기에서는 각각 '급작스러움'과 '굳건함'의 의미로 사용되었다. 큰 틀에서 볼 때 「하주」와 맥을 같이 하는 것이다. '개介'에는 원래 '미소微小'의 뜻이 없다. 「하주」를 좇는 게 타당하다.

같은 문장의 '유시시외唯施是畏' 구절의 '시施'를 둘러싸고 예로부터 논란이 많았다. 이를 직역하면 '오직 베푸는 것을 두려워할 뿐이다'라는 뜻이 된다. 이는 앞 구절의 '행어대도行於大道'의 취지와 충돌한다. 이에 대해 「왕주」는 '시'를 '시위施爲'로 풀이해 놓았다. 대략 '작위를 행함'으로 본 듯하나 구체적으로 무엇을 의미하는지 확연치 않다. 이에 반해 「하주」는 보다 상세한 설명을 덧붙여 놓았다.

"오직 거짓된 행위가 생겨나 도의 본질을 잃을까 두려워한다. 선한 자에게 상을 주고자 하나 위선僞善이 생겨날까 두렵고, 충신한 자를 믿고자 하나 사충詐忠이 일어날까 두렵다."

결국 「하주」는 '시'를 '시덕施德'으로 간주해 자칫 '시덕'이 '위선'과 '사충'을 부추길까 두려워한다는 뜻으로 풀이한 셈이다. 문맥이 순통하기는 하나 한번 틀어서 해석한 난점이 있다. 이로 인해 적잖은 학자들이 '시'에 대한 다양한 해석을 시도했다. 대표적인 학자가 청대 말기의 왕념손王念孫이다. 그는 『독서잡지讀書雜志』「노자잡지老子雜志」에서 이같이 주장한 바 있다.

"시施는 이迆로 읽어야 한다. '이'는 사邪와 통한다. 대도를 행하는 가운데 오직 사도邪道에 빠질까 두려워해야 한다는 의미이다. 아래 문장에서 「하주」가 '경徑은 사경邪徑이다'라고 풀이한 게 그 증거이다."

왕념손의 주장과 같이 「하주」는 뒤따르는 문장의 '민호경民好徑' 구절의 '경徑 : 지름길'을 '사경邪徑'으로 풀이해 놓았다. 왕념손은 「하주」를 근거로 「하주」가 '덕'을 '시덕'으로 풀이한 것을 반박한 셈이다. '이迆'는 비틀거리며 걷는 모습을 형상한 것으로 '사행邪行'을 의미한다. 왕념손의 주장이 나름대로 일리가 있는 것이다. 실제로 『백서갑본』에는 '이迆'로 되어 있다. 『백서을본』은 '이'의 가차로 보이는 '타他'로 되어 있다. 뒤따르는 구절에서도 '이도夷道 : 넓고 평평한 길'와 '경도徑道 : 바르지 못한 지름길'가 대비된 점에 비춰 왕념손의 주장이 타당하다. 현재 많은 주석가들이 왕념손의 주장을 받아들여 '시'를 '이'로 바꿔 읽고 있다.

마지막 구절의 '도과盜夸'가 『하본』에는 2번에 걸쳐 나온다. '도과'를 두고 「왕주」는 '존귀를 정당한 도로 얻지 않음'으로 풀이했다. 이에 대해 「하주」는 이같이 풀이해 놓았다.

"백성은 부족한데 군주에게 남아도는 것은 남의 것을 강탈해 복식服飾을 화려하게 꾸미고 남에게 과시한 데 따른 것이다. 그리하면 신사가파身死家破 : 몸이 죽고 집안이 파산함하고 친척마저 망하게 된다."

'도과'를 「왕주」는 '도귀盜貴', 「하주」는 '도부盜富'로 파악한 셈이다. 이에 대해 『한비자』는 '도부귀盜富貴'에 가깝게 해석해 놓았다. 『한비자』「해로」편은 '도우盜竽 : 도적의 괴수'로 되어 있는 '도과'를 이같이 풀이해 놓았다.

"우竽는 오음五音의 우두머리이다. 그래서 '우'가 소리를 내면 종슬鐘瑟 등이 모두 뒤따르고, '우'가 선창하면 모든 악기가 화답한다. 지금 대간大姦이 일어나면 세상 사람들이 뒤따르고, 세상 사람들이 뒤따르면 소도小盜 : 작은 도둑들이 모두 화답하듯 일어난다. 그래서 '도우'라고 하는 것이다."

『한비자』가 말하는 '도과', 즉 '도우'는 곧 '내간大姦'으로 혹세무민惑世誣民하여 소도小盜들을 이끌고 천하를 어지럽게 만드는 자이다. 천하의 '부귀'를 훔치려는 자가 아닐 수 없다.

제54장 수관(修觀 : 도의 공능을 봄)

善建者不拔, 善抱者不脫, 子孫以祭祀不輟.

修之於身, 其德乃眞. 修之於家, 其德乃余. 修之於鄕, 其德乃長. 修之於國, 其德乃豊. 修之於天下, 其德乃普.

故以身觀身, 以家觀家, 以鄕觀鄕, 以國觀國, 以天下觀天下. 吾何以知天下然哉, 以此.

『백서갑본』 :

善建「者不」拔, 「善抱者不脫」, 子孫以祭祀「不絶」. 「脩之身, 其德乃眞. 脩之家, 其德有」餘. 脩之「鄕, 其德乃長. 脩之邦, 其德乃夆. 脩之天下, 其德乃博」. 以身「觀」身, 以家觀家, 以鄕觀鄕, 以邦觀邦, 以天「下觀天下. 吾何以知天下之然玆, 以此」.

『곽점을본』 :

善建者不拔, 善保者不脫, 子孫以其祭祀不絶. 修之身, 其德乃貞. 修之家, 其德乃余. 修之鄕, 其德乃長. 修之黨, 其德乃穆. 修之邦, 其德乃奉. 修之天下, 其德乃普. 以家觀家, 以鄕觀鄕, 以黨觀黨, 以邦觀邦, 以天下觀天下. 吾可以知天下之其然也.

선건자(善建者 : 도로써 몸을 잘 세운 사람)는 뽑히지 않고, 선포자(善抱者 : 도를 잘 끌어안은 사람)는 이탈하지 않는다. 이들은 자손 대대로 제사가 그치지 않을 것이다.

내 몸에 수도(修道)하면 개인의 덕이 참되고, 집안에 수도하면 집안의 덕이 남아돌고, 마을에 수도하면 마을의 덕이 오래가고, 나라에 수도하면 나라의 덕이 풍후(豊厚)하고, 천하에 수도하면 제왕의 덕이 널리 퍼진다.

그래서 몸으로 몸을 살피고, 집안으로 집안을 살피고, 마을로 마을을 살피고, 나라로 나라를 살피고, 천하로 천하를 살피는 것이다. 내가 무엇으로 천하가 그러한 줄 알았겠는가. 바로 이차(以此 : '앞서 말한 5가지로써'를 의미)이다.

이 장에서는 수도修道를 할 경우 '도'가 신身과 가家, 향鄕, 국國, 천하天下 등 5가지 단계에 걸쳐 점층적으로 전개되는 공능을 설명하고 있다. 이들 5가지 단계에서 구체화되는 '덕'은 비록 표현상 동일한 '덕'으로 나타나 있기는 하나 내용상 커다란 차이가 있다. 최상의 덕은 말할 것도 없이 최종단계에서 발현되는 '제왕지덕帝王之德'이다. 『왕본』과 『하본』은 '제왕지덕'의 특징을 '보편普遍'으로 규정해 놓고 있다. 이는 제79장에서 말하는 '천도무친天道無親'의 취지에 부합한다. 이를 두고 「하주」는 이같이 풀이해 놓았다.

"군주가 천하에 도를 닦으면 말하지 않아도 교화되고, 가르치지 않아도 다스려진다. 아랫사람이 윗사람에게 응하는 것이 마치 영향影響 : 그림자와 메아리과 같다. 그 덕이 이와 같으면 가히 널리 퍼질 수 있다."

문의에 부합하는 해석이 아닐 수 없다. 「왕주」도 '소시전대所施專大 : 베푸는 바가 점차 커짐'로 풀이해 놓았다. 대략 「하주」와 유사한 취지라고 할 수 있다.

그럼에도 「하주」는 '수신修身'의 공효로 언급된 '기덕내진其德乃眞'을 도교에서 말하는 소위 진인眞人이 되는 것으로 주석해 놓았다. 「하주」는 그 이유를 이같이 설명해 놓았다.

"몸을 써 도를 닦을 때 '기'를 아끼고 '신'을 기르면 익수연년益壽延年한다. 그 덕이 이와 같으면 곧 '진인'이 된다."

이러한 해석이 문의와 동떨어진 것임은 말할 것도 없다. 이는 기본적으로 소위 '오장신五臟神'에 대한 지나친 확신에서 비롯된 것이다. 「하주」가 『노자』의 '도'를 주석하면서 수시로 '일一'을 인용하는 것도 바로 이 때문이라고 할 수 있다. 이는 우리 몸에 있는 혼魂과 백魄을 하나로 결합시킬 수 있어야만 장수할 수 있다고 본 데서 비롯된 것이다. 「하주」는 이를 '수일守一'로 표현해 놓았다. 도교의 초기 경전인 『태평경』과 후기 경전인 『포박자』 모두 「하주」의 '수일' 개념을 직수입해 도교 교리를 해설해 놓고 있다.

원래 도가 수행자들이 추구하는 목표는 말할 것도 없이 '득도'이다. 『노자』에서는 '척제현람滌除玄覽'과 '허심虛心', 『장자』는 '심재心齋'와 '좌망坐忘'을 구체적인 방안으로 제시해 놓고 있다. 이는 「하주」에서 말한 소위 '제정거욕除情去欲'과 맥을 같이 하는 것이다. 정욕을 제거하는 순간 도의 현묘한 세계로 들어갈 수 있다는 게 요지이다. 이는 물론 '치신' 차원의 접근이기는 하나 「하주」가 '치국' 차원에서 『노자』를 해설한 탁월한 주석서라는 사실은 매몰된 채 '양생술'의 비서秘書로 오인 받는 결정적인 배경이 되었다.

제55장 현부(玄符 : 현묘한 길조)

含德之厚, 比於赤子. 蜂蠆虺蛇不螫, 猛獸不據, 攫鳥不搏.

骨弱筋柔而握固, 未知牝牡之合而全作, 精之至也. 終日號而不嗄, 和之至也.

知和曰常, 知常曰明. 益生曰祥, 心使氣曰强.

物壯則老, 謂之不道, 不道早已.

『백서갑본』:

「含德」之厚「者」, 比於赤子. 逢蠆虺蛇弗螫, 攫鳥猛獸弗搏. 骨弱筋柔而握固, 未知牝「牡之會而朘怒」, 精「之至」也. 冬日號而不嗄, 和之至也. 知和曰常, 知常曰明, 益生曰祥, 心使氣曰强. 「物壯」卽老, 胃之不道, 不道「蚤已」.

『곽점갑본』:

含德之厚者, 比于赤子. 虺虫蛇弗螫, 攫鳥猛獸弗扣. 骨弱筋柔而捉固, 未智牝牡之合而然怒, 精之至也. 終日唬而不一憂, 和之至也. 和曰常, 智和曰明, 益生曰祥, 心使氣曰强. 物壯則老, 是謂不道.

후덕(厚德)을 품은 자는 적자(赤子)에 비유된다. 봉채훼사(蜂蠆虺蛇 : 벌, 전갈, 뱀)도 불석(不螫 : 독을 쏘지 않음)하고, 맹수도 불거(不據 : 막아서지 않음)하고, 확조(玃鳥 : 독수리, 본문의 '攫'은 玃과 통함)도

불박(不搏 : 낚아채지 않음)한다.

골약근유(骨弱筋柔 : 근골이 유약함)하기에 악고(握固 : 쥐는 게 단단함)하고, 빈모지합(牝牡之合 : 암수의 교합)을 모르기에 전작(全作 : 온전하게 발기함)하니 이는 정기(精氣)가 지극하기 때문이다. 또한 종일토록 울어대도 불애(不嗄 : 목이 쉬지 않음)하니 이는 화기(和氣)가 지극하기 때문이다.

지화(知和 : 조화를 앎)를 상(常 : '사물이 늘 그러한 이치를 안다' 는 뜻임), 지상(知常 : '常' 을 앎)을 명(明 : 도에 명달함)이라고 한다. 사람들은 익생(益生 : 생명을 더함)을 상서롭다 하고, 심사기(心使氣 : 마음이 기를 부림)를 강하다고 한다.

그러나 물장즉로(物壯則老 : 사물이 장성하면 노쇠하게 됨)하기 마련이다. 이를 일컬어 '부도(不道 : 枯老하여 도를 얻지 못함)' 라고 한다. '부도' 는 일찍 끝난다.

『왕본』의 '전작全作 : 온전히 발기함' 은 『하본』에서는 '준작峻作 : 우뚝 발기함', 『백본』에서는 '최노朘怒 : 사내 아이의 고추가 화가나 빳빳해짐', 『곽본』에서는 '연노然怒 : 자연스럽게 화가나 빳빳해짐'로 되어 있다. 후대로 오면서 노골적인 표현이 순화되었음을 쉽게 알 수 있다.

그러나 『왕본』의 '전작' 만을 놓고 보면 그것이 과연 무엇을 뜻하는 것인지 파악키가 쉽지 않다. 실제로 「왕주」는 이같이 풀이해 놓았다.

"어린 아이는 빈모지합牝牡之合 : 암수의 교합을 모른 채 온전히 자란다."

비록 '빈모지합' 을 언급해 놓기는 했으나 '전작' 을 '전장全長 : 온전히 자람' 으로 풀이해 놓은 것이다. 이것이 원래의 문의와 크게 동떨어진 것임은 말할 것도 없다. 「왕주」가 나올 당시만 해도 '전작'이 원래 『백본』의 '최노朘怒'에서 나왔다는 사실을 전혀 몰랐을 것으로 짐작된다. 『백본』의 출현으로 비로소 '전작'에 대한 「왕주」의 오류가 확연히 드러났음은 말할 것도 없다.

『하본』의 '준작'은 '전작'보다는 나으나 이 또한 은유적이기는 마찬가지이다. 특이한 점은 그럼에도 「하주」가 그 의미를 정확히 풀이해 놓았다는 점이다. 「하주」는 '준작'을 이같이 해석해 놓았다.

"적자赤子는 아직 남녀의 교합을 알지 못하는데도 그 음陰 : 음경이 작노作怒 : 발기를 의미한다. 이는 정기가 많기 때문에 나타나는 현상이다."

비록 도교에서 말하는 양신설에 입각한 풀이이기는 하나 그 의미를 정확히 통찰한 점만큼은 높이 평가할 만하다. 그간 「왕주」에 대한 과대평가와 「하주」에 대한 과소평가가 얼마나 왜곡된 것인지를 극명하게 보여주는 대목이 아닐 수 없다.

'물장즉로物壯則老'로 시작되는 마지막 문장의 3구절은 제30장에도 그대로 나온다. 『왕본』과 『하본』은 물론 『백본』 또한 같다. 그러나 『곽점갑본』은 제55장에 마지막의 '부도조이不道早已' 구절이 빠져 있고 제30장에는 3구절 모두 빠져 있다. 후대에 '부도조이' 구절이 추가된 형태로 제55장에만 있던 구절이 착오로 제30장에 중복되어 삽입되었을 공산이 크다.

제56장 현덕(玄德 : 현묘한 덕)

知者不言, 言者不知.

塞其兌 · 閉其門, 挫其銳 · 解其紛, 和其光 · 同其塵, 是謂玄同.

故不可得而親, 不可得而疏. 不可得而利, 不可得而害. 不可得而貴, 不可得而賤. 故爲天下貴.

『백서갑본』 :

「知者」弗言, 言者弗知. 塞其悶, 閉其「門, 和」其光, 同其塵, 坐其兌, 解其紛, 是胃玄同. 故不可得而親, 亦不可得而疏. 不可得而利, 亦不「可」得而害. 「不可得」而貴, 亦不可得而賤. 故爲天下貴.

『곽점갑본』 :

智之者弗言, 言之者弗智. 閉其門, 塞其悶, 和其光, 同其塵, 挫其兌, 解其紛, 是爲玄同. 故不可得而親, 亦不可得而疏. 不可得而利, 亦不可得而害. 不可得而貴, 亦不可得而賤. 故爲天下貴.

지자불언(知者不言 : 도를 아는 자는 도를 말하지 않음)이나 언자부지(言者不知 : 도를 말하는 자는 도를 알지 못함)이다.

색태폐문(塞兌閉門 : 욕심의 출구와 통행로를 폐색함)과 좌예해분(挫銳解紛 : 욕망의 날카로움을 꺾고 엉킴을 풂), 화광동진(和光同塵 : 번쩍거림을 부드럽게 해 세속에 섞임)을 일컬어 '현동(玄同 : 현묘한 하늘과 동화됨)' 이라고 한다.

이에 불가친불가소(不可親不可疏 : 가까이도 멀리도 하지 못함)와 불가리불가해(不可利不可害 : 이롭게도 해롭게도 하지 못함), 불가귀불가천(不可貴不可賤 : 귀하게도 천하게도 하지 못함)으로 인해 천하귀(天下貴 : 천하의 귀한 존재)가 되는 것이다.

『왕본』과 『하본』, 『백본』의 '지자知者' 와 '언자言者' 는 『곽본』에서는 '지지자智之者' 와 '언지자言之者' 로 되어 있다. 『곽본』에 나오는 '지之' 는 말할 것도 없이 '도' 를 지칭한다. 직역할 경우 '지자' 와 '지지자' 는 커다란 차이가 날 수밖에 없다. 「왕주」는 통상적인 의미의 '지자' 와 '언자' 로 해석해 놓았다. 이에 대해 「하주」는 이같이 풀이해 놓았다.

"아는 자는 행도行道 : 도를 행함를 귀하게 여길 뿐 말하는 것을 중시하지 않는다. 말이 많으면 근심도 많으니 사駟 : 4필의 말이 끄는 수레조차 혀를 따라갈 수 없는 것이다."

문맥에 비춰 「하주」는 '지자' 를 사실상 '지도자知道者' 로 간주한 것이나 다름없다. 이같이 이해해야만 문맥이 순통한다. 통상적인 의미의 '지자' 와 '언자' 에 대한 비유로도 간주할 수 있으나 이는 상식에 맞지 않는다. 일찍이 순자는 『순자』「대략大略」편에서 이같이 설파한 바 있다.

"다언이류多言而類 : 말을 많이 하는데도 모두 합당함이면 성인, 소언이법少言而法 : 말을 적게 하는데도 법도에 맞음이면 군자, 다언무법多言無法 : 말이 많고 법도에 맞지도 않음이고 유면연流湎然 : 그 내용을 종잡을 수 없음이면 비록 말을 잘 할지라도 소인이다."

『도덕경』 역시 '지도자知道者' 는 도를 말로 설명키에 적합하지 않아 말을 아낀다는 의미에서 '불언不言'이라고 한 것이지 무조건 아무 말도 하지 않는다는 취지에서 '불언'을 언급한 것이 아니다. 이는 여기의 '언자부지言者不知'가 내용상 「하주」의 '사불급설駟不及舌'과 『순자』「대략」편의 '다언무법多言無法'의 소인을 지칭하고 있다는 사실을 통해 쉽게 알 수 있다.

『도덕경』에 나오는 '무無'와 '불不'을 글자 그대로 해석해 일체의 '유有'와 배치되는 것으로 해석하는 것은 『노자』의 기본 취지를 망각한 것이다. 제1장에 분명히 언급돼 있듯이 '무'는 '유'의 모체이고, '유'를 통해 발현될 수밖에 없다는 게 『노자』가 말하고자 하는 근본 취지이다. '지자불언知者不言'과 '언자부지言者不知' 구절에 대한 제대로 된 이해야말로 『노자』 해독의 출발이라고 할 수 있다.

제57장 자연(自然 : 스스로 그러함)

以正治國, 以奇用兵. 以無事取天下. 吾何以知其然哉. 以此.

天下多忌諱而民彌貧. 民多利器, 國家滋昏. 人多伎巧, 奇物滋起. 法物滋彰, 盜賊多有.

故聖人云, "我無爲而民自化. 我好靜而民自正. 我無事而民自富. 我無欲而民自樸."

『백서갑본』:

以正之邦, 以畸用兵, 以无事取天下. 吾「何以知其然」也哉. 夫天下「多忌諱」, 而民彌貧. 民多利器, 而邦家茲昏. 人多知, 而何物「茲起. 法物茲章, 而」盜賊「多有. 是以聖人之言曰」, "我無爲也而民自化. 我好靜而民自正. 我无事民「自富. 我欲不欲而民自樸」."

『곽점갑본』:

以正治邦, 以奇用兵, 以亡事取天下. 吾可以智其然也. 夫天下多忌諱, 而民彌叛. 民多利器, 而邦家滋昏. 人多智, 而奇物滋起. 法物滋章, 盜賊多又. 是以聖人之言曰, "我無事而民自富. 我亡爲而民自化, 我好靜而民自正. 我欲不欲而民自樸."

정책(正策 : 올바름을 내세우는 계책)'으로 치국하고자 하면 끝내 기책(奇策 : 기이한 술책)으로 용병하는 지경에 이르게 된다. 무사(無

事 : '유위'로 일을 만들지 않음)를 통해서만 치천하(取天下 : 치천하)할 수 있다. 내가 무엇으로 천하가 그런 줄 알겠는가. 바로 이차(以此 : '이상에서 말한 것으로써'의 뜻임)이다.

천하에 기휘(忌諱 : 금지하고 꺼림)가 많아지면 백성은 더욱 빈궁해지고, 백성에게 이기(利器 : 백성들이 私利를 꾀할 수 있는 도구)가 많아지면 국가는 더욱 혼란해지고, 사람에게 기교(伎巧 : 기술과 재주)가 많아지면 기물(奇物 : 비실용적인 사치물)이 더욱 생겨나고, 법물(法物 : 좋은 물건, 『왕본』은 '法令')이 더욱 복잡해지면 도적은 더욱 많아진다.

그래서 성인은 이같이 말했다.

"내가 무위(無爲)하자 백성은 자화(自化 : 저절로 교화됨)하고, 내가 호정(好靜 : 고요함을 좋아함)하자 백성은 자정(自正 : 저절로 바르게 됨)하고, 내가 무사(無事)하자 백성은 자부(自富 : 저절로 부유해짐)하고, 내가 무욕(無欲)하자 백성은 자박(自樸 : 저절로 질박함)해졌다."

『하본』에 나오는 이 장의 원래 제목은 '순풍淳風'이다. 그러나 제17장의 장명章名 역시 '순풍'으로 되어 있는 까닭에 이 장의 핵심어인 '자연自然'을 제57장의 장명으로 삼았다.

'이정치국以正治國' 이하 구절을 두고 「왕주」와 「하주」의 해석이 엇갈리고 있다. 먼저 「왕주」는 '이정치국以正治國'의 '정正'을 '정책正策 : 올바름을 내세우는 계책'으로 보아 이같이 풀이해 놓았다.

"도로써 나라를 다스리면 평안해지나 정책正策으로 치국하고자 하면 결국 기책奇策으로 용병케 된다. 제48장에서 이미 '유사有事이면 천하를 다스리기에 부족하다'고 했다. 이에 '정책'으로 치국하는 것은 천하를 취하기에 부족한 까닭에 결국 기책으로 용병케 된다. 도로써 나라를 다스린다는 것은 숭본식말崇本息末 : 근본을 숭상하고 말단을 그치게 함을 의미한다. 그러나 '정책' 으로 치국하는 것은 편벽을 세워 말단을 다스리는 것을 말한다. 근본이 서지 못하고 말단이 천박하면 백성에게 베풀 게 없게 된다. 이에 반드시 기책으로 용병하는 지경에 이르게 되는 것이다."

이에 대해 「하주」는 '이以' 를 '지至' 로 간주해 '이정치국' 이하의 구절을 이같이 풀이해 놓았다.

"하늘은 정신지인正身之人 : 몸이 바른 사람을 시켜 나라를 다스리게 한다. 하늘은 사위지인詐僞之人 : 詭詐를 잘 하는 사람을 시켜 군대를 부리게 한다. 하늘은 무사지인無事之人 : '有爲' 로 일을 만들지 않는 사람을 시켜 천하를 다스리게 한다."

「하주」는 '정正' 과 '기奇', '무사無事' 를 수단을 뜻하는 '이以' 의 목적어로 간주한 「왕주」와 달리 모두 '치국' 과 '용병', '치천하' 의 주체로 간주한 것이다. 문맥이 불통하는 것은 아니나 통상적인 해석법과 큰 차이가 있어 채택키가 어렵다.

두 번째 문장의 '민다이기民多利器, 국가자혼國家滋昏' 구절에 대한 해석이 분분하다. 「왕주」는 이같이 해석해 놓았다.

"이기利器는 무릇 사리私利를 도모하는 기구이다. 백성이 강해지면 국가가 약해진다."

「왕주」는 '이기利器' 를 백성들이 '사리' 를 도모하는 기구로 보아 그러한 '이기' 가 많아지면 백성이 강해져 결국 나라가 쇠약해진다고 본 것이다. 이에 대해 「하주」는 이같이 풀이했다.

"'이기' 는 권權 : 저울추을 말한다. 백성에게 '다권多權 : 여러 도량형이 있다는 뜻으로 곧 천하가 통일되지 못하고 분열되어 있음을 의미'이면 보는 자가 어지럽고 듣는 자가 미혹된다. 이에 상하가 불친不親케 되어 나라가 혼란스럽게 된다."

「하주」는 '이기'를 '공권公權 : 국가공인의 도량형으로 통일권력을 상징'의 부재로 인한 '사권私權'의 난립으로 파악한 뒤 국가 혼란의 원인을 여기서 찾은 것이다. 「왕주」와 「하주」 모두 '이기'에 대한 특이한 해석을 통해 국가혼란의 원인을 분석한 셈이다. 이로 인해 일부 학자는 '이기'를 통상적인 의미의 '병기兵器' 내지 '권모權謀'로 보는 게 타당하다는 주장을 펼치기도 했다. 심지어 일각에서는 이를 백성들의 '이용후생利用厚生'을 뒷받침하는 '문명의 이기'로 간주해 『노자』가 '반문명'의 원시상황을 권하고 있다는 식으로 해석해 놓았다.

여기의 '이기'는 국가 혼란의 원인으로 적시되어 있는 점에 비춰 「왕주」와 「하주」의 접근이 옳다. 다만 「하주」의 경우는 '권權'의 비유가 탁이하기는 하나 '이기利器'의 본래 의미와 직결되지 않고 있다. 「왕주」를 취하는 게 보다 타당할 것이다.

『하본』과 『백본』, 『곽본』에 나오는 '법물자창法物滋彰' 구절의 '법물法物'은 유독 『왕본』에만 '법령法令'으로 되어 있다. 양자 사이에는 적잖은 차이가 있다. 「하주」는 '법물'의 의미를 이같이 풀이해 놓았다.

"법물法物은 호물好物이다. 진귀하고 좋은 물건이 많이 생겨나고 널리 드러나면 농사가 폐해져 기근과 추위가 이르게 된다. 그래서 도적이 많아지는 것이다."

『도덕경』에 나오는 '도적'은 모두 재리財利와 관련되어 있다.

제3장에서는 '난득지화難得之貨', 제19장에서는 '교리巧利', 제53장에서는 '재화財貨'가 각각 '도적'이 창궐하는 이유로 적시돼 있다.『하본』을 비롯해『백본』과『곽본』모두 '법물'로 되어 있는 데다가 '도적'에 관한『노자』의 일관된 분석을 감안할 때『왕본』의 '법령'은 '법물'로 개작해 읽을 필요가 있다.

『곽본』이 '법물'로 되어 있는 점을 감안할 때『왕본』의 '법령'은 필사과정의 오사誤寫로 보이지는 않는다. 이를 개작한 사람은 분명 '법물'보다는 '법령'이 보다 타당하다고 판단한 것으로 짐작된다.『노자』에서 전개되고 있는 수많은 역설逆說의 논리를 감안할 때 '법물'의 '법령'으로의 개작은 일면 절묘한 개작에 해당한다.

사실 '법령자창' 구절은 오랫동안 사람들로 하여금『노자』가 '법치法治'를 반대한 것으로 오인케 만드는 데 결정적인 역할을 수행했다. 그러나『노자』는 비록 '무위'를 강조하기는 했으나 '법法'과 '병兵'을 타기한 적이 없다. 불가피한 경우의 '집법執法'과 '용병用兵'을 용인했다.『노자』는『논어』와 마찬가지로 난세亂世의 종식과 치세治世의 도래에 대한 백성들의 염원에서 출발한 '치평요람治平要覽'이다. 이런 기본 취지를 감안할 때『왕본』의 '법령'은 '법물'로 개작해 읽는 게 타당하다.

『곽본』갑본과 을본은 '무無'자 대신 '무亡'자를 사용하고 있음에도 불구하고 특이하게도 제57장의 '아무사이민자부我無事而民自富' 구절에서만 '무無'자를 사용하고 있다. 여기의 '무無'는 대략 '일부러 일을 하지 않는다'는 뜻을 강조키 위해 사용된 것으로 짐작된다. 이보다 후대에 쓰인『곽본』병본은 '무亡'자를 쓰지 않고 모두 '무無' 자를 사용하고 있다. 이는 대략 이때부터 '무亡' 자가 '없다'의 원래 뜻을 상실하고 '잃어버리다'는 뜻의 '망실亡失'의 뜻으로만 사용되기 시작한 데 따른 것으로 짐작된다.

제58장 순화(順化 : 순순히 교화됨)

其政悶悶, 其民淳淳. 其政察察, 其民缺缺.
禍兮, 福之所倚. 福兮, 禍之所伏. 孰知其極.
其無正, 正復爲奇, 善復爲妖.
人之迷, 其日固久.
是以聖人方而不割, 廉而不劌, 直而不肆, 光而不燿.

『백서갑본』:

「其正閔閔, 其民屯屯」. 其正察察, 其邦夬夬. 禍, 福之所倚. 福, 禍之所伏. 「孰知其極. 其无正也. 正復爲奇, 善復爲妖. 人之迷也」, 其日固久矣. 是以方而不割, 廉而不劌, 直而不紲, 光而不眺.

정치가 민민(悶悶 : 弘大하여 마치 흐리멍덩한 듯함)하면 백성은 순순(淳淳 : 크게 순박함)해지고, 정치가 찰찰(察察 : 각박하게 따짐)하면 백성은 결결(缺缺 : 순박함이 크게 줄어들어 교활해짐)해진다.

화혜(禍兮 : 화여), 복(福)이 의지하고 있구나. 복혜(福兮 : 복이여), 화(禍)가 숨어 있구나. 누가 그 궁극(窮極)을 알겠는가.

군주가 바르지 않으면 정부위기(正復爲奇 : 바른 것이 다시 속이는 것이 됨, '奇'는 '詐'와 통함)와 선부위요(善復爲妖 : 선한 것이 다시 요사스럽게 됨) 현상이 빚어진다.

사람들이 미혹된 지가 참으로 오래 되었구나.

이에 성인은 방이불할(方而不割 : 자신은 방정하나 이를 기준으로 남을 재단하지 않음)과 염이불귀(廉而不劌 : 자신의 염직을 기준으로 남을 상해하지 않음), 직이불사(直而不肆 : 곧지만 이를 구실로 멋대로 하지 않음), 광이불요(光而不燿 : 업적이 빛나지만 번쩍거리게 드러내지 않음)를 행하는 것이다.

'기정민민其政悶悶' 구절의 '민민悶悶'은 어의상 '번민煩悶'의 뜻을 지니고 있으나 『백본』에 '민민閔閔'으로 되어 있는 점을 감안할 때 원래 취지는 '연민憐憫'에 가까웠다고 보아야 한다. 사실 '민悶'은 '민憫 : 閔'의 가차로 사용되는 것이기도 하다. 결국 『왕본』과 『하본』의 '민민'은 백성에 대한 무한한 애정에서 비롯된 것이라고 할 수 있다. 「왕주」의 다음과 같은 주석이 이를 뒷받침한다.

"치정治政을 잘하는 자는 무형무명無形無事인 까닭에 내세우는 '치정'이 없다. 민민연悶悶然 : 어둑어둑함하지만 마침내 대치大治에 이르게 된다. 그래서 '그 치정이 어두운 듯하다'고 말한 것이다."

「하주」도 유사하게 해석해 놓았다.

"그 정치가 홍대弘大하여 민민매매悶悶昧昧 : 어둑하고 흐릿함가 마치 불명不明 : 흐리멍덩함한 듯하다."

성인의 '무위지치無爲之治'는 소인의 '찰찰지정察察之政'과 달리 매우 크고 관대한 까닭에 외견상 마치 아무 일도 제대로 이뤄놓은 게 없는 듯이 보인다. 그러나 그 기본 취지는 바로 제73장에서 말하는 '천망회회天網恢恢, 소이부실疏而不失'과 같은 것이다.

여기의 '천망'이 바로 대치大治와 같은 뜻이다. '기정민민'은 바로 '천망'처럼 그물코가 넓고 넓어 매우 성긴 듯해도 놓치는 게 없다는 뜻을 담고 있는 것이다.

제59장 수도(守道 : 도를 지킴)

治人事天莫如嗇. 夫唯嗇, 是謂早服.

早服謂之重積德. 重積德則無不克. 無不克則莫知其極. 莫知其極, 可以有國.

有國之母, 可以長久. 是謂深根固柢, 長生久視之道.

『백서갑본』 :

「治人事天莫若嗇. 夫唯嗇, 是以蚤服. 蚤服是謂重積德. 重積德則无不克. 无不克則莫知其極」. 莫知其極, 可以有國. 有國之母, 可以長久. 是胃深根固氐, 「長生久視之」道也.

『곽점을본』 :

給人事天, 莫若嗇. 夫唯嗇, 是以早備. 是以早備, 是謂重積德. 重積德, 則亡不克. 亡不克, 則莫知其恒. 莫知其恒, 可以有國. 有國之母, 可以長久. 長久是謂深根固柢, 長生久視之道也.

치인사천(治人事天 : 백성을 다스리고 天時를 이용함)으로 검색(儉嗇 : 검소하게 아낌)보다 나은 게 없다. 무릇 '검색' 을 일컬어 '조복(早服 : 도를 일찍 얻음)' 이라고 한다.

'조복' 을 '중적덕(重積德 : 덕을 거듭 쌓음)' 이라고도 한다. '중적덕' 하면 무불극(無不克 : 이기지 못할 게 없음)하고, '무불극' 하면 아무도 그 덕의 끝을 알지 못하고, 그 덕의 끝을 알지 못하면 가히 나라를 보유할 수 있다.

국지모(國之母 : '나라를 편안케 하는 근본'을 의미)가 있으면 가히 장구(長久)할 수 있다. 이를 일컬어 '심근고저(深根固柢 : 뿌리가 깊고 단단함, 『하본』은 根柢가 뿌리와 꼭지를 뜻하는 根蒂로 되어 있음)'라고 한다. 이것이 장생구시(長生久視 : 장구히 살며 도를 살핌)의 길이다.

「하주」는 '치인사천治人事天'의 '사事'를 '용用'으로 보아 풀이키를, "천도를 이용해 사계절을 따라야 한다"고 했다. '천도天道'와 '인도人道'를 분리시켜 해석한 것이다. 이는 순자의 '참천參天'사상과 맥을 같이 하는 것이다. '참천'사상은 자연의 적극적인 활용을 뜻하는 까닭에 '용천用天'사상으로도 불리고 있다. 순자는 『순자』「부賦」편에서 '참천'의 의미를 이같이 풀이해 놓은 바 있다.

"둥근 것은 규規 : 그림쇠에 들어맞고, 모난 것은 구矩 : 곱자에 들어맞네. 크게 참천지參天地 : 천지운행에 참여함하니 그 덕은 요堯·우禹보다 두텁고, 그 정미精微함은 터럭과 같고, 그 크기는 우주 사이를 채울 만하다네."

'참천'은 곧 천지의 운행에 참여해 이를 적극 활용하는 것을 말한다. 순자는 『순자』「성악」편에서 심지어 길 가는 사람일지라도 심지心志를 하나로 모아 꾸준히 노력하면 얼마든지 '참천'할 수 있다고 역설했다. 그는 '참천'을 이룬 성인 역시 인위적인 노력의 산물로 본 것이다. 천도를 형이상의 실체로 파악한 맹자와 극명한 대조를 이루는 대목이 아닐 수 없다. 소위 '외천명畏天命'으로 상징되는 공자의 천인관은 본질적으로 순자의 '참천'사상과 일맥상통하고 있다. 이런 점 등을 감안할 때 '사천事天'을 '용천用天'으로 해석한 「하주」가 문맥상 타당하다.

「하주」는 '막약색莫如嗇'의 '색嗇'을 '애愛 : 아낌'로 풀이해 놓았다. '사천'을 천지운행에 참여해 사시四時를 적극 활용하는 '용천用天'으로 해석한 「하주」로서는 당연한 해석이라고 할 수밖에 없다. 사실 이것이 '색'의 원래 취지에 부합한다. 그러나 「왕주」는 '색嗇'을 '색穡'과 통하는 것으로 보아 '농부'로 해석해 놓았다. 「왕주」는 그 이유를 이같이 설명해 놓았다.

"농부가 밭을 일군다는 것은 힘써 잡초를 제거해 가지런히 고르게 하고, 온전히 스스로 자라게 하여 황병荒病 : 흉해와 병해에 당혹해하지 않고 '황병'을 제거하는 것이다. 위로 천명을 잇고 아래로 백성을 편안하게 만드는 것으로 이보다 나은 게 없다."

'사천事天'을 통상적인 의미로 파악한 데 따른 탁월한 해석이 아닐 수 없다. 그러나 '색嗇'을 '농부'를 뜻하는 '색穡'으로 보는 데에는 한번 틀어서 해석해야만 하는 난점이 있다. 『노자』에는 비록 '농부'를 뜻하는 '농農'이 나오지 않고 있으나 『맹자』「공손추 상」편의 '천하지농天下之農 : 천하의 모든 농부'과 『순자』「수신」편의 '양농良農 : 진정한 농부'이 보여주듯이 선진시대 문헌은 '농부'를 표현코자 할 때는 반드시 '농'을 쓰고 있다. '색嗇'은 원래 의미의 검색儉嗇 : 검소하게 아낌으로 보는 게 타당하다. '사천'을 원래 의미의 '봉천奉天'으로 풀이할지라도 '색'은 '검색'의 의미로 풀이하는 게 옳다.

제60장 거위(居位 : 자리에 머묾)

治大國, 若烹小鮮.

以道莅天下, 其鬼不神. 非其鬼不神, 其神不傷人. 非其神不傷人, 聖人亦不傷人.

夫兩不相傷, 故德交歸焉.

『백서갑본』 :

「治大邦, 若亨(=烹)小鮮. 以道泣」天下, 其鬼不神. 非其鬼不神也, 其神不傷人也. 非其神不傷人也, 聖人亦弗傷「也. 夫兩」不相「傷, 故」德交歸焉.

대국을 다스리는 것은 마치 팽소선(烹小鮮 : '작은 생선을 삶다' 는 뜻으로 조심스럽게 다스림을 의미)과 같다.

도로써 이천하(莅天下 : 천하에 임함, '治天下' 와 같음)하면 귀물(鬼物)이 신통(神通)하지 못한다. 귀물만 신통하지 못한 게 아니라 신령(神靈)도 사람을 해치지 못한다. 신령만 그런 게 아니라 성인(聖人)도 사람을 해치지 못한다.

이들 양자(兩者 : 귀신과 성인)는 서로 인간을 해치지 않는다. 이에 덕이 교귀(交歸 : 번갈아 돌아옴)하는 것이다.

'팽소선烹小鮮' 구절을 두고 「하주」는 '치신'과 '치국'을 종합하는 관점에서 이같이 풀이해 놓았다.

"작은 물고기를 요리할 때는 내장과 비늘을 제거하거나 감히 뒤적거리지 않는다. 이는 물고기의 형체가 문드러질까 두려워하기 때문이다. 치국治國이 번거로우면 백성이 어지럽고, 치신治身이 번거로우면 정기가 흩어진다."

「하주」는 '팽烹'을 '번치煩治'로 간주한 셈이다. 「왕주」는 '치대국治大國'에 초점을 맞춰 이같이 풀이해 놓았다.

"뒤흔들지 않는다. 급하게 움직이면 해가 많고, 조용히 움직이면 참모습을 보전할 수 있다. 나라가 클수록 군주는 더욱 조용히 움직여야 한다. 연후에 능히 중심衆心 : 중인의 마음을 널리 얻을 수 있다."

왕주는 '치대국'의 요체를 '정치靜治'에서 찾은 셈이다. 「왕주」와 「하주」는 각각 '치대국'과 '팽'에 무게를 두어 그 의미를 '정치靜治'와 '번치煩治'에서 찾았다고 할 수 있다. 결국 같은 내용을 다른 방식으로 풀이한 셈이다.

'양불상상兩不相傷' 구절의 주어와 목적어에 대해 「하주」는 모순된 해석을 내놓고 있다. 「하주」는 '양불상상'의 '양兩'을 '귀신과 성인'으로 정의해 놓고도 뒤따르는 '덕교귀德交歸' 구절에서는 다시 '귀신과 사람'으로 간주하는 모순을 범하고 있다. 이는 소위 '정기신설精氣神說'에 입각해 양물陽物인 인간과 음물陰物인 귀신을 대립시켜 해석하면서 '성인'의 역할에 대한 언급을 빠뜨린 데 따른 것이다.

그러나 '덕교귀德交歸' 구절과 관련해서는 「하주」는 물론 「왕주」 역시 과연 덕이 어디로 귀의하는지에 대해 공히 침묵하고 있다. 두 구절을 두고 「왕주」는 이같이 풀이해 놓았다.

"신령이 사람을 해치지 않으니 성인도 사람을 해치지 않고, 성인이 사람을 해치지 않으니 신령도 사람을 해치지 않는다. 그래서 '양자는 서로 해치지 않는다'고 한 것이다. 신령과 성인이 도에 합치하는 까닭에 덕이 번갈아 귀의한다."

「왕주」는 '양불상상'의 주어는 '귀신과 성인'이고 그 목적어는 '사람'임을 분명히 하고 있음에도 불구하고 과연 '덕'이 어디로 귀의하는지에 대해서는 아무런 언급도 해놓지 않았다. 이를 두고 '도'로 돌아온다는 뜻으로 보아야 한다는 견해와 '백성'에게 귀의한다는 뜻으로 보아야 한다는 해석이 대립하고 있다. 문맥상 귀신과 신령이 사람을 해치지 못한 이유는 바로 '이도이천하以道莅天下'에 있다. '도'에서 유출된 '덕'이 '도'로 다시 돌아온다고 해석할 수도 있으나 그리 되면 '이도위천하'의 공효를 길게 설명한 이유를 납득할 길이 없다. '백성'으로 보는 게 타당하다.

제61장 겸덕(謙德 : 겸양의 덕)

大國者下流, 天下之交, 天下之牝. 牝常以靜勝牡, 以靜爲下.

故大國以下小國, 則取小國. 小國以下大國, 則取大國. 故或下以取, 或下而取.

大國不過欲兼畜人, 小國不過欲不事人.

夫兩者各得其所欲, 大者宜爲下.

『백서갑본』:

大邦者, 下流也, 天下之牝也, 天下之郊也. 牝恒以靚勝牡, 爲其靚「也, 故」宜爲下. 大邦「以」下小邦, 則取小邦. 小邦以下大邦, 則取於大邦. 故或下以取, 或下而取. 「故」大邦者, 不過欲兼畜人. 小邦者, 不過欲入事人. 夫皆得其欲, 「大者宜」爲下.

대국이 하류(下流 : 스스로를 낮춰 아래로 흐름)하면 천하지교(天下之交 : 천하인이 만나는 곳)와 천하지빈(天下之牝 : 천하가 따르는 암컷)이 된다. 빈(牝)이 늘 이정승모(以靜勝牡 : 고요함으로 수컷을 이김)하는 까닭은 이정위하(以靜爲下 : 고요함으로 스스로를 謙下함)하는 데 있다.

그래서 대국이 소국에 스스로를 낮추면 소국을 취하고, 소국도 대국에 스스로를 낮추면 대국을 취하게 된다. 그래서 혹은 하이취(下以取 : 낮추는 방법으로 얻음)하고, 혹은 하이취(下而取 : 스스로 낮추자절로 취하게 됨)하는 것이다.

대국은 겸축인(兼畜人 : 소국의 백성을 겸하여 기르고자 함)하려는 것에 불과하고, 소국은 불사인(不事人 : 대국의 사람을 섬기지 않고 자립함, 원문에는 '不'이 '入'으로 되어 있음)하려는 것에 불과하다.

이 양자(兩者 : 대국과 소국)가 동시에 각기 그 바라는 바를 얻고자 하면 대국이 의당 겸하(謙下)해야 한다.

'소국이하대국小國以下大國, 즉취대국則取大國' 구절의 '취取'에 관한 해석을 둘러싸고 이론이 분분하다. 대국이 겸하를 통해 소국을 취하는 것은 납득이 가나 소국이 겸하를 취한다고 해서 대국을 취하는 것은 쉽게 납득키 어렵다는 게 그 이유이다. 『하본』에는 '취대국聚大國'으로 되어 있고, 『백본』에는 '취어대방取於大邦'으로 되어 있다. 과연 『하본』의 '취聚'와 『백본』의 '어於'는 어떤 의미를 지니고 있는 것일까.

「왕주」는 '취대국取大國'을 '대국납지大國納之 : 대국이 받아들임'로 풀이했다. 이는 『백본』의 '취어대방取於大邦'과 같은 취지라고 할 수 있다. 「왕주」는 앞 구절에 나오는 '취소국取小國'의 '취取'에 대해서는 '소국부지小國附之 : 소국이 대국에 복종함'로 새겼다. 결국 「왕주」는 '취'를 '납부納附'로 새긴 셈이다. 이에 대해 「하주」는 '취대국聚大國'을 이같이 풀이해 놓았다.

"이는 나라의 대소에 상관없이 능히 사람에게 겸축謙畜 : 겸손한 자세로 대하거나 수용함할 수 있으면 무과無過 : 허물이 생기지 않음한다는 뜻이다."

「하주」는 '취聚'를 '무과無過'로 풀이한 셈이다. 「하주」는 '취소국取小國'의 '취取'에 대해서는 '상유常有 : 늘 보유함'로 보았다.

결국 「하주」는 어의 그대로 '취取'를 '취탈取奪'의 개념으로 보고, '취聚'는 '취집聚集 : 대국으로의 소집'으로 새긴 셈이다.

전체 문맥에 비춰 『하본』의 '취聚'는 '취어取於'의 의미를 살리기 위해 본래의 '취取'를 의도적으로 개작한 것으로 짐작된다. 이에 대해 『왕본』은 원래 『백본』의 '취어대방取於大邦'을 필사하는 과정에서 '어於'를 빠뜨린 것으로 보인다. 그럼에도 「왕주」는 그 의미를 그대로 살려냈다. 이는 「왕주」 이후에 원문이 개작되었을 가능성을 시사하는 것이다.

「왕주」가 나올 때는 이미 소국과 대국의 의미가 상대적인 의미로 바뀌어 있었다. 비록 15년 만에 속망速亡키는 했으나 외척세력인 왕망王莽이 전한제국을 무너뜨리고 '신新' 나라를 세운 적이 있고, 삼국시대의 혼란 속에 당초 작은 지방군벌에 불과한 세력이 거대한 나라를 세워 삼국 정립鼎立의 형세를 이루기도 했다. 더욱이 남북조시대에 들어와서는 이런 현상이 오히려 보편적인 현상으로 나타났다. 만일 「왕주」가 나온 이후 『왕본』이 개작되었다면 소국과 대국의 의미가 상대적인 의미로 변형된 당시의 시대사조를 반영한 것으로 볼 수 있다.

이 구절에 대한 분분한 해석은 기본적으로 소국은 대국을 취할 수 없다는 극히 안이한 사고에서 비롯된 것이다. 동서고금을 막론하고 천하를 제패한 대국도 당초에는 소국에 불과했다. 소국도 끊임없이 겸하謙下하는 자세로 내실을 다진다면 얼마든지 대국을 제압하고 천하를 평정할 수 있는 것이다. 『왕본』의 취지를 살려 '취取'를 어의 그대로 해석하는 게 타당하다.

다음에 나오는 '하이취下以取'와 '하이취下而取' 역시 같은 맥락에서 이해할 수 있다. '하이취下以取'는 대국이 겸하의 방략을 구사해 곧바로 소국을 취하는 것을 지칭한 것으로 해석할 수 있다. 이에 대해 '하이취下而取'는 소국이 겸하의 방략으로 내실을 다지던 중 대국이 이후 소국을 업신여기며 교사驕奢를 일삼은 나머지 쇠망의 길로 접어들게 되자 이내 대국을 취하게 되었다는 뜻으로 새기면 된다. 이같이 해석하는 게 동서고금의 흥망사에 부합한다.

그렇다면 세 번째 문장의 '대국불과욕겸축인大國不過欲兼畜人'과 '소국불과입사인小國不過欲入事人'은 어떻게 해석해야만 할까. 「왕주」는 '겸축兼畜'을 '천하귀지天下歸之 : 천하가 귀의함', '입사入事'를 '자전이이自全而已 : 스스로를 보전할 뿐임'로 풀이했다. 이에 대해 「하주」는 '겸축'을 '겸병목축兼倂牧畜 : 겸병하여 기름', '입사'를 '위신복爲臣僕 : 신하와 종이 됨'으로 해석했다. 양자 모두 소국과 대국의 의미를 상대적인 의미로 파악치 않은 채 하나의 고정된 상황으로 간주해 주석을 가한 것이다.

『왕본』과 『하본』만 보면 이런 해석이 가능할 수도 있을 것이다. 그러나 문제는 '입사入事'의 의미를 액면 그대로 풀이하는 게 과연 타당한가 하는 점에 있다. 고형高亨은 『노자주역』에서 주장키를, "원래 '입入'자는 '불不'자였다. 속유俗儒들이 이를 멋대로 개작해 독립을 원하던 춘추시대 소국들의 입장을 왜곡시켰다"고 했다.

문맥에 비춰 고형의 주장이 타당하다. 전체 문맥에 비춰볼 때 세 번째 문장의 '대국불과욕겸축인大國不過欲兼畜人' 구절은 대국이 겸하의 방략을 구사해 소국을 취한 근본 이유를 설명한 것이다. 마찬가지로 '소국불과욕입사인小國不過欲入事人' 구절 역시 「왕주」와 「하주」를 좇을 경우 소국이 겸하의 방략을 구사해 스스로를 보전하거나 신복臣僕하게 된 이유를 설명한 것이다.

그러나 첫 구절은 그런대로 문맥이 순통하나 두 번째 구절은 무슨 뜻인지 알 길이 없다. 「왕주」와 「하주」를 좇아 해석할 경우 소국이 겸하를 취한 이유가 과연 구차하게 스스로를 보전하는 데 그치거나 대국을 지성으로 섬겨 신복키 위한 것일까. 이는 두 번째 문장에 나오는 소국의 '취대국取大國' 취지와 동떨어진 것이다.

소국이 겸하의 방략을 취해 내실을 기하는 데에는 나름대로 의도하는 바가 있다고 보아야 한다. 그것은 바로 최소한 상황이 여의치 않다면 대국의 위압으로부터 자국을 보호하고, 만일 대국이 쇠락의 길을 걷고 모든 조건이 맞아 떨어지면 장차 대국을 취하겠다는 포부에서 비롯된 것으로 보는 게 옳다. 아무리 소국일지라도 겨우 스스로를 보전하거나 스스로 대국에 신복키 위해 겸하의 방략을 구사한다는 것은 있을 수 없다. 이는 『춘추좌전』에 나오듯이 춘추시대 말기에 약소국 정鄭나라의 명재상 자산子産이 취한 행보를 보면 쉽게 알 수 있다. 정나라는 '자산'이 구사한 겸하의 방략을 통해 오히려 이웃 대국들을 호령하는 상황까지 흥기했다.

동서고금의 역사를 볼지라도 '소국불과욕입사인小國不過欲入事人' 구절은 사리에 부합치 않는다. 고형이 지적한 바와 같이 소국이 겸하의 방략을 취하는 최소한의 이유는 바로 대국의 병탄위협으로부터 자국을 보전하는 데 있다. 어찌 그것이 겨우 '입사인

入事人 : 대국에 귀부하여 대국 사람들을 섬김' 일 수 있겠는가. 고형이 지적한 바와 같이 '입入'을 '불不'로 바꿔 해석해야만 문맥이 순통한다. 그것이 동서고금의 사실史實에 부합하는 것이기도 하다.

마지막 문장의 두 번째 구절인 '대자의위하大者宜爲下'는 대국과 소국이 겸하의 방략을 취한 경우 양자의 이해가 충돌할 소지가 있는 만큼 의당 대국이 먼저 겸하의 미덕을 보여야 한다고 지적한 것이다. 고래로 국가 간의 충돌은 기본적으로 대국이 과욕過慾을 부린 데서 비롯된다. 대국이 과욕을 부리게 되면 존망의 기로에 선 소국은 필사적으로 저항키 마련이다. 춘추전국시대에 빚어진 열국 간의 끊임없는 전쟁은 바로 여기서 비롯된 것이기도 했다. 그러나 대국이 겸하의 미덕을 발휘하는데도 소국이 교사驕奢하면 이내 병탄될 수밖에 없다. '대자의위하大者宜爲下' 구절은 바로 대국이 소국을 취하는 방략을 제시한 것이기도 하다.

제62장 위도(爲道 : 도를 행함)

道者, 萬物之奥, 善人之寶, 不善人之所保.
美言可以市, 尊行可以加人. 人之不善, 何棄之有.
故立天子, 置三公, 雖有拱璧以先駟馬, 不如坐進此道.
古之所以貴此道者何. 不曰, '以求得, 有罪以免邪.' 故爲天下貴.

『백서갑본』 :

「道」者萬物之注(=主)也, 善人之寶也, 不善人之所保也. 美言可以市, 奠行可以賀人. 人之不善也, 何「棄之」有. 故立天子, 置三卿, 雖有共之璧以先四馬, 不善坐而進此. 古之所以貴此者何也. 不胃「求以」得, 有罪以免與. 故爲天下貴.

도는 만물의 오(奥 : 창고)로 선인(善人)의 보물이자 불선인(不善人)의 소보(所保 : 자신을 보존하는 것)이기도 하다.

미언(美言 : 미사여구)은 시장에서 사용될 뿐이고, 존행(尊行 : 훌륭한 행실)은 일시 사람들의 칭송을 받을 수 있을 뿐이다. 사람이 불선(不善)하다고 하여 어찌 버릴 수 있겠는가.

그래서 천자를 세우고, 삼공(三公 : 太師 · 太傅 · 太保)을 둔 것이다. 비록 공벽선사(拱璧先駟 : 벽옥을 받들고 4필의 말이 이끄는 수레를 앞세워 進貢함)할지라도 가만히 앉아 이 도를 내세우느니만 못하다.

옛날에 이 도를 귀하게 여긴 까닭은 무엇인가. '구하면 얻을 수 있고 죄를 지어도 면죄받을 수 있기 때문이다'라고 말하지 않았던가. 그래서 천하귀(天下貴)가 된 것이다.

'만물지오萬物之奧'의 '오奧'는 『백본』에는 '주主'의 가차로 간주되는 '주注'로 되어 있다. 『백본』은 '도'를 '만물의 주인'으로 해석한 셈이다. 문의에 부합한다. 그렇다면 『왕본』과 『하본』의 '오奧'는 구체적으로 무엇을 의미하는 것일까. 「왕주」는 '오'를 '애曖 : 가리개', 「하주」는 '장藏 : 창고'으로 보았다. 「하주」는 '선인지보善人之寶'에 무게를 두고, 「왕주」는 '불선인지소보不善人之所保'에 무게를 둔 나머지 이런 해석을 한 것으로 짐작된다. 원래 '오奧'는 사물의 깊숙한 곳을 말한다. 대략 「하주」를 좇아 선불선善不善을 막론하고 모든 것을 포용하는 만물의 '창고'로 보는 게 보다 자연스럽다.

뒤따르는 '미언가이시美言可以市' 구절에 대해 「왕주」는 이같이 해석해 놓았다.

"도는 무엇보다 우선하는 까닭에 비록 진귀한 보물이나 재화일지라도 이에 필적할 수 없다. 상인이 미언美言 : 미사여구을 구사하면 중화지가衆貨之賈 : 많은 재화의 가치를 취할 수 있다. 그래서 '미언가이시'라고 한 것이다."

「왕주」는 '시市'를 거래를 통한 '상리商利'로 본 셈이다. 「하주」도 유사하게 풀이해 놓았다.

"미언은 오로지 시장에서나 쓸 수 있을 뿐이다. 무릇 시장은 거래가 이뤄지면 파해지는 곳으로 사람들은 서로 선언미어善言美

語를 필요치 않는다. 물건을 구하는 자는 질득疾得 : 빨리 손에 넣음코자 하고, 물건을 파는 자는 질수疾售 : 빨리 매각함코자 할 뿐이다."

「하주」는 '시市'를 물건의 매매가 이뤄지는 시장의 '상담商談'으로 본 셈이다. 큰 틀에서 볼 때 「하주」와 「왕주」 모두 '시'를 시장의 상행위로 간주한 점에서는 하등 차이가 없다. 대략 '미언가이시' 구절은 '미사여구는 시장에서 통용될 뿐이다'로 해석하면 대과가 없을 것이다.

그러나 뒤이어지는 '존행가이가인尊行可以加人' 구절의 해석이 간단치 않다. 이에 대한 「왕주」와 「하주」의 해석도 크게 엇갈리고 있다. 「왕주」는 이같이 풀이해 놓았다.

"훌륭한 행실은 천리 밖에서도 그에 응한다. 그래서 '가히 사람에게 베풀 수 있다'고 한 것이다."

『주역』「계사상전」에 나오는 '천리지외千里之外, 응지應之' 구절을 인용한 「왕주」는 결국 '가인加人'을 '가시어인加施於人'으로 풀이한 셈이다. 이에 대해 「하주」는 이같이 풀이했다.

"가加는 별別 : 구별의 뜻이다. 사람에게 존귀한 행위가 있으면 범인凡人들과 구별될 수 있다. 그러나 그것으로는 도를 받들기에 부족하다."

「하주」는 '가인'을 '가별어인加別於人'으로 본 셈이다. 「하주」가 비록 '가加'를 '가별加別'의 의미로 사용키는 했으나 문맥만큼은 순통한다. 원래 『백본』에는 '가加'가 '하賀'로 되어 있다. 필사과정에서 '하'가 '가'로 오사되었거나 '가'가 '하'의 가차로 사용되었을 공산이 크다. 전후 문맥에 비춰 이 구절은 '가'를 '하'의 가차로 보아 대략 '훌륭한 행실은 일시 사람들의 칭송을 받을 수 있을 뿐이다'로 해석하는 게 타당하다.

제63장 은시(恩始 : 은혜가 시작됨)

爲無爲, 事無事, 味無味. 大小多少, 報怨以德.

圖難於其易, 爲大於其細.

天下難事必作於易, 天下大事必作於細. 是以聖人終不爲大, 故能成其大.

夫輕諾必寡信, 多易必多難, 是以聖人猶難之, 故終無難矣.

『백서갑본』:

爲无爲, 事无事, 味无味. 大小多少, 報怨以德. 圖難乎「其易也, 爲大乎其細也」. 天下之難作於易, 天下之大作於細. 是以聖人冬不爲大, 故能「成其大. 夫輕若(=諾)必寡信, 多易」必多難, 是「以聖」人猶難之, 故終於无難.

『곽점갑본』:

爲亡爲, 事亡事, 味亡味. 大小之多易必多難. 是以聖人猶難之, 故終亡難.

무위(無爲)를 행하고, 무사(無事)를 일삼고, 무미(無味)를 맛으로 삼는다. 대소다소(大小多少 : 작은 것을 크게 여기고, 적은 것을 많게 여김)와 보원이덕(報怨以德 : 원한을 덕으로 갚음)을 행한다.

도난(圖難 : 難事를 꾀함)은 일이 쉬울 때 도모하고, 위대(爲大 : 大

事를 행함)는 일이 세미할 때 행한다.

천하의 난사(難事)는 반드시 쉬운 데서 일어나고, 천하의 대사(大事)는 반드시 세미한 데서 일어난다. 이에 성인(聖人 : 『하본』은 '大人')은 끝내 위대(爲大)하지 않기에 능히 성대(成大 : 대사를 성취함)한다.

경낙(輕諾 : 가볍게 승낙함)하면 반드시 과신(寡信 : 믿을 게 많지 않음)하고, 다이(多易 : 쉬운 것이 많음)하면 반드시 다난(多難 : 어려움이 많음)하다. 이에 성인은 오히려 쉬운 일을 어렵게 여기기에 끝내 무난(無難 : 難事가 없음)한 것이다.

여기의 '무사無事'는 '무위'와 마찬가지로 아무 일로 하지 않는 것이 아니라 필요한 준비는 하되 불필요하고 번잡한 것을 제거한다는 뜻을 지니고 있다. '무사'에 대해 「하주」는 '예설비預設備 : 미리 설치하고 준비함, 제번생사除煩省事 : 번잡을 없애고 일을 줄임'로 풀이해 놓았다. 문의에 부합하는 해석이다. 이는 한제국 때 유행한 소위 '황로학'과도 밀접한 관련이 있는 것이기도 하다.

마지막 문장에 나오는 '시이성인유난지是以聖人猶難之' 구절은 제73장에도 나온다. 여기의 '유猶'를 두고 「하주」는 '유유진퇴猶猶進退 : 머뭇거리며 신중히 진퇴를 정함'로 풀이했다. 이에 대해 「왕주」는 '반이反而 : 오히려'의 뜻을 지닌 부사어로 보았다. 문맥상 「왕주」가 타당하다.

제64장 수미(守微 : 미세함을 지킴)

其安易持, 其未兆易謀, 其脆易泮, 其微易散. 爲之於未有, 治之於未亂.

合抱之木, 生於毫末. 九層之臺, 起於累土. 千里之行, 始於足下.

爲者敗之, 執者失之.

是以聖人無爲, 故無敗. 無執, 故無失.

民之從事, 常於幾成而敗之. 愼終如始, 則無敗事.

是以聖人欲不欲, 不貴難得之貨. 學不學, 復衆人之所過.

以輔萬物之自然, 而不敢爲.

『백서갑본』:

其安也, 易持也. 「其未兆也, 易謀也. 其脆也, 易判也. 其微也, 易散也. 爲之於其未有也, 治之於其未亂也. 合抱之木, 生於」毫末. 「九成」之臺, 作於羸土. 百仁(=仞)之高, 台(=始)於足「下. 爲之者敗之, 執之者失之. 是以聖人无爲」也, 「故无敗也」. 无執也, 故无失也. 民之從事也, 恒於其成事而敗之. 故愼終若始, 則「无敗事矣. 是以聖人」欲不欲, 而不貴難得之貨. 學不學, 而復衆人之所過. 能輔萬物之自「然, 而」弗敢爲.

『곽점갑본』:

其安也, 易持也. 其未兆也, 易謀也. 其脆也, 易判也. 其幾也, 易散也. 爲之于其亡又也, 治之于其未亂. 合抱之木, 生于毫末. 九成之臺, 作于蘽土. 千里之行, 始于足下. 爲之者敗之, 執之者遠之. 是以聖人亡爲, 故亡敗. 亡執故亡失. 臨事之紀, 愼終如始, 此亡敗事矣. 聖人欲不欲, 不貴難得之貨. 敎不敎, 復衆之所過. 是以聖人能輔萬物之自然, 而弗能爲.

「곽점병본」:

爲之者敗之, 執之者失之. 聖人無爲, 故無敗也. 無執, 故無失也. 愼終若始, 則無敗事矣. 人之敗也, 恒於其且成也敗之. 是以聖人欲不欲, 不貴難得之貨. 學不學, 復衆之所過. 是以能輔萬物之自然, 而弗敢爲.

편안할 때 유지하기 쉽고, 조짐이 나타나지 않을 때 도모하기 쉽고, 취약할 때 녹이기가 쉽고, 미세할 때 흩뜨리기 쉽다. 미유(未有 : 아직 드러나지 않음)할 때 행하고, 미란(未亂 : 아직 어지럽지 않음)할 때 다스린다.

합포지목(合抱之木 : 아름들이 나무)도 호말(毫末 : 털끝같이 작은 싹을 지칭)에서 생겨나고, 구층지대(九層之臺 : 9층의 높은 누대)도 누토(累土 : 한 줌의 흙)에서 일어나고, 천리지행(千里之行 : 천 리의 여행)도 족하(足下 : 발 밑)에서 시작된다.

유위자(有爲者)는 패멸(敗滅)하고, 고집자(固執者)는 망실(亡失)한다. 이에 성인은 무위(無爲)하기에 무패(無敗)하고, 무집(無執)하기에 무실(無失)한다.

백성들은 종사(從事)하면서 통상 기성이패(幾成而敗 : 거의 다 이뤄진 상황에서 실패함)한다. 신종여시(愼終如始 : 마무리를 처음처럼 신중히 함)하면 실패하는 일이 없다.

이에 성인은 욕불욕(欲不欲 : 욕망을 뛰어넘는 '불욕'을 추구함)과 불귀난득(不貴難得 : 얻기 어려운 재화인 보화를 귀하게 여기지 않음), 학불학(學不學 : 사람들이 배우지 않는 '도'를 배움), 복인소과(復人所過 : 중인들로 하여금 간과한 근본으로 되돌아가게 함)를 행한다. 이로써 성인은 만물의 자연(自然)을 도울 뿐 감히 강위(强爲 : 억지로 행함)하지 않는 것이다.

'욕불욕欲不欲'을 두고 「왕주」는 '욕심은 다툼의 원인이 되는 까닭에 미욕微欲 : 작은 욕심일지라도 바라지 않음'의 뜻으로 풀이했다. 이에 대해 「하주」는 이같이 풀이해 놓았다.

"성인은 사람들이 바라지 않는 것을 바란다. 사람들은 창현彰顯 : 밝게 드러남을 바라지만 성인은 도광韜光 : 빛을 감춤을 바라고, 사람들은 문식文飾 : 겉으로 꾸밈을 바라지만 성인은 질박質朴을 바라고, 사람들은 '색色'을 바라지만 성인은 '덕德'을 바란다."

「하주」가 「왕주」에 비해 훨씬 구체적이면서도 문의에 부합한다. 본래 인간의 일상적인 생활은 통상 욕심의 대상을 찾아 이를 충족시키려는 방향으로 진행하기 마련이다. 그러나 욕구의 대상은 끝이 없이 새로워지고 넓어져서 결코 욕망을 충족시킬 수 없게 된다. 그러는 동안 욕망의 대상이 된 사물의 진상조차 제대로 알 수 없게 된다. 이런 상태에서 벗어날 수 있는 유일한 길은 결국 '욕불욕'을 추구하는 길뿐이다.

'학불학學不學'과 '복인소과復人所過'도 같은 맥락에서 이해할 수 있다. 이를 두고 「왕주」는 풀이키를, "배우지 않고도 능히 할 수 있는 것은 자연自然 : 스스로 그러함이다. 배워서 깨닫는 것은 허물이다. 그래서 배우지 않는 것을 배워 중인의 허물을 고쳐준다"고 했다. 「왕주」는 『맹자』 「진심 하」편에 나오는 소위 '양지양능良知良能' 개념을 동원해 해석한 것이다. 이에 대해 「하주」는 이같이 해석해 놓았다.

"성인은 사람들이 배울 수 없는 것을 배운다. 사람들은 지사智

詐 : 꾀와 속임수를 배우지만 성인은 '자연'을 배우고, 사람들은 치세治世를 배우지만 성인은 치신治身과 수도守道를 배운다. 중인들의 학문은 모두 성인과 상반되는 까닭에 중인들은 근본을 지나쳐 버리고 말단에 힘쓰고, 내실內實을 지나쳐 버리고 외화外華에 힘쓴다. '복復'은 근본과 내실로 되돌아가도록 하는 것을 말한다."

여기의 '치세'를 '치국'으로 해석해 「하주」는 '치신'을 '치국'보다 중시한 것으로 보아야 한다는 견해가 있으나 이는 잘못이다. 여기의 '치세'는 '치신' 및 '수도'와 대립된 뜻으로 사용된 것이다. 문맥상 '치국'보다는 '치속治俗 : 세속을 다스림'의 뜻에 가깝다. 이를 '치국'으로 해석해 「하주」가 '치국'보다 '치신'을 중시한 것으로 추정하는 것은 큰 잘못이다. '치국'과 '치신'을 같은 차원에서 논의한 「하주」의 전체 맥락에서 볼지라도 이는 속단이 아닐 수 없다. 이같이 해석할 경우 전체 문맥에 비춰 「왕주」보다 문의에 부합한다. 대략 「하주」를 좇는 게 타당할 것이다.

'위자패지爲者敗之, 집자실지執者失之' 구절은 제29장에도 나온다. 이로 인해 일부 학자는 제29장의 구절이 잘못하여 제64장에 끼어든 것으로 보았다. 그러나 『곽본』을 보면 제64장은 서로 다른 두 개의 장이 '위자패지' 구절을 전후하여 하나로 묶여 있음을 확인할 수 있다.

'누토累土'를 두고 '저토低土 : 땅바닥'로 보는 견해와 '일롱토一籠土 : 한 삼태기의 흙'로 보는 견해가 대립되고 있다. 「하주」는 이 구절을 '종비지고從卑至高 : 낮은 곳에서 높은 곳에 이름'로 해석해 '저토'와 유사한 의미로 파악했다. 『순자』「수신」편에 나오는 '누토불철累土不輟'이 '한줌의 흙을 쌓은 일'로 풀이되는 점 등을 감안할 때 '일롱토'로 해석하는 게 타당하다.

제65장 순덕(淳德 : 순박한 덕)

古之善爲道者, 非以明民, 將以愚之. 民之難治, 以其智多.
故以智治國, 國之賊. 不以智治國, 國之福.
知此兩者, 亦稽式. 常知稽式, 是謂元德.
元德深矣, 遠矣, 與物反矣, 然後乃至大順.

『백서갑본』:

古之爲道者, 非以明民也, 將以愚之也. 民之難「治也, 以其」知也. 故以知知邦, 邦之賊也. 以不知知邦, 邦之德也. 恒知此兩者, 亦稽式也. 恒知稽式, 是胃玄德. 玄德深矣, 遠矣, 與物「反」也. 乃至大順.

옛날에 도를 잘 행한 자는 명민(明民 : 백성을 명민하게 만듦)하려 하지 않고 우민(愚民 : 백성을 어리석게 만듦)하려 했다. 백성들을 다스리기 어려운 것은 백성에게 지모(智謀)가 많기 때문이다.

그래서 지모로 치국하는 자는 국적(國賊 : 나라를 해치는 도적)이 되고, 지모로 치국하려 하지 않는 자는 국복(國福)이 되었다.

이 두 가지를 아는 것이 또한 계식(稽式 : 치국의 法式)이다. 늘 이 '계식'을 알면 이를 일컬어 '원덕(元德 : 玄德)'이라고 한다.

'원덕'은 심원(深遠)하여 사물과 함께 도로 돌아간 연후에 대순(大順 : 大順通, 「하주」는 '天理')에 이르게 된다.

이 장의 핵심어는 '우민愚民'이다. 이로 인해 『노자』가 '우민정치'를 주장한 것이라는 오해를 사기도 했다. 그러나 여기서 말하는 '우민'은 질박한 백성을 의미한다. '우민'의 반대어로 사용된 '명민明民'이 통상적인 의미와 달리 '명지교사明智巧詐 : 잔꾀에 밝고 교묘한 속임수에 능함'의 백성을 의미하는 것도 바로 이 때문이다.

제66장 후기(後己 : 자신을 뒤로 함)

江海所以能爲百谷王者, 以其善下之. 故能爲百谷王.

是以欲上民, 必以言下之. 欲先民, 必以身後之.

是以聖人處上而民不重, 處前而民不害. 是以天下樂推而不厭. 以其不爭, 故天下莫能與之爭.

『백서갑본』:

「江海所」以能爲百浴王者, 以其善下之. 故能爲百谷王. 是以聖人之欲上民也, 必以其言下之. 其欲先「民也」, 必以其身後之. 故居前而民弗害也, 居上而民弗重也. 天下樂隼而弗猒也. 非以其无爭與, 故天下莫能與爭.

『곽점갑본』:

江海所以百谷王, 以其能爲百谷下. 是以能爲百谷王. 聖人之在民前也, 以身後之. 其在民上也, 以言下之. 其在民上也, 民弗厚也. 其在民前也, 民弗害也. 天下樂進而弗. 以其不爭也, 故天下莫能與之爭.

강해(江海)가 능히 백곡왕(百谷王 : 뭇 계곡물의 귀착지를 '왕'으로 표현한 것임)이 될 수 있는 것은 자신을 잘 낮추기 때문이다. 그래서 능히 '백곡왕'이 된 것이다.

이에 백성 위에 서고자 하면 반드시 말을 낮춰야 하고, 백성 앞에 나서고자 하면 반드시 몸을 뒤로 물려야 한다.

이에 성인은 백성 위에 설지라도 백성들이 이를 무겁게 여기지 않고, 백성 앞에 나서도 백성들이 이를 해롭게 여기지 않는다. 그래서 천하가 그를 낙추불염(樂推不厭 : 즐겨 추대하며 싫증내지 않음)한다. 성인이 다투지 않기에 천하도 그와 다툴 이유가 없는 것이다.

두 번째 문장의 '욕상민欲上民' 이하의 구절은 『왕본』과 『하본』, 『백본』 모두 일치한다. 『곽본』에는 '욕선민欲先民'이 '재민전在民前', '욕상민欲上民'이 '재민상在民上'으로 되어 있고 '필이언하必以言下'와 '필이신후必以身後' 구절의 '필必'이 빠져 있다. 일견 별 차이가 없는 듯하나 사실 적잖은 차이가 있다.

현재의 『왕본』과 『하본』, 『백본』은 직역할 경우 '필必'로 인해 '반드시'라는 부사어가 붙게 되고 '욕欲'이라는 동사로 인해 군주의 적극적인 의지가 부각될 수밖에 없다. 이는 군주의 통치술에 대한 확신이 전제된 데 따른 것으로 보아야 한다. 『왕본』과 『하본』은 말할 것도 없이 『백본』 역시 이런 관점에서 『곽본』에 없는 '필必'자를 덧붙여 놓았음에 틀림없다. 전한제국 초기에 '무위지치'를 강조하는 소위 '황로학'이 황실과 조정에서 유행하면서 이런 현상이 빚어진 것으로 짐작된다.

제67장 삼보(三寶 : 세 가지 보물)

天下皆謂我道大, 似不肖. 夫唯大, 故似不肖. 若肖, 久矣, 其細也夫.

我有三寶, 持而保之. 一曰慈, 二曰儉, 三曰不敢爲天下先.

慈, 故能勇. 儉, 故能廣. 不敢爲天下先, 故能「爲」成器長.

今舍慈且勇. 舍儉且廣. 舍後且先. 死矣.

夫慈, 以戰則勝, 이守則固. 天將救之, 以慈衛之.

『백서갑본』:

「天下皆胃我大, 不宵」. 夫唯「大」, 故不宵. 若宵, 細久矣. 我恒有三葆, 之. 一曰茲, 二曰檢, 「三曰不敢爲天下先. 夫茲, 故能勇. 儉」, 故能廣. 不敢爲天下先, 故能爲成器長. 今舍其茲且勇. 舍其後且先. 則必死矣. 夫茲, 「以戰」則勝, 以守則固. 天將建之, 女以茲垣之.

천하가 모두 나의 도가 크다고 하나 나의 도는 오히려 불초(不肖 : 도를 닮지 못함)한 듯하다. 오직 크기 때문에 불초한 듯한 것이다. 만일 유초(有肖 : 도를 닮은 점이 있음)라면 그 자질구레함이 매우 오래되었을 것이리라.

나에게 3보(三寶)가 있으니 나는 이를 지보(持保)하고 있다. 하나는 '자(慈 : 자애)', 둘은 '검(儉 : 검약)', 셋은 '불감위천하선(不敢爲天下先 : 감히 천하의 앞에 나서지 않음)' 이다.

'자' 로 인해 능히 용(勇 : 용감함)하고, '검' 으로 인해 능히 광(廣 : 넉넉함)하고, '불감위천하선' 로 인해 능히 성기장(成器長 : '大器' 의 우두머리)이 될 수 있는 것이다.

지금 사람들은 자(慈)를 버린 채 용(勇)에만 애쓰고, 검(儉)을 버린 채 광(廣)에만 애쓰고, 후(後)를 버리고 선(先)에만 애쓴다. 이리 하면 죽고 말 것이다.

무릇 자(慈)를 통해서만 전쟁을 해도 이길 수 있고, 수비를 해도 견고해질 수 있다. 하늘이 그를 돕고자 할 때도 '자' 로써 보위(保衛) 한다.

첫 번째 문장의 '천하개위아도대天下皆謂我道大' 구절은 『하본』과 『백본』에서는 '도道' 가 누락돼 있다. 『왕본』과 같이 '도' 를 끼워 해석할 경우 이하 구절은 모두 '도' 에 대한 해설이 된다. 이어 나오는 '삼보三寶' 에 관한 내용은 첫 번째 문장과 하등 상관이 없다. 이로 인해 일부 학자는 이 문장을 성인의 '성대成大 : 위대함을 이룸' 를 언급한 제34장 뒤로 연결시켜 '도' 의 '성대' 를 언급한 것으로 풀이하는 게 타당하고 주장하고 있다. 이들의 주장은 제67장의 첫 번째 문장을 반드시 제34장 뒤로 연결시켜야 하는 이유가 석연치 않고 『노자』의 81장 중에는 여러 주제를 동시에 언급한 장이 적잖이 존재한다는 점에서 수긍키 어렵다.

'불초不肖' 를 두고 「왕주」는 '불사도不似道 : 도를 닮지 않음' 로 본 데 반해 「하주」는 '양우사불초佯愚似不肖 : 일부러 불초한 듯이 어리석음을 가장함' 로 풀이했다. 『왕본』은 '아도대我道大' 로 되어 있는 까닭에 「왕주」를 좇는 게 타당할 것이다. 그러나 '아대我大' 로 되어 있는 『하본』과 『백본』 등을 해석할 때는 「하주」가 보다 타당하다.

'구의久矣, 기세야부其細也夫'는 『백본』의 '세구細久 : 자질구레함이 오래됨' 구절과의 비교를 통해 '구久'를 강조키 위해 도치법으로 표현한 것임을 쉽게 알 수 있다. '구의久矣'를 앞 구절인 '약초若肖'와 연이어 읽어서는 안 되는 이유가 여기에 있다.

'능성기장能成器長' 구절의 '능성能成'은 『백본』에는 '능위성能爲成'으로 되어 있다. 『왕본』과 『하본』에 공히 '위爲'자가 빠져 있는 점에 비춰 필사과정의 착오라기보다는 의도적인 개작으로 보인다. 그러나 문맥상 '위'를 끼워넣어 해석하는 것이 보다 자연스럽다. 『왕본』과 『하본』은 '위'가 빠져 있는 까닭에 '성成'이 동사로 간주될 우려가 크다. 실제로 「왕주」는 '성'을 동사로 보아 '능성기장能成器長'을 '능위물지장能爲物之長 : 능히 만물의 우두머리가 됨'으로 풀이해 놓았다. 그러나 '성기成器'는 「하주」에 나와 있듯이 원래 '득도인得道人'을 상징하는 말이다. 일찍이 유월兪樾은 이같이 주장한 바 있다.

"『한비자』「해로」편에는 '위'자가 있다. 두예杜預는 『춘추좌전』「노양공 14년」조의 '성국成國'을 '대국大國'으로 풀이한 바 있다."

전체 문맥에 비춰 유월의 주장과 같이 '성기'를 '대기大器'의 뜻으로 풀이하는 게 타당하다. 문장구조로 볼 때도 '위성기장爲成器長'이 되어야만 앞 구절의 '위천하선爲天下先'과 대구를 이뤄 조응하게 된다. '성기장'은 '천하선'이 '천하지선天下之先 : 천하의 선봉'으로 풀이되듯이 '성기지장成器之長 : 大器의 우두머리'으로 보아야 문맥상 순통하게 된다.

제68장 배천(配天 : 하늘에 짝함)

善爲士者不武, 善戰者不怒, 善勝敵者不與, 善用人者爲之下. 是謂不爭之德, 是謂用人之力.

是謂配天, 古之極.

『백서갑본』 :

善爲士者不武, 善戰者不怒, 善勝敵者弗「與」, 善用人者爲之下. 「是」胃不諍之德, 是胃用人, 是胃「肥」天, 古之極也.

선위사자(善爲士者 : 장수노릇을 잘함, 여기의 '士'는 장수)는 불무(不武 : 무력을 쓰지 않음)하고, 선전자(善戰者 : 싸움을 잘하는 자)는 불노(不怒 : 노하지 않음)하고, 선승적자(善勝敵者 : 적을 잘 이기는 자)는 불여(不與 : 다투지 않음)하고, 선용인자(善用人者 : 용인을 잘하는 자)는 위하(爲下 : 스스로를 낮춤)한다. 이를 일컬어 '부쟁지덕(不爭之德 : 다투지 않는 덕)', '용인지력(用人之力 : 용인의 능력)'이라고 한다.

이 양자를 지칭해 '배천(配天 : 하늘에 짝함)'이라고 하니 이는 고지극(古之極 : 고래의 지극한 도)이다.

이 장은 앞장에 대한 부연설명에 해당한다. 한때 맨 마지막에 나오는 '시위배천是謂配天, 고지극古之極' 구절을 둘러싸고 많은 논란이 있었다. 이는 '배천'이 문장구조상 앞에 나오는 '부쟁지덕不爭之德' 및 '용인지력用人之力'과 조응치 못한 데 따른 것이었다. 이로 인해 유월을 비롯한 일부 학자는 이같이 주장했다.

"배천配天 다음에 나오는 '고古'자는 의미가 통하지 않는다. 대략 다음 장의 첫 구절인 '용병유언用兵有言'의 앞에 나오는 '고지古之'가 잘못 끼어든 데 따른 오류로 보인다."

이들은 압운押韻의 관점에서 볼지라도 '덕德'과 '력力' 다음에는 '극極'이 나오는 것이 자연스러운 만큼 마지막 구절은 '배천지극配天之極'으로 개작해 읽는 게 옳다고 주장했다. 일리 있는 주장이 아닐 수 없다. 그러나 난점은 『백서갑본』과 『백서을본』에도 『왕본』 및 『하본』과 같이 '고'자가 나오고 있는 점이다. 유월 등의 주장을 뒷받침할 만한 『백본』 이전의 판본이 아직 나오지 않은 현재로서는 원문 그대로 해석할 수밖에 없다.

기본적으로 이 논쟁은 '부쟁지덕', '용인지력', '배천' 구절을 병렬구조로 파악한 데서 비롯된 것이다. 그러나 문장의 내용을 잘 살펴보면 첫 구절인 '선위사자善爲士者'에서 '용인지력'에 이르는 구절 모두 '용병'에 관한 얘기로 하나의 문장구조를 이루고 있음을 알 수 있다. '배천'과 관련된 얘기는 전혀 언급돼 있지 않은 것이다. 이는 두 번째 문장인 '시위배천是謂配天, 고지극古之極'이 앞 문장 전체에 대한 총괄적인 평가의 성격을 지니고 있음을 의미한다. 비록 '시위是謂'로 시작하는 까닭에 형식상 앞 구절과 병렬구조를 이루고 있으나 내용상 나눠보는 게 타당하다. 전체 문장을 이같이 쪼개보면 무리하게 마지막 문장을 '배천지극配

天之極'으로 개작해 읽을 필요가 없게 된다.

제69장 현용(玄用 : 현묘한 용병)

用兵有言, "吾不敢爲主而爲客, 不敢進寸而退尺."
是謂 '行無行 · 攘無臂 · 扔無敵 · 執無兵.'
禍莫大於輕敵, 輕敵幾喪吾寶.
故抗兵相加, 哀者勝矣.

『백서갑본』 :

用兵有言曰, "吾不敢爲主而爲客, 不敢進寸而退尺." 是胃行无行, 攘无臂, 執无兵, 乃无敵矣. 禍莫大於无適, 无適斤(=近)亡吾葆矣. 故稱兵相若, 則哀者勝矣.

용병의 격언에 이런 말이 있다.

"나는 감히 주인이 되지 않고 객이 된다. 또한 감히 진촌(進寸 : 한 치를 나아감)하지 않고 퇴척(退尺 : 한 자를 물러남)한다."

이를 일컬어 '행무행(行無行 : 없는 軍陣을 펼침) · 양무비(攘無臂 : 없는 팔뚝을 걷어붙임) · 잉무적(扔無敵 : 없는 적을 잡아당김) · 집무병(執無兵 : 없는 병기를 집어듦)' 이라고 한다.

화(禍)로 경적(輕敵 : 적을 얕잡아 봄)보다 더 큰 게 없으니 '경적'은 거의 틀림없이 오보(吾寶 : 나의 보배로 곧 '몸'을 지칭)를 상하게 할 것이다.

그래서 항병상가(抗兵相加 : 대항하는 군사가 서로 교전함)할 때에는 애자(哀者 : 병사들이 죽어가는 것을 슬퍼하는 자)가 승리한다.

이 장 역시 앞서 나온 제67장과 제68장의 '용병'에 관해 부연설명하고 있다. '행무행行無行' 구절을 두고 「왕주」는 '없는 행진行陳 : 진을 펼침을 행함'으로 풀이했다. 이에 대해 「하주」는 행行을 '집형執刑 : 형벌집행'으로 간주해 이같이 풀이해 놓았다.

"상대방이 여전히 적대행위를 멈추지 않으면 천하의 도적이 된다. 이 경우 비록 상대방을 잡아 죽일지라도 결코 '집형'한 것이 아니다."

「하주」의 경우 '행行'을 '행법行法'으로 풀이하는 것은 가할지라도 '집형執刑'으로 간주한 것은 지나치다. 전체 문맥에 비춰 '행'의 의미를 살린 「왕주」가 타당하다. '행무행' 다음에 나오는 '양무비攘無臂'와 '잉무적扔無敵', '집무병執無兵' 구절이 점층적인 관계를 이루고 있는 점에 비춰 '행'을 '행진行陣'이 아닌 '행진行陳'으로 파악한 「왕주」의 시각이 탁이하다. '행무행'과 '양무비'와 '잉무적', '집무병'은 제73장에서 말하는 소위 '부쟁선승不爭善勝 : 다투지 않고도 잘 이김'의 취지를 반영한 것으로 『손자병법』에서 말하는 '부전승不戰勝' 개념과 상통하는 것이기도 하다.

'오보吾寶'의 '보寶'에 대해 「하주」는 '치신'의 관점에서 '신身'으로 풀이했다. 이에 대해 「왕주」는 '자慈'와 '검儉', '불감위천하선不敢爲天下先'으로 규정된 제67장의 '삼보三寶'로 보았다. 그러나 '경적필패輕敵必敗'로 요약되는 병가의 금언을 '자'와 '검', '불감위천하선'의 상실로 해석하는 것은 자연스럽지 못하다. 「하주」가 비록 '치신'의 관점에서 해석키는 했으나 분석만큼은 옳다. 『여씨춘추』도 '신身'을 '대보大寶'로 표현해 놓은 바 있다. 「하주」를 좇는 게 타당하다.

'항병상가抗兵相加' 구절은 『백서갑본』에는 '칭병상약稱兵相若'으로 되어 있다. 「왕주」는 '항병抗兵'을 '거병擧兵 : 마주 일어선 군사', 「하주」는 '양적兩敵 : 대치하고 있는 양쪽의 군사'으로 보았다. '칭稱' 또한 '맞서 거병함'의 의미를 지니고 있는 만큼 '항병'과 '칭병'은 대략 같은 의미로 파악할 수 있다.

그러나 '상가相加'와 '상약相若'은 적잖은 차이가 있다. 「하주」는 '상가'를 '전야戰也 : 서로 교전함', 「왕주」는 '상당相當 : 서로 비김'으로 풀이했다. 「왕주」는 '상가'를 '상약'과 같은 의미로 풀이한 셈이다. 그러나 '가加'에는 '당當'의 의미가 없다. 「왕주」는 『왕본』이 '상약'으로 되어 있는 것을 보고 이같이 주석해 놓았을 공산이 크다. 「왕주」에 '가加'자가 누락돼 있는 사실이 이를 뒷받침한다.

원문을 중시해 '상가'를 고집할 경우에는 「하주」를 좇아 '가'를 '가전架戰 : 전쟁을 벌임'의 의미로 풀이하는 수밖에 없다. 만일 『왕본』이 후대에 '약'에서 '가'로 바뀐 것으로 판단할 경우는 『백본』을 좇아 '가'를 '약若'으로 개작해 해석하는 게 타당할 것이다. 그러나 『하본』이 '가'로 되어 있는 점을 감안할 때 『왕본』의 개작 여부를 판단하기 어려운 만큼 현재로서는 「하주」를 좇아 '상가'를 '상호교전'으로 풀이하는 게 무난할 것이다. '상호교전'으로 풀이해도 문맥이 순통한다.

제70장 지난(知難 : 지인의 어려움)

吾言甚易知, 甚易行. 天下莫能知, 莫能行.
言有宗, 事有君. 夫唯無知, 是以不我知.
知我者希, 則我者貴. 是以聖人, 被褐懷玉.

『백서갑본』:

吾言甚易知也, 甚易行也. 而人莫之能知也, 而莫治能行也. 言有宗, 事有君. 其夫唯无知也, 是以不「我知. 知者希, 則」我貴矣. 是以聖人被褐而褢(=懷)玉.

나의 말은 매우 알아듣기 쉽고, 행하기도 쉽다. 그러나 천하인 중 아무도 이를 알아듣지도 못하고, 행할 줄도 모른다.

말에는 종지(宗旨 : 근본 취지), 일에는 군지(君旨 : 중심 요지)가 있다. 무릇 사람들은 내 언사(言事)의 종군(宗君 : 근본 취지와 중심 요지)을 모르는 까닭에 나를 알지 못한다.

그러나 나를 아는 자가 희소한 까닭에 나는 오히려 귀하다. 이에 성인은 피갈회옥(被褐懷玉 : 거친 베옷을 입고 옥을 품음)하는 것이다.

두 번째 문장의 '언유종言有宗' 구절 이하에 대해 「하주」는 이같이 풀이해 놓았다.

"나의 말에는 종조근본宗祖根本이 있고, 일에는 군신상하君臣上下가 있다. 세인들이 나의 말을 알지 못하는 것은 나에게 덕이 없기 때문이 아니라 그들의 마음이 나와 상반되기 때문이다. 무릇 세인들이 나를 알지 못하는 것은 나의 도덕이 흐릿해 밖으로 드러나지 않고 지극히 작고 미묘하기 때문이다. 그래서 나를 알지 못하는 것이다."

「하주」는 '사유군事有君'의 '군君'을 '만사지주萬事之主 : 만사의 主旨'로 해석한 「왕주」와 달리 군신상하 관계로 파악한 셈이나 전체적인 문맥은 순통한다. 그러나 「왕주」를 좇아 '군'을 '사물의 중심요지'로 풀이하는 게 보다 타당하다.

마지막 문장의 '지아자희知我者希' 구절과 '즉아자귀則我者貴' 구절을 두고 '즉則'을 '칙則 : 본받음' 또는 '적賊 : 해침'으로 보아 병렬관계로 파악하는 견해도 있다. 문맥이 통하지 않은 것은 아니나 두 구절을 인과관계로 보아 '즉則'을 순접 접속사로 파악하는 게 보다 타당하다. 「왕주」와 「하주」 역시 접속사로 보고 있다.

마지막 구절인 '피갈회옥被褐懷玉'은 이 장의 핵심어에 해당한다. 이를 두고 「하주」는 '박외후내薄外厚內 : 외양을 보잘것 없이 꾸미되 내면을 충실히 함'로 풀이했다. 요지를 언급해 놓기는 했으나 해석이 미진하다. 「왕주」는 이같이 풀이해 놓았다.

"피갈被褐은 동진同塵 : 세속에 섞임, 회옥懷玉은 보진寶眞 : 본질을 보배로 삼음을 말한다. 성인을 알기 어려운 까닭은 동진불수同塵不殊 : 세속에 섞인 채 드러나지 않음하고, 회옥불유懷玉不渝 : 옥을 품은 채 넘치지 않음하기 때문이다. 그래서 알기도 어렵고 귀한 것이다."

'피갈회옥'에 대한 탁이한 주석이 아닐 수 없다. '피갈회옥'에 대한 단순한 해석 차원을 넘어 그 진정한 의미를 '불수불유不殊不渝'에서 찾은 점에서 「왕주」의 진면목이 어디에 있는지를 유감없이 보여주고 있다.

제71장 지병(知病 : 알지 못함을 앎)

知, 不知, 上. 不知, 知, 病.
夫唯病病, 是以不病.
聖人不病, 以其病病, 是以不病.

『백서갑본』:

知不知, 尙矣. 不知不知, 病矣. 是以聖人之不病, 以其「病病, 是以不病」.

지부지(知, 不知 : 알면서도 모른다고 말함)는 최상의 지혜이고, 부지지(不知, 知 : 모르면서도 안다고 말함)는 최악의 병(病 : 병통이 됨)이다.

오직 병병(病病 : 병통을 병통으로 여김)해야 불병(不病 : 병통이 없음)한다.

성인이 '불병' 인 것은 '병병' 하기 때문이다. 그래서 '불병' 인 것이다.

'지부지知不知' 구절은 구두점의 위치에 따라 그 뜻이 약간 달라진다. '지知, 부지不知' 로 읽을 경우 이는 '알면서도 알지 못하는 것처럼 행동하다' 는 뜻이 된다. 「하주」는 '지도이언부지

知道而言不知 : 도를 알면서도 알지 못한다고 말함'로 풀이해 이런 입장에 서 있다.

이에 대해 '지부지'로 합쳐서 읽게 되면 '스스로 알지 못한다는 사실을 안다'는 뜻이 된다. 「왕주」는 뒤이은 '부지지不知知'에 대해서만 주석해 놓았으나 내용상 이런 입장에 서 있다. 전체 문맥에 비춰 「하주」가 타당하다. '스스로 알지 못한다는 사실을 앎'의 행보도 뛰어나지만 이보다 더 높은 단계는 '알면서도 알지 못하는 것처럼 행동함'의 행보이기 때문이다.

이는 뒤이은 '부지지不知知'의 해석에서도 그대로 통용된다. 「하주」는 '부지도이언지不知道而言知 : 도를 모르면서도 안다고 말함'로 풀이해 놓았다. 이는 '부지不知, 지知'로 해석한 셈이다. 이에 대해 「왕주」는 '부지지지부족임不知知之不足任 : 지혜에 맡겨두는 것이 부족하다는 사실을 모름'으로 풀이해 놓았다. 이는 '부지지'로 해석한 것이다. '부지, 지'가 '지, 부지'와 대구로 인용돼 있는 만큼 「하주」가 타당한 것은 말할 것도 없다.

이와 관련해 『백서갑본』에는 '부지지'가 '부지부지不知不知 : 모른다는 사실을 모름'로 되어 있다. '부지'의 병통 중 가장 나은 단계는 '다른 것은 대략 아는데 정작 알아야 하는 것을 모름'의 뜻을 지닌 '부지지지不知知之'라고 할 수 있다. 「왕주」는 '부지'의 상황에서 최상의 단계를 언급한 셈이다. '부지부지'는 '부지'의 병통 중 중간단계에 해당한다. 최하의 단계는 말할 것도 없이 모르면서도 아는 체하는 '부지, 지'이다.

'부지, 지'에 대한 「왕주」는 문의에 부합치 않는다. 『백서을본』을 포함해 『하본』이 『백서갑본』의 '부지부지'를 '부지, 지'로 바꿔놓은 취지가 바로 여기에 있다고 보아야 한다. '지부지知不知'와 '부지지不知知' 구절은 중간에 '이而'를 끼워넣어 '지이부지知而不知'와 '부지이지不知而知'로 해석하면 보다 쉽게 이해할 수 있다.

두 번째 문장의 '부유병병夫唯病病, 시이불병是以不病' 구절은 『백본』에 나타나지 않고 있다. 『백본』이 발굴되기 이전에 유월은 이같이 주장한 바 있다.

"앞서 '부유병병夫唯病病, 시이불병是以不病'이라고 하고 뒤이어 '이기병병以其病病, 시이불병是以不病'이라고 한 것은 중복이다. 『한비자』「해로」편에는 '부유병병, 시이불병' 구절이 없다. 응당 이를 좇아야 할 것이다."

『백본』의 출현으로 유월의 주장이 타당했다는 사실이 확인되었다. 다만 『왕본』과 『하본』에 공히 '부유병병, 시이불병' 구절이 나오고 있는 만큼 이를 삭제하는 것은 지나친 듯하다. 대략 '부유병병, 시이불병' 구절을 전제前提로 보고 뒤이어 나오는 구절을 결어結語로 해석하면 비록 중복의 느낌이 없지 않으나 전체적인 문맥은 순통한다.

제72장 애기(愛己 : 자신을 아낌)

民不畏威, 則大威至.
無狹其所居, 無厭其所生. 夫唯不厭, 是以不厭.
是以聖人自知不自見, 自愛不自貴. 故去彼取此.

『백서갑본』 :

「民之不畏威, 則大威將至」矣. 毋閘其所居, 毋猒其所生. 夫唯弗猒, 是「以不猒」.「是以聖人自知, 而不自見也, 自愛」而不自貴也. 故去彼取此.

백성들이 위력(威力 : 「하주」는 '害')을 두려워하지 않게 되면 곧 더 큰 위력이 닥치게 된다.

백성들이 머무는 곳을 옹색케 만들지 말고, 그들의 삶을 억누르지 말아야 한다. 무릇 억누르지 않아야 백성도 싫어하지 않게 된다.

이에 성인은 자지(自知 : 스스로를 앎)하면서도 자현(自見 : 스스로를 드러냄)하지 않고, 자애(自愛 : 스스로를 아낌)하면서도 자귀(自貴 : 스스로를 귀하게 여김)하지 않는다. 그래서 피자(彼者 : 후자로 곧 '자현'과 '자귀'를 의미)를 버리고 차자(此者 : 전자로 곧 '자지'와 '자애'를 의미)를 취하는 것이다.

'자애불자귀自愛不自貴' 구절과 관련해 「왕주」는 풀이키를, "스스로 귀하게 여기면 장차 청정무위에 머무는 것을 깔보게 되고 겸양의 삶에 염증을 내게 된다"고 했다. 이에 대해 「하주」는 풀이키를, "스스로 자신의 몸을 지켜 정기를 보존하고 세상에서 스스로를 귀하게 높이거나 이름을 드날리지 않는다"고 했다. 「하주」는 '치신'에서 원인을 찾은 까닭에 문의와 잘 부합치 않는다. 「왕주」를 좇는 게 타당하다.

다만 「왕주」가 『왕본』에 나오는 '무압기소거無狎其所居' 구절의 '압狎'을 '경輕 : 업신여김'으로 풀이한 것은 문맥상 약간 문제가 있다. 이로 인해 '압'을 '갑閘'의 가차 내지 '협狹'의 오사誤寫로 보아야 한다는 주장이 제기되었다. 『하본』 역시 '압'이 '협'으로 되어 있다. 이런 점 등을 감안할 때 '협'의 오사로 보는 게 타당할 것이다.

뒤따르는 '무엽기소생無厭其所生' 구절의 '엽厭'에 대해서는 견해가 엇갈리고 있다. 「하주」는 '치신治身'의 관점에서 '염厭'으로 해석했다. 이에 대해 「왕주」는 '압壓'의 뜻을 지닌 '엽厭'으로 해독했다. 「왕주」를 좇아 '엽'으로 읽는 게 타당할 것이다.

뒤이어 나오는 '부유불염夫唯不厭, 시이불염是以不厭' 구절의 '염'에 대해서도 견해가 엇갈리고 있다. 「왕주」와 「하주」 모두 어의를 좇아 '혐嫌'의 뜻으로 해석했다. 「하주」는 시종 '혐嫌'의 뜻으로 해석해 놓은 만큼 논외로 할지라도 「왕주」는 앞에 나오는 구절에서 '엽'의 뜻으로 해석한 것과 모순된다. 앞의 '염厭'은 '압壓'의 뜻을 지닌 '엽'으로 읽고, 뒤의 '염'은 문자 그대로 '혐嫌'의 뜻으로 해석하는 게 타당하다.

제73장 임위(任爲 : 하늘에 맡김)

勇於敢則殺, 勇於不敢則活. 此兩者或利或害.
天之所惡, 孰知其故. 是以聖人猶難之.
天之道, 不爭而善勝, 不言而善應, 不召而自來, 繟然而善謀.
天網恢恢, 疏而不失.

『백서갑본』 :

勇於敢者「則殺, 勇於不敢則栝. 此兩者或利或害. 天之所惡, 孰知其故. 天之道, 不戰而善勝」, 不言而善應, 不召而自來, 彈而善謀. 「天網恢恢, 疏而不失」.

과감(果敢 : 감히 행함)에 용맹(勇猛 : 여기서는 '맹렬한 추구'를 의미)하면 죽임을 당하고, 불감(不敢 : 감히 하지 못함)에 용맹하면 살게 된다. 이 양자(兩者 : 과감과 불감)는 혹리혹해(或利或害 : 이롭기도 하고 해롭기도 함)하다.

하늘이 미워하는 것에 대해 그 누가 그 연유를 알 수 있겠는가. 이에 밝은 덕을 지닌 성인조차 오히려 용감(勇敢 : 과감 및 불감에 대한 용맹)을 어렵게 여겼다.

천도는 부쟁선승(不爭善勝 : 다투지 않고도 잘 이김), 불언선응(不言善應 : 말하지 않아도 잘 응함), 불소자래(不召自來 : 부르지 않아도 스스로 옴), 천연선모(繟然善謀 : 느슨하면서도 책모를 잘 세움)한다.

천망(天網 : 하늘의 그물로 '도'를 지칭)은 회회(恢恢 : 넓고 넓음)하나 소이부실(疏而不失 : 성긴 듯해도 놓치는 게 없음)하다.

'시이성인유난지是以聖人猶難之' 구절은 『백본』에는 나오지 않는다. 이 구절은 제63장 맨 마지막 문장에 그대로 나온다. 이로 인해 한동안 착간錯簡으로 인해 제63장의 문장이 끼어들었거나 주문注文이 잘못하여 경문經文에 끼어든 것으로 보는 견해가 제기되었다. 그러나 '난지難之'의 '지之'를 '감불감敢不敢'을 뜻하는 '양자兩者'로 해석하면 문맥이 순통한다. 「하주」와 「왕주」도 이같이 새겼다. 대략 이 구절은 후대인이 의도적으로 삽입시킨 것으로 보는 게 타당할 듯하다.

제74장 제혹(制惑 : 미혹을 제어함)

民不畏死, 奈何以死懼之. 若使人常畏死, 而爲奇者, 吾得執而殺之, 孰敢.

常有司殺者殺. 夫代司殺者殺, 是謂 '代大匠斲.' 夫代大匠斲者, 希有不傷其手者矣.

『백서갑본』 :

「若民恒且不畏死」, 奈何以殺懼之也. 若民恒畏死, 而爲畸者, 吾將得而殺之, 夫孰敢矣. 若民「恒且」必畏死, 則恒有司殺者. 夫代司殺者殺, 是代大匠斲. 夫代大匠斲者, 則「希」不傷其手矣.

백성들이 죽음을 두려워하지 않으면 어찌 죽음으로 백성을 두렵게 할 수 있겠는가. 만일 백성으로 하여금 늘 죽음을 두려워하도록 만든 뒤 기이한 짓을 하는 자가 있으면 내가 그를 잡아 죽일 것이다. 그러니 누가 감히 그런 짓을 하겠는가.

늘 사살자(司殺者 : 殺刑을 담당한 자로 '하늘' 을 지칭)가 죽이는데도 '사살자' 를 대신하여 죽이면 이를 일컬어 '대대장착(代大匠斲 : 도목수를 대신해 나무를 깎음)' 이라고 한다. 무릇 '대대장착' 을 자원한 자 중 자기 손을 다치지 않는 자가 드물다.

이 장은 소위 '민불외사民不畏死' 현상에 대한 원인분석과 대안 제시로 이뤄져 있다. 「하주」는 '치신치국治身治國'의 관점에서 '민불외사'의 이유를 크게 두 가지 측면으로 나눠 분석했다.

"나라를 다스리는 자가 형벌을 심혹深酷하게 하면 백성이 살아갈 수 없다. 이리 되면 백성이 죽음을 두려워하지 않게 된다. 몸을 다스리는 자가 정신을 상하게 할 정도로 기욕嗜欲 : 욕망을 추구함하고, 몸을 상하게 할 정도로 탐재貪財 : 재물을 탐함하면 두려워할 줄 모르게 된다."

사실 「하주」가 지적한 바와 같이 가혹한 형벌에 익숙해지는 것만이 죽음을 두려워하지 않게 만드는 원인은 아니다. 백성들이 '기욕탐재嗜欲貪財'에 빠질 경우 사형을 내건 법령조차 두려워하지 않는 지경에 이를 수밖에 없다.

'사살자司殺者' 이하의 구절은 '민불외사' 현상에 대한 처방에 해당한다. 이에 대해 「하주」는 그 주체와 객체를 분명히 밝혀놓았다.

"천도는 지극히 밝아 사찰司察에 상도常道가 있다. 군주가 천도를 대신해 죽인다면 이는 졸부拙夫가 대장大匠을 대신해 나무를 자르는 것과 같다. 수고롭기만 할 뿐 공이 없는 것이다. 군주가 형벌을 집행하는 것이 바로 '졸부'가 '대장'을 대신해 나무를 자르는 것과 같은 것이다. 그리 하면 반드시 손을 다치게 된다. 하늘을 대신해 사람을 죽이면 기강紀綱 : 치국의 기틀을 잃게 되고, 오히려 재앙을 입게 된다."

「하주」는 '사살司殺'의 주체를 천天, 객체를 상도常道를 어긴 백성으로 규정한 데 이어 '천'을 대신해 '사살'을 대행하려다가 손을 다치는 졸부拙夫가 바로 군주라는 사실까지 지적하고 있다. '민불외사' 현상의 1차적 책임이 가혹한 형벌을 남용한 군주에게 있는 만큼 「하주」의 주석은 탁월하다. 「왕주」는 '불인자不仁者'와 '위역자爲逆者 : 도를 거스르는 자'를 객체로 규정키는 했으나 주체에 대해서는 아무런 언급도 하지 않았다. 문맥에 비춰 '천天'을 염두에 둔 것으로 짐작되나 '대대장착代大匠斲'의 실체에 대해서는 헤아릴 길이 없다. 상대적으로 「하주」가 돋보이는 대목이 아닐 수 없다.

제75장 탐손(貪損 : 탐욕을 덜어냄)

民之饑, 以其上食稅之多, 是以饑.
民之難治, 以其上之有爲, 是以難治.
民之輕死, 以其求生之厚, 是以輕死.
夫唯無以生爲者, 是賢於貴生.

『백서갑본』 :

人之飢也, 以其取食稅之多也, 是以飢. 百姓之不治也, 以其上有以爲「也」, 是以不治. 民之巠死, 以其求生之厚也, 是以巠死. 夫唯无以生爲者, 是賢貴生.

백성이 굶주리는 것은 위에서 식세(食稅 : 세금을 받아먹음)하는 게 많기 때문이다. 그래서 굶주리는 것이다.

백성을 다스리기 어려운 것은 위에서 유위(有爲)하기 때문이다. 그래서 다스리기 어려운 것이다.

백성이 죽음을 가벼이 여기는 것은 백성들이 생지후(生之厚 : 지나치게 넉넉한 삶)를 추구하기 때문이다. 그래서 죽음을 가벼이 여기는 것이다.

무릇 후생(厚生)만을 위해 일하지 않는 자가 후생을 귀하게 여기는 자보다 현명하다.

'민지기民之饑'의 원인과 관련해 「하주」는 '치신치국'의 관점에서 두 가지 측면으로 나눠 분석하고 있다.

"백성이 기한飢寒에 떠는 것은 군주와 윗사람이 백성으로부터 받아먹는 세금이 너무 많기 때문이다. 백성 모두 윗사람의 영향으로 탐욕스럽게 되어 도덕을 위배하는 까닭에 굶주리게 된다."

「하주」는 백성이 굶주리게 되는 원인을 '치국'과 '치신'의 관점에서 정밀히 분석해낸 것이다. 「왕주」도 '민벽치란民僻治亂 : 백성들이 비뚤어지고 정치가 어지러워짐'의 원인을 '민종상民從上 : 백성들이 위를 따름'에서 찾고 있는 만큼 「하주」와 큰 차이는 없다.

한때 '이기구생지후以其求生之厚' 구절의 해석을 두고 논란이 많았다. 이는 '이기구생지후' 구절에만 유독 대구를 이루고 있는 '이기상식세지다以其上食稅之多' 및 '이기상지유위以其上之有爲' 구절과 달리 '상上'자가 빠져 있는 데 따른 것이었다.

이로 인해 일부 학자들은 제50장에 '이기생생지후以其生生之厚' 구절이 나오는 점에 주목해 제75장의 이 구절 역시 '구求'자를 '생生'로 바꿔야 한다는 주장을 제기하기도 했다. 그러나 『백본』과 『하본』은 물론 『왕본』 역시 '이기구생지후以其求生之厚'로 되어 있는 점 등을 감안할 때 이를 수용키는 어렵다.

이밖에도 또 다른 일군의 학자들은 「왕주」가 '민벽치란民僻治亂'의 원인을 '민종상民從上'에서 찾고 있는 점 등을 이유로 '이기구생지후' 구절에도 반드시 '상'자를 끼워넣어야 한다고 주장했다. 실제로 이들은 원문을 '이기상구생지후以其上求生之厚'로 개작해 해석했다. 현재 『왕본』을 저본으로 삼은 상당수의 『노자』가 이같이 개작되어 있다.

그러나 이는 잘못이다. 『하본』은 물론 『백본』에도 '상' 자가 빠져 있다. 『왕본』도 원래는 '상' 자가 없었다. 「하주」는 앞장에서 '민불외사民不畏死'의 원인으로 군주의 '혹법酷法' 이외에도 백성들의 '기욕탐재嗜欲貪財'를 든 바 있다. '민지경사民之輕死'는 바로 '민불외사'와 같은 취지이다. 「하주」를 좇을 경우 '구생지후求生之厚'의 주어는 '기상其上'이 아니라 '민民'을 뜻하는 '기하其下'에 해당한다. 이같이 해석하는 게 문의에 부합한다.

마지막 문장의 '부유무이생위자夫唯無以生爲者' 이하 구절에 대해 '기상'에 대한 충고로 이해하는 견해가 있으나 이는 잘못이다. 문맥상 오히려 백성에 대한 충고에 가깝다. 첫 번째와 세 번째 문장의 첫 구절인 '민지기民之饑'와 '민지경사民之輕死'는 형식상의 주어와 사실상의 주어가 일치한다. 그러나 두 번째 문장의 첫 구절인 '민지난치民之難治'는 형식상 주어가 '민民'으로 되어 있으나 사실상의 주어는 '군주'이다. 마지막 문장은 앞서 나온 문장의 결어結語에 해당한다. 이런 점 등을 감안할 때 비록 형식상의 주어가 나타나지는 않고 있으나 '기상'과 '기하'를 포함한 '군민君民'이 사실상의 주어에 해당한다고 보는 게 옳다.

제76장 계강(戒强 : 강함을 경계함)

人之生也柔弱, 其死也堅强.
萬物草木之生也柔脆, 其死也枯槁.
故堅强者死之徒. 柔弱者生之徒.
是以兵强則不勝, 木强則兵.
强大處下, 柔弱處上.

『백서갑본』 :

人之生也柔弱, 其死也骯仞賢强. 萬物草木之生也柔脆, 其死也枯薧. 故曰, "堅强者死之徒也, 柔弱者生之徒也." 兵强則不勝, 木强則恒. 强大居下, 柔弱微細居上.

사람이 살아 있을 때는 유약(柔弱 : 부드럽고 약함)하지만 죽게 되면 견강(堅强 : 딱딱하고 강함)해진다.

만물초목이 살아 있을 때는 유체(柔脆 : 부드럽고 연함)하지만 죽게 되면 고고(枯槁 : 마르고 뻣뻣함)해진다.

그래서 견강자(堅强者)는 죽음의 무리이고, 유약자(柔弱者)는 삶의 무리인 것이다.

이에 군사가 시종 강하기만 하면 싸움에서 이길 수 없고, 나무가 강하기만 하면 이내 병(兵 : 災難, 도끼와 같은 外物이 달려든다는 의미임)을 만나게 된다.

강대(强大 : 나무뿌리를 상징)는 낮은 곳에 처하고, 유약(柔弱 : 나뭇가지를 상징)은 높은 곳에 처한다.

한때 네 번째 문장의 뒷 구절인 '목강즉병木强則兵'의 해석을 두고 이론이 분분했다. 이는 '병兵' 자가 판본에 따라 상이한 데 따른 것이었다. 『하본』에는 '공共', 『백서갑본』에는 '항恒', 『백서을본』에는 '경競'으로 되어 있다.

이 구절은 앞에 나오는 '병강즉불승兵强則不勝' 구절과 대구를 이루고 있다. 『왕본』의 '병'을 비롯해 『하본』의 '공'과 『백서갑본』의 '항', 『백서을본』의 '경' 모두 '불승不勝'과 유사한 '절折'의 뜻을 지닌 것으로 보아야 한다. 문제는 과연 어떻게 해서 '절'의 뜻의 지닌 글자가 각 판본마다 다양하게 사용되었는가 하는 점이다. 이와 관련해 청대 말기의 황무재黃茂材는 이같이 주장한 바 있다.

"『열자』「황제黃帝」편은 노자의 말을 인용해 말하기를, '병강즉멸兵强則滅 · 목강즉절木强則折'이라고 했다. 『열자』는 대략 『노자』의 의미를 풀어쓴 책이고 또한 시간적으로 멀지 않으니 '목강즉절'로 해석하는 게 타당할 것이다."

이후 유월을 비롯해 유사배와 고형, 주겸지 등 많은 학자들이 이 설을 좇고 있다. 그러나 『왕본』의 '병'을 비롯해 『하본』의 '공' 등을 '절'로 개작해 읽을지라도 문제는 남는다. 『열자』「황제」편에 나오는 '병강즉멸 · 목강즉절' 구절은 '멸滅'과 '절折'의 압운押韻이 맞아떨어진다. 그러나 '불승'의 '불승不勝'과 '절折'은 압운이 전혀 맞지 않는 것이다. 이로 인해 한때 일부 학자는 『왕본』 역시 처음에는 '병강즉멸' 로 되어 있었을 것으로 추정했으나 이는 『백본』 역시 '병강즉불승' 으로 되어 있는 것으로 밝혀지면서 설득력을 잃었다.

그렇다면 『왕본』이 '병' 을 선택하고 『하본』이 '공' 을 선택한 데에는 나름대로 이유가 있다고 보아야 한다. 우선 '병' 과 '공' 등은 '승勝' 과 압운이 맞아떨어진다. 마지막 남은 문제는 하필 '병' 과 '공' 을 선택했는가 하는 점이다. 원래 '병兵' 에는 '재災' 의 뜻이 담겨 있다. 따라서 『왕본』의 '목강즉병' 구절은 '나무가 강하기만 하면 재난을 입게 된다' 는 뜻으로 사용되었다고 보아야 한다. 『하본』의 '공共' 은 '홍烘 : 그을음' 의 가차일 공산이 크다. 고명高明 등 일부 학자는 '공' 뿐만 아니라 『왕본』의 '병' 과 『백본』의 '항' 등도 '홍烘' 의 가차일 공산이 크다고 보았으나 이는 지나친 억측이다.

결론적으로 말해 『왕본』의 '목강즉병' 과 『하본』의 '목강즉공' 은 '절折' 로 개작해 읽기보다는 원문 그대로 놓고 해석하는 게 타당하다. '절' 로 해석하는 것은 압운도 맞지 않을 뿐만 아니라 논거도 불충분하기 때문이다.

제77장 천도(天道 : 하늘의 도)

天之道, 其猶張弓與. 高者抑之, 下者擧之. 有餘者損之, 不足者補之.

天之道, 損有餘而補不足, 人之道則不然. 損不足以奉有餘.

孰能有餘以奉天下. 唯有道者.

是以聖人爲而不恃, 功成而不處, 其不欲見賢.

『백서갑본』:

天下「之道, 猶張弓」者也. 高者印之, 下者擧之. 有餘者損之, 不足者補之. 故天之道, 損有「餘而益不足, 人之道則」不然. 損「不足而」奉有餘. 孰能有餘而有以取奉於天乎. 「唯有道者乎. 是以聖人爲而弗有, 成功而弗居也, 若此其不欲」見賢也.

천도는 마치 장궁(張弓 : 활을 당김)과 같구나. 높은 것은 내리누르고 낮은 것은 들어올린다. 남는 것은 덜어내고 부족한 것은 보탠다.

천도는 남는 것을 덜어내고 부족한 것을 보태주나 인도(人道)는 그렇지 않다. 부족한 데서 덜어다가 남는 자에게 봉헌한다.

누가 능히 남는 것을 덜어 하늘을 봉양할 수 있겠는가. 오직 유도자(有道者 : 도를 가진 사람)일 뿐이다.

이에 성인은 베풀면서 보답을 기대하지 않고, 공이 이뤄져도 이에 머물지 않고, 자신의 현명함을 드러내려 하지도 않는다.

'숙능유여이봉천하孰能有餘以奉天下' 구절은 문맥이 자연스럽지 못하다. 바로 앞에 나온 문장의 정의에 따르면 천도는 '손유여보부족損有餘補不足'을 행하는 데 반해 인도는 거꾸로 '손부족봉유여損不足奉有餘'를 행한다. 뒤이어 나오는 의문문 형식의 '숙능유여이봉천하' 구절은 누가 천도에 입각해 '손유여보부족損有餘補不足'을 행할 수 있는가를 묻고 있는 것이다.

따라서 여기의 '봉천하奉天下'는 천도에 입각해 인도를 행하는 '보부족補不足'을 의미하는 것으로 보아야 한다. 그렇다면 그 전제가 되는 '유여이봉천하有餘以奉天下'는 응당 '유여' 앞에 '손損'을 끼워넣어야만 의미가 순통하게 된다. 실제로 『하본』의 일부 판본은 이같이 되어 있다.

『왕본』과 『하본』에 '손損'자가 없는 것은 『백본』에 나오는 '숙능유여이유이취봉어천호孰能有餘而有以取奉於天乎' 구절을 축약하는 과정에서 부주의로 빠뜨린 데 따른 것으로 짐작된다. 『백본』의 해당 구절을 풀이하면 '누가 능히 남음이 있으면서도 손유여損有餘의 방도로 천도를 본받을 수 있겠는가'의 뜻이 된다. 문장이 너무 길어 축약코자 하면 '유이취봉어천有以取奉於天'의 전제가 '손유여損有餘'에 있는 만큼 응당 앞에 나오는 '유여有餘'에 '손損'자를 끼워넣었어야만 했다. 그럼에도 『왕본』과 『하본』을 개작한 당사자들은 이를 간과한 채 만연히 '숙능유여이봉천하孰能有餘以奉天下'로 축약해 놓은 셈이다. 현재 이 구절은 문맥이 전혀 통하지 않는 것은 아니므로 '손'자가 있는 것으로 간주해 해석하면 그런대로 무난하다.

제78장 임신(任信 : 믿고 맡김)

天下莫柔弱於水, 而攻堅强者莫之能勝, 以其無以易之.
弱之勝强, 柔之勝剛, 天下莫不知, 莫能行.
是以聖人云, "受國之垢, 是謂社稷主. 受國不祥, 是謂天下王."
正言若反.

『백서갑본』 :

天下莫柔「弱於水, 而攻」堅强者莫之能「勝」也, 以其无「以」易「之也. 柔之勝剛, 弱之」勝强, 天「下莫弗知也, 而莫能」行也. 是以聖人言云, 曰, "受邦之訽, 是胃社稷之主. 受邦之不祥, 是胃天下之王." 正言若反.

천하에 물보다 유약(柔弱)한 게 없으나 물처럼 견강자(堅强者)를 공격해 능히 이길 수 있는 것도 없다. 세상에 그 무엇도 물의 유약을 활용하는 것과 바꿀 수 없다.

약한 것이 강한 것을 이기고 부드러운 것이 단단한 것을 이긴다는 사실을 천하에 모르는 자가 없으나 막상 이를 실행하지는 못한다. 그래서 성인은 이같이 말했다.

"나라의 구탁(垢濁 : 더러움)을 받아들이는 자를 일컬어 '사직주(社稷主 : 사직의 주인으로 곧 일국의 군주를 지칭)', 나라의 불상(不祥 : 불길)을 받아들이는 자를 일컬어 '천하왕(天下王 : 천하의 왕으로 곧 통일천하의 군주를 지칭)' 이라고 한다."

정언(正言 : 바른 말)은 마치 반언(反言 : 반대되는 말)처럼 들리는 법이다.

첫 번째 문장의 마지막 구절인 '이기무이역지以其無以易之' 에 나오는 '이기以其' 는 문장구조상 '역易' 의 목적어인 '지之' 를 의미한다. 이를 두고 「왕주」는 '용수지유약用水之柔弱 : 물의 유약함을 활용함' 으로 본 데 반해 「하주」는 앞 구절에 나오는 '공견강자攻堅强者' 로 보았다. 「하주」를 좇을 경우 문맥이 자연스럽지 못하다. 「왕주」를 좇는 게 타당하다.

『왕본』에 나오는 '시위천하왕是爲天下王' 구절의 '위爲' 는 『하본』과 『백본』에는 '위謂' 로 되어 있다. '시위천하왕' 구절이 앞에 나오는 '시위사직주是謂社稷主' 와 대구를 이루고 있는 점 등을 감안할 때 '위謂' 가 보다 타당하다.

제79장 임계(任契 : 계약에 맡김)

和大怨, 必有餘怨, 安可以爲善.
是以聖人執左契, 而不責於人.
有德司契, 無德司徹.
天道無親, 常與善人.

『백서갑본』:

和大怨, 必有餘怨, 焉可以爲善. 是以聖執右介(=價), 而不以責於人. 故有德司介, 无德司徹. 夫天道无親, 恒與善人.

대원(大怨)을 화해(和解 : 덕으로써 해결함)할지라도 반드시 여원(餘怨)이 남게 된다. 그러니 어찌 잘 했다고 할 수 있겠는가.

이에 성인은 집좌계(執左契 : '계약서의 왼쪽 조각만 갖고 있다'는 뜻으로 '채무이행을 강제하지 않음'을 의미)만 할 뿐 문서내용 등을 근거로 남을 추궁하지 않았다.

유덕자(有德者)는 사계(司契 : 계약서를 맡은 것처럼 공정하게 대하는 것을 의미)하고, 무덕자(無德者)는 사철(司徹 : 소출의 10분의 1을 가져가는 소위 '徹法'을 집행하는 것처럼 혹독하게 대하는 것을 의미)한다.

천도(天道)는 무친(無親 : 사사롭게 가까이 하는 바가 없음)이다. 천도는 늘 선인(善人)과 함께 할 뿐이다.

원래 '좌계左契'의 '계契'는 나무판에 글을 쓰고 도장을 찍은 뒤 두 쪽으로 쪼개 한 조각은 상대방에게 주고 나머지 한 조각은 자신이 보관하다가 나중에 서로 맞춰 증거로 삼는 계약을 말한다. '좌계'는 부절符節의 왼쪽 조각으로 좌권左券이라고도 한다. 정현鄭玄은 『예기』「곡례」편에 대한 주에서 풀이하기를, '계契는 계약서로 오른쪽이 높다'고 했다.

정현의 주에 따르면 '좌계'는 채무자가 된다. 그렇다면 원문의 '집좌계執左契'는 채권자의 권리행사를 뜻하는 '집우계執右契'로 고쳐야 문맥상 모순이 없게 된다. 실제로 『백서갑본』에는 '좌계'가 '우개右介'로 표현돼 있다. 이를 근거로 일부 학자는 『왕본』과 『백본』의 '좌계'를 '우계'의 잘못으로 보았다.

그러나 설령 '우계'가 채권문서였을지라도 시간이 지나면서 '좌계'와 '우계'의 역할이 바뀌었을지도 모를 일이다. 『춘추좌전』「노선공 12년」조를 보면 오른쪽을 높이던 초나라가 전쟁터에서 초장왕楚莊王이 우연히 왼쪽 수레에 탄 것을 계기로 왼쪽을 높이게 된 전례가 나온다. 실제로 『백서갑본』보다 늦게 나온 『백서을본』에는 '좌개左芥'로 되어 있다. 후한제국 말기에 나온 정현 주에 얽매여 '좌계'를 채무문서로 간주하는 것은 잘못이다. 원문의 취의를 좇아 '좌계'를 채권문서로 간주하면 아무 문제가 없다.

제80장 독립(獨立 : 홀로 섬)

小國寡民, 使有什伯之器而不用, 使民重死而不遠徙.
雖有舟輿, 無所乘之. 雖有甲兵, 無所陳之. 使人復結繩而用之.
甘其食, 美其服, 安其居, 樂其俗.
鄰國相望, 雞犬之聲相聞, 民至老死不相往來.

『백서갑본』 :

小邦寡民, 使十百人之器毋用, 使民重死而遠徙. 有車周无所乘之. 有甲兵无所陳「之. 使民復結繩而」用之. 甘其食, 美其服, 樂其俗. 安其居, 鄰邦相望, 雞狗之聲相聞, 民至「老死不相往來」.

소국과민(小國寡民 : 나라가 작고 백성이 적음)을 이루기 위해서는 십백지기(什佰之器 : 여러 편리한 기물)가 있을지라도 이를 사용치 않게 하고, 백성으로 하여금 죽음을 중히 여겨 멀리 옮겨다니지 않게 해야 한다.

그리 하면 비록 주여(舟輿 : 배와 수레)가 있을지라도 이를 탈 일이 없게 되고, 갑병(甲兵 : 무기)이 있을지라도 이를 펼칠 일이 없다. 이로써 사람들로 하여금 다시 결승(結繩 : '새끼줄을 엮음' 의 뜻으로 대용문자를 의미)하여 사용하도록 한다.

이에 백성들은 감식(甘食 : 음식을 달게 여김)과 미복(美服 : 복장을 아름답게 여김), 안거(安居 : 거처를 편히 여김), 낙속(樂俗 : 풍속을 즐김)을 이루게 된다.

그리 하면 인국(鄰國)이 서로 바라보이고 계견(雞犬)의 소리가 서로 들릴 정도로 가까울지라도 백성들은 노사(老死 : 늙어 죽음)할 때까지 서로 왕래치 않을 것이다.

'사유십백지기이불용使有什伯之器而不用' 구절을 둘러싼 해석이 분분하다. 『하본』에는 '사유십백인지기이불용使有什伯人之器而不用', 『백서갑본』에는 '사십백지기무용使十百人之器毋用', 『백서을본』에는 '사유십백인지기이물용使有十百人之器而勿用' 으로 되어 있다.

원래 '십백什伯' 은 고대 군제軍制에서 소규모 편대를 말한다. 「하주」 역시 이런 의미에서 '부곡십백部曲什伯 : 10-100명 단위조직' 으로 풀이했다. 「하주」는 '십백' 과 다음 구절을 분리시킨 뒤 뒤이어 나오는 '인지기이불용人之器而不用' 구절을 두고 풀이키를, "농부를 동원함으로써 농사 때를 빼앗는 일을 하지 않는다는 뜻이다"라고 했다. 「하주」는 특이하게도 '기器' 를 농부로 간주해 독특한 해석을 시도한 것이다.

이에 대해 「왕주」는 『왕본』에 '인人' 자가 없는 점에 주목해 '십백지기什伯之器' 를 하나로 묶어 풀이키를, "백성으로 하여금 '십백지기' 가 있어도 쓸 곳이 없게 하니 어찌 기계 부족을 걱정하겠느냐는 뜻이다"라고 했다. 「왕주」는 '십백지기' 를 하나의 기물로 간주하면서도 이것이 구체적으로 무엇을 뜻하는지에 대해서는 침묵했다. 이로 인해 '십백지기' 를 두고 '열 사람에서 백 사람 몫을 하는 편리한 기계' 로 보는 견해에서 '여러 기물', '여러 병기' 등으로 보는 견해 등 다양한 해석이 쏟아져 나왔다.

『백본』의 해당 구절에 비춰볼 때 '인人' 자가 들어 있는 『하본』이 원형에 가깝기는 하다. 그러나 '기器'를 농부로 간주한 뒤 '십백什伯'과 다음 구절을 분리시킨 「하주」의 접근방식을 찬동키는 어렵다. 「하주」 역시 '인人' 자의 존재에도 불구하고 「왕주」와 같이 해석하는 게 타당했다. 대략 전체문맥에 비춰 '십백지기'는 '여러 편리한 기물' 정도로 풀이하는 게 좋을 것이다.

'계견지성상문雞犬之聲相聞' 구절을 두고 「하주」는 '상거근相去近 : 서로의 거리가 가까움', 「왕주」는 '무소욕구無所欲求 : 바라는 게 없음'으로 풀이했다. 「하주」는 현상, 「왕주」는 그 의미를 포착한 셈이다. 일찍이 맹자도 『맹자』「공손추 상」편에서 이와 유사한 언급을 한 바 있다.

"제나라는 현재 도성에서 사경四境에 이르기까지 어디서든 계명구폐鷄鳴狗吠 : 닭 우는 소리와 개짓는 소리를 들을 수 있을 정도로 많은 백성들이 살고 있다."

여기에 나오는 '계명구폐'는 「하주」의 '상거근'과 같은 의미로 사용된 것이다. 그러나 제80장의 기본 취지는 「왕주」에 나와 있듯이 '무소욕구'에 있다. 상호 지척에 살고 있으면서도 바라는 바가 없기 때문에 늙어죽을 때까지 서로 왕래할 일이 없다는 게 그 요지이다. 「하주」도 마지막 구절인 '불상왕래不相往來'에 대해서는 '무정욕無情欲'으로 풀이해 놓았다. 이는 '무위자연'으로 돌아간 백성들의 평화로운 모습을 묘사한 것으로 결코 원시사회로의 회귀를 주장한 것은 아니다.

제81장 현질(顯質 : 질박을 드러냄)

信言不美, 美言不信.
知者不博, 博者不知.
善者不多, 多者不善.
聖人不積. 旣以爲人, 己愈有. 旣以與人, 己愈多.
天之道, 利而不害. 聖人之道, 爲而不爭.

『백서갑본』 :

「信言不美, 美言不信. 知者」不博, 博者不知. 善「者不多, 多」者不善. 聖人无積. 「旣」以爲「人, 己兪有. 旣以予人, 己兪多. 故天之道, 利而不害. 人之道, 爲而不爭」.

신언(信言 : 미더운 말)은 불미(不美 : 華美한 언사가 없음)하고, 미언(美言 : 화미한 언사)은 불신(不信 : 미덥지 않음)하다.

지자(知者 : 지혜로운 자)는 불박(不博 : 雜多하게 알지 않음)하고, 박자(博者 : 잡다하게 아는 자)는 부지(不知 : 지혜롭지 못함)하다.

선자(善者 : 修道修德을 잘하는 자)는 불다(不多 : 세속적인 富榮이 많지 않음)하고, 다자(多者 : 세속적인 富榮이 많은 자)는 불선(不善 : 수도수덕을 잘하지 못함)하다.

그래서 성인은 자신을 위해 부영(富榮)을 쌓아두지 않는다. 다른 사람을 위함으로써 오히려 더 보유하고, 다른 사람에게 내줌으로써 오히려 더 축적케 된다.

천도(天道 : 하늘의 도)는 만물을 이롭게 할 뿐 해치지 않고, 성도(聖道 : 성인의 도)는 남을 위할 뿐 다투지 않는다.

『왕본』과 『하본』에 나오는 '선자불변善者不辯, 변자불선辯者不善' 구절은 문맥이 순통하지 않는다. 많은 사람들이 이 구절을 두고 대개 '선한 사람은 말을 잘하지 못하고, 말을 잘하는 사람은 선하지 못하다'라는 식으로 풀이하고 있다. '변辯'을 '교변巧辯' 내지 '달변達辯'으로 간주한 데서 나온 이런 해석은 앞서 나오는 '신언불미信言不美, 미언불신美言不信' 구절을 중복 해석한 것에 불과하다. '선언善言'과 '신언信言', '교변巧辯'과 '미언美言'이 내용상 하등 구별이 되지 않는 것이다.

원래 이 구절은 『백본』에는 '선자불다善者不多, 다자불선多者不善'으로 되어 있다. 여기의 '다多'는 뒤따르는 구절이 '성인부적聖人不積'으로 되어 있는 점에 비춰 세속적인 부귀영화의 축적을 뜻하는 '다부영多富榮'에 가깝다. 내용상 '성인부적'에서 '기유다己愈多'에 이르는 5구절은 모두 '선자불다, 다자불선' 구절에 대한 부연설명에 지나지 않는다.

여기의 '선자善者'는 단순히 심성이 선한 자를 지칭하는 것이라기보다는 도덕수행에 뛰어난 소위 '선수도덕자善修道德者'의 의미로 새기는 게 타당하다. 그리 하는 것이 '이이불해利而不害'와 '위이부쟁爲而不爭'으로 상징되는 천도天道와 성도聖道의 공능을 언급함으로써 총 81장 5천여 자에 달하는 『노자』의 대미大

尾를 장식코자 한 편제의 기본 취지에도 부합한다.

당초 『백본』의 '다多'가 어떤 연유로 『왕본』과 『하본』에서 '변辯'으로 바뀌게 되었는지는 추정키가 쉽지 않다. 대략 삼국시대와 같은 난세를 거치면서 현세의 부귀를 추구하는 풍조가 만연하고 『노자』가 백성들 사이에 널리 유포되어 도교의 교리서로 활용되면서 이런 개작이 이뤄진 것으로 보인다.

이런 점 등을 종합해 볼 때 『왕본』과 『하본』의 '선자불변, 변자불선' 구절은 『백본』과 같이 '선자불다, 다자불선' 구절로 환원시키는 게 타당하다. 순서 역시 『백본』과 마찬가지로 '지자불박知者不博, 박자부지博者不知' 구절을 앞으로 끌어내고 그 뒤에 '선자불다, 다자불선' 구절을 놓는 게 옳다. 그래야만 '성인부적' 이하의 구절과 자연스럽게 연결된다. 『노자』 전체를 통틀어 『백본』의 진면목이 가장 돋보이는 대목이 바로 제81장에 있다고 해도 과언이 아니다.

저자 후기

역사적으로 볼 때 노자의 통치사상에 대한 평가는 크게 2가지로 대별되었다. 하나가 무위자연無爲自然으로 상징되는 유심론의 관점에서 노자사상을 파악하려는 장주莊周 계열의 장학파莊學派이다. 다른 하나는 유가의 인치人治에 반대해 '법法'으로 상징되는 물치物治의 유물론 관점에서 노자사상을 해석한 한비자韓非子 계열의 한학파韓學派가 그것이다.

삼국시대의 하안何晏과 왕필王弼 등은 형이상의 유심론 관점에서 노자사상을 해석한 점에서 장학파에 가깝다. 치신治身의 관점에서 『노자』를 주석한 하상공주河上公注와 『논형論衡』을 쓴 왕충王充 등은 형이하의 유물론 관점에서 노자사상을 해석한 점에서 한학파에 가깝다. 전한제국 초기에 사상계를 풍미한 소위 황로학黃老學도 이 계통에 속한다.

그러나 노자사상에 대한 이러한 분석은 사실 노자의 통치사상에 대한 총체적인 분석이 뒷받침되지 못한 데 따른 평면적인 분석이 아닐 수 없다. 장학파와 한학파 모두 노자사상의 일면만을 극단적으로 강조한 것에 불과하다. 원래 노자의 '도'는 천지만물의 시원이자 운행이치를 의미한다. 이러한 '도'가 인간에게 적용되어 나타난 것이 바로 '무위지치無爲之治'이다. 이는 치도治道의 관점에서 볼 때 최상의 통치원리인 제도帝道에 해당한다.

노자가 말한 '무위지치'는 치자와 피치자가 유기적으로 결합해 창조적이면서도 고차원적인 삶을 보장해 주는 통치원리이다. 이는 동시에 인간과 자연이 더욱 조화롭고 균형된 상태에서 공존할 수 있도록 해주는 원리이기도 하다. 노자의 통치사상이 양의 동서를 아우르는 21세기의 새로운 통치이념으로 주목을 받는 이유가 바로 여기에 있다.

지난 세기의 역사적 사실을 통해 확인할 수 있듯이 서구 자유민주주의 이념에 나타나는 기계론적이면서도 원자론적인 세계관은 이른바 '근대화'의 신화 아래 전 세계를 분열과 폭력이 난무하는 세계로 몰아갔다. 서구에서 발전한 자유민주주의 이념의 가장 큰 통폐는 물질문명의 발달에 따른 '인간소외'와 '비인간화'에 있다.

서구의 '근대화' 신화에 뿌리를 둔 오늘날의 학문 역시 개인의 삶과 공동체 전체의 문화를 고양시키기보다는 오히려 '인간소외'와 '비인간화'를 가속화하는 데 일조한 게 사실이다. 이런 상태가 계속 진행될 경우 자칫 인간의 비인간화와 물질만능주의를 초래해 인류 생존의 기반을 뒤흔들지도 모를 일이다. 21세기 정치의 기본 과제가 필연적으로 인간이 주체가 되는 인간적인 삶의 회복일 수밖에 없는 것은 바로 이 때문이다.

치국治國과 치천하治天下의 관점에서 볼 때 공동체 구성원의 의사와 창조성이 존중되는 가운데 공동체 전체의 이익이 보장되는 '자율적이면서도 조화로운 공동체'의 구현이야말로 통치의 가장 바람직한 이상형이 아닐 수 없다. 노자의 통치사상은 기본적으로 개인의 자율성을 보장하면서도 개인과 공동체 전체의 조화를 도모하는 데서 출발하고 있다. 그런 의미에서 치자와 피치자는 물론 인간과 자연을 이분법적으로 나누는 것을 거부하는 노자사상이야말로 이러한 시대적 요구에 가장 부합하는 통치사상이라고 할 수 있다.

오늘날 온갖 이념적 갈등으로 인해 빚어지고 있는 국가공동체의 붕괴양상은 노자가 통치의 존재이유를 심각하게 고민해야만 했던 선진시대의 난세상황과 닮아 있다. 특히 우리의 경우는 연일 목도하고 있는 '반통치反統治'의 상황을 감안할 때 통치의 기능 및 역할 등에 대한 전반적인 재검토가 절실히 요구되고 있다.

동서고금을 막론하고 바람직한 통치에 관한 논의는 크게 통치를 가능한 한 축소하려는 견해와 이와 정반대로 그 규모와 기능 등을 확대하려는 견해로 대별할 수 있다. 사상사적으로 볼 때 서양의 경우는 시종 축소지향의 통치가 매우 바람직한 것으로 받아들여졌다. 이는 플라톤 이래 도시국가를 뜻하는 '폴리스'에서 통치이념을 찾은 데 따른 것이기도 하다. 서양에는 '치천하'의 개념이 아예 존재하지 않았던 것이다. 축소지향의 서양사상사를 상징적으로 보여주는 가장 대표적인 인물로 마르크스를 들 수 있다. 그의 유물사관은 궁극적으로 국가 및 천하의 해체, 즉 통치의 해체를 목표로 하고 있다.

이에 반해 동양의 경우는 확대지향의 통치이념이 주류를 이루었다고 할 수 있다. 가장 대표적인 사상가로는 '치국평천하'를 강조한 유가와 법가를 들 수 있다. 동양에서 축소지향의 통치이념을 제시한 인물로는 소위 '위아爲我'를 기치로 내세운 양주楊朱와 '무위자연無爲自然'을 내세운 장주莊周 정도를 들 수 있을 뿐이다. 많은 사람들이 노자의 통치사상을 축소지향의 통치사상으로 알고 있으나 이는 잘못이다. 이러한 오해는 크게 2가지 이유에서 비롯된 것이다.

첫째, 노자사상의 본령이 통치사상이라는 점을 간과한 데 있다. 노자가 말한 '무위無爲'는 결코 '무치無治'나 '무정부無政府' 등의 '반통치'가 아니다. 노자가 반대했던 것은 '반작위反作爲' 내지 '반유위反有爲'이지 결코 '반통치'가 아니었던 것이다.

노자사상을 대표하는 핵심어는 어디까지나 '무위지치無爲統治'이지 결코 장주의 '무위자연'이 될 수는 없는 것이다. 장주의 '무위자연'은 출세간出世間의 입장에서 입세간入世間의 통치문제를 다룬 '반통치'의 상징어이다. 노자의 통치사상을 근원적으로 왜곡한 배경이 바로 노자와 장주를 하나로 묶어 해석하는 소위 노장학老莊學에서 비롯된 것이라고 해도 과언이 아니다. 이는 노자사상을 '치국' 내지 '치천하'의 통치이론이 아닌 '치신治身'의 양생론養生論으로 격하시킨 것이나 다름없다. 노자는 통치문제를 치열하게 궁구窮究한 제자백가의 효시에 해당한다. 노자사상을 '치신'의 양생론으로 간주하는 것은 노자에 대한 일대 왜곡이 아닐 수 없다.

둘째, 노자가 '무위지치'의 이념형으로 제시한 소위 '소국과민小國寡民'에 대한 오해를 들 수 있다. 노자가 '소국과민'을 주장한 것은 '유위통치'에 대한 거부감에서 비롯된 것으로 결코 통치를 고대 농촌공동체와 같은 소규모의 단위로 축소시키라고 주장한 것이 아니다. 노자가 '소국과민'을 예로 든 것은 '치천하'에 적용되는 '무위지치'의 이상적인 모습을 비유하기 위한 것이다. 이는 노자의 통치사상이 '치천하'에 가장 잘 어울리는 치도임을 보여주는 것이다. 최상의 치도인 제도帝道가 바로 노자가 말한 '소국과민'의 '무위지치'인 것이다.

노자가 희구한 바람직한 통치는 말할 것도 없이 그의 사상 전체를 관통하는 '도'에 그 근거를 두고 있다. 이는 단순히 통치의 규모를 줄이는 것이 아니라 인위적인 '유위통치'를 극소화하라는 주문인 것이다. 노자가 강조했듯이 천도무친天道無親에 입각한 '제도帝道'는 천하 만민을 차별하지 않는다. 치자와 피치자 간의 구별은 물론 '치국'의 준거가 되고 있는 자국과 타국의 구별조차 거부하는 것이다. 세계가 하나의 지구촌 단위로 축소되었음에도 불구하고 유혈테러와 이에 따른 군사보복이 일상회한 오늘날 항구적인 세계평화의 이념적 지표를 노자의 통치사상에서 찾고자 하는 것은 바로 이 때문이다.

노자는 우주만물이 자연의 순환이치를 좇아 영허소장盈虛消長의 변화를 보이다가 끝내 본원인 '도'로 복귀하듯이 통치 역시 '무위지치'에 입각해야만 그 극의極意를 이룰 수 있다고 보았다. 노자의 통치사상을 '무위지치'로 특징지을 수 있는 이유가 바로 여기에 있다. 이제 노자사상을 더 이상 '축소지향의 통치사상' 내지 '무위자연'에 입각한 출세간의 '반통치'로 해석하는 오류가 지속되어서는 안 된다.

21세기 동북아시대의 이념적 지표를 모색하는 과정에서 노자의 통치사상만큼 유용한 것도 없다. 동북아시대의 주역인 한·

중 · 일 3국은 세계 어느 나라보다도 노자의 통치사상을 쉽게 받아들일 수 있는 역사문화적 배경을 갖고 있다. '근대주의'와 '제국주의'의 기반이 된 서양의 통치사상은 양의 동서를 아우르는 21세기의 새로운 통치이념으로 환골탈태하는 데 일정한 한계가 있을 수밖에 없다.

서양의 통치사상은 기본적으로 2분법적 사유에 기초해 있다. 2분법적 사유는 인간과 사물을 서로 용납할 수 없는 대립관계로 분절시켜 놓았다. 이는 17세기의 프란시스 베이컨F. Bacon이 '방황하고 있는 자연을 사냥해 노예로 만들어 봉사케 해야 한다'고 언명한 데서 극명하게 드러나고 있다. 서양사상사에서 '치천하'에 입각한 치도治道 개념이 아예 존재하지 않은 이유가 바로 여기에 있다. 서양의 2분법적 사유는 과학문명의 발전과 물질적 풍요의 기반이 된 것이 사실이나 자연과 인간을 상호 분리시켜 무분별한 자원개발로 '인간소외'와 '지구 황폐화'의 근인이 된 것 또한 부인할 수 없는 사실이다.

이에 반해 노자사상을 비롯한 동양사상은 자연 및 하늘과 인간이 하나가 되는 인간학人間學의 관점에서 한 치도 벗어나지 않았다. 동양은 '신의 죽음'을 선언하지도 않았고 '자연의 노예화'를 선언하지도 않았다. 특히 노자는 '도'가 '덕치德治'의 형태로 인간세계에 현현顯現한 것과 마찬가지로 자연을 우주만물에 편재하는 '도'의 현현으로 간주했다. 노자가 '천인합일天人合一'을 역설한 것은 바로 이 때문이었다.

이는 인간과 우주를 관할하는 인격신의 세계에서 벗어나지 못하고 있는 서양의 정신사와 분명히 다른 것이다. 동양에서는 인간과 우주를 초월해 독자적으로 존재하는 절대자의 개념이 존재한 적도 없고 존재할 필요도 없었다. 이는 '천인합일' 개념이 발전해 온 당연한 결과이기도 했다. 서양이 만물에 내재하는 '대립'과 '모순'을 지양하기 위한 '투쟁'과 '발전' 개념을 강화한 데 반해 동양은 만물에 내재하는 '도'와 '덕'을 드러내기 위한 '조화'와 '순환' 개념을 정교하게 다듬어 온 것이다. 노자를 비롯한 제자백가가 일찍부터 치자와 피치자 간의 조화와 공평무사한 통치의 개념을 탁마琢磨해 온 것도 바로 이 때문이었다.

서양은 한번도 전 세계를 대상으로 한 '치천하'의 통치사상을 구상한 적이 없다. 전 세계가 2분법적 사유로 인한 모순과 투쟁으로 인해 커다란 고통을 겪고 있는 지금이야말로 조화와 순환을 중시하는 노자의 통치사상에 대한 재조명이 절실한 때가 아닐 수 없다. 필자가 '치천하'의 논리에서 출발한 노자의 통치사상에 주목한 이유가 바로 여기에 있다. 그런 의미에서 본서는 노자의 통치사상을 21세기의 새로운 통치사상의 근간으로 삼기 위한 하나의 시론에 해당한다.

현재 시중에는 노자사상을 소개키 위한 수많은 책이 나와 있다. 그럼에도 일반인들은 여전히 『노자』를 어려워하고 있다. 이는 기본적으로 『노자』를 왕필王弼과 마찬가지로 형이상의 관점에서 파악하면서 노자사상의 본령이 기본적으로 '난세의 통치론'이라는 사실을 제대로 간파치 못한 데 따른 것으로 볼 수 있다. 이는 대부분의 저자가 철학을 전공한 학자들인 사실과 무관치 않을 것이다. 한국의 정치학계는 5백 년 전에 이율곡이 왜 『노자』를 재해석하고 나섰는지를 깊이 생각할 필요가 있다.

『노자』는 『논어』와 마찬가지로 춘추전국시대라는 전대미문의 난세 속에서 나온 것이다. 이 시기의 가장 큰 특징은 봉건질서의 붕괴에 따른 새로운 통치이념의 모색에 있었다. 수많은 제자백가가 출현해 치열한 논쟁을 벌인 소위 '백가쟁명百家爭鳴'은 바로 바람직한 새로운 통치이념을 모색키 위한 노력의 일환이었다.

이들 제자백가를 두고 전한제국 말기의 문헌학자인 유향劉向은 모두 9개 유파로 나눈 바 있다. 도가와 유가, 묵가, 법가, 음양가, 명가 등이 그것이다. 사마천은 『사기』를 저술하면서 도가를 높이 평가해 「노자한비열전」을 제자백가 열전의 맨 앞에 배치한 바 있다. 그러나 동양은 오랫동안 한무제의 '독존유술獨尊儒術' 선포 이래 수천 년 동안 소위 『13경十三經』으로 상징되는 유가경전을 최고의 경전으로 여겨왔다. 이로 인해 노자사상은 오랫동안 통치사상의 주류에서 밀려날 수밖에 없었다. 그러나 청대 말기에 이르러 유가사상으로는 서양의 제국주의 침공에 효과적으로 대응할 수 없다는 사실이 명백히 드러나면서 다양한 사상이 백출하기 시작했다.

대표적인 예로 캉유웨이康有爲가 제창한 '공양학公羊學'을 들 수 있다. 공양학은 기존의 성리학性理學 및 양명학陽明學과 달리 명분과 실리를 모두 존중하는 절충적인 입장에 서 있었다. 그 구체적인 표현이 바로 '중체서용中體西用' 이론이었다. 그러나 '중체서용' 이론은 '동도서기東道西器'를 내세웠던 조선조가 끝내 일제의 침탈 앞에 무릎을 꿇었듯이 막강한 무력을 배경으로 한 서구 제국주의 세력의 무자비한 침공 속에 이내 무용지물이 되고 말았다.

이런 상황에서 조선과 중국의 수많은 젊은 지식인들이 전래의 통치사상을 내던지고 서구 제국주의 이론에 동조하거나 마르크시즘에 매달려 현실을 타개하고자 한 것은 일면 불가피한 측면이 있었다. 그러나 반제反帝를 표방한 마르크시즘 역시 제국주의 이론과 마찬가지로 서구의 역사만을 진정한 인류의 역사로 간주한 편파적인 이론에 불과했다.

현재 '팍스 아메리카나'로 상징인 미국을 선두로 한 서구의 자유민주주의 이념은 국가공동체는 물론 인류공동체의 새로운 이념적 지표로 작동하기에는 적잖은 문제를 안고 있다. 극단적인 개인주의의 만연으로 인한 원자화된 개인들의 무절제한 욕망과 사치가 만연하고 이념갈등에 따른 각종 테러가 횡행하는 와중에 유혈을 동반한 군사보복이 자행되는 현실이 그 증거이다.

21세기 동북아시대를 새롭게 열어나가기 위해서는 발상의 대전환이 필요하다. 노자와 공자는 봉건질서를 대체할 새로운 통치이념으로 당시로서는 가히 혁명적이라고 할 수 있는 '무위지치'와 '군자지치君子之治'를 제시한 바 있다. 21세기의 새로운 통치사상은 동북아를 중심으로 할 경우 작게는 이웃 중국과 일본 등을 아우르고 크게는 전 세계를 감쌀 수 있어야만 한다. 21세기 동북아시대가 본격적으로 개막된 현재, 노자와 공자 등으로부터 유출된 전래의 통치사상에 대한 진지한 검토를 통해 새로운 통치사상을 적극 모색해 나갈 필요가 있다.

많은 미래학자들이 21세기는 흔히 '동양의 시대'가 될 것으로 내다보고 있다. 영국의 철학자 러셀은 생전에 '21세기는 동양의 시대가 될 것이다'라고 예언한 바 있다. 현재 이웃 중국은 비약적인 경제성장을 거듭하면서 장차 동북아 신국제질서를 전래의 '중화질서中華秩序'에 맞춰 새롭게 재편코자 하고 있다. 세계 제2의 경제대국인 이웃 일본도 허리띠를 바짝 졸라맨 채 국민들을 고취하며 21세기 동북아시대의 주도권을 놓고 중국과 치열한 신경전을 전개하고 있다.

그런데도 유독 우리나라만 이미 중국과 서구 등에서 폐기한 낡은 이념을 들여와 갈등과 대립을 거듭하며 국력을 소진하고 있는 것이다. 좌충우돌하는 북한의 핵실험으로 한반도를 둘러싼 긴장이 그 어느 때보다 고조돼 있는 상황에서 우리마저 계속 소모적인 논쟁으로 대립과 분열을 계속할 경우 자칫 남북한 모두 공멸의 길을 걸을지도 모를 일이다. 세기적 격동기인 19세기 말에 조선조의 사대부들은 낡은 성리학의 이념에 함몰돼 격변하는 세계정세에 눈을 감은 채 파쟁을 일삼다가 마침내 패망을 자초하고 말았다. 우리가 목도하고 있듯이 대립과 분열을 거듭하고 있는 작금의 상황은 1백 년 전의 악몽을 상기시키는 극히 우려스런 상황이 아닐 수 없다.

노자의 통치사상은 기본적으로 치자와 피치자, 사용자와 노동자 등의 2분법적 구분을 거부한 데 그 특징이 있다. 대립과 분열을 거듭하며 국가공동체 해체의 위기를 겪고 있는 우리로서는 우주만물의 순환이치에 부응하는 대화합의 '무위지치'를 강조한 노자의 설파가 새삼 피부에 와닿을 수밖에 없다. 이 때문인지는 몰라도 최근 노자에 관한 연구열이 전례 없이 뜨겁다. 연일 서점가에 노자와 관련된 서적이 쏟아져 나오고 있는 사실이 이를 뒷받침한다. 매우 고무적인 현상이 아닐 수 없다.

다만 대다수의 관련 서적이 노자사상에 대한 구태의연한 해석에서 크게 벗어나지 못하고 있는 점이 아쉬운 점으로 남는다. 노자사상의 본령인 통치사상을 집중 탐구해야 하는 한국 정치학계의 현황은 더욱 피폐한 실정이다. 최근 10여 년 간 한국정치학회의 정기간행물인 『한국정치학회보』에 실린 논문을 볼지라도 노자의 통치사상에 관한 논문은 전무하다. 이는 노자사상을 고답적인 형이상의 사변론 내지 세속화된 도교사상 정도로 치부한 결과가 아닐 수 없다. 본서가 정치학계의 노자사상에 대한 본격적인 연구의 단초가 되기를 기대해 본다.

본서의 집필에는 맹파강원 문도들의 '반통치' 현상에 대한 통렬한 비판이 커다란 동인이 되었다. 송산宋山 김홍기와 소평素平 이인한을 비롯한 맹파강원 문도들의 격려와 성원에 사의를 표한다. 본서의 출판은 인간사랑의 전폭적인 지원이 없었다면 불가능했을 것이다. 출판을 쾌히 승낙해 준 인간사랑 여국동 사장과 편집·교열에 애쓴 홍성례 편집장을 비롯한 편집진에게도 심심한 사의를 전하고자 한다.

⚜ 부록 ⚜

춘추시대 연표

B.C.	春秋年代	事件
770	周平王 원년	주평왕이 성주(成周 : 낙읍)로 천도함.
		–춘추시대 개막–
767	4년	정나라가 괵나라를 벌함 .
751	20년	진(秦)이 서융을 무찌르고 기서(岐西)를 빼앗음.
741	30년	초나라의 분모(蚡冒)가 죽고 웅통(熊通)이 수상이 됨.
720	51년	주환왕이 정장공을 홀대함.
719	周桓王	원년 위나라 공자 주우(州吁)가 주군을 시해함.
715	5년	정나라가 노나라와 영지를 교환함.
712	8년	노나라 공자 휘(翬)가 노은공을 시해함.
709	11년	곡옥무공(曲沃武公)이 진애후(晉哀侯)를 사로잡음.
707	13년	주환왕 제후들의 군사를 이끌고 나가 정나라에 패함.
705	15년	곡옥백(曲沃伯)이 소자후(小子侯)를 죽임.
704	16년	초나라의 웅통(熊通)이 무왕을 칭함.
698	22년	진인(秦人)이 출자(出子)를 시해함.
697	23년	정나라에서 제중(祭仲) 암살 계획 실패함.
696	周莊王	원년 위선공(衛宣公)이 며느리를 가로챔.
695	2년	정나라 고거미(高渠彌)가 정소공을 시해함.
694	3년	제양공(齊襄公)이 팽생(彭生)을 시켜 노환공을 죽임.
686	11년	제나라 무지(無知)가 제양공을 시해함.

685	12년	포숙아(鮑叔牙)가 관중(管仲)을 천거함.
684	13년	초나라가 채애공(蔡哀公)을 포로로 잡음.
682	15년	정여공(鄭厲公)이 복귀함.
680	周僖王 2년	정나라 부하(傅瑕)가 자의(子儀)를 시해함.
679	3년	제환공이 첫 패자가 됨.
678	4년	곡옥의 무공(武公)이 진후(晉侯)를 칭함.
675	周惠王 2년	연나라 및 위나라가 자퇴(子頹)를 왕으로 옹립함.
673	4년	정백과 괵숙(虢叔)이 자퇴를 죽임.
668	9년	진나라가 강(絳)에 도읍을 정함.
667	10년	제환공이 제후국과 회맹해 백(伯)이 됨.
666	11년	진헌공이 여희(驪姬)를 부인으로 삼음.
662	15년	노나라 경보(慶父)가 자반(子般)을 시해함.
661	16년	진나라가 위(魏)와 괵(虢)을 멸하고 2군을 창설함.
660	17년	노나라 경보(慶父)가 노민공을 시해함.
659	18년	제후들이 형(邢)을 이의(夷儀)로 옮김.
658	19년	제후들이 위나라의 초구(楚丘)에 성을 쌓음.
656	21년	제환공이 채나라로 쳐들어가 초나라를 침.
655	22년	진나라가 괵(虢)과 우(虞)를 멸함.
654	23년	진나라 공자 이오(夷吾)가 양(梁)으로 달아남.
651	周襄王 원년	규구(葵丘)의 결맹이 이뤄짐.
649	3년	왕자 대(帶)가 융인을 불러들여 경사(京師)를 침.
648	4년	관중(管仲)이 주왕실의 내분을 평정함.
647	5년	진(晉)나라에 기근이 들자 진(秦)나라가 식량을 보냄.
645	7년	관중 죽음.
643	9년	제환공 죽음.
642	10년	송양공(宋襄公)이 제효공을 옹립함.
641	11년	송양공이 증자(鄫子)를 희생으로 사용함.
638	14년	초나라가 송양공을 홍(泓)에서 대파함.
636	16년	중이가 진회공(晉懷公)을 죽이고 즉위함.
633	19년	진나라가 3군을 창설함.
632	20년	진문공이 천토(踐土)에서 결맹함.

628	24년	진문공 죽음.
627	25년	진나라가 진군(秦軍)을 효(殽)에서 격파함.
626	26년	초나라 상신(商臣)이 초목왕으로 즉위함.
623	29년	초나라가 강(江)나라를 멸함.
621	31년	진나라가 2군을 감축함.
617	周頃王 2년	진(秦)이 진나라를 침.
615	4년	진진(秦晉)이 하곡(河曲)에서 교전함.
614	5년	초목왕이 죽고 초장왕(楚莊王)이 즉위함
613	6년	제나라 상인(商人)이 제소공을 시해함.
611	周匡王 2년	송나라 사람이 시해함.
609	4년	제의공(齊懿公)이 시해당함.
607	6년	진나라 조돈(趙盾)이 진영공(晉靈公)을 시해함.
606	周定王 원년	초장왕이 9정(九鼎)의 무게를 물음.
605	2년	정나라 귀생(歸生)이 정영공을 시해함.
599	8년	진(陳)의 하징서(夏徵舒)가 진영공(陳靈公)을 시해함.
598	9년	초장왕이 진(陳)으로 들어가 하징서를 죽임.
597	10년	초상왕이 필(邲)에서 진군(晉軍)을 대파함.
591	16년	초장왕 죽음.
590	17년	노나라가 구갑제(丘甲制)를 실시함.
585	周簡王 원년	오왕 수몽(壽夢)이 처음으로 주왕실에 입조함.
583	3년	진나라가 대부 조동(趙同) · 조괄(趙括)을 죽임.
575	11년	진나라 난염(欒黶)이 언릉에서 초군을 대파함.
566	周靈王 6년	정나라 자사(子駟)가 정희공(鄭僖公)을 시해함.
553	19년	제후들이 전연(澶淵)에서 결맹함.
552	20년	공자(孔子)가 탄생함.
548	24년	대부 최저(崔杼)가 제장공(齊莊公)을 시해함.
546	26년	초나라가 진나라와 강화함. 제나라 최저가 자살함.
544	周景王 원년	오왕 여채(餘祭)가 혼인(閽人)에게 죽임을 당함.
541	4년	초나라 공자 위(圍)가 주군을 시해하고 등극함.
536	9년	정나라 자산(子産)이 형정(刑鼎)을 주조함.
531	14년	초나라가 채(蔡)의 태자를 희생으로 사용함.

529	16년	초나라 공자 기질(棄疾)이 등극함.
519	周敬王 원년	오나라가 6국의 군사를 격파함.
515	5년	오나라 공자 광(光 : 闔廬)가 주군을 시해하고 등극함.
514	6년	진나라가 기씨(祁氏)와 양설씨(羊舌氏)를 멸함.
512	8년	오나라가 서(徐)나라를 멸함.
510	10년	노소공이 제나라에서 죽자 노정공이 보위에 오름.
506	14년	오나라가 초나라 도성을 함락하자 초소왕이 낙향함.
505	15년	월나라가 오나라를 침.
498	22년	노나라가 3도(三都)를 무너뜨림.
497	23년	진나라 조앙(趙鞅)이 진양(晉陽)으로 들어가 이반함.
496	24년	오왕 합려가 죽음.
494	26년	오왕 부차가 월왕 구천을 회계에서 항복시킴.
485	35년	오자서 죽음.
482	38년	오왕 부차가 황지(黃池)에서 제후와 회맹함.
481	39년	제나라 진항(陳恒 : 田恒)이 제간공(齊簡公)을 시해함.
479	41년	공자 죽음.
478	42년	초나라가 진(陳)을 멸함.
475	周元王 원년	주경왕이 죽고 그의 아들 주원왕이 즉위함
473	3년	오나라가 멸망함.
468	周貞定王 원년	노애공이 주(邾)나라로 갔다가 월나라로 달아남.
		–『춘추좌전』의 종결–
447	22년	초나라가 채(蔡)나라를 멸함.
445	24년	초나라가 기(杞)나라를 멸함.
431	周考王 10년	초나라가 거(莒)나라를 멸함.
423	周威烈王 3년	진(晉)나라가 정나라를 치고 정유공(鄭幽公)을 죽임.
413	13년	진(秦)이 진(晉)에 패함.
409	17년	진(秦)이 백관에게 칼을 차게 함.
403	23년	3진(三晋)이 시작됨.
		–춘추시대 종료–

참고문헌

1. 기본서

『논어』, 『맹자』, 『관자』, 『순자』, 『열자』, 『한비자』, 『윤문자』, 『노자』, 『장자』, 『묵자』, 『양자』, 『상군서』, 『안자춘추』, 『춘추좌전』, 『춘추공양전』, 『춘추곡량전』, 『여씨춘추』, 『회남자』, 『춘추번로』, 『오월춘추』, 『신어』, 『세설신어』, 『잠부론』, 『염철론』, 『국어』, 『설원』, 『전국책』, 『논형』, 『공자가어』, 『정관정요』, 『자치통감』, 『독통감론』, 『일지록』, 『명이대방록』, 『근사록』, 『송명신언행록』, 『설문해자』, 『사기』, 『한서』, 『후한서』, 『삼국지』.

2. 저서 및 논문

1) 한국

가네타니 사다무 외, 『중국사상사』(조성을 역, 이론과 실천, 1988).
가리노 나오끼, 『중국철학사』(오이환 역, 을유문화사, 1995).
가이쯔까 시게끼, 『제자백가』(김석근 외 역, 까치, 1989).
감산, 『감산의 노자풀이』(오진탁 역, 서광사, 1990).
강신주, 『노자, 국가의 발견과 제국의 형이상학』(태학사, 2004).
곽말약, 『중국고대사상사』(조성을 역, 도서출판 까치, 1991).
김승혜, 『원시유교』(민음사, 1990).
김충열, 『김충열교수의 노자강의』(예문서원, 2004).
김항배, 『노자철학의 연구』(사사연, 1986).

니담, 『중국의 과학과 문명』(이석호 역, 을유문화사, 1988).
니시지마 사다이끼, 『중국고대사회경제사』(변인석 편역, 한울, 1996).
런지유에, 『중국철학사 1』(이문주 외 역, 청년사, 1989).
린유탕, 『공자의 사상』(민병산 역, 현암사, 1984).
마쓰시마 다까히로 외, 『동아시아사상사』(조성을 역, 한울아카데미, 1991).
모리모토 준이치로, 『동양정치사상사 연구』(김수길 역, 동녘, 1985).
모리야 히로시, 『중국고전의 인간학』(이찬도 역, 을지서적, 1991).
박희준, 『백서 도덕경』(까치, 1992).
북경대중국철학사연구실 편, 『중국철학사』(박원재 역, 자작아카데미, 1994).
샤오꿍취엔, 『중국정치사상사』(최 명 역, 서울대출판부, 2004).
서울대동양사학연구실 편, 『강좌 중국사』 1-7(지식산업사, 1989).
송영배, 『제자백가의 사상』(현암사, 1994).
슈월츠, 『중국고대사상의 세계』(나성 역, 살림출판사, 1996)
신동준, 『중국문명의 기원』(인간사랑, 2005).
양방웅, 『초간노자』(예경, 2003).
오강남, 『도덕경』(현암사, 2002).
오오하마 아끼라, 『노자의 철학』(임헌규 역, 인간사랑, 1993).
우현민, 『노자』(박영사, 1996).
유소감, 『노자철학』(김용섭 역, 청계, 2000).
윤천근, 『노자도덕경』(법인문화사, 1996).
이경숙, 『이경숙도덕경』(명상, 2004).
이석명, 『백서노자』(청계, 2003).
_____, 『노자도덕경하상공장구』(소명출판사, 2005).
이성규 외, 『동아사상의 왕권』(한울아카데미, 1993).
장따이니엔, 『중국유물사상사』(최형식 역, 이론과 실천, 1989).
장일순, 『노자이야기』(다산글방, 1993).
장치쥔 외, 『중국철학사』(송하경 외 역, 일지사, 1995).
전일환, 『난세를 다스리는 정치철학』(자유문고, 1990).
전해종 외, 『중국의 천하사상』(민음사, 1988).
초굉익후, 『노자익』(이현주 역, 두레, 2000).
최 명, 『춘추전국의 정치사상』(박영사, 2004).

최진석, 『노자의 목소리로 듣는 도덕경』(소나무, 2001).
치엔무, 『중국사의 새로운 이해』(권중달 역, 집문당, 1990).
평　유, 『천인관계론』(김갑수 역, 신지서원, 1993).
평여우란, 『중국철학사』(정인재 역, 형설출판사, 1995).
한국도교문화학회, 『도교와 생명사상』(국학자료원, 1998).
한국동양철학회 편, 『동양철학의 본체론과 인성론』(연세대출판부, 1990).
허우와이루, 『중국철학사』(양재혁 역, 일월서각, 1995).
후　스, 『중국고대철학사』(송긍섭 역, 대한교과서주식회사, 1983).
황원구, 『중국사상의 원류』(연세대출판부, 1988).

2) 중국

高　明, 『帛書老子校注』(中華書局, 1996).
高　亨, 『老子正詁』(中華書店, 1988).
高懷民, 「中國先秦道德哲學之發展」『華岡文科學報』 14(1982).
顧頡剛 外, 『古史辨』 1926-1941(上海古籍出版社).
郭　沂, 『郭店竹簡與先秦學術思想』(上海教育出版社, 2001).
郭末若, 『十批判書』(古楓出版社, 1986).
金德建, 『先秦諸子雜考』(中州書畵社, 1982).
譚宇權, 『老子哲學評論』(文津出版社, 1992).
戴　維, 『帛書老子校釋』(岳麓書社, 1998).
童書業, 『先秦七子思想硏究』(齊魯書社, 1982).
樓宇烈, 『王弼集校釋』(中華書局, 1999).
牟宗三, 『中國哲學的特質』(臺灣學生書局, 1980).
方立天, 『中國古代哲學問題發展史(上, 下)』(中華書局, 1990).
傅樂成, 「漢法與漢儒」『食貨月刊』 復刊 5-10(1976).
徐復觀, 『中國思想史論集』(臺中印刷社, 1951).
蕭公權, 『中國政治思想史』(臺北聯經出版事業公司, 1980).
蘇誠鑑, 「漢武帝"獨尊儒術"考實」『中國哲學史硏究』 1(1985).
孫　謙, 「儒法法理學異同論」『人文雜誌』 6(1989).
梁啓超, 『先秦政治思想史』(商務印書館, 1926).

楊　寬,「戰國史」(上海人民出版社, 1973).
楊榮國 編,『中國古代思想史』(三聯書店, 1954).
楊幼炯,『中國政治思想史』(商務印書館, 1937).
楊鴻烈,『中國法律思想史』上, 下(商務印書館, 1937).
余培林,『老子讀本』(三民書局, 1985).
呂思勉,『秦學術概論』(中國大百科全書, 1985).
吳　光,『黃老之學通論』(浙江人民出版社, 1985).
吳辰佰,『皇權與紳權』(儲安平, 1997).
王德有,『老子演義』(齊魯書社, 1990).
王　明,『道家和道教思想硏究』(中國社會科學出版社, 1990).
王文亮,『中國聖人論』(中國社會科學院出版社, 1993).
王卡 點校,『老子道德經河上公章句』(中華書局, 1993).
饒宗頤,『老子想爾注校證』(上海古籍出版社, 1991).
熊十力,『新唯識論 : 原儒』(山東友誼書社, 1989).
劉澤華,『先秦政治思想史』(南開大學出版社, 1984).
游喚民,『先秦民本思想』(湖南師範大學出版社, 1991).
尹振環,『帛書老子釋析』(貴州人民出版社, 1998).
李錦全 外,『春秋戰國時期的儒法鬪爭』(人民出版社, 1974).
李申 譯註,『老子衍今譯』(巴蜀書社, 1989).
李宗吾,『厚黑學』(求實出版社, 1990).
李澤厚,『中國古代思想史論』(人民出版社, 1985).
人民出版社編輯部 編,『論法家和儒法鬪爭』(人民出版社, 1974).
任繼愈 譯著,『老子新譯』(中華書局, 1987).
林聿時 · 關 峰,『春秋哲學史論集』(人民出版社, 1963).
張君勱,『中國專制君主政制之評議』(弘文館出版社, 1984).
張岱年,『中國倫理思想硏究』(上海人民出版社, 1989).
張松如,『老子校讀』(吉林人民出版社, 1981).
錢　穆,『先秦諸子繫年』(中華書局, 1985).
鍾肇鵬,「董仲舒的儒法合流的政治思想」『歷史硏究』3(1977).
周立升 編,『春秋哲學』(山東大學出版社, 1988).
周燕謀 編,『治學通鑑』(精益書局, 1976).

陳鼓應,『老子注譯及評價』(中華書局, 1984).
______,『老莊新論』(上海古籍出版社, 1992).
______, 註譯,『黃帝四經今註今譯』(商務印書館, 1995).
馮友蘭,『中國哲學史』(商務印書館, 1926).
許抗生,『帛書老子注譯與研究』(浙江人民出版社, 1985).
胡 適,『中國古代哲學史』(商務印書館, 1974).
侯外廬,『中國思想通史』(人民出版社, 1974).
侯 才,『郭店楚墓竹簡校讀』(大連出版社,1999).

3) 일본

加藤常賢,『中國古代倫理學の發達』(二松學舍大學出版部, 1992).
角田幸吉,「儒家と法家」『東洋法學』12-1(1968).
岡田武彦,『中國思想における理想と現實』(木耳社, 1983).
鎌田 正,『左傳の成立と其の展開』(大修館書店, 1972).
高文堂出版社 編,『中國思想史(上, 下)』(高文堂出版社, 1986).
高須芳次郎,『東洋思想十六講』(新潮社, 1924).
顧頡剛 著 小倉芳彦 等 譯,『中國古代の學術と政治』(大修館書店, 1978).
館野正美,『中國古代思想管見』(汲古書院, 1993).
溝口雄三,『中國の公と私』(研文出版, 1995).
宮崎市定,『アジア史研究(I-V)』(同朋社, 1984).
金谷 治,『秦漢思想史研究』(平樂寺書店, 1981).
大久保隆郎也,『中國思想史(上)-古代. 中世-』(高文堂出版社, 1985).
大濱 晧,『中國古代思想論』(勁草書房, 1977).
渡邊信一郎,『中國古代國家の思想構造』(校倉書房, 1994).
服部 武,『論語の人間學』(富山房, 1986).
上野直明,『中國古代思想史論』(成文堂, 1980).
小倉芳彦,『中國古代政治思想研究』(青木書店, 1975).
守本順一郎,『東洋政治思想史研究』(未來社, 1967).
安岡正篤,『東洋學發掘』(明德出版社, 1986).
安居香山 編,『讖緯思想の綜合的研究』(國書刊行會, 1993).

宇野精一 外,『講座東洋思想』(東京大出版會, 1980).

栗田直躬,『中國古代思想の硏究』(岩波書店, 1986).

伊藤道治,『中國古代王朝の形成』(創文社, 1985).

日原利國,『中國思想史(上, 下)』(ペリカン社, 1987).

中村 哲,「韓非子の專制君主論」『法學志林』74-4(1977).

紙屋敦之,『大君外交と東アジア』(吉川弘文館, 1997).

貝塚茂樹 編,『諸子百家』(筑摩書房, 1982).

戶山芳郎,『古代中國の思想』(放送大敎育振興會, 1994).

丸山松幸,『異端と正統』(每日新聞社, 1975).

丸山眞男,『日本政治思想史硏究』(東京大出版會, 1993).

荒木見悟,『中國思想史の諸相』(中國書店, 1989).

4) 서양

Ahern, E. M., *Chinese Ritual and Politics*(London : Cambridge Univ. Press, 1981).

Allinson, R.(ed.), *Understanding the Chinese Mind : The Philosophical Roots* (Hong Kong : Oxford Univ. Press, 1989).

Aristotle, *The Politics*(London : Oxford Univ. Press, 1969).

Barker, E., *The Political Thought of Plato and Aristotle*(New York : Dover Publications, 1959).

Bell, D. A.,「Democracy in Confucian Societies : The Challenge of Justification.」in Daniel Bell et. al., *Towards Illiberal Democracy in Pacific Asia*(Oxford : St. Martin's Press, 1995).

Carr, E. H., *What is History*(London : Macmillan Co., 1961).

Cohen, P. A., *Between Tradition and Modernity : Wang T'ao and Reform in Late Ch'ing China*(Cambridge : Harvard Univ. Press, 1974).

Creel, H. G., *Shen Pu-hai. A Chinese Political Philosopher of The Fourth Century B. C.*(Chicago : Univ. of Chicago Press, 1975).

Cua, A. S., *Ethical Argumentation-A study in Hsün Tzu's Moral Epistemology* (Honolulu : Univ. Press of Hawaii, 1985).

De Bary, W. T., *The Trouble with Confucianism*(Cambridge, Mass./London : Harvard Univ. Press, 1991).

Fukuyama, F., *The End of History and the Last Man*(London : Hamish Hamilton, 1993).

Hsü, L. S., *Political Philosophy of Confucianism*(London : George Routledge & Sons, 1932).

Moritz, R., *Die Philosophie im alten China*(Berlin : Deutscher Verl. der Wissenschaften, 1990).

Munro, D. J., *The Concept of Man in Early China*(Stanford : Stanford Univ. Press, 1969).

Peerenboom, R. P., *Law and Morality in Ancient China–The Silk Manuscripts of Huang–Lao*(Albany, New York : State Univ. of New York Press, 1993).

Plato, *The Republic*(London : Oxford Univ. Press, 1964).

Pott, W. S., *A Chinese Political Philosophy*(New York : Alfred. A. Knopf, 1925).

Rubin, V. A., *Individual and State in Ancient China–Essays on Four Chinese Philosophers*(New York : Columbia Univ. Press, 1976).

Schwartz, B. I., *The World of Thought in Ancient China*(Cambridge : Harvard Univ. Press, 1985).

Taylor, R. L., *The Religious Dimensions of Confucianism*(Albany, New York : State Univ. of New York Press, 1990).

Tomas, E. D., *Chinese Political Thought*(New York : Prentice–Hall, 1927).

Tu, Wei–ming, *Way, Learning and Politics–Essays on the Confucian Intellectual*(Albany, New York : State Univ. of New York Press, 1993).

Waley, A., *Three Ways of Thought in Ancient China*(New York : doubleday & company, 1956).

Wu, Geng, *Die Staatslehre des Han Fei–Ein Beitrag zur chinesischen Idee der Staatsräson*(Wien & New York : Springer–Verl., 1978).

| 신동준 |

1956년 충남 천안생
경기고등학교 졸업
서울대 정치학과 및 동대학원 졸업(정치학박사)
동경대 동양문화연구소 객원연구원
서울대, 외국어대, 국민대, 덕성여대 강사(현)
21세기 정치연구소 소장 겸 孟坡講院 원장(현)

저서
『통치보감』, 『관중과 제환공』, 『치도와 망도』
『역사대장정』, 『연산군을 위한 변명』
『덕치 · 인치 · 법치』, 『통치학원론』, 『삼국지통치학』, 『조조통치론』
『중국문명의 기원』, 『논어론』, 『공자의 군자학』, 『맹자론』, 『순자론』.

역서
『난세를 평정하는 중국통치학-후흑학』, 『자치통감-삼국지』
『오월춘추』, 『전국책』, 『국어』, 『춘추좌전』, 『실록 열국지』.

논문
「선진 유법가의 치도관과 치본관의 비교연구」
「역대 대통령 통치행위에 대한 치도론적 비교연구」
「몽양주의에 관한 치도론적 분석」
「중도주의 이념정립에 관한 치도론적 고찰」

노자론

초판1쇄 / 2007년 2월 20일

지은이 **신동준**
펴낸이 **여국동**
펴낸곳 **도서출판 인간사랑**
인 쇄 **백왕인쇄**
제 본 **은정제책사**

출판등록 1983. 1. 26. / 제일-3호

(411- 815) 경기도 고양시 일산구 백석동 1178-1
TEL (031)901-8144, 907-2003
FAX (031)905-5815
e-mail/igsr@Yahoo.co.kr
igsr@Naver.com

정가 30,000원

ISBN 978-89-7418-724-8 03140